高职高专经管专业十二五规划教材

企业财务管理

● 主编　彭亚黎

WUHAN UNIVERSITY PRESS

武汉大学出版社

图书在版编目(CIP)数据

企业财务管理/彭亚黎主编. —武汉:武汉大学出版社,2012.9(2013.7 重印)

高职高专经管专业十二五规划教材

ISBN 978-7-307-08086-7

Ⅰ.企…　Ⅱ.彭…　Ⅲ.企业管理—财务管理—高等职业教育—教材　Ⅳ.F275

中国版本图书馆 CIP 数据核字(2012)第 208475 号

责任编辑:陈　红　　　责任校对:刘　欣　　　版式设计:马　佳

出版发行:**武汉大学出版社**　　(430072　武昌　珞珈山)

(电子邮件:cbs22@whu.edu.cn　网址:www.wdp.com.cn)

印刷:武汉中科兴业印务有限公司

开本:787×1092　1/16　印张:26.25　字数:621 千字　插页:1

版次:2012 年 9 月第 1 版　　2013 年 7 月第 2 次印刷

ISBN 978-7-307-08086-7/F・1710　　定价:40.00 元

前　言

企业财务管理课程是管理类、经济类专业的重要课程，是财务管理、财务会计、审计等专业的主干核心课程，是投资理财、金融、税收、资产评估等专业的重要基础课。本书以资本市场为背景，现代公司制企业为研究对象，重点讲授企业在再生产活动中客观存在的资金运动及其所体现的经济利益关系。主要介绍了资本运作各环节：资金的筹集、投放、使用、收回及分配、财务评价的筹划与谋略。课程的目的在于使学生能够了解和掌握企业财务管理的基本知识和基本方法，树立现代理财观念，掌握财务管理岗位的主要工作内容、环节和重点方法，能够结合企业个案，分析问题、解决问题。

本书是高职高专财经类专业教材，为了配合高职高专的就业方向和就业岗位，构建了基于会计职业岗位任务的教材体系，立足于高职高专的"教、学、做"，采用学习情境式教学单元，体现高职高专教育职业化、实践化的特点，据此我们将全书分为上、下两编，四个模块。上编为企业财务管理基础，下编为企业财务管理实务。模块1：企业财务管理基本认知，包括：财务管理导论、资金的时间价值、风险与报酬、资本成本与现金流量；模块2：企业资本运作，包括：财务预测、资本筹集管理、营运资金管理、项目投资决策、证券投资决策；模块3：企业全面预算管理，包括：财务预算、财务控制；模块4：企业财务成果管理与评价，包括：收益分配管理、财务分析。

教材特点：(1)服务于工学结合的人才培养模式。本教材作者均为教学和科研第一线的"双师型"骨干教师，具有丰富的教学和实践经验，本书注重实践能力培养，推动教学过程的实践性、开放性和职业性。(2)新体例、新内容。采用职业含义更加丰富的学习情境式教学单元，体现高职高专教育职业化、实践化的特点，每个学习情境按照工作过程设计"教、学、做"，教师讲授"知识准备"，学生学习"岗位业务操作"，师生共同完成"典型任务举例"，并将《企业会计准则》、《企业财务通则》、《企业内部控制》等最新规章制度精神贯穿全书，在相应各处穿插了案例、典型任务举例，使知识间相互链接，且易懂、有趣。(3)配套立体化教学资源。为利教便学，提供习题及答案、教学课件、案例等。

本书由彭亚黎任主编，张艳、杜艺佳任副主编，由彭亚黎总体设计教材体系、体例、编写大纲、主审、总纂，具体编写人员及分工如下：彭亚黎，学习情境一、学习情境五、学习情境八、学习情境九、学习情境十一；张艳，学习情境四、学习情境十；杜艺佳，学习情境六、学习情境十二、学习情境十三；辜明华，学习情境七；张德强，学习情境二、学习情境三。

本书在编写过程中参考并借鉴了有关著作，在此向其作者表示衷心感谢！由于我们水平有限，加之时间紧迫，书中不足之处敬请批评指正。

《企业财务管理》编写组

2012 年 7 月

目　录

下编　企业财务管理实务

模块 2：企业资本运作

上编 | 企业财务管理基础

学习情境一 | 财务管理导论

工作任务与学习子情境

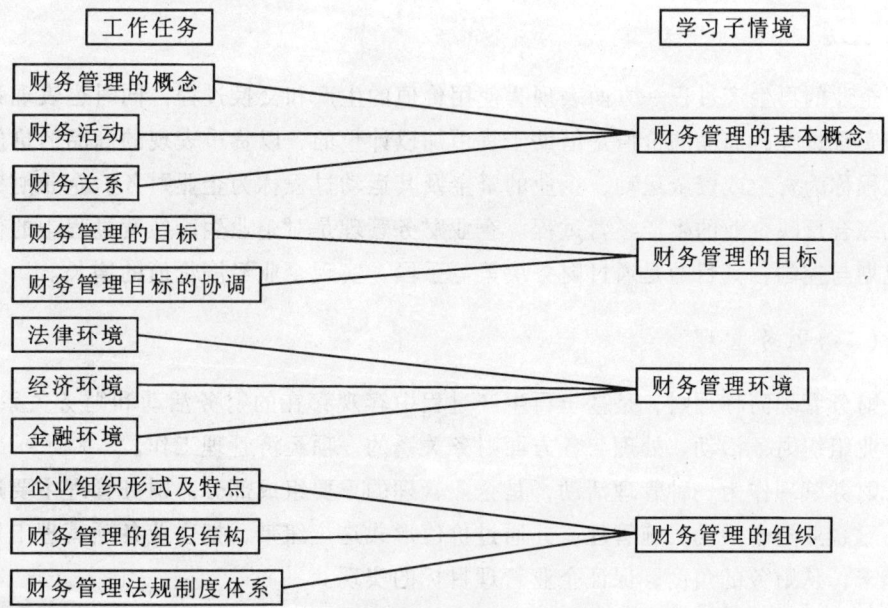

工作任务		学习子情境
财务管理的概念		
财务活动		财务管理的基本概念
财务关系		
财务管理的目标		财务管理的目标
财务管理目标的协调		
法律环境		
经济环境		财务管理环境
金融环境		
企业组织形式及特点		
财务管理的组织结构		财务管理的组织
财务管理法规制度体系		

职业能力目标

专业能力：

- 能够描述企业财务管理岗位的主要工作内容、环节和重点；
- 掌握企业财务管理的基本框架；
- 深刻领会财务管理的概念、对象、目标、环境等；
- 了解财务管理法规制度。

社会能力：

- 能根据学习情境设计的需要查阅有关资料；
- 能够结合企业个案，科学确定和分析评价其财务目标；
- 能够结合具体企业，正确分析企业的财务关系，能够协调不同利益主体在财务管理目标上的矛盾，妥善处理财务关系；
- 理解财务管理在企业中的重要地位，能够结合企业个案，正确分析企业的财务环境，为科学决策提供依据；
- 培养敬业精神、团队合作能力和良好的职业道德修养。

学习子情境一　财务管理的基本概念

知识准备

一、财务管理的概念

（一）财务是指企业在再生产活动中客观存在的资金运动及其所体现的经济利益关系

企业的再生产过程一方面表现为使用价值的生产和交换过程，同时也表现为价值的形成和实现过程，商品的价值是借助于货币加以计量的，以货币表现的商品的价值和价值运动过程称为资金或资金运动，企业的资金及其运动过程称为企业财务。企业财务以价值的形式综合反映企业的生产经营过程。企业财务管理是对企业生产经营过程中的价值所进行的规划与控制，其目的是通过财务决策等手段，实现企业经济价值的增长。

（二）财务管理

财务管理简称理财，是基于再生产过程中客观存在的财务活动和财务关系而产生的，是企业组织财务活动、处理与各方面财务关系的一项经济管理工作。

财务管理作为一种管理活动，是企业管理的重要组成部分。财务管理主要运用价值形式，对企业资本活动实施管理，并通过价值形式这个纽带，把企业各项管理工作有机地协调起来，从财务的角度，保证企业管理目标的实现。

二、财务活动

财务活动是指企业资金的筹集、投放、使用、收回及分配等一系列行为，其中资金的投放、使用和收回可统称为投资。

我们以制造业企业为例来说明企业资金的运动过程，这个运动过程如图1-1所示。

通过图1-1我们可以看出，企业的生产经营过程具有两重性，既是使用价值的生产和交换过程，又是价值的形成和实现过程。在生产经营过程中，随着使用价值的生产和交

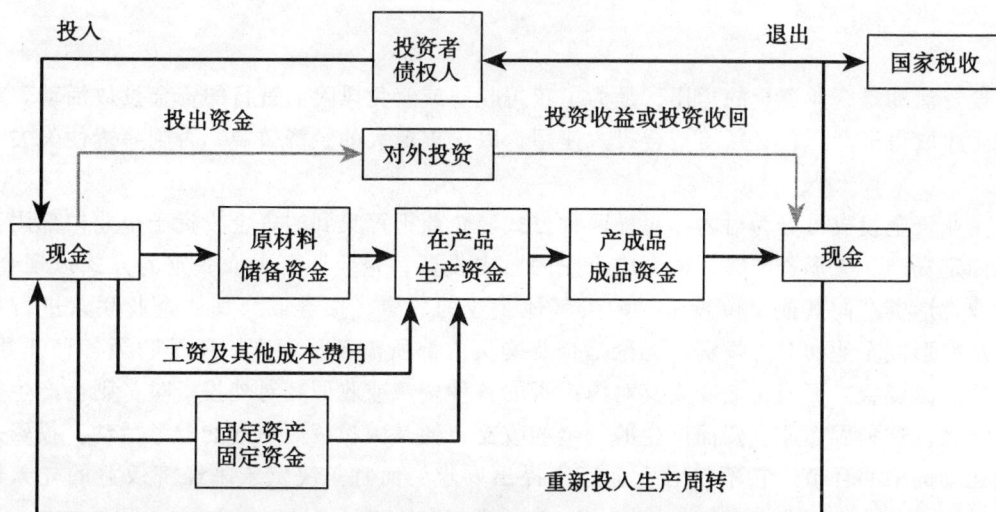

图 1-1　企业资金的运动过程

换，物质的价值形态和价值量在不断发生变化。在这个过程中，现金流转的起点和终点都是现金，其他资产都是现金在流转中的转化形式，因此，财务管理的对象也可以说是现金及其流转。这种流转周而复始，不断循环，形成现金的循环。

拥有一定数额的资金，是进行生产经营活动的必要条件。企业生产经营过程，一方面表现为物资的不断购进和售出；另一方面则表现为资金的支出和收回，企业的经营活动不断进行，也就会不断产生资金的收支。企业资金的收支，构成了企业经济活动的一个独立方面，这便是企业的财务活动，企业财务活动可分为以下 4 个方面：

（一）筹资活动

筹资活动指企业为了满足投资和用资的需要，筹措和集中所需资金的过程。筹集资金是企业进行投资和生产经营活动的前提，也是资金运动的起点。筹资活动的关键在于合理确定筹资的总规模和筹资结构。

企业要进行生产活动，首先必须从各种渠道筹集资金。企业的资金来源，主要有两种方式：一是企业的自有资金，企业可通过向投资者吸收直接投资、发行股票、企业内部留存收益等方式取得。二是企业的债务资金，企业可通过从银行借款、发行债券、利用商业信用等方式取得。企业通过发行债券或股票等方式筹资，会产生资金的流入，而支付利息、股利等会发生资金的流出。这种因为资金筹集而产生的资金收支，便是由企业筹资而引起的财务活动。

在筹资过程中，企业一方面要确定筹资的总规模，以保证投资所需要的资金；另一方面要通过筹资渠道、筹资方式或工具的选择，合理确定筹资结构，以降低筹资成本和风险。筹集生产所需资金是资金运动的起点，也是投资的必要前提，是企业财务管理的主要内容之一。

（二）投资活动

投资活动是企业资金的运用，是为了获得收益或避免风险而进行的资金投放活动。

企业取得资金后，必须将资金投入使用，以谋求最大的经济效益，否则筹资便失去了意义。

企业资金投放可分为对内和对外两种方式。企业把筹集到的资金投资于企业内部用于购置固定资产、无形资产等，便形成企业的对内投资；企业还可采取一定的方式以现金、实物或无形资产向其他单位投资，购买其他企业的股票、债券或与其他企业联营进行投资，从而形成企业的对外投资。无论是企业购买内部所需各种资产，还是购买各种证券，都需要支出资金。而当企业变卖其对内投资的各种资产或收回其对外投资时，则会产生资金的收入。这种因企业投资而产生的资金的收支，便是由投资而引起的财务活动。投资是资金运动的中心环节，它不仅对资金筹集提出要求，而且是决定未来经济效益的先天性条件。

企业在投资过程中，必须考虑投资规模，同时还必须通过投资方向和投资方式的选择，来确定合理的投资结构，以提高投资效益，降低投资风险，这是财务管理的主要内容之一。资金投放是现金流动的中心环节，它不仅对资金筹集提出要求，而且也是决定未来经济效益的先决条件。

（三）资金营运活动

资金营运活动是指企业因日常正常生产经营活动而引起的财务活动。营运活动的关键在于如何加速资金周转，提高资金利用效果。

企业在正常的经营过程中，会发生一系列的资金收支。首先，企业要采购材料或商品，以便从事生产和销售活动，同时，还要支付工资和其他营业费用，成本是生产经营过程中的资金耗费，在发生资金耗费的过程中，生产者创造出新的价值，包括为自己劳动创造的价值和为社会劳动创造的价值。所以，资金的耗费过程又是资金的积累过程，资金耗费是资金运动的基础环节，资金耗费水平是企业利润水平高低的决定性因素；其次，当企业把产品或商品售出后，便可取得收入，收回资金；最后，如果企业现有资金不能满足企业经营的需要，还要采取短期借款方式来筹集所需资金。上述各方面都会产生企业资金的收支，这就是因企业经营而引起的财务活动。

企业的营运资金，主要是为了满足企业日常营业活动的需要而垫支的资金，在一定时期内，资金周转越快，资金的利用效率就越高，就可能生产出更多的产品，取得更多的收入，获得更多的报酬。因此，如何加速资金周转，提高资金利用效果，也是财务管理的主要内容之一。

（四）分配活动

分配活动是企业将一定时期收支配比实现利润后，按规定上缴各项税费、补偿各项耗费和损失、提取公积金和公益金、向投资者分配利润等一系列经济活动。分配活动是对投资成果的分配。利润（股利）分配活动关键是确定利润（股利）的支付率。

企业在经营过程中会产生利润，也可能会因对外投资而分得利润，这表明企业有了资金的增值或取得了投资报酬。企业所取得的产品销售收入，首先用以弥补生产耗费，按规定缴纳流转税，其余部分为企业的营业利润。营业利润和投资收益、其他净收入构成企业的利润总额。企业的利润要按规定的程序进行分配，利润总额首先要按国家规定缴纳所得税，税后利润要提取公积金和公益金，分别用于扩大积累、弥补亏损和职工集体福利设施，其余利润作为投资收益分配给投资者。企业从经营中收回的货币资金，还要按计划向债权人还本付息，用以分配投资收益。随着分配过程的进行，资金会退出或留存企业，它必然会影响企业的资金运动，这不仅表现在资金运动的规模上，而且表现在资金运动的结构上，如筹资结构。因此，如何依据一定的法律原则，合理确定分配规模和分配方式，确保企业取得最大的长远利益，也是财务管理的主要内容之一。

上述财务活动的 4 个方面是相互联系、相互依存又相互区别的，构成了完整的企业财务活动，这 4 个方面也就是财务管理的基本内容：企业筹资管理、企业投资管理、营运资金管理、利润及其分配的管理。筹资活动是基础，投资活动和营运活动是主体，分配活动是一次资金运动过程的终点，又是下一次资金运动过程开始的前奏。

三、企业的财务关系

财务关系是指企业在组织财务活动过程中与有关各方发生的经济关系。企业的筹资活动、投资活动、经营活动、利润及其分配活动与企业内外各方面有着广泛的联系。企业的财务关系可概括为以下几个方面：

(一)企业与投资者(股东)和受资者之间的财务关系(投资 —— 受资)

企业与投资者(股东)的财务关系主要指企业的投资人向企业投入资金，而企业向其支付投资报酬所形成的经济关系。企业与受资者的财务关系主要指企业以购买股票或直接投资的形式向其他企业投资而形成的经济关系，并按约定履行出资义务，出资企业以其出资额参与受资企业的经营管理和利润分配。企业与投资者、受资者的关系即投资同分享投资收益的关系，在性质上属于所有权关系。处理这种财务关系必须维护投资、受资各方的合法权益。

(二)企业与债权人、债务人、往来客户之间的财务关系(债权 —— 债务)

企业与债权人的财务关系主要指企业向债权人借入资金，并按合同定时支付利息和归还本金，从而形成的经济关系。企业的债权人主要有债券持有人、贷款银行及其他金融机构、商业信用提供者和其他出借资金给企业的单位和个人。企业与债权人的财务关系在性质上属于债务与债权的关系。企业与债务人的财务关系主要指企业将其资金以购买债券、提供借款或商务信用等形式出借给其他单位而形成的经济关系。企业在这种关系中有权要求其债务人按约定的条件支付利息和归还本金。企业与往来客户之间的财务关系在性质上属于合同义务关系。处理这种财务关系，必须按有关各方的权利和义务保障有关各方的权益。

（三）企业与政府之间的财务关系（纳税 —— 征税）

政府作为社会管理者担负着维持社会正常秩序、保卫国家安全、组织和管理社会活动等任务。政府依据这一身份，无偿参与企业利润的分配。企业必须按税法规定向政府缴纳各种税款，包括所得税、流转税、资源税、财产税和行为税等。这种关系体现一种强制和无偿的分配关系，反映的是依法纳税和依法征税的税收权利义务关系（在税法上称为税收法律关系）。

（四）企业内部各单位之间的财务关系

企业内部的各职能部门和生产单位既分工又合作，共同形成一个企业系统。这主要指企业内部各单位之间在生产经营各环节中相互提供产品或劳务所形成的经济关系。企业供、产、销各个部门以及各个生产部门之间，相互提供劳务和产品也要计价结算，在企业财务部门同各部门、各单位之间，各部门、各单位相互之间，就会发生资金结算关系，它体现着企业内部各单位之间的经济利益关系，这种在企业内部形成的资金结算关系体现的就是企业内部各单位之间的财务关系。处理这种财务关系，要严格分清有关各方的经济责任，以便有效地发挥激励机制和约束机制的作用。

（五）企业与职工之间的财务关系

企业与职工之间的财务关系是企业向职工支付劳动报酬的过程中形成的经济关系。企业职工以自身提供的劳动参加企业的分配，企业根据劳动者的劳动情况，用其收入向职工支付工资、津贴和奖金，并按规定提取公益金等，体现着职工个人和集体在劳动成果上的分配关系。企业与职工的分配关系会直接影响企业利润并由此影响所有者权益。

企业的资金运动，从表面上看是钱和物的增减变动，其实，钱和物的增减变动都离不开人与人之间的关系。企业资金运动及其所形成的经济关系，就是企业财务的本质。

学习子情境二　财务管理的目标

情境引例

雷曼兄弟为何轰然倒下

2008 年 9 月 15 日，拥有 158 年悠久历史的美国第四大投资银行——雷曼兄弟（Lehman Brothers）公司正式申请依据以重建为前提的美国联邦破产法第 11 章所规定的程序破产，即所谓破产保护。雷曼兄弟公司，作为曾经在美国金融界中叱咤风云的巨人，在此次爆发的金融危机中也无奈破产，这不仅与过度的金融创新和乏力的金融监管等外部环境有关，也与雷曼兄弟公司本身的财务管理目标有着某种内在的联系。

◎思考：

与利润最大化的财务管理目标相比，股东财富最大化无疑更为科学和合理。从某种意义上讲，股东财富最大化是雷曼兄弟公司财务管理目标的现实选择。股东财富最大化是通过财务上的合理经营，为股东带来最多的财富。当雷曼兄弟公司选择股东财富最大化为其财务管理目标之后，公司迅速从一个名不见经传的小店发展成闻名世界的华尔街金融巨头，但同时，由于股东财富最大化的财务管理目标利益主体单一、适用范围狭窄、目标导向错位等原因，雷曼兄弟公司最终也无法在此次百年一遇的金融危机中幸免于难。股东财富最大化对于雷曼兄弟公司来说，颇有成也萧何，败也萧何的意味。

企业在制定财务管理目标时，需遵循如下原则：①价值导向和风险控制原则。财务管理目标首先必须激发企业创造更多的利润和价值，但同时也必须时刻提醒经营者要控制经营风险。②兼顾更多利益相关者的利益而不偏袒少数人利益的原则。企业是一个多方利益相关者利益的载体，财务管理的过程就是一个协调各方利益关系的过程，而不是激发矛盾的过程。③兼顾适宜性和普遍性原则。既要考虑财务管理目标的可操作性，又要考虑财务管理目标的适用范围。④绝对稳定和相对变化原则。财务管理目标既要保持绝对的稳定，以便制定企业的长期发展战略，同时又要考虑对目标的及时调整，以适应环境的变化。

无论是雷曼兄弟公司奉行的股东财富最大化，还是产值最大化、利润最大化、企业价值最大化，甚至包括非主流财务管理目标——相关者利益最大化，都在存在诸多优点的同时，也存在一些自身无法克服的缺点。因此在选择财务管理目标时，可以同时选择两个以上的目标，以便克服各目标的不足。在确定具体选择哪几个目标组合成财务管理目标时可遵循以下原则：①组合后的财务管理目标必须有利于企业提高经济效益；有利于企业提高"三个能力"（营运能力、偿债能力和盈利能力）；有利于维护社会的整体利益。②组合后的财务管理目标之间需要有主次之分，以便克服各财务管理目标之间的矛盾和冲突。

知识准备

一、财务管理的目标

财务管理的目标是企业进行财务管理活动所要达到的根本目的。从根本上讲其根本目标取决于企业的基本目标和社会责任。

（一）企业基本目标

1. 生存

企业生存的基本条件是以收抵支和清偿到期债务。生存的威胁来自两方面：一是长期亏损，它是企业终止的内在原因；另一个是不能清偿到期债务，它是企业终止的直接原因。

生存目标对财务管理的要求：力求保持以收抵支和偿还到期债务的能力，减少破产的风险，使企业能长期、稳定地生存下去。财务管理必须作好企业所需要资源及其配置和交换的筹划，如对资产结构、资本结构等的合理安排，只有生存才能获利。这是对财务管理的第一个要求。

2. 发展

企业只有通过规模的积累和扩张才能保持持续的发展，这需要企业以更大的规模在市场上进行资源的交换。企业发展目标主要是通过再投资实现的。不断地更新设备和工艺或投资新项目，扩大销售的数量和收入，提高竞争力，提高人员的素质，改进技术和管理，需要更多的资源。任何一项措施都离不开资金的投入。因此，筹集企业发展所需的资金是对财务管理的第二个要求。企业只有不断开发新产品扩大市场份额，才能在发展中求生存。

发展目标对财务管理的要求是：筹集企业发展所需的资金（科学筹资）。

3. 获利

获利是企业的出发点和归宿，企业只有获利才有生存的价值。企业必须通过有效的营运和财务管理，不断地提高获利水平。企业只有不断地获利，才能更好地生存和发展。

获利目标对财务管理的要求是：合理有效地使用资金（有效用资）。认识到资金是具有成本的，对企业正常经营产生的和从外部获得的资金加以有效利用，提高资金的利用效益，最终提高企业的收益。这是对财务管理的第三个要求。

（二）企业的社会责任

企业作为一种社会经济组织，在其生存、发展、获利的过程中，必须承担起一定的社会责任，包括：保障员工权益、保障债权人的合法权益、保障消费者权益、保护自然环境等责任。

1. 保障员工权益的责任

企业的生存和发展离不开员工的参与，企业必须保障员工的合法权益，包括支付合理的工资报酬，提供相应的福利保障，并建立一定的激励机制，保障企业员工的合法权益。

2. 保障债权人合法权益的责任

债权人的资金支持是企业重要的资金来源，企业必须履行其债务责任，按期偿付债务本息，保障债权人的合法权益。

3. 保障消费者权益的责任

消费是企业价值的最终实现，企业必须向消费者提供合格的产品和劳务以及良好的后续服务，保障消费者权益，树立企业良好的商业信誉，实现企业良性循环。

4. 保护自然环境的责任

企业需要花费一定的财力和物力资源，用于环境保护方面的开支，以弥补对环境的损害，承担起保护自然环境的责任。

（三）企业财务管理的目标

财务管理的目标决定着企业财务管理的基本方向。明确财务管理的目标，是搞好财务工作的前提。财务管理的目标主要有以下几种具有代表性的观点：

1. 利润最大化

利润最大化即财务管理的行为将朝有利于企业利润化方向发展。利润最大化一般指税后利润总额的最大化。在市场经济中，企业必然关心市场、关心利润，并且职工的经济利益直接同企业利润挂钩，从而使利润成为企业财务的主要目标。

其奉行理由为：第一，企业是以盈利为目的的经济实体，利润最大化作为企业的理财目标符合企业的经济本质；第二，在自由竞争的资本市场中，资本的使用权最终属于获利最多的企业；第三，利润代表了企业新创造的物质财富，只有每个企业都实现了利润最大化，才能够达到整个社会财富的最大化，从而带来社会的进步与发展；第四，利润最大化有利于企业提高竞争能力，静态下的边际成本与边际收益相等，被认为是企业竞争能力的提高和效率提高的标志。

但是，利润最大化也存在着难以克服的种种弊端，由于这些弊端的存在，利润最大化不应该成为现代企业追求的根本目标。第一，利润最大化是以静态状况下的边际收益等于边际成本为前提条件的，短期内的利润最大化会造成企业的短期行为，甚至可能受到"报表粉饰"的影响，进而损害企业的长远价值。第二，利润最大化的目标导向不符合现代企业战略管理的要求。现代企业战略管理需要对企业进行长远的、全局性的规划，其着眼点在于保证企业的长远良性发展。在战略管理下，一些企业成本对于短期利润的最大化是没有必要的，但是对于企业长远的发展则是必需的，如人才培训成本、研究开发成本、市场营销成本等。第三，短期利润最大化不能作为企业增强竞争能力的手段。第四，不能反映创造利润与投入资本之间的关系。第五，从财务估价的角度，利润最大化忽略了货币的时间价值及风险因素。在不考虑货币的时间价值的情况下，理财决策是不科学的决策，也有可能造成决策的失误。盲目追求利润最大化就有可能忽略风险去追逐高额利润，结果可能会给企业带来意外的损失。第六，利润最大化会受到会计政策选择等人为因素的影响。总之，由于利润最大化不具有系统性、长远性、重要性、时间性、风险性等企业理财目标应具有的特性，所以，不能以其作为企业理财的根本目标。

2. 每股盈余（权益资本净利率）最大化

资本利润率是利润额与资本额的比率。

每股利润是利润额与普通股股数的比值。

理由：每股盈余最大化考虑企业的利润和股东投入的资本之间的联系，用资本利润率（每股利润）概括企业财务管理目标，能够说明企业的盈利水平，可以对不同资本规模的企业或同一企业不同期间进行比较，揭示其盈利水平的差异。但没有考虑每股盈余取得的时间性及其风险，不能避免企业的短期行为。

3. 股东财富最大化

股东财富最大化（股东价值最大化）是指企业通过合法经营，采取有效的经营和财务策略，使企业股东财富达到最大化。

现代企业的日常财务管理工作由受委托的经营者负责处理，经营者应最大限度地谋求股东或委托人的利益，而股东或委托人的利益目标则是提高资本报酬，股东创办企业的目的就是扩大股东的财富，实现权益资本的保值增值。因此，股东财富最大化这一理财目标受到人们的普遍关注。在股份制企业中，投资者持有公司的股票并成为公司的股东。许多人认为，股票市场价格的高低体现着投资大众对公司价值所作的客观评价。它可以每股市价表示，反映着资本和利润之间的关系；它受预期每股盈余的影响，反映着每股盈余的大小和取得的时间；它受企业风险大小的影响，可以反映每股盈余的风险。所以，人们往往用股票市场价格来代表股东财富。股东财富最大化的目标在一定条件下也就演变成股票市场价格最大化这一目标。其合理性在于考虑了风险价值和时间价值；在一定程度上克服了企业在追求利润上的短期行为。

缺陷：只强调股东的利益，而对其他关系人的利益重视不够；股票价格受多种因素影响，并非都是企业所能控制的，不利于评价企业的管理业绩。

4. 企业价值最大化

企业价值是指企业的未来现金净流量按照企业要求的必要报酬率计算的总现值，也是企业的市场价值。它取决于未来企业所创造的现金净流量、企业要求的必要报酬率和企业存续时间等因素，在理论上等于企业股票的价值与债券的价值，即金融化的资产价值。以企业价值最大化作为企业的理财目标，是现代企业发展的必然要求，反映了企业潜在或预期盈利能力。它具有与相关利益者利益的一致性、保证企业战略发展的长期性、考虑风险及货币时间价值估价的风险性及时间性等特征。

理由：以企业价值最大化作为企业目标有利于实现企业相关利益主体经济利益的均衡；体现了企业战略管理的要求；考虑了货币的时间价值与风险因素；有利于克服管理上的片面性和短期行为；反映了对企业资产保值增值的要求，有利于社会资源的合理配置，社会资源会向企业价值最大化的企业流动，有利于社会效益的提高。

按照企业价值最大化的理财目标，由于企业价值是按照必要报酬率计算的企业未来现金净流量的现值，因此，在投资决策中，努力增加企业未来的现金净流量，在筹资中，努力降低资本成本(企业的必要报酬率)，控制风险，就成为理财工作的具体目标。

缺点：对股票上市企业，用股票价格揭示企业价值也有不尽恰当之处，股票价格受多种因素的影响，股价与企业盈利水平并不完全成正比例，不能真实反映企业的业绩。非上市公司的评估由于评估方法与评估标准存在人为选择的影响，可能不易做到准确和客观。

以上几种财务管理目标并非互不相干、相互排斥，而是相互作用、相互补充的。一般而言，企业的每股利润增长，股票的市场价格也会同向增长，从而使得股东财富与企业价值同向增长。企业价值最大化是目前认同度较高的财务管理基本目标。在选择财务管理目标时，可以同时选择两个以上的目标，以便克服各目标的不足从而有利于企业提高经济效益；有利于企业提高"三个能力"(营运能力、偿债能力和盈利能力)；有利于维护社会的整体利益。

二、实现财务目标中利益关系协调

(一)代理关系与代理冲突

所有者和债权人都为企业提供了财务资源，但是他们处于企业之外，只有经营者即管理当局在企业直接从事财务管理工作。所有者、债权人、经营者之间构成了企业最重要的财务关系。代理理论阐明了企业中债权人与股东之间、股东与管理者之间的利益冲突及解决对策。

迈克尔·詹森将代理关系定义为一种契约，在这种契约下，一个人或更多的人(即委托人)聘用另一人(即代理人)代表他们来履行某些服务，包括把若干决策权托付给代理人。在契约关系存在的情况下，由于代理人是一个独立的经济人，具有独立的目标函数，他的目标函数是借助于委托人所给的条件,最大限度地满足自己的利益;同时,由于委托人和代理人之间存在信息不对称,委托人无法准确观察代理人的行动,必然要产生代理成本。

代理成本(Agency cost)是指制定、管理和实施契约所发生的全部费用。詹森和梅克林将代理成本划分为三部分:(1)委托人的监督费用;(2)代理人的保证费用;(3)剩余损失。委托人的监督费用是指为使代理人达到委托人的要求而用于管理代理人行为的费用,包括激励与监督费用。代理人的保证费用是指代理人保证不采取损害委托人利益的行为的费用以及如果采取了某种损害委托人利益的行动,代理人将赔偿委托人的费用。监督费用和保证费用是制定、管理、实施契约的实际费用。剩余损失是指委托人因代理人代行决策权而产生的一种利益损失,它是一种在契约最优但又不能被完全执行时的机会成本。

(二)企业所有者与企业经营者的矛盾与协调

1. 矛盾

企业经营者与企业所有者的矛盾如图 1-2 所示。

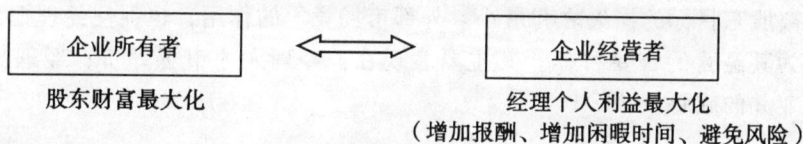

图 1-2 企业所有者与企业经营者的矛盾

股东与经营者的代理冲突源于在自利行为假设下,股东与经营者目标的不一致性。代理冲突的前提条件之一是所有权与经营权分离。企业价值的最大化直接反映了企业所有者的利益,而作为企业的经营者只得到薪金(工资),与企业的长远收益没有直接的关系。经营者与所有者的主要矛盾就是经营者希望在提高企业价值和股东财富的同时,能更多地增加享受成本,而所有者和股东则希望以最小的享受成本支出带来更高的企业价值和股东财富。

二者目标的背离:(1)道德风险:经营者为了自己的目标,不尽最大努力实现企业理财目标,这样做不构成法律责任和行政责任,只是道德问题。(2)逆向选择:经营者为了自己的目标背离股东目标。

2. 一般协调方法

以上分析是建立在忽略了通过监督和其他控制活动对经营者行为进行控制的潜在可能性的基础上。在实践中,可以通过审计、建立控制系统、预算限制以及建立使管理者利益与外部股东利益趋于一致的激励性补偿制度等,改变经营者所拥有、支配的非金钱利益的机会。为了解决所有者与经营者在理财目标上存在的矛盾,应当建立激励和制约这两种机制。

监督——建立约束机制。经营者背离所有者的理财目标,其条件是双方的信息不一致,经营者了解的信息比所有者既多且早,因而容易出现"内部人控制"的现象。为了解决这一矛盾，就要加强对经营者的监督，并采取必要的制约措施：实行经营状况公开制度，股东除要求经营者定期公布财务报表外，还应尽量获取更多信息，对经理进行必要的监督；实行对经理、厂长定期审计制度，由股东会（股东大会）委托监事会对经理、厂长进行审计，揭示企业投资方案、筹资方案、经营计划、财务预算的执行情况，利润分配情况，管理费用开支情况，会计信息提供的真实性等。如发现经营者行为损害企业的利益，要立即予以纠正；实行严格的奖惩制度，当发现经理人员不认真履行职责，以至于给企业造成损失时，股东大会和监事会应采取制裁措施，比如：降低年薪标准、处以罚款、降级甚至解聘。但监督只能减少经理违背股东意愿的行为。

激励——建立激励机制。就是将经理的管理绩效与经理所得的报酬联系起来，使经理分享企业增加的财富，例如适当延长经营者任期、实行年薪制、实行绩效股，鼓励他们自觉采取符合股东目标的行为。但激励也只能减少经理违背股东意愿的行为，不能解决全部问题。

3. 最佳方法

促使代理人和委托人的目标保持一致的有效措施是委托人对代理人的激励与约束。采用监督和激励相结合的办法使经理的目标与企业目标协调起来，力求使监督成本、激励成本和经理背离股东目标的损失之和最小。外部市场竞争的作用，也促使经理把公司股票价格最高化作为其经营的首要目标。其主要表现在：经理人才市场评价；经理被解聘的威胁；公司被兼并的威胁。

（三）所有者与债权人的矛盾与协调

1. 矛盾

企业的资本来自股东和债权人。债权人的投资回报是固定的，而股东收益随企业经营效益而变化。当企业经营得好时，债权人所得的固定利息只是企业收益中的一小部分，大部分利润归股东所有。当企业经营状况差陷入财务困境时，债权人承担了资本无法追回的风险。这就使得所有者的财务目标与债权人可望实现的目标可能发生矛盾。股东伤害债权人的第一种方式是风险转嫁。第二种方式是股东不经债权人的同意，投资于比债权人预期风险高的新项目。股东伤害债权人的第三种方式是不征得原债权人的同意而举借新债，从而造成企业债务偿还能力降低，导致旧债市场价值降低。代理成本的承担者是企业，代理成本与企业价值是此消彼长的。在企业资本结构中，权益性资本所占比重越大，股权的代理成本就越大，债务代理成本就越低，反之亦然。当企业代理成本的总和能够达到最低时，企业的价值最大。

2. 协调方法

（1）寻求立法保护。

（2）限制性借款——通过对借款的用途限制、借款的担保条款和借款的信用条件来防止和迫使股东不能利用上述方法剥夺债权人的债权价值。

（3）收回借款并不再借款——当债权人发现公司有侵蚀其债权价值的意图时，应通过收回债权和不给予公司重新放款来保护自身的权益。

除债权人外，与企业经营者有关的各方都与企业有合同关系，都存在着利益冲突和限制条款。企业经营者若侵犯职工、客户、供应商和所在社区的利益，都将影响企业目标的实现。因此，企业是在一系列限制条件下实现其价值最大化的。股东、经营者、债权人目标的协调如表 1-1 所示。

表 1-1　　　　　　　　　　　　股东、经营者、债权人目标的协调

关系人	目标	与股东冲突的表现	协调方法
经营者	报酬、闲暇、风险	道德风险、逆向选择	解聘、接收、激励
债权人	到期收回本金、利息	违约投资高风险项目、发新债券使旧债券贬值	契约限制、终止合作
社会公众	可持续发展	伪劣产品、环境污染、劳动保护	法律规范、道德约束、行政监督、舆论监督

（四）社会责任与企业财务目标的协调

企业目标与社会目标在许多方面是一致的，企业目标与社会目标也有矛盾的一面。为促使企业履行社会责任，政府应以法律的形式保护社会公众的利益，调节股东与社会公众利益的矛盾；对于法律不能约束的行为，应促使企业遵守商业道德规范或接受政府的行政监督；企业还应受到社会舆论的监督。

学习子情境三　财务管理环境

知识准备

一、财务管理环境

财务管理环境又称理财环境，是指对企业财务活动产生影响的企业内外部各种条件。按其存在的空间分内部财务环境，包括：企业资本实力、生产技术条件、经营管理水平和决策者的素质等四个方面。外部财务环境中最主要的有法律环境、经济环境和金融市场环境等。

外部财务环境是企业财务决策难以改变的外部约束条件，企业应提高财务行为对环境的适应能力、应变能力和利用能力，企业财务决策更多的是适应它们的要求和变化，更好地实现企业财务管理目标。财务管理的外部环境涉及的范围很广，下面主要介绍法律环境、金融市场环境和经济环境。

二、法律环境

法律环境是指对企业财务管理活动产生影响的各种法律因素。市场经济是法治经济，通常需要建立一个完整的法律体系来维护市场秩序。对企业来说，法律为企业经营活动规

定了活动空间，需要企业遵守相关的法规，也为企业在相对空间内自由经营提供了法律上的保护。这个法律体系包括企业和外部发生经济关系时所应遵守的各种法律、法规和规章，涉及企业设立、企业运转、企业合并和分立以及企业的破产清理等各方面；也涉及企业筹资活动、投资活动和分配活动等财务管理活动的各个环节。在我国，与企业财务管理有密切关系的法律、法规包括：

（一）企业组织法律规范

企业组织必须依法成立。组建不同的企业，要依照不同的法律规范。按组织形式，可将企业分为独资企业、合伙企业和公司，它们分别要遵守《中华人民共和国公司法》（以下简称《公司法》）、《中华人民共和国中外合资企业法》、《中华人民共和国外资企业法》、《中华人民共和国个人独资企业法》、《中华人民共和国合伙企业法》、《中华人民共和国合同法》（以下简称《合同法》）等。这些法律规范既是企业的组织法，又是企业的行为法。

（二）税务法律规范

税法是税收法律制度的总称，是调整税收征纳关系的法律规范。任何企业都有法定的纳税义务，与企业相关的税种主要有以下五种：

(1)所得税类：包括企业所得税、个人所得税。

(2)流转税类：包括增值税、消费税、营业税、城市维护建设税。

(3)资源税类：包括资源税、土地使用税、土地增值税。

(4)财产税类：财产税。

(5)行为税类：印花税、车船使用税等。

依法纳税是每个独立法人应尽的义务，纳税构成企业的现金流出量。税收对于企业资本供求和税收负担有着重要影响，税种的设置、税率的调整对企业生产经营活动具有调节作用。因此，公司理财活动应当适应税收政策的导向，合理安排现金流量，以求企业价值最大化。税收对公司理财的影响具体表现为：

(1)影响企业融（筹）资决策。按照现行所得税制度，企业借款利息不高于金融机构同类同期贷款利息的部分，可在所得税前予以扣除，债券利息也可计入财务费用，作为利润总额的扣减项目，这样就减少了企业的应纳税所得额。其他筹资方式则没有这个优势，如发行股票筹集的资本，其支付的股利必须在所得税后的净利润中列支。

(2)影响企业投资决策。如对企业设立的地点和行业的影响。我国现行的企业所得税制度中，规定了对于投资于特定地区和特定行业等的优惠政策，在企业设立之初可以考虑依照国家政策导向，获得税收优惠。

(3)影响企业股利政策或利润分配。股份公司的股利政策不仅影响股东的个人所得，而且影响公司的现金流量。在个人所得税制度完善的情况下，股东获得的现金股利需缴纳个人所得税，如果公司将盈余留存于企业，股东可不缴纳个人所得税，虽然没有现实的收入，但却可以从以后的股票市场价格上涨中获得实惠。当然，这涉及公司所得税税率与个人所得税税率高低问题即税差因素，同时也涉及股东是关注投资收益还是资本利得问题。所有这些又都与金融市场的有效性和股东的构成密切相关。

可见，税收对公司理财行为有着重要的影响，企业的筹资决策、投资决策与股利政策都受到税收因素的影响。因此，企业财务经理必须对税收制度有所了解。

（三）财务法律规范

企业财务法规制度是规范企业财务活动，协调企业财务关系的行为准则。由企业财务的法律、法规、规章、办法四个层次组成。

（1）企业财务的法律。企业财务的法律是由全国人大及其常委会审议通过的涉及企业财务管理方面的法律。包括不同企业组织形式的法律以及相关的法律。如：《公司法》、《证券法》、《合同法》、《企业所得税法》等。内容涉及企业的融资、投资、债务、税收、利润分配、变更和解散等，企业财务内容都有相应的基本规范。

（2）企业财务的法规。企业财务的法规是由国务院制定颁布的涉及企业财务方面的法规。如：《股票发行与交易管理暂行条例》、《国有资产评估管理办法》、《总会计师条例》等。其作用在于对法律进行补充或具体化。

（3）企业财务的规章。企业财务的规章是由国务院有关部门（如财政部、证监会）制定发布的涉及企业、公司的规章。如：《企业会计准则》、《上市公司新股发行管理办法》等，还包括一些地方性的企业财务法规。

（4）企业内部财务管理办法。为加强财务管理，企业还应该结合实际，制定企业内部财务管理办法，如内部控制、存货管理、费用管理、利润管理、对外投资管理、内部结算等方面的管理制度。

财务法律规范主要包括企业财务通则、企业会计准则和企业内部财务制度。

企业财务通则是设立在我国境内的各类企业进行财务活动、实施财务管理必须遵循的基本原则和规范，是财务规范体系中的基本法规，在财务法规制度体系中起着主导作用。财务通则是制定行业财务制度和企业内部财务制度的根据。各行业财务制度和企业内部财务制度都是在财务通则确定的共同原则与规范的基础上，结合行业与企业特点而制定的，从而保证了财务制度的科学性和逻辑性。它对以下问题做出了规定：建立资本金制度、固定资产的折旧、成本的开支范围、利润的分配等。

企业会计准则是规范企业会计确认、计量、报告的会计准则，是财政部颁布的指导企业进行会计核算的法规。

此外，与企业财务管理有关的其他经济法律规范还有《证券法》、《票据法》、《银行法》、《支付结算办法》、《破产法》、《合同法》等，企业财务管理人员要熟悉这些法律、法规，在守法的前提下利用财务管理的职能，实现企业的财务目标。

企业内部财务制度是由企业管理当局制定的用来规范企业内部财务行为、处理企业内部财务关系的具体规则，它在财务法规制度体系中起着补充作用。

企业内部财务制度的制定要符合以下原则：（1）符合企业财务通则和行业财务制度的原则和规定；（2）体现本企业的生产技术和经营管理特点；（3）考虑企业内部财务管理体制的方式和内容。

企业内部财务制度的制定要体现以下要求：（1）明确财务主体的具体范围。即明确企业内部财务管理的级次，明确企业内部各经营单位之间及其与企业财务部门的关系，明确企业与联营单位、投资与被投资单位、内部承包单位的财务管理关系。(2)划分内部财务管理的岗位,明确相应的责任。具体包括财务管理体制的确立、财务机构的设置、财务管理岗位的设立、内部分工、各岗位责权利及其相互衔接关系。(3)明确财务管理的内容和方法。具体包括货币资本、存货、固定资产、销货与收款、工资、筹资、投资、收益分配等的管理与牵制办法和程序以及折旧方法、存货计价方法、费用提取标准等的选择。(4)规定财务管理与内部责任单位的相互衔接关系。包括责任单位的划分、责任核算、责任控制、责任奖惩等。(5)规定财务规划与财务评价的方法与程序。包括企业进行财务规划和财务评价的程序、方法、时间,各经营单位在规划和评价中的职责。

总体而言,法律环境对企业财务管理的影响和制约主要表现为:

(1)在筹资活动中,国家通过法律规定了筹资的最低规模和结构,如《公司法》规定股份有限公司注册资本的最低限额为人民币1 000万元,规定了筹资的前提条件和基本程序,如《公司法》就对公司发行债券和股票的条件做出了严格的规定。

(2)在投资活动中,国家通过法律规定了投资的方式和条件,如《公司法》规定股份公司的发起人可以用货币资金出资,也可以用实物、工业产权、非专利技术、土地使用权作价出资,规定了投资的基本程序、投资方向和投资者的出资期限及违约责任,如企业进行证券投资必须按照《证券法》所规定的程序来进行,企业投资必须符合国家的产业政策,符合公平竞争的原则。

(3)在分配活动中,国家通过法律如《税法》、《公司法》等规定了企业成本开支的范围和标准,企业应缴纳的税种及计算方法,利润分配的前提条件、利润分配的去向、一般程序及重大比例。在生产经营活动中,国家规定的各项法律也会引起财务安排的变动或者说在财务活动中必须对其予以考虑。

三、经济环境

经济环境是指企业进行财务活动的宏观经济状况。它主要包括以下几个方面的内容。

(一)经济发展状况

经济发展的波动,即有时繁荣有时衰退,对企业理财有极大影响。当经济发展处于繁荣时期,经济发展速度较快,市场需求旺盛,销售额大幅度上升,资金需求量大增。当经济发展处于衰退时期,经济发展速度缓慢,甚至出现负增长,企业的产量和销售量下降,投资锐减,资金时而紧缺、时而闲置,销售额下降会阻碍企业现金的流转,例如,成品积压不能变现,需要筹资以维持运营,财务运作出现较大困难。近几年来我国经济增长比较快,企业为跟上这种发展,并在行业中维持它的地位,至少要有同样的增长速度,企业要相应增加厂房、设备、存货、职工等,这种增长需要大规模地筹集资金。尽管政府试图减少不利的经济波动,但事实上经济有时"过热",有时需要"调整"。财务人员对这种波动要有所准备,筹措并分配足够的资金,用以调整生产经营。

(二)通货膨胀

经济发展中的通货膨胀也成为企业理财中的重要影响因素,通货膨胀不仅对消费者不利，给企业理财也带来很大困难，主要表现在：资金占用额迅速增加；利率上升，企业筹资成本加大；证券价格下跌，筹资难度增加；利润虚增、资金流失。企业为了实现期望的报酬率，必须调整收入和成本。同时，使用套期保值等办法减少损失，如提前购买设备和存货、买进现货卖出期货等，或者相反。

（三）政府的经济政策

对宏观经济发展进行调控是政府的职能，政府可以通过计划、财税、金融等手段，对国民经济总运行机制及子系统提出一些具体的政策措施。国民经济发展规划、国家的产业政策、经济体制改革措施、政府的行政法规等，对企业的财务活动都有重大影响。国家对某些地区、某些行业、某些经济行为的优惠、鼓励和有利倾斜构成了政府政策的主要内容。从反面来看，政府政策也是对另外一些地区、行业和经济行为的限制。企业在财务决策时，要认真研究政府政策，按照政策导向行事，才能趋利除弊。问题的复杂性在于政府政策会因经济状况的变化而调整，如货币政策的调整会直接、迅速地影响企业的筹资与投资；财政政策的调整对企业理财具有持久而较为缓慢的影响；汇率政策的调整影响企业理财。企业在财务决策时为这种变化留有余地，甚至预见其变化的趋势，对企业理财大有好处。

（四）经济结构

经济结构一般指从各个角度考察社会生产和再生产的构成，包括产业结构、地区结构、分配结构和技术结构等。经济结构对企业财务行为的影响主要体现在产业结构上。产业结构会在一定程度上影响甚至决定财务管理的性质，不同产业所要求的资金规模或投资规模不同，不同产业所要求的资本结构也不一样。产业结构的调整和变动要求财务管理做出相应的调整和变动，否则企业日常财务运作就会变得艰难，财务目标也难以实现。

（五）竞争

竞争广泛存在于市场经济之中，任何企业都不能回避。企业之间、各产品之间、现有产品和新产品之间的竞争，涉及设备、技术、人才、推销、管理等各个方面。竞争能促使企业用更好的方法来生产更好的产品，对经济发展起推动作用。但对企业来说，竞争既是机会，也是威胁。为了改善竞争地位，企业往往需要大规模投资，成功之后企业盈利增加，但若投资失败则竞争地位更为不利。竞争是"商业战争"，在竞争中会体现企业的综合实力，同时，经济增长、通货膨胀、利率波动带来的财务问题以及企业的对策都会在竞争中体现出来。

四、金融市场环境

金融市场是指资金供求双方交易的场所。广义的金融市场，是指一切资本流动的场所，包括实物资本和货币资本的流动。广义金融市场的业务包括货币借贷、票据的承兑和贴现、有价证券的买卖、黄金和外汇的买卖、办理国内外保险、生产资料的产权交换等。狭义的金融市场一般是指有价证券市场，即证券的发行和买卖市场。企业筹资、投资活动是在一定的环境约束下进行的。金融市场是企业财务管理的直接环境，它不仅为企业筹资和投资提供场所，而且促进资本的合理流动和优化配置。

(一)金融市场与企业财务活动

首先，金融市场是企业筹资和投资的场所，企业从事投资活动所需要的资金，除了所有者投入以外，主要从金融市场取得，金融政策的变化必然影响企业的筹资与投资，其环境如何对企业财务活动影响极大，金融市场环境是企业最为主要的环境因素。其次，企业可以通过金融市场实现长期资金与短期资金的相互转化。金融市场的发育程度、各种融资方式的开放和利用情况、承兑、抵押、转让、贴现等各种票据业务的开展程度，直接决定企业在需要资金时能否便利地选择适合自己的筹资方式，在资金剩余时能否灵活地选择投资方式，为其资金寻找出路。金融市场还为企业财务管理提供有意义的信息。

(二)金融市场的种类

金融市场是由不同层次的分市场构成的市场体系，主要有以下几种分类：

(1)按交易的期限，分为资金市场和资本市场。资金市场又叫货币市场，是指期限不超过一年的短期资金交易市场。其业务包括银行短期信贷市场业务、短期证券市场业务和贴现市场业务。短期资金市场主要是满足企业对短期资金的需求、进行短期资金融通。资本市场，是指期限在一年以上的长期资金交易市场。其业务包括长期信贷市场业务、长期证券市场业务。长期资金市场主要是满足企业对长期资金的需求、进行长期资金融通。

(2)按交割的时间，分为现货市场和期货市场。现货市场是指买卖双方成交后，当场或几天内买方付款、卖方交出证券的交易市场。期货市场是指买卖双方成交后，在双方约定的未来某一特定的时间才交割的交易市场。

(3)按交易的性质，分为发行市场和流通市场。发行市场是指从事新证券和票据等金融工具初次买卖的市场，也叫初级市场或一级市场。流通市场是指从事已发行、上市的各种旧证券和票据等金融工具买卖的转让市场，也叫次级市场或二级市场。

(4)按交易的直接对象分为同业拆借市场、国债市场、企业债券市场、股票市场、金融期货市场等。

(三)我国主要的金融机构

金融市场由主体、客体和市场参与人组成。主体是指银行和非银行金融机构，它们构成市场的主体，是连接筹资者和投资者的纽带。我国的银行体系包括中国人民银行、政策性银行和商业银行。

(1)中国人民银行是我国的中央银行，它代表政府管理全国的金融机构和金融活动，主要负责制定货币政策，履行相关职责及经营国库业务；

(2)政策性银行是由政府设立，以贯彻国家产业政策、区域发展政策为目的，不以盈利为目的的金融机构，我国目前有三家政策银行：国家开发银行、中国进出口银行、中国农业发展银行；

(3)商业银行是以经营存款、贷款、办理转账结算为主要业务，以盈利为主要经营目标的金融企业，我国商业银行有：国有独资商业银行、股份制商业银行、外资商业银行，目前我国四大商业银行已股改并成功上市。

（4）非银行金融机构包括保险公司、信托投资公司、证券机构、财务公司、金融租赁公司等机构。

（四）金融市场的利息率

利息率简称利率，是衡量资金增值的基本单位，是资金的增值同投入的资金的价值比，也是资金使用权的价格。利率可以用下式表示：

$$利率 = 纯利率 + 通货膨胀附加率 + 风险报酬率$$

其中：纯利率是指没有风险和通货膨胀情况下的平均利率。在没有通货膨胀时，国库券的利率可以视为纯利率。

通货膨胀附加率是由于通货膨胀会降低货币的实际购买力，为弥补其购买力损失而在纯利率的基础上附加的通货膨胀率。

风险附加率是由于存在违约风险、流动性风险和期限风险而要求在纯利率和通货膨胀附加率之外附加的利率。违约风险附加率：是指为了弥补因债务人无法按时还本付息而带来的风险，由债权人要求附加的利率；流动性风险附加率：是指为了弥补因债务人资产流动不好而带来的风险，由债权人要求附加的利率；期限风险附加率：是指为了弥补因偿债期长而带来的风险，由债权人要求附加的利率。

银行贷款利率的波动以及与此相关的股票和债券价格的波动，既给企业以机会，也是对企业的挑战。在为过剩资金选择投资方案时，利用这种机会可以获得营业以外的额外收益。例如，在购入长期债券后，由于市场利率下降，按固定利率计息的债券价格上涨，企业可以出售债券获得较预期更多的现金流入。当然，如果出现相反的情况，企业会蒙受损失。在选择筹资来源时，情况与此类似。在预期利率将持续上升时，以当前较低的利率发行长期债券，可节省资金成本。当然，如果后来事实上利率下降了，企业将要承担比市场利率更高的资金成本。

学习子情境四　财务管理的组织

知识准备

一、企业组织形式及特点

企业是市场经济的主体，设立一个企业首先面临的问题是要采用哪种组织形式，企业组织形式通常有三种类型：独资企业、合伙企业和公司。

（一）独资企业

根据《中华人民共和国个人独资企业法》第二条的规定，个人独资企业是指依照本法在中国境内设立，由一个自然人投资，财产为投资人个人所有，投资人以其个人财产对企业债务承担无限责任的经营实体。独资企业不作为企业所得税的纳税主体，具有结构简单、容易开办、利润独享、限制较少等优点。但也存在无法克服的缺点，一是出资者负有无限偿债责任；二是筹资困难，个人财力有限，借款时往往会因信用不足而遭到拒绝。我国的国有独资公司不属于本类企业，而是按有限责任公司对待。

（二）合伙企业

根据《中华人民共和国合伙企业法》第二条的规定，合伙企业，是指自然人、法人和其他组织依照本法在中国境内设立的普通合伙企业和有限合伙企业。普通合伙企业由普通合伙人组成，合伙人对合伙企业债务承担无限连带责任。本法对普通合伙人承担责任的形式有特别规定的，从其规定。有限合伙企业由普通合伙人和有限合伙人组成，普通合伙人对合伙企业债务承担无限连带责任，有限合伙人以其认缴的出资额为限对合伙企业债务承担责任。合伙企业的法律特征是：

(1)有两个以上所有者(出资者)，并且都是具有完全民事行为能力，依法承担无限责任的人；

(2)有书面合伙协议，合伙人依照合伙协议享有权利，承担责任；

(3)有各合伙人认缴或实际缴付的出资，合伙人可以用货币、实物、土地使用权、知识产权或者其他属于合伙人的合法财产及财产权利出资，经全体合伙人协商一致，合伙人也可以用劳务出资，其评估作价由全体合伙人协商确定；

(4)有关合伙企业改变名称、向企业登记机关申请办理变更登记手续、处分不动产或财产权利、为他人提供担保、聘任企业经营管理人员等重要事务，均需经全体合伙人一致同意；

(5)合伙企业的利润和亏损，由合伙人依照合伙协议约定的比例分配和分担；合伙协议未约定利润分配和亏损分担比例的，由各合伙人平均分配和分担；合伙企业本身不是法人，不交纳企业所得税，其收益直接分配给合伙人。

(6)各合伙人对合伙企业债务承担无限连带责任。

合伙企业具有开办容易、信用较佳的优点，但也存在责任无限、权力不易集中、有时决策过程过于冗长等缺点。

（三）公司

公司是指依照公司法登记设立，以其全部法人财产，依法自主经营、自负盈亏的企业法人。公司享有由股东投资形成的全部法人财产权，依法享有民事权利，承担民事责任。公司股东作为出资者按投入公司的资本额享有资产收益、参与重大决策和选择管理者等权利，并以其出资额或所持股份为限对公司承担有限责任。依照《中华人民共和国公司法》的规定，公司又分为有限责任公司和股份有限公司。

1. 有限责任公司

有限责任公司是指由 2 个以上 50 个以下股东共同出资，每个股东以其所认缴的出资额为限对公司承担有限责任，公司以其全部资产对其债务承担责任的企业法人。其特征有：

（1）公司的资本总额不分为等额股份。

（2）公司向股东签发出资证明书，不发股票。

（3）公司股份的转让有较严格限制。

（4）限制股东人数，不得超过一定限额。

（5）股东以其出资比例享受权利、承担义务；公司交纳企业所得税。

（6）股东以其出资额为限对公司承担有限责任。

2. 股份有限公司

根据《公司法》的规定，股份有限公司是依法设立，其全部股本分为等额股份，股东以其所持股份为限对公司承担责任，公司以其全部资产对公司的债务承担责任的企业法人。其特征有：

（1）公司的资本划分为股份，每一股的金额相等。

（2）公司的股份采取股票的形式，股票是公司签发的证明股东所持股份的凭证。

（3）同股同权，同股同利；股东出席股东大会，所持每一股份有一表决权。

（4）股东可以依法转让持有的股份（可转让性）；股份有限公司的法人地位不受某些股东死亡或转让股份的影响（存续性）。

（5）公司作为法人有拥有资产、承担债务和发行证券的资格。

（6）股东以其所持股份为限对公司债务承担有限责任，倘若公司破产清算，股东的损失以其对公司的投资额为限（有限责任）。对企业的收益重复纳税，公司的收益先要交纳企业所得税，税后收益以现金股利分配给股东后，股东还要交纳个人所得税。

公司的最大优点是公司的所有者——股东只承担有限责任，股东对公司债务的责任以其投资额为限。公司的另一个优点是比较容易筹集资金，通过发行股票、债券等可以迅速筹集到大量资金，这使公司比独资企业和合伙企业有更大发展的可能性。

从企业组织形式的变化可以看到：它是沿着从独资企业到合伙企业，一直到公司这样一条道路发展变化的。这条道路经历了相当长的时间，这其中也有许多原因和背景，但是，有一点是肯定的：公司的产生和发展与企业发展所需要的资本如何得到满足，通过何种方式筹集资本这个问题密切相关。从某个侧面说，企业组织形式发展的轨迹是一条"资金拉动"型的路径。

由此不难看出，不同企业组织形式对公司理财活动的重要影响。如果企业的组织形式是独资企业，财务管理活动就相当简单。独资企业主要是利用业主的资本和供应商提供的商业信用，利用借款方式筹集资金的不多。独资企业的利润分配和资本抽回都比较简单，没有什么法律限制。此时，财务管理活动与簿记没有明显的区别。对于合伙企业来说，资本来源增加，信用能力增强了，利润的分配也相对比较复杂。公司理财活动内容最丰富，其资本来源多种多样，筹资方式也是多种多样的。这就需要认真分析和选择，以便以最低的资本成本筹集所需要的资本。同时，公司的利润分配也比较复杂，要考虑企业的内外部多种因素。

二、财务管理的组织结构

财务管理组织是指企业建立的财务管理的职能部门。公司制下财务管理组织的一般形式如图 1-3 所示。

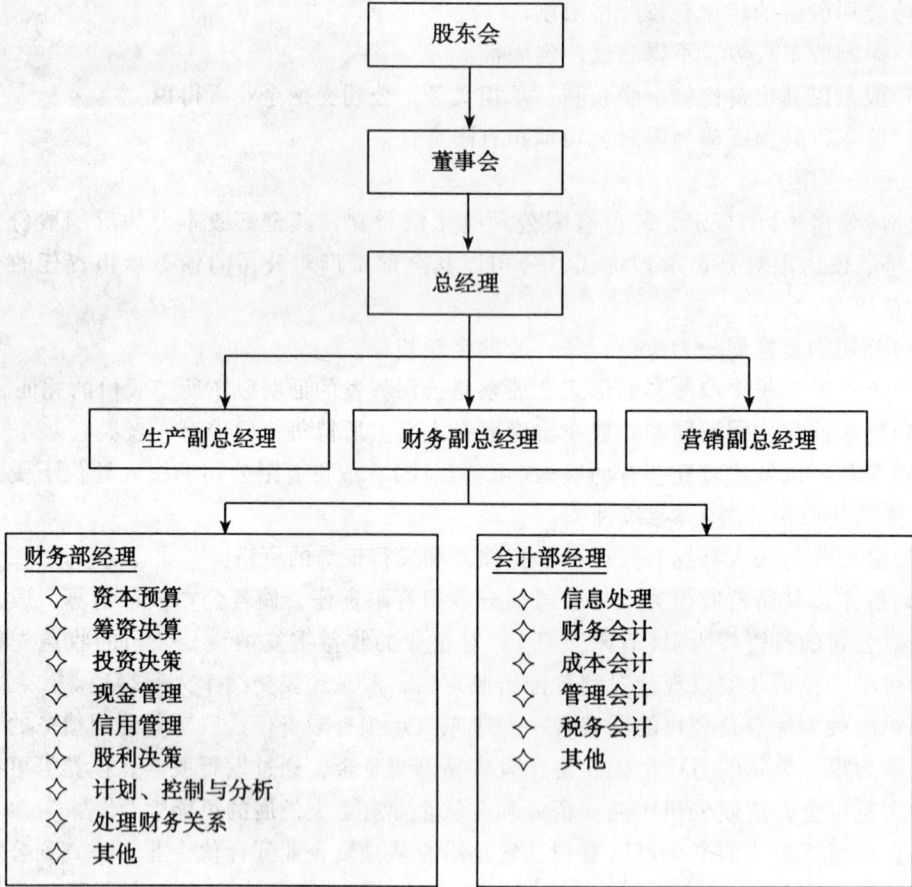

```
                    ┌─────────┐
                    │  股东会  │
                    └─────────┘
                         │
                    ┌─────────┐
                    │  董事会  │
                    └─────────┘
                         │
                    ┌─────────┐
                    │  总经理  │
                    └─────────┘
          ┌──────────────┼──────────────┐
   ┌────────────┐ ┌────────────┐ ┌────────────┐
   │生产副总经理 │ │财务副总经理 │ │营销副总经理 │
   └────────────┘ └────────────┘ └────────────┘
                  ┌──────┴──────┐
```

财务部经理
- ◇ 资本预算
- ◇ 筹资决算
- ◇ 投资决策
- ◇ 现金管理
- ◇ 信用管理
- ◇ 股利决策
- ◇ 计划、控制与分析
- ◇ 处理财务关系
- ◇ 其他

会计部经理
- ◇ 信息处理
- ◇ 财务会计
- ◇ 成本会计
- ◇ 管理会计
- ◇ 税务会计
- ◇ 其他

图 1-3　财务管理组织机构简图

　　财务经理的职责：中小型公司企业财务副总经理管辖财务会计部。大型公司企业财务副总经理管辖财务部和会计部，财务部具体负责资本预算、筹资管理、现金管理、股利支付、财务分析、公司与投资者和银行关系等方面的工作。财务经理的工作岗位职责是：(1)对岗位设置、人员配备、核算组织程序等提出方案。同时负责选拔、培训和考核财会人员。(2)贯彻国家财税政策、法规，并结合公司具体情况建立规范的财务模式，指导建立健全相关财务核算制度同时负责对公司内部财务管理制度的执行情况进行检查和考核。(3)进行成本费用预测、计划、控制、核算、分析和考核，监督各部门降低消耗、节约费用、提高经济效益。(4)其他相关工作。

　　财务总监的主要职责如下：(1)参与制定公司的财务管理制度，监督检查公司各级财务活动和资金收支情况；(2)参与拟定财务预算方案、决策方案；(3)参与拟定发行股票、债券的方案；(4)审核公司新项目投资的可行性；(5)参与拟定所属部门和二级公司的承包方案。

三、财务管理的基本环节和一般业务流程

(一)财务管理的基本环节

财务管理基本环节是指财务管理的工作步骤和一般程序,包括财务预测、财务决策、财务预算、财务控制、财务分析五个基本环节。

(1)财务预测是企业根据财务活动的历史资料,考虑现实条件与要求,对企业未来的财务活动和财务成果作出科学的预计或测算,提出财务方案。它是财务决策的基础和编制财务预算的前提。工作内容主要是明确预测对象和目的;收集和整理资料;确定预测方法,利用预测模型进行预测。其作用为通过测算各种生产经营方案的效益,为决策提供可靠的依据;通过预计财务收支的发展变化情况,确定经营目标;通过测定各项定额和标准,为编制预算提供服务。

(2)财务决策是企业财务人员在财务目标的总体要求下,运用专门的方法从各种备选方案中选出最佳方案,是财务管理的核心。工作步骤包括:①确定决策目标;②提出备选方案;③选择最优方案。

(3)财务预算是运用科学的技术手段和数量方法,对目标进行综合平衡,制定主要的计划指标,拟定增产节约措施,协调各项计划指标,是最优方案的具体化。财务预算是财务预测、财务决策的具体化,是财务控制和财务分析的依据。主要工作:分析财务环境,确定预算指标;协调财务能力,组织综合平衡;选择预算方法,编制财务预算。

(4)财务控制是在生产经营活动过程中,以财务预算指标和各项定额为依据,对各项财务收支进行日常的计算、审核、监督和调节,将其控制在制度、预定目标和预算规定的范围之内,发现偏差,及时进行纠正,以保证实现或超过预定的财务目标,是贯彻财务制度、实现财务预算的关键环节,其实质是实现最优方案,包括事前控制、事中控制、事后控制。主要工作:制定控制标准,分解落实责任;实施追踪控制,及时调整误差;分析执行差异,搞好考核奖惩。

(5)财务分析是根据有关信息资料,运用特定方法,对企业财务活动的过程和结果进行调查研究,评价预算完成情况,分析影响预算执行的因素,挖掘企业潜力,提出改进措施。财务分析是本期财务活动的总结,下期财务预测的前提,其一般程序为:收集资料,掌握信息——进行对比,做出评价——分析原因,明确责任——提出措施,改进工作。其作用在于通过财务分析,可以掌握各项财务预算和财务指标的完成情况,检查党和国家有关方针、政策及财经制度、法规的执行情况,不断改善财务预测和财务预算工作,提高财务管理水平。

(二)企业财务管理的一般业务流程

企业财务管理的一般业务流程是指企业财务人员遵循财务管理工作的一般规律,对企业资金营运过程中的日常业务进行管理和控制的具体程序和步骤。主要包括:对企业资金运用的整个过程进行控制;融资方案设计与决策;全面预算编制;企业利润分配;编制财务分析报告等。一线财务管理人员应对企业单位资金运用的整个过程进行常规管理。对于

一个"投资项目"，应依次进行日常财务管理，包括：对项目进行可行性分析和财务预测；对项目投资方案进行设计与决策；项目融资方案设计与决策；编制项目的预算；对项目运行过程的控制；制定项目的利润分配方案；对项目做出财务分析报告，从而形成企业日常财务管理的一般业务流程。

情境小结

1. 财务管理的概念

财务是指企业在再生产活动中客观存在的资金运动及其所体现的经济利益关系。财务管理简称理财，是基于再生产过程中客观存在的财务活动和财务关系而产生的，是企业组织财务活动、处理与各方面财务关系的一项经济管理工作。

2. 财务活动的概念及内容

财务活动是指企业资金的筹集、投放、使用、收回及分配等一系列行为，其中资金的投放、使用和收回可统称为投资。企业财务活动包括4个方面：筹资活动、投资活动、资金营运活动、分配活动。

3. 财务关系的概念及内容

财务关系是指企业在组织财务活动过程中与有关各方发生的经济关系。企业的筹资活动、投资活动、经营活动、利润及其分配活动与企业内外各方面有着广泛的联系。企业的财务关系可概括为以下几个方面：企业与投资者（股东）和受资者之间的财务关系（投资 ——受资）、企业与债权人、债务人、往来客户之间的财务关系（债权 ——债务）、企业与政府之间的财务关系（纳税 ——征税）、企业内部各单位之间的财务关系、企业与职工之间的财务关系。

4. 财务管理的目标

财务管理的目标是企业进行财务管理活动所要达到的根本目的。从根本上讲其根本目标取决于企业的基本目标和社会责任。关于财务管理的目标主要有以下几种：利润最大化、每股盈余（权益资本净利率）最大化、股东财富最大化、企业价值最大化。

5. 财务管理环境

财务管理环境又称理财环境，是指对企业财务活动产生影响的企业内外部各种条件。按其存在的空间分内部财务环境，包括：企业资本实力、生产技术条件、经营管理水平和决策者的素质等四个方面。外部财务环境包括各种因素，其中最主要的有法律环境、经济环境和金融市场环境等因素。

6. 财务管理的基本环节

财务管理的基本环节是指财务管理的工作步骤和一般程序，包括财务预测、财务决策、财务预算、财务控制、财务分析五个基本环节。

资 金 的 时 间 价 值

工作任务与学习子情境

工作任务	学习子情境

资金时间价值的含义

资金时间价值的形式
→ 资金时间价值的含义与形式

单利终值与现值

复利终值与现值

年金终值和现值
→ 资金时间价值的基本原理

特殊情况资金时间价值的计算

复杂情况现金流量的资金时间价值计算
→ 资金时间价值的应用

职业能力目标

专业能力：

● 懂得资金时间价值的含义和原理；

● 能熟练掌握复利和年金的计算；

● 具备一定的资金时间价值应用能力。

社会能力：

● 能将资金时间价值原理和各种社会现象或经济问题结合起来；

● 能运用资金时间价值原理解释一些社会现象或解决一些经济问题。

情境引例

小王是一家房地产开发企业的一名比较优秀的财务人员。该公司某分公司现有一个房地产开发项目，已经做完相关前期准备工作。按公司对本项目的可行性论证，该项目可行，能取得预期经济效益和社会效益。项目从开发到售完预计共需五年。公司预算项目权益投资人民币 1 000 万元（通过负债融资及前期售房款共同解决资金问题），预期净收益 1 000 万元。为激励员工，增强公司的凝聚力，公司特许包括小李在内的一部分员工参加本项目投资。投资的方式有三种：第一种是按年固定获取 15% 的投资回报（公司每年末以现金支付），本金到项目结束时一次性返回；第二种是按年 18% 的投资回报连本带利滚动到项目结束时一次性返回；第三种是待项目全部结束后按投资比例一次性清算分配。

小李已工作多年，有一点积蓄，准备参加本项目投资。

◎问题是：

你能否帮小李参谋一下，以哪种方式参加投资更好呢？

学习子情境一　资金时间价值的含义与形式

知识准备

一、资金时间价值的含义

资金的时间价值，是指一定量的资金在经历一段时间的投资或使用后所增加的价值，也称货币的时间价值。

货币本身是不会自动增值的。如果你把 100 元钱放入保险柜后封存起来，若干时间后打开，100 元钱仍在，且金额仍是 100 元，金额没有发生变化。但货币的使用价值有可能发生变化，若处于通货膨胀时期，货币不断贬值，封存一段时间后的 100 元没有封存时的 100 元值钱了。本学习情境关于资金时间价值的讨论，暂不考虑通货膨胀因素。

一定量的资金，只有通过投资或使用，经过人们一段时间的劳动，创造剩余价值，才有可能增值。如人们将资金存入银行，银行按一定的利率支付利息给存款人，这个利息就是资金的时间价值。比如，若银行存款年利率为 10%，将今天的 1 元钱存入银行，一年以后就会是 1.10 元。可见，经过一年时间，这 1 元钱发生了 0.1 元的增值，今天的 1 元钱和一年后的 1.10 元钱等值。与前述将钱封存保险柜不同的是，存入银行的资金不是静止不动的，银行再将资金借给有关单位或个人使用，通过银行和借款人的劳动，资金在流通中产生了剩余价值，这才是存款人取得利息即获得资金时间价值的实质。

资金的时间价值是在不考虑通货膨胀和风险条件下的社会平均资金成本，是劳动者创造的剩余价值的一部分。

在企业财务管理实践中，有大量的投资、筹资等行为，其持续期长短不一。企业要提高财务管理水平，有效进行财务决策，必须充分考虑到资金的时间价值因素。

二、资金时间价值的形式

资金的时间价值有两种表示形式：一种是绝对数，如人们购买国库券取得的利息额、银行存款取得的利息额、企业向银行贷款支付的利息数额，等等；与绝对数相对应，另一种是相对数，如上述国库券的利率、银行存款利率、银行贷款利率，等等。如：金融机构贷款给企业 1 000 000 元，贷款利率为年率10%。企业需支付的年贷款利息为100 000 元。其中，贷款利率10%为用相对数表示的资金的时间价值，年利息100 000 元为用绝对数表示的资金的时间价值。

在财务管理实践中，通常使用相对数表示表示资金的时间价值。一般的利息率除了包括资金的时间价值因素外，还要包括价值风险和通货膨胀因素，而资金的时间价值通常被认为是在没有风险和通货膨胀条件下的社会平均资金利润率，这是利润平均化规律作用的结果。

在资金时间价值的学习中有三点应予注意：

(1)时间价值产生于生产领域和流通领域，消费领域不产生时间价值，因此，企业应将更多的资金或资源投入生产领域和流通领域而非消费领域。

(2)时间价值产生于资金运动中，只有运动着的资金才能产生时间价值，凡处于停顿状态的资金不会产生时间价值，因此企业应尽量减少资金的停顿时间和数量。

(3)时间价值的大小取决于资金周转速度的快慢，时间价值与资金周转速度成正比，因此企业应采取各种有效措施加速资金周转，提高资金使用效率。

学习子情境二 资金时间价值的基本原理

知识准备

一、银行利息的计算

资金时间价值的计算方法与银行利息的计算方法基本相同。

在没有通货膨胀和风险条件下，银行利息实际上就是存款人所存入银行的资金的时间价值。

如：某存款人在20××年3月5日存入某银行 10 万元，年利率5%，则年利息如下。

$$年利息 = 10 \times 1 \times 5\% = 0.5(万元)$$

值得注意的是，现在到将来这段时期是多少时间？是年终一次性计息还是每月计算滚动计息？等等。这些因素都会对计息结果产生影响。

一次性收付款项是指在生产经营过程中收付款项各一次的经济活动。比如定期存款。一次性收付款项资金时间价值的计算可以用单利法计算和复利法计算。

二、相关概念

1. 单利

单利是指只对本金计算利息的一种计息方式。

单利制下，只按本金计息利息，不管时间多长，期间利息支付与否，所生利息均不参与计算利息，即利不生利。

2. 复利

复利是指除本金产生利息外，利息也要产生利息。

在复利制下，每经过一个利息计算期，均将上一期本金所产生的利息，连本带利一起视为本计息期的本金，滚动计算利息，逐期累计，俗称"利滚利"。

3. 终值

终值也称将来值，是指现在一定量的现金在未来某一时点上的价值，即包括资金时间价值在内的本利和。

4. 现值

现值也称本金，指使未来某一时点上的一定量的现金按资金时间价值折合为现在的价值。

职业判断与业务操作

在资金时间价值的计算中，一般用 P 表示现值，F 表示终值，I 表示利息，i 表示利率（或称贴现率、折现率），n 表示计息利息的期数。

一、单利终值与现值

单利的计算包括计算单利利息、单利终值和单利现值。

单利利息公式：

$$I = P \times i \times n$$

单利终值公式：

$$F = P \times (1 + i \times n)$$

单利现值公式：

$$P = F / (1 + i \times n)$$

【例 2-1】 小王存入 100 000 元到某银行，三年期，年利率 6%，单利计息。

要求：计算小王三年后的利息和终值。

解：

$$利息 = 100\ 000 \times 6\% \times 3 = 18\ 000（元）$$
$$终值 = 100\ 000 \times (1 + 6\% \times 3)$$
$$= 118\ 000（元）$$

【例 2-2】 接例 2-1，若小王要三年后有 150 000 元的本息和，他现在需要存入多少？（保留两位小数）

解：

$$现值 = \frac{150\ 000}{1 + 6\% \times 3}$$
$$\approx 127\ 118.65（元）$$

二、复利终值和现值

（一）复利终值

复利终值是指按复利计息、经过若干个计息期后在到期日包括本金和利息在内的本利和。

复利终值公式：

$$F = P \times (1+i)^n$$

式中：$(1+i)^n$ 称为"复利终值系数"或"1 元复利终值系数"，用符号 $(F/P,\ i,\ n)$ 表示，可通过"复利终值系数表"查得其数值。

查表方法：查附录一中的表一"1 元复利终值系数表"。

表中，横行为利率 i，竖列为期数 n，找到与 i 和 n 对应的坐标点，即为相应的复利终值系数。

如：查 i 为 5%、n 为 10% 的 1 元复利终值系数表为 1.628 9，

同理，

查 i 为 8%、n 为 5% 的 1 元复利终值系数表为 1.469 3，

查 i 为 20%、n 为 12% 的 1 元复利终值系数表为 8.916 1。

请查找一下：

i 为 32%、n 为 9% 的 1 元复利终值系数是多少？

【例 2-3】 小王存入 100 000 元到某银行，三年期，年利率 6%，按年计息，复利计算。

问：小王这笔存款到期日的本利和是多少？

解：

$$F = 100\ 000 \times (1+6\%)^3$$
$$或写为：F = 100\ 000(F/P,\ 6\%,\ 3)$$
$$= 100\ 000 \times 1.191\ 0$$
$$= 119\ 100(元)$$

注：式中，$(F/P,\ 6\%,\ 3)$ 表示利率为 6%、期限为 3 年的复利终值系数，可在复利终值系数表中相应的坐标点查到。

(二)复利现值

复利现值是指未来一定时点的资金按复利折算的现在价值。它是复利终值的逆运算，也叫贴现。

复利现值公式：

$$P = F \times (1+i)^{-n}$$

式中：$(1+i)^{-n}$ 称为"复利现值系数"或"1 元复利现值系数"，用符号 $(P/F,\ i,\ n)$ 表示，可通过"复利现值系数表"查得其数值。

查表方法：查附录一中的表二"1 元复利现值系数表"。

表中，横行为利率 i，竖列为期数 n，找到与 i 和 n 对应的坐标点，即为相应的复利现值系数。

如：查 i 为 5%、n 为 10% 的 1 元复利现值系数表为 0.613 9，

同理，

查 i 为 8%、n 为 5% 的 1 元复利现值系数表为 0.680 6，

查 i 为 20%、n 为 12% 的 1 元复利现值系数表为 0.112 2。

请查找一下：

i 为 32% 、n 为 9% 的 1 元复利现值系数是多少？

【例 2-4】 在年利率 6% 、复利计息的情况下，若小王要三年后有 150 000 元的本息和，他现在需要存入多少？

解：

$$P = 150\ 000 \times (1+6\%)^{-3}$$
$$\text{或写为：} P = (P/F，6\%，3)$$
$$= 150\ 000 \times 0.839\ 6$$
$$= 125\ 940(元)$$

注：式中，$(P/F，6\%，3)$ 表示利率为 6% 、期限为三年的复利现值系数，可在复利现值系数表中相应的坐标点查到。

三、年金终值和现值

年金是指一定期间内连续发生的等额、定期的系列收支款项。它具有连续性、等额性、定期性的特点。通常固定房租、直线法下的折旧、车贷等额分期还款、养老金、融资租赁的租金等都表现为年金的形式。一般用 A 表示年金。

年金按收付款方式不同可分为普通年金、预付年金、递延年金、永续年金等。如无专门说明，一般所称年金是指普通年金。

（一）普通年金

普通年金是指在每期期末等额发生的系列收付款项。由于每期有期初、期末两个时点，而普通年金是发生在期末这个时点，所以普通年金又称为后付年金。

1. 普通年金终值的计算

普通年金终值相当于零存整取的本利和，它是一定时期内每期期末等额支付款项（或收入款项）的复利终值之和。

普通年金终值一般用 F_A 表示。

普通年金终值每期期末发生的等额年金与其复利终值期数的对应关系如图 2-1 所示。

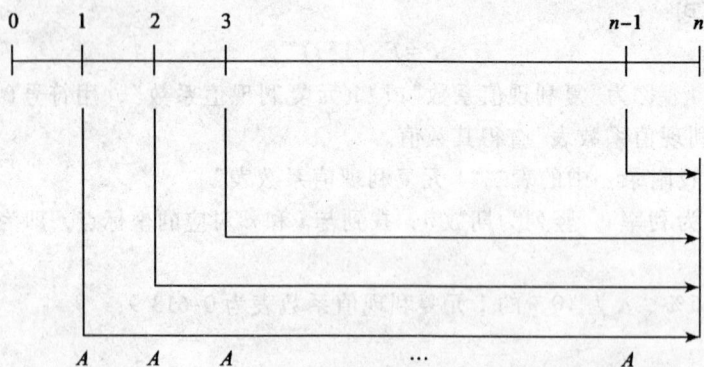

图 2-1　普通年金终值每期期末发生的等额年金与其复利终值期数的对应关系

按图 2-1，由于每期均发生在期末，所以在整个 n 期内，第一期 A 复利终值的期数实际上只有 $n-1$ 期。

故第一期复利终值为 $A\times(1+i)^{n-1}$，

同理，第二期复利终值为 $A\times(1+i)^{n-2}$，

……

第 n 期复利终值为 $A\times(1+i)^{n-n}=A\times(1+i)^{0}$

综上，普通年金终值的计算公式如下：

$$F_A = A\times\frac{(1+i)^n-1}{i}$$

式中：$\dfrac{(1+i)^n-1}{i}$ 称为"普通年金终值系数"或"1 元年金终值系数"，它反映的是 1 元年金在利率为 i 时，经过 n 期的复利终值，用符号 $(F/A,i,n)$ 表示，可查"年金终值系数表"得知其数值。

查表方法：查附录一中的表四"1 元年金终值系数表"。

表中，横行为利率 i，竖列为期数 n，找到与 i 和 n 对应的坐标点，即为相应的年金终值系数。

如：查 i 为 5%、n 为 10% 的 1 元年金终值系数表为 12.578，

同理，

查 i 为 8%、n 为 5% 的 1 元年金终值系数表为 5.866 6，

查 i 为 20%、n 为 12% 的 1 元年金终值系数表为 39.581。

请查找一下：

i 为 32%、n 为 9% 的 1 元年金终值系数是多少？

【例 2-5】 某房地产开发公司开发一个项目，计划建设期 6 年。公司资金预算为前五年的每年年末均需向银行借款 100 万元，若银行同意借款期限按企业需要而定，借款年利率为 10%，利息到期时一次性付清。

问：若该资金预算付诸实施，到第五年年末应还银行的本息总额是多少？

解：

$$
\begin{aligned}
F_A &= 1\,000\,000\times(F/A,10\%,5)\\
&= 1\,000\,000\times6.105\,1\\
&= 6\,105\,100(元)
\end{aligned}
$$

【例 2-6】 接例 2-5，若该房地产开发公司在当时情况下，确定到第五年年末应还银行的本息总额是 6 105 100 元，现需要知道在前五年的每年年末均需向银行借款多少元。如何计算？

解：

$$
\begin{aligned}
6\,105\,100 &= A\times(F/A,10\%,5)\\
A &= 6\,105\,100/6.105\,1\\
&= 1\,000\,000(元)
\end{aligned}
$$

说明：

如例 2-6，有时企业在设定普通年金终值为一明确数字的情况下，需要反过来求年金是多少。

这个年金我们称为偿债基金。

偿债基金是指为使普通年金终值达到既定金额应支付的年金数额。它是普通年金终值的逆运算，即为其倒数。

偿债基金的计算，相当于已知年金终值 F_A，求年金 A。

其计算公式为：

$$A = F_A \times \frac{i}{(1+i)^n - 1}$$

式中：$\frac{i}{(1+i)^n - 1}$ 称做"偿债基金系数"，记做 $(A/F, i, n)$，可通过普通年金终值系数的倒数推算出来。

2. 普通年金现值的计算

普通年金现值是指一定时期内每期期末等额系列支付款项（或收入款项）的复利现值之和，一般用 P_A 表示。

和普通年金终值相反，普通年金现值每期期末发生的等额年金与其复利现值期数的对应关系如图 2-2 所示。

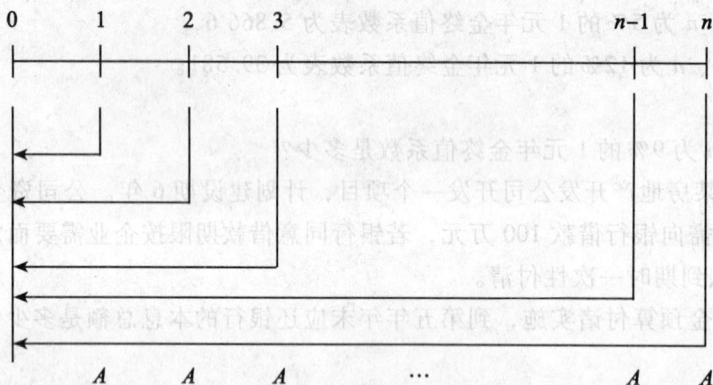

图 2-2 普通年金现值每期期末发生的等额年金与其复利现值期数的对应关系

按图 2-2，由于每期均发生在期末，所以在整个 n 期内，第一期 A 复利现值的期数就是 1 期，

故，第一期复利现值为 $A \times (1+i)^{-1}$，

同理，第二期复利现值为 $A \times (1+i)^{-2}$，

……

第 n 期复利现值为 $A \times (1+i)^{-n}$，

综上，普通年金现值的计算公式如下：

$$P_A = A \times \frac{1-(1+i)^{-n}}{i}$$

公式中：$\dfrac{1-(1+i)^{-n}}{i}$ 称为"年金现值系数"或"1 元年金现值系数"，它表示 1 元年金在利率为 i 时，经过 n 期复利的现值，记为 $(P/A，i，n)$，可通过"普通年金现值系数表"查得其数值。

查表方法：查附录一中的表三"1 元年金现值系数表"。

表中，横行为利率 i，竖列为期数 n，找到与 i 和 n 对应的坐标点，即为相应的年金现值系数。

如：查 i 为 5%、n 为 10% 的 1 元年金现值系数表为 7.721 7，

同理，

查 i 为 8%、n 为 5% 的 1 元年金现值系数表为 3.992 7，

查 i 为 20%、n 为 12% 的 1 元年金现值系数表为 4.439 2。

请查找一下：

i 为 32%、n 为 9% 的 1 元年金现值系数是多少？

【例 2-7】　某医药企业拟采用融资租赁方式增加一条生产线，经与一融资租赁公司协商一致，双方同意医药企业每年年末向出租方支付租金 100 万元，连续支付五年后这条生产线产权即归医药企业。设租赁期间的社会平均资金成本为年利率 10%。

问：医药企业采用此种方式采购这条生产线相当于现在一次性支付多少资金？

解：

$$P_A = 1\ 000\ 000 \times (P/A，10\%，5)$$
$$= 1\ 000\ 000 \times 3.790\ 8$$
$$= 3\ 790\ 800（元）$$

【例 2-8】　接例 2-7，若该医药企业经询价知道，现在一次性支付 3 790 800 元即可直接购买所需要的生产线。

医药企业想知道，在社会平均资金成本为年利率 10% 的情况下，如果采用在五年内于每年年末等额分期付款的方式购买，每年需要支付多少资金？

解：

$$3\ 790\ 800 = A \times (P/A，10\%，5)$$
$$A = 3\ 790\ 800/3.790\ 8$$
$$= 1\ 000\ 000（元）$$

说明：

如例 2-8，有时企业在已知普通年金现值的情况下，需要反过来求年金是多少。

这个年金我们可称为投资回收额。

投资回收额是指在给定的年限内等额回收初始投入的资本或等额清偿所欠的债务。投资回收额是普通年金现值的逆运算。相当于已知年金现值 P_A，求年金 A。

其计算公式为：
$$A = P_A \times \dfrac{i}{1-(1+i)^{-n}}$$

公式中：$\dfrac{i}{1-(1+i)^{-n}}$ 称做"投资回收系数"，记做 $(A/P，i，n)$，它是年金现值系数的

倒数，可查普通年金现值系数表求得。

（二）预付年金

预付年金是指在一定时期内，各期期初发生等额系列的收付款项。由于每期有期初、期末两个时点，而预付年金是发生在期初这个时点，所以预付年金又称为先付年金或即付年金。

两者的时点关系比较如图2-3所示。

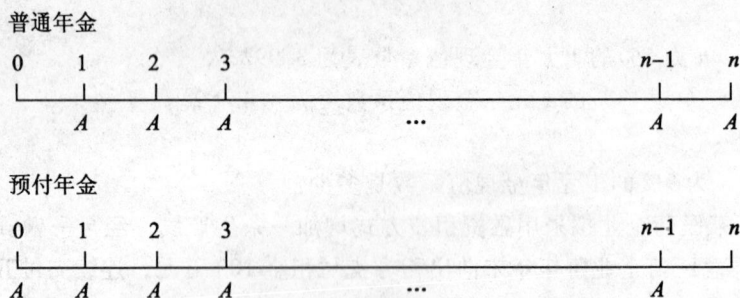

普通年金

```
0     1     2     3              n-1    n
|-----|-----|-----|----...-------|-----|
      A     A     A              A     A
```

预付年金

```
0     1     2     3              n-1    n
|-----|-----|-----|----...-------|-----|
A     A     A     A              A
```

图2-3　普通年金与预付年金的时点关系比较

由图2-3可知，二者实际上只是金额发生的时点不同，其终值和现值的计算原理是一样的。

1. 预付年金终值的计算

预付年金终值是一定时期内每期期初等额支付款项（或收入款项）的复利终值之和。它和普通年金的区别仅在于支付时点不同，预付年金要比普通年金提前一个时点，因此，预付年金的终值要比普通年金的终值大。

预付年金终值的计算公式：

$$F_A = A \times \left[\frac{(1+i)^{n+1}-1}{i} - 1 \right]$$

公式中：$\left[\frac{(1+i)^{n+1}-1}{i} - 1 \right]$ 称为"预付年金终值系数"。

和普通年金终值系数比较可以发现，预付年金终值系数比普通年金终值系数的期数要多1，为$n+1$期；但系数要少1。

要取得预付年金终值系数的值，只需查普通年金终值系数表，并在查表时期数n加1，查表后系数减1，余值即为预付年金终值系数。

【例2-9】　有一项年金，在5年内每年年初流入100万元，假设年利率为10%，其在第5年末的终值是多少？

$$F_A = 1\,000\,000 \times \{ [F/A,\ 10\%,\ (5+1)] - 1 \}$$
$$= 1\,000\,000 \times (7.715\,6 - 1)$$
$$= 6\,715\,600（元）$$

2. 预付年金现值的计算

预付年金现值是一定时期内每期期初等额支付款项（或收入款项）的复利现值之和。它和普通年金的区别仅在于支付时点不同，预付年金要比普通年金提前一个时点，因此，预付年金的现值要比普通年金的现值大。

预付年金现值计算公式：

$$P_A = A \times \left[\frac{1-(1+i)^{-(n-1)}}{i} + 1 \right]$$

公式中：$\left[\dfrac{1-(1+i)^{-(n-1)}}{i} + 1 \right]$ 称为"预付年金现值系数"。

和普通年金现值系数比较可以发现，预付年金现值系数比普通年金现值系数的期数要少 1，为 $n-1$ 期；但系数要多 1。

要取得预付年金现值系数的值，只需查普通年金现值系数表，并在查表时期数 n 减 1，查表后系数加 1，余值即为预付年金现值系数。

【例 2-10】　某公司租入一台机器设备，每年年初需要支付租金 10 万元，年利率为 10%。

问：5 年支付租金的现值一共是多少？

解：

$$P_A = 100\,000 \times \{[P/A,\ 10\%,\ (5-1)] + 1\}$$
$$= 100\,000 \times (3.169\,9 + 1)$$
$$= 416\,990(元)$$

（三）递延年金

递延年金是指现在起在第一期或若干期以后才开始发生连续等额系列收付款项的年金。即凡是不是在第一期开始发生收付行为的年金均称为递延年金。

在此情况下，最初第一期或若干期没有发生收付款项，此期间称为递延期，用 m 表示，其情形如图 2-4 所示。

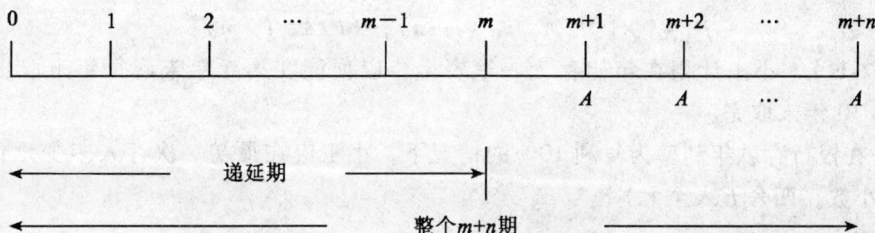

图 2-4　递延年金相关期间比较

1. 递延年金终值的计算

递延年金终值的计算与递延期无关，故递延年金终值的计算不考虑递延期，可直接视为普通年金或预付年金的终值进行计算。

如：小李拟投资购买一商业用门面。商业用地的期限为 40 年，房地产开发商建设期占用了 6 年。现小李选定的门面价款为 400 000 元，房地产开发商、物业管理公司、小李三方同意并约定，前 4 年签约即租，按年 8% 的租金扣 4 年租金后支付购买门面款，即其只需支付 272 000 元就可购买这个门面。小李从第 5 年起可连续 30 年于每年的年末获得年 9% 的固定回报。设小李获得的年回报再投资也能获得 9% 的年收益。

试问，小李未来 30 年可获得多少回报呢？

已知，$A = 400\ 000 \times 9\% = 36\ 000$（元）

$i = 9\%$

$n = 30$

查 1 元年金终值系数表，$i = 9\%$、$n = 30$ 的 1 元年金终值系数为 136.31，

$$F = A \times (F/A,\ i,\ n)$$
$$= 36\ 000 \times 136.31$$
$$= 4\ 907\ 160（元）$$

即小李从第 5 年起的未来 30 年可获得 4 907 160 元的投资回报。

2. 递延年金现值的计算

递延年金现值的计算方式有多种。

设递延年金发生的年金均为普通年金：

第一种：

先求出 n 期年金的终值，再从 n 期的期末复利现值到 $m+n$ 期的期初。

计算公式为：

$$P_A = A \times (F/A,\ i,\ n) \times [P/F,\ i,\ (m+n)]$$

第二种：

先求出 n 期年金的现值，再从 m 期的期末复利现值到 m 期的期初。

计算公式为：

$$P_A = A \times (P/A,\ i,\ n) \times (P/F,\ i,\ m)$$

第三种：

假设递延期也发生相同年金，先计算出 $m+n$ 期的年金现值，再减去 m 期的年金现值。

$$P_A = A \times \{[P/A,\ i,\ (m+n)] - (P/A,\ i,\ m)\}$$

【例 2-11】 小王计划在年初存入一笔资金，以便能在第 6 年末起每年末取出 2 000 元，至第 10 年末取完。

问：在银行存款年利率为复利 10% 的情况下，小王应在最初一次存入多少元到银行？（不保留小数，四舍五入至元）

解：

按第一种方法计算：

$$P_A = A \times (F/A,\ i,\ n) \times [P/F,\ i,\ (m+n)]$$
$$= 2\ 000 \times (F/A,\ 10\%,\ 5) \times (P/F,\ 10\%,\ 10)$$
$$= 2\ 000 \times 6.105\ 1 \times 0.385\ 5$$
$$= 4\ 707（元）$$

按第二种方法计算：

$$P_A = A \times (P/A, i, n) \times (P/F, i, m)$$
$$= 2\,000 \times (P/A, 10\%, 5) \times (P/F, 10\%, 5)$$
$$= 2\,000 \times 3.790\,8 \times 0.620\,9$$
$$= 4\,707(元)$$

按第三种方法计算：

$$P_A = A \times \{[P/A, i, (m+n)] - (P/A, i, m)\}$$
$$= 2\,000 \times [(P/A, 10\%, 10) - (P/A, 10\%, 5)]$$
$$= 2\,000 \times (6.144\,6 - 3.790\,8)$$
$$= 4\,707(元)$$

（四）永续年金

永续年金是指无限期地每期连续、等额收入或支出的年金，也称为永久年金，如优先股股利。

它是普通年金的一种特殊形式。

由于永续年金的期限是无限期的、永久的，所以永续年金没有终值，只有现值。

永续年金现值的计算公式为：

$$P_A = A/i$$

【例 2-12】　某慈善机构拟为西部地区一小学存入一笔基金，以期设立年度奖学金，达到每年末能有 50 000 元现金奖励品学兼优的学生。设期间利率为年 10%，现在为年初。

问：该慈善机构现在需要存入多少款项？

解：

$$P_A = 50\,000/10\%$$
$$= 500\,000(元)$$

即该慈善机构现在需要存入 50 万元。

学习子情境三　资金时间价值的应用

职业判断与业务操作

一、特殊情况资金时间价值的计算

（一）反求利率

前述资金时间价值的计算，都是在已知利率 i 的情况下来求终值或现值。但在实际经济活动中，有时需要在知道期数 n 和终值、现值的情况下，求利率 i。

以复利终值为例：

$$F = P \times (1+i)^n$$
$$(1+i)^n = F/P$$

由于 F、P、n 均为已知数，故计算出来的 F/P 的值即为已知 n 期、未知 i 所对应的复利终值系数。此时可通过查复利终值系数表，找到期数为 n、与系数 F/P 相邻的两个复利终值系数及其与之对应的 i，然后用内插法求得与系数 F/P 对应的 i。

【例 2-13】 若小王准备现在存入 100 000 元到银行，希望三年后能连本带利取得 120 000 元。

小王想知道：利率是多少他的希望才能实现？

解：

根据复利终值系数公式可得，

$$120\ 000 = 100\ 000 \times (1+i)^3$$

即 $(1+i)^3 = 120\ 000/100\ 000 = 1.200$

查复利终值系数表，期数为 3 时，复利终值系数与 1.200 相邻的分别是 1.191 和 1.225，其对应的 i 分别是 6% 和 7%。

列出对应关系即为：

利率	复利终值系数
6%	1.191
i	1.200
7%	1.225

用内插法计算：

$$(i-6\%)/(1.2-1.191) = (7\%-6\%)/(1.225-1.191)$$

或可表示为：

$$(i-6\%)/(7\%-6\%) = (1.2-1.191)/(1.225-1.191)$$

进一步计算，

$$i = 6\% + (1.2-1.191)(7\%-6\%)/(1.225-1.191)$$
$$i \approx 6.002\ 647\%$$

由上例可总结出，反求利率可分为以下四步：

第一步：根据题意列出等式；

第二步：求出已知 n 和未知 i 对应的终值或现值系数；

第三步：查相应终值或现值系数表，找出已知 n 期、与已知终值或现值系数相邻的两个终值或现值系数及其对应的 i；

第四步：用内插法求出未知的 i（此时内插法的要点是利率差之比等于系数差之比）。

（二）反求期数

在实际经济活动中，有时也会遇到已知现值、终值、年金和利率，需要求期数的问题。

此时，反求期数的计算方法与上述反求利率的方法基本相同，只是内插法的要点是期数差之比等于系数差之比。

（三）名义利率与实际利率

本学习情境前述利率均表达为年利率，且每年只复利一次。但在实际经济生活中，有时复利的计息期不是一年，有时可能是一个月，或者可能是一个季度，即一年可能复利若干次。此时，实际利率要高于给出的名义利率（原因在于利滚利）。

【例 2-14】　若现在存入银行本金 10 000 元，年利率 8% 且每年只复利一次，5 年后其终值为：

$$F = 10\ 000 \times (1+8\%)^5 = 14\ 693(元)$$

$$五年的利息 = 14\ 693 - 10\ 000 = 4\ 693(元)$$

而若同样情况下每个季度复利一次：

则：

$$i = 8\% / 4 = 2\%$$

$$n = 4 \times 5 = 20(期)$$

$$F = 10\ 000 \times (1+2\%)^{20} = 14\ 859(元)$$

此时五年的利息 = 14 859 - 10 000 = 4 859（元）

比较两种复利次数的利息，4 859 > 4 693

故可说明实际利率要高于给出的名义利率。

二者之间的换算关系如下：

设 i 表示实际利率，

　r 表示名义利率，

　m 表示每年复利的次数，

则：

$$i = (1+r/m)^m - 1$$

【例 2-15】　接例 2-14，按每个季度复利一次，计算其实际利率：

$$i = (1 + 8\%/4)^4 - 1 = 1.082\ 4 - 1 = 8.24\%$$

二、复杂情况现金流量的资金时间价值计算

当每期收入或支出款项均为连续、等额状态即为年金状态时，我们可以直接计算年金终值或年金现值。但在实际经济生活中，经常出现的情形为非连续、非等额的不规则状态。

在复杂情况下现金流量的资金时间价值的计算，需要以资金时间价值的基本原理为基础，具体情况具体分析对待：

（1）对于不连续的情况，通常有两种计算方法：

第一种：正视中断期间，分段计算；

第二种：视为没有中断，连续计算后，再用同样计算方法减去中断期间。

（2）对于非等额的情况，分别针对各期发生的收支直接复利终值或复利现值，然后再求和。

（3）对于在整个期间内，既有连续又有不连续、既有等额又有非等额的混合状态的情况，要综合运用各种计算方法。一般宜简不宜繁，能用年金计算的不要用复利计算。

【例 2-16】　某公司现有两个备选投资项目，投资总额均为 600 万元，项目寿命均为 5

年。计划确定一个后从明年初开始投资。两个备选项目以后每年末的投资回收情况预计如表 2-1 所示。

项目	第 1 年末	第 2 年末	第 3 年末	第 4 年末	第 5 年末
A			500	500	600
B	300	300	300	300	400

设投资期间的社会平均资金成本均为 10%。

问：你认为公司应投资哪个项目？

解： 通过比较两个项目的现值即可确定。

对于 A 项目：

$$P = \left[500(F/A, 10\%, 3) + 100\right](P/F, 10\%, 5)$$
$$= \left[(500 \times 3.31) + 100\right] \times 0.620\ 9$$
$$= 1\ 089.68(万元)$$

对于 B 项目：

$$P = 300(P/A, 10\%, 5) + 100(P/F, 10\%, 5)$$
$$= (300 \times 3.790\ 8) + (100 \times 0.620\ 9)$$
$$= 1\ 199.33(万元)$$

因为 1 199.33 > 1 089.68

所以选 B 项目。

答：公司应投资 B 项目。

情境小结

1. 资金的时间价值

资金的时间价值，本质上就是没有通货膨胀和风险因素的前提下，资金经过使用后在期初、期末两个时点上的价值差额。

资金的时间价值有绝对数和相对数两种表示形式，在财务管理实践中一般用相对数表示。

2. 单利、复利、年金

单利就是本生利，利不生利。

复利就是本生利，利也生利，俗称"利滚利"。

年金是一定期间内连续发生的等额、定期的系列收支款项。它具有连续性、等额性、定期性的特点。年金按收付款方式不同可分为普通年金、预付年金、递延年金和永续年金。

3. 终值、现值

终值是现在一定量的现金在未来某一时点上的价值，是包括资金时间价值在内的本利和；现值是指使未来某一时点上的一定量的现金按资金时间价值折合为现在的价值。

终值是求未来的价值，而现值是求现在的价值。

4. 内插法

内插法的要点是"利率差之比等于系数差之比，期数差之比等于系数差之比"。

反求期数的计算方法与反求利率的方法基本相同，只是此时内插法的要点是期数差之比等于系数差之比。

5. 名义利率和实际利率

当一年内复利多次时，给出的年利率称为名义利率，此时实际利率要大于名义利率。

二者关系为：
$$i = (1 + r/m)^m - 1$$

6. 特殊情况和复杂情况下现金流量终值与现值的计算

特殊情况和复杂情况下现金流量终值与现值的计算实际上是资金时间价值基本原理的具体综合运用。对于在整个期间内，既有连续又有不连续、既有等额又有非等额的混合状态的情况，要综合运用各种计算方法。一般宜简不宜繁，能用年金计算的不要用复利计算。

风 险 与 报 酬

工作任务与学习子情境

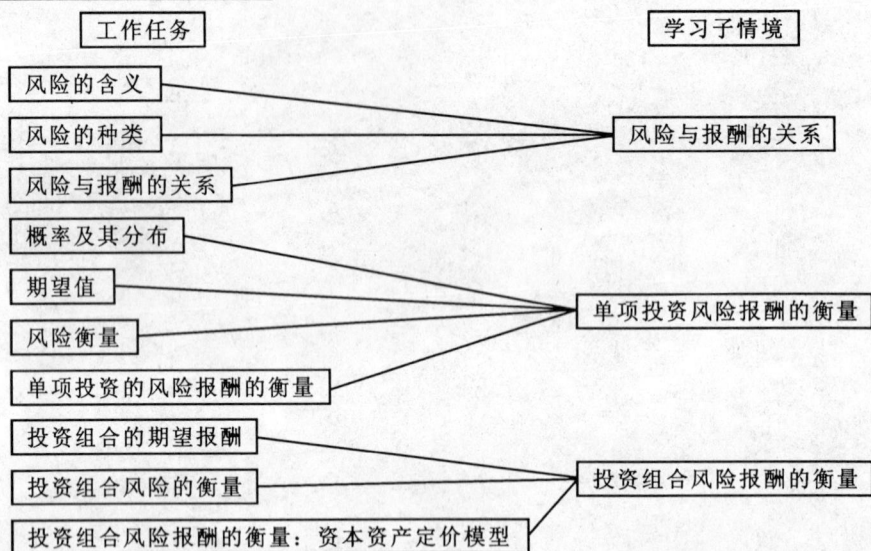

工作任务	学习子情境

- 风险的含义
- 风险的种类
- 风险与报酬的关系

→ 风险与报酬的关系

- 概率及其分布
- 期望值
- 风险衡量
- 单项投资的风险报酬的衡量

→ 单项投资风险报酬的衡量

- 投资组合的期望报酬
- 投资组合风险的衡量
- 投资组合风险报酬的衡量：资本资产定价模型

→ 投资组合风险报酬的衡量

职业能力目标

专业能力：

- 了解风险的含义及其与报酬的关系；
- 熟练掌握衡量风险大小的相关概念，并能对单项投资的风险报酬进行衡量；
- 熟悉投资组合风险的衡量方法，并能运用资本资产定价模型进行投资组合风险报酬的衡量。

社会能力：

- 能运用风险的相关概念解释和说明一些社会现象、社会问题；
- 能运用单项投资风险报酬的衡量方法和投资组合风险报酬的衡量方法协

助进行经济决策。

情境引例

创材公司现有 A、B 两个从事贸易的投资项目，均需投资人民币 200 万元。经充分的市场调查，现初步掌握的情况如表 3-1 所示。

表 3-1 　　　　　　　　　　各项目的相关情况　　　　　　　　单位：万元

预计销售情况		好	一般	差
概率	A	30%	50%	20%
	B	20%	50%	30%
预计年利润	A	80	50	−20
	B	120	60	−30

◎**请问：**

你能否作出判断，哪个投资项目具有更好的经济可行性呢？

学习子情境一　风险与报酬的关系

知识准备

风险是一种普遍、客观存在的社会经济现象，尤其在企业财务管理实践中，很多投资行为都面临着大小不同的风险。同时，风险往往与报酬存在一定的关系，通常风险与报酬呈同向关系，要获取高额的报酬，往往也面临着较高的风险；反过来，风险不大的投资行为，投资报酬往往也相应较低。企业进行财务管理，必须充分考虑风险及风险与报酬的关系。

一、风险的含义

在一般情况下，我们可以认为风险是由于对未来事物的不可控甚至是因在事前不能详细全面地了解、判断环境条件而作出决策所导致的未来结果偏离预期的可能性。

在财务管理中，风险是指投资活动所产生的收益水平偏离期望值的程度。由于经济活动在未来发生的实际结果可能脱离预期目标，从而将会使经济活动主体蒙受损失。这种风险可能是事前信息不对称等原因导致不当决策形成的，也可能是事中出现未能预料、无法控制的外部影响因素或内部执行因素形成的。

通俗地讲，如果一项经济活动在未来可能出现多种结果，说明其未来的经营成果具有不确定性，这就意味着存在风险。反之，如果结果是确定的，这就意味着没有风险，或称零风险。

通常风险具有以下特征：

（1）由于风险意味着偏离预期，它可能向好的方面偏离，也可能向不好的方面偏离，所以，风险可能给投资者带来超预期的收益，也可能给投资者带来超预期的损失。

（2）风险在特定经济活动范围内、并在该经济活动影响期内存在。随着经济活动向前推进，不确定、不可控因素在逐渐减少，结果越来越明朗，风险情况也越来越确定。

（3）通常情况下未来有不可控和不可预知性，故风险是一种客观存在。

二、风险的种类

企业面临的风险主要有市场风险和企业特有风险两种。

（一）市场风险

市场风险也称系统风险、或不可分散风险，它是指那些任何企业和其他经济组织都会受影响的风险。如战争、地震、经济危机（金融危机）、通货膨胀、国家政策变化、国际市场发生变化等。它是企业的外部因素引起的系统性风险，企业自身不能影响、或控制、或改变这种风险，当然也就不能通过分散投资来分散这种风险。

（二）企业特有风险

企业特有风险也称非系统风险、或可分散风险，它是指发生于某个企业、并由该企业的特定事件或特定原因造成的风险。如经营管理决策失误、新产品新技术研发失败、生产设备老化、工艺技术落后、招投标失败、资金链断裂等。这种风险只与个别企业或个别经营项目有关，不影响其他企业或其他经营项目，是该企业特有的风险。这种风险是随机发生的，企业对此可以通过多元化投资来分散风险。

企业特有风险根据风险形成的原因不同，还可以分为经营风险和财务风险。

1. 经营风险

经营风险也称商业风险，它是指由于企业经营决策失误、或管理执行失控、或经营管理环境变化等原因造成的对企业不利的影响。这些对企业经营管理产生不利影响的因素可能是来自于企业内部，也可能是来自于企业外部。这种经营管理的不可预知或可预知但不可控因素带来的风险是任何企业都可能发生的。

2. 财务风险

财务风险也称筹资风险或融资风险，它是指由于企业过度负债而可能给企业财务成果带来的不利影响。企业适度举债是必要的，可过度举债虽然解决了企业的资金链问题，但必定要给企业带来相当的经营压力。财务风险对企业而言，首先是未来的投资回报率具有不确定性，最不利的可能是资金利润率低于资金成本；其次，负债通常会有利息费用，从而影响财务成果，最不利的可能是带息债务没发挥效用或未能及时发挥效用；再次，如果不能合理预算还债时点或现金流出现意外，过重的债务包袱可能使企业无法按时还债，从而导致债务违约风险甚至破产风险；最后，过度负债还将影响企业的资本结构，过高的资产负债率也可能会使潜在的投资、合作伙伴望而却步。

一般而言，负债比率越高，财务风险越大。财务风险会增加经营风险，但如果没有经营风险，也就没有财务风险。

三、风险与报酬的关系

一般而言，任何商业行为都会存在风险，只不过风险有大小之分而已。企业或投资者愿意冒着风险进行经营活动或投资，是为了获得与所冒风险匹配的报酬。往往风险越大，报酬越高，否则就不会有人愿意冒风险，也就没有人从事相应的商业行为。当然，高风险是以合法和可承受为前提的，否则报酬再高也不会有人去冒险。如果有例外，那已经不是正常的商业行为了。

因此，风险与报酬呈正相关的关系。而且，当风险超过正常情况下可以忽略的风险水平时，企业或投资者期望的投资报酬，除了正常的社会平均投资报酬率外，还包括与其所冒风险相适应的风险报酬。

风险报酬有风险报酬额和风险报酬率两种表现形式。投资者由于冒风险进行投资而获得的超过资金时间价值的额外收益，称为风险报酬额；风险报酬额与投资额的比率，则称为风险报酬率。

正常的社会平均投资报酬率，可以视为是正常的社会平均资金成本，或资金的时间价值，这基本上是没有风险的，故称之为无风险投资报酬率。

不考虑通货膨胀因素，投资者期望的投资报酬率，就是无风险报酬率与风险报酬率之和。

即：　　　　　　　　投资报酬率＝无风险报酬率＋风险报酬率

【例 3-1】　某公司有一个投资项目，设在无通胀情况下其风险报酬率为 18%，其同期社会平均资金成本约为 6%。

则此项目的投资报酬率预计为：

$$6\% + 18\% = 24\%$$

学习子情境二　单项投资风险报酬的衡量

风险是未来收益水平偏离期望值的程度，偏离程度越大，风险越大。而风险越大，投资者期望的风险报酬越高。如何衡量投资的风险报酬呢？对有风险的投资项目而言，风险的偏离情况是一个概率分布问题，所以投资报酬率可以视为一个包括风险报酬率在内的有概率分布的随机变量。故可以考虑用概率分布、期望值及标准离差等相关知识来衡量风险。

知识准备

一、概率及其分布

（一）概率

在企业经营活动中，某一事件在相同条件下可能发生也可能不发生，这类事件称为随机事件。概率就是用以表示随机事件发生的可能性大小的数值。随机事件的概率介于 0 与

1 之间，完全不会发生的事件的概率为 0，一定会发生的事件的概率为 1，概率越大可能性越大。一个事件的各种可能性即其概率之和等于 1。

（二）概率分布

概率分布是对某一随机变量（如销售额、投资报酬率）发生各种结果的可能性及其相应概率的量化描述。概率分布可以用表格或坐标图或其他图形方式来描述。

【例 3-2】 一企业拟同时投资甲、乙两个项目。预计这两个投资项目三种可能情况下的投资报酬率及其相应概率如表 3-2 所示。

表 3-2 甲乙项目投资报酬率的概率分布

项目	甲项目		乙项目	
	投资报酬率	概率	投资报酬率	概率
较好	50%	0.25	30%	0.30
正常	20%	0.50	20%	0.50
较差	−10%	0.25	10%	0.20
合计		1.00		1.00

试通过概率分布比较这两个项目的风险。

答：从表 3-2 可以看出，两个项目的投资报酬率基本上呈正态分布，三种情况下的概率水平相差不大，但甲项目投资报酬率的分布比乙项目分散，故甲项目的风险较大。

通过如图 3-1 可以更直观地看出这两个项目投资报酬率的概率分布情况。

概率分布的类型大致有两种：一种是可能的各种结果是有限的若干个特定值，且是不连续的，称为离散型概率分布（见图 3-2）。

另一种是可能的各种结果在两点之间有无数个，呈连续状态，称为连续型概率分布（见图 3-3）。

二、期望值

期望值是指一个随机变量可能发生的各种结果与其相应概率之积的加权平均数。它是投资者基于风险对投资报酬率的合理综合预期。

一个随机变量的期望值可以表示为：

$$E = \sum_{i=1}^{n} X_i P_i$$

式中：

E——期望值；

X——第 i 个可能结果；

P——第 i 个可能结果出现的概率；

n——可能结果的总数。

甲项目：

乙项目：

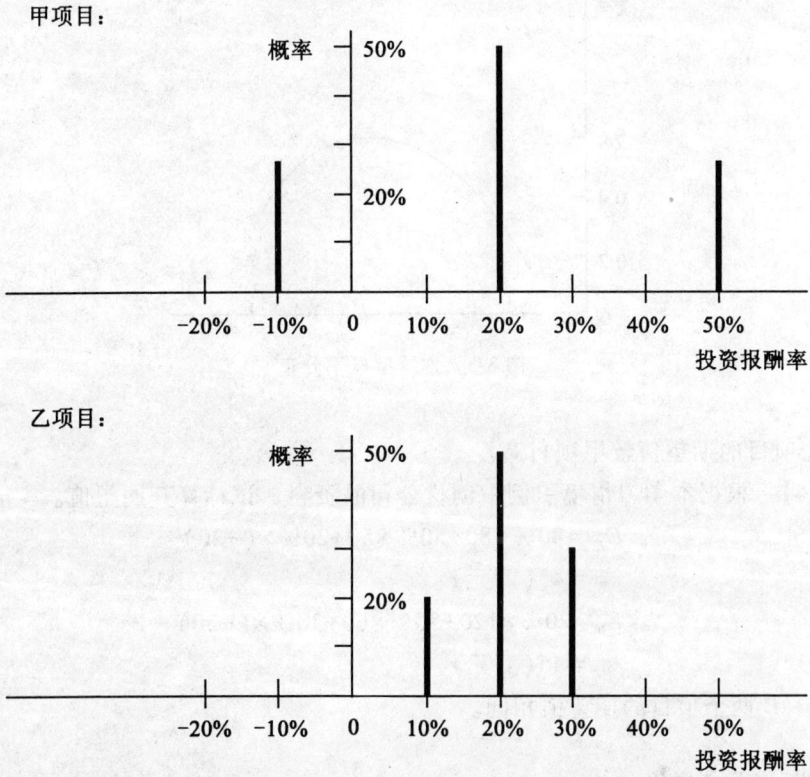

图 3-1　甲乙两项目投资报酬率的概率分布

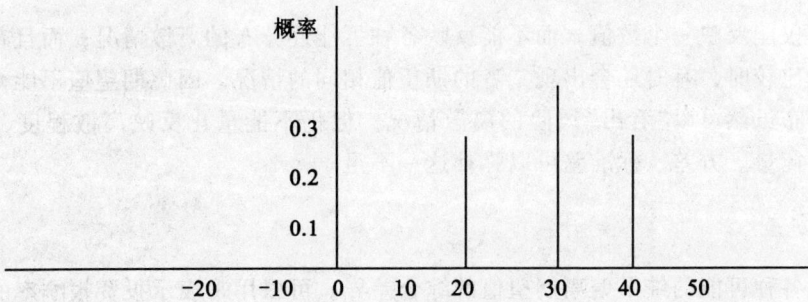

图 3-2　离散型概率分布

【例 3-3】 接例 3-2，试计算比较甲、乙两个项目投资报酬率的期望值。

解：

$$甲项目的 E = 50\% \times 0.25 + 20\% \times 0.50 + (-10\%) \times 0.25$$
$$= 20\%$$
$$乙项目的 E = 30\% \times 0.30 + 20\% \times 0.50 + 10\% \times 0.20$$
$$= 21\%$$

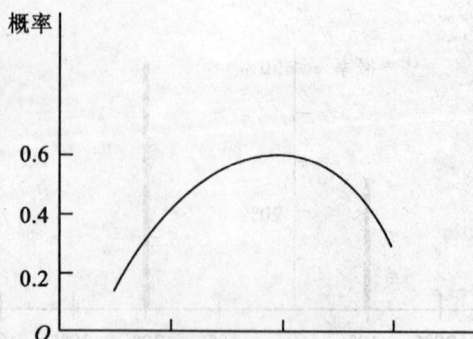

图 3-3　连续型概率分布

答：乙项目的期望值较甲项目高。

【例 3-4】　根据本学习情境引例中创材公司的资料，试计算其期望值。

解：
$$E_A = 30\% \times 80 + 50\% \times 50 + 20\% \times (-20)$$
$$= 45(万元)$$
$$E_B = 20\% \times 120 + 50\% \times 60 + 30\% \times (-30)$$
$$= 45(万元)$$

答：A、B 两个项目的期望值相同。

职业判断与业务操作

一、风险的衡量

期望值仅能反映一个数值，而不能反映各种可能性分布的离散情况；而且在两个方案或项目进行比较时，有时还会出现二者的期望值相同的情况。因此期望值不能衡量风险问题。概率分布虽然可以"看出"风险的离散情况，但仍不能量化反映离散程度，因此也难以进行风险衡量。方差、标准差可以弥补这一不足。

（一）方差

方差是各种可能的结果偏离期望值的综合差异。可以用来表示投资报酬率的各种可能值与其预期报酬率之间的离散程度。

其计算公式可以表示为：

$$\sigma^2 = \sum_{i=1}^{n} (X_i - E)^2 \times P_i$$

式中：

σ^2——方差；

X_i——第 i 个可能结果；

P_i——第 i 个可能结果出现的概率；

n——可能结果的总数；

E——期望值。

一般来说，方差越大，说明各可能的结果偏离期望值的程度越大，风险也就越大；方差越小，说明各可能的结果偏离期望值的程度越小，风险也就越小。如果只有一种可能的结果，则这个可能的结果与期望值相等，方差为 0。

【例 3-5】 以例 3-4 为例，试计算其方差。

解：

$$A \text{ 项目的 } \sigma^2 = (80-45)^2 \times 0.3 + (50-45)^2 \times 0.5 + [(-20)-45]^2 \times 0.2$$
$$= 367.5 + 12.5 + 845$$
$$= 1\ 225$$

$$B \text{ 项目的 } \sigma^2 = (120-45)^2 \times 0.2 + (60-45)^2 \times 0.5 + [(-30)-45]^2 \times 0.3$$
$$= 1\ 125 + 112.5 + 1\ 687.5$$
$$= 2\ 925$$

答：两项目的期望值相同，但 A 项目的方差更小，说明各可能的结果偏离期望值的程度更小，风险也就更小。

（二）标准离差

标准离差也称标准差，它是方差的平方根。

其计算公式如下：

$$\sigma = \sqrt{\sum_{i=1}^{n} (X_i - E)^2 \times P_i}$$

式中：

σ——标准离差；

X_i——第 i 个可能结果；

P_i——第 i 个可能结果出现的概率；

n——可能结果的总数；

E——期望值。

【例 3-6】 接例 3-5，试计算其标准差。

解：

$$A \text{ 项目的 } \sigma = \sqrt{(80-45)^2 \times 0.3 + (50-45)^2 \times 0.5 + [(-20)-45]^2 \times 0.2}$$
$$= \sqrt{1\ 225}$$
$$= 35$$

$$B \text{ 项目的 } \sigma = \sqrt{(120-45)^2 \times 0.2 + (60-45)^2 \times 0.5 + [(-30)-45]^2 \times 0.3}$$
$$= \sqrt{2\ 925}$$
$$\approx 54.08$$

答：两项目的期望值相同，但 A 项目的标准差更小，说明各可能的结果偏离期望值的程度更小，风险也就更小。

从公式及上例可以看出，标准差和方差一样，都是一个绝对数，都可以用来反映决策方案的风险。其说明的问题也一样，即在相同的期望值下，有 n 个可能的结果，则标准差越大，说明各可能的结果偏离期望值的程度越大，结果的不确定性也越大，风险也就越大；标准差越小，说明各可能的结果偏离期望值的程度越小，结果的不确定性也越小，风险也就越小。

在实际工作中，一般用标准差而不是用方差来说明风险的大小。当然，我们也可以不用上述公式来计算，直接用 Excel 中的统计函数也可求解此指标。

(三) 标准离差率

标准差和方差作为衡量风险的指标，其共同的问题是均只适用于期望值相同情况下的风险程度的比较。对于期望值不同的两个以上方案的比较，则不能进行比较。因此，我们引入了标准离差率这个概念。

标准离差率是指标准差与期望值的比率，也称离散系数。

其计算公式如下：

$$q = \frac{\sigma}{E} \times 100\%$$

式中：

q——标准离差率；

σ——标准离差；

E——期望值。

标准离差率是一个基于期望值的相对数，因此在比较两个以上的方案时，即使各方案的期望值不同也可以进行比较。

通常标准离差率越大，说明各可能的结果偏离期望值的程度越大，结果的不确定性也越大，风险也就越大；反之，标准离差率越小，说明各可能的结果偏离期望值的程度越小，结果的不确定性也越小，风险也就越小。

【例 3-7】 根据例 3-3 中的资料，试计算其标准离差率。

解：已知甲、乙两个项目投资报酬率的期望值分别为 20% 和 21%。

其标准差分别为：

甲项目的 $\sigma = \sqrt{(50\%-20\%)^2 \times 0.25 + (20\%-20\%)^2 \times 0.50 + (-10\%-20\%)^2 \times 0.25}$

$= \sqrt{0.045}$

$\approx 0.212\ 1$

乙项目的 $\sigma = \sqrt{(30\%-21\%)^2 \times 0.3 + (20\%-21\%)^2 \times 0.5 + (10\%-21)^2 \times 0.2}$

$= \sqrt{0.004\ 9}$

$= 0.07$

则甲、乙两项目的标准离差率分别为：

甲项目的 $q = \sigma / E \times 100\%$

$= 0.212\ 1/0.2 \times 100\%$

$$=106\%$$

乙项目的 $q=\sigma/E\times100\%$

$$=0.07/0.21\times100\%$$

$$=33\%$$

答：甲项目的标准离差率更大，说明各可能的结果偏离期望值的程度更大，结果的不确定性也更大，风险也就更大。

由上例可以看出，标准离差率可以衡量两个以上方案在期望值不同时的风险大小。

二、单项投资的风险报酬的衡量

对一个投资项目的评价，或对两个以上投资项目的选择，不仅要考虑风险，还要考虑报酬。

标准离差率虽然解决了不同期望值的两个方案可以进行风险比较的问题，但也只是仅能评价风险程度。如果要在考虑风险的同时考虑报酬问题，即将风险和报酬结合起来进行决策，那么标准离差率这个指标显然无法胜任。

因此，需要将风险和报酬结合起来，进行风险报酬衡量，才能恰当地评价或选择一个投资项目。虽然投资常常以组合的方式进行，但这里先介绍一下单项投资的风险报酬的衡量。

我们知道：

投资报酬率＝无风险报酬率＋风险报酬率

其中，风险报酬率就是一个充分考虑了风险的报酬率指标。无风险报酬率可以用考虑了通货膨胀因素的资金时间价值来确定，那么风险报酬率又如何确定呢？

其计算公式为：

$$R_r=bq$$

式中：

R_r——风险报酬率；

b——风险报酬系数；

q——标准离差率。

显然，确定风险报酬率，风险报酬系数是一个重要指标。风险报酬系数的确定，可以通过对企业历史资料的分析、或专家评议、或由政府公布取得。

【例3-8】　接例3-7，若经历史资料测定，风险报酬系数为10%，那么两项目的风险报酬率分别为：

甲项目　$R_r=bq=10\%\times106\%=10.6\%$

乙项目　$R_r=bq=10\%\times33\%=3.3\%$

设无风险报酬率为8%，则两项目的投资报酬率分别为：

甲项目　$R=10.6\%+8\%=18.6\%$

乙项目　$R=3.3\%+8\%=11.3\%$

由上例可以看出，计算出来的包括风险报酬率在内的投资报酬率实际上应是企业项目投资的底限。进行单项投资决策时，对于风险报酬的衡量，如果企业预期的投资报酬率能高于这个底限，可以认为投资方案是可行的。

学习子情境三　投资组合风险报酬的衡量

🍃**职业判断与业务操作**

一、投资组合的期望报酬

在实际工作中，除了单项投资风险报酬的衡量外，企业在更多情况下需要对多项投资的投资组合进行风险报酬衡量，计算投资组合的风险报酬率。

对于投资组合来说，需要先计算其期望报酬率。

投资组合的期望报酬率，就是投资组合中各投资项目的单独期望报酬率与其投资结构的加权平均数。

其计算公式为：

$$R_P = \sum_{i=1}^{n} W_i R_i$$

式中：

R_P——投资组合的期望报酬率；

W_i——投资于 i 资产的资金占总投资额的比例；

R_i——资产 i 的期望报酬率；

n——构成投资组合的个数。

【例 3-9】　一投资者现有资金 100 万元，拟用 30 万元购买 A 证券，期望的投资报酬率为 20%；拟用余款 70 万元购买 B 证券，期望的投资报酬率为 10%。

试计算该投资组合的期望报酬率。

解：期望报酬率 = 30% × 20% + 70% × 10% = 13%

答：该投资组合的期望报酬率为 13%。

二、投资组合风险的衡量

投资组合的风险，除了构成投资组合的各单个投资项目存有自己的风险外，由于各投资项目之间可能互有影响，所以还可能有组合风险。因此，投资组合风险的衡量，还需要量化各投资项目相互之间的影响情况。

协方差和相关系数是度量投资组合中任意两个投资项目之间报酬率变动关系的两个重要指标。

（一）协方差

一个投资组合内，投资项目相互之间的变化情况影响着投资组合的整体方差，从而影响着投资组合风险。协方差就是一个度量投资组合中一个投资项目相对于其他投资项目风险的指标。

协方差的计算公式为：

$$\mathrm{Cov}(R_1,\ R_2) = \frac{1}{n}\sum_{i=1}^{n}(R_{1i} - R_1)(R_{2i} - R_2)$$

式中：

$\mathrm{Cov}(R_1,\ R_2)$——协方差；

R_1，R_2——证券 1 和证券 2 的期望报酬率或平均报酬率；

R_{1i}，R_{2i}——证券 1 和证券 2 在第 i 年的投资报酬率。

协方差的正负表示两个投资项目之间报酬率变动的方向。正数表示两个投资项目的报酬率呈同方向变动，负数表示两个投资项目的报酬率呈反方向变动。协方差的绝对值越大，表示这两个投资项目报酬率的关系越密切；协方差的绝对值越小，表示这两个投资项目报酬率的关系越疏远。

（二）相关系数

两个投资项目的相关情况，还可以进一步用相关系数来表示。相关系数通过协方差除以两个投资项目的标准离差之积来计算。

其计算公式为：

$$\beta_{12} = \mathrm{Cov}(R_1,\ R_2)/\sigma_1\sigma_2$$

相关系数的变动区间在 $+1$ 和 -1 之间，$+1$ 表示两者完全正相关，-1 表示完全负相关，0 表示不相关。它的正负与协方差的正负相同。相关系数为正数时，表示两个投资项目的投资报酬率呈同方向变动；相关系数为负数时，表示两个投资项目的投资报酬率呈反方向变动。相关系数的绝对值越大，表示这两个投资项目报酬率的关系越密切；相关系数的绝对值越小，表示这两个投资项目报酬率的关系越疏远。

（三）投资组合风险的衡量

投资组合风险可以用投资组合的投资报酬率的方差或标准离差来衡量。

设投资组合为两个投资项目的组合，其方差的计算公式为：

$$\sigma_P^2 = W_A^2\sigma_A^2 + W_B^2\sigma_B^2 + 2W_A W_B\mathrm{Cov}(R_A,\ R_B)$$

相应地，其标准差的计算公式为：

$$\sigma_P = \sqrt{W_A^2\sigma_A^2 + W_B^2\sigma_B^2 + 2W_A W_B\mathrm{Cov}(R_A,\ R_B)}\quad(i\neq j)$$

式中：

σ_P^2——投资组合期望报酬率的方差；

σ_A^2，σ_B^2——A、B 两项投资期望报酬率的方差；

W_A，W_B——A、B 两项投资在总投资中各自所占的比重；

$\mathrm{Cov}(R_A,\ R_B)$——A、B 两项投资期望报酬率的协方差。

在实际经济生活中，投资组合可能不止两项。如果由此推广到 n 种投资组合，则 n 种投资组合期望报酬率的方差的计算公式为：

$$\sigma_P^2 = \sum_{i=1}^{n}(R_{Pi} - R_P)^2 \times P_i = \sum_{i=1}^{n}W_i^2\sigma_i^2 + \sum_{i=1}^{n}\sum_{j=1}^{n}W_i W_j\mathrm{Cov}(R_i,\ R_j)\quad(i\neq j)$$

式中：

R_{Pi}——在第 i 种经济状态下投资组合的报酬率；

R_P——投资组合的期望报酬率；

P_i——第 i 种经济状态出现的概率；

σ_i^2——第 i 项资产的方差；

$\text{Cov}(R_i, R_j)$——资产 i 和资产 j 的协方差；

W_i，W_j——资产 i 和资产 j 在总投资中所占的比重。

从上述公式可以看出，通过改变各投资项目在投资组合中的比重可以得到不同结果的投资组合的方差，即由此可以形成不同的投资组合。

当相关系数等于 1 时，两项投资的投资报酬率完全正相关，两项投资的投资报酬率变化方向和变化幅度完全相同，此时投资组合的报酬率的方差达到最大。此时两项投资的风险完全不能互相抵消，故这样的组合不能降低任何风险。

当相关系数等于-1 时，两项投资的投资报酬率完全负相关，两项投资的投资报酬率的变化方向和变化幅度完全相反，此时投资组合的报酬率的方差达到最小，甚至可能为零。此时两项投资的风险可以充分地互相抵消甚至完全抵消，故这样的组合可以最大限度地抵消风险。

在实际经济生活中，两项投资的投资报酬率完全正相关或完全负相关基本上是不可能的，绝大多数情况下相关系数是介于+1 和-1 之间的，所以投资组合的标准差会小于投资组合中各投资项目的标准差的加权平均数，即投资组合的风险会小于组合中各投资项目风险的加权平均数。故此投资组合才可以分散风险，但是显然不能完全消除风险。

通常，随着投资组合中投资项目的增加，投资组合的组合风险会逐渐降低，但降低程度会越来越慢，越来越平稳，直至不再降低。相应地，由方差表示的各投资项目的风险对组合风险的影响会逐渐降低直至消失（这个风险称为非系统风险）；但由协方差表示的各投资项目的投资报酬率之间相互作用所产生的风险始终存在，并不随投资组合中投资项目的增加而消失（这个风险称为系统风险）。

三、投资组合风险报酬的衡量：资本资产定价模型

我们知道，组合投资可以分散风险。那么，组合投资的期望报酬率与组合风险有什么关系呢？资本资产定价模型可以回答这一问题。

资本资产定价模型，是 1990 年诺贝尔经济学奖获得者威廉·夏普于 20 世纪 60 年代提出的。该模型的一个主要贡献就是解释了投资组合风险报酬的影响因素，并提出了投资组合风险报酬的衡量办法。

所谓资本资产，主要是指证券、股票。在资本市场，股票的价格主要取决于股票的收益率，而股票的收益率，比较典型地代表着风险和报酬的关系。资本资产定价模型，正揭示了这种关系。

资本资产定价模型的核心关系式为：

$$R_i = R_f + \beta_i \times (R_m - R_f)$$

式中：

R_i——表示第 i 个股票或第 i 种投资组合的必要报酬率；

R_f——表示无风险报酬率，通常用短期国债的利率来近似代替；

R_m——表示市场组合的平均报酬率，通常用所有股票的平均报酬率来近似代替；

β_i——表示第 i 个股票或第 i 种投资组合的系统风险系数。其计算公式为：

$$\beta = 某种股票的风险报酬率/市场组合的风险报酬率$$

对于投资组合，通过将各证券的投资比重所代表的权数与其相应的 β 系数进行加权平均来计算其系统风险系数，即：

$$\beta_p = \sum_{i=1}^{n} W_i \beta_i$$

其中，β_p——表示投资组合的 β 系数；

W_i——表示第 i 种证券在投资组合中所占的比重；

β_i——表示第 i 种证券的 β 系数。

上述关系式，也可表示为：

$$必要报酬率 = 无风险报酬率 + 风险报酬率$$

【例3-10】　某公司同时购买 A、B、C、D 四种股票，其投资结构占比分别为 10%、30%、40%、20%，β 系数分别为 1.6、1.1、0.8、1.5。设无风险报酬率为 6%，市场平均报酬率为 15%。

试计算该投资组合的必要报酬率。

解：

$$组合 \beta 系数 = 10\% \times 1.6 + 30\% \times 1.1 + 40\% \times 0.8 + 20\% \times 1.5$$
$$= 1.11$$
$$该投资组合的必要报酬率 = 6\% + 1.11 \times (15\% - 6\%)$$
$$= 15.99\%$$

资本资产定价模型将复杂的现实简单化，现在仍是对现实经济生活中风险与收益关系的最合适的表述。但同时，资本资产定价模型也存在着以历史数据推算未来、有时 β 值难以估计、建立在没有税金、市场不存在摩擦等一系列假设之上等局限性。因此，运用此模型，应更注重它所反映的规律而不拘泥于用它计算出来的数字本身。

情境小结

本学习情境主要学习了风险与报酬的关系、单项投资风险报酬的衡量、投资组合风险报酬的衡量。

一、风险与报酬的关系

(1)在一般情况下，可以认为风险是由于对未来事物的不可控甚至是因在事前不能详细全面地了解、判断环境条件而作出决策所导致的未来结果偏离预期的可能性。在财务管理中，风险是指投资活动所产生的收益水平偏离期望值的程度。

(2)通常风险具有以下特征：

①风险可能给投资者带来超预期的收益，也可能给投资者带来超预期的损失。

②风险在特定经济活动范围内、并在该经济活动影响期内存在。

③通常情况下风险有不可控和不可预知性。

(3)企业面临的风险主要有市场风险和企业特有风险两种。企业特有风险根据风险形成的原因不同，还可以分为经营风险和财务风险。

(4)风险报酬有风险报酬额和风险报酬率两种表现形式。投资者由于冒风险进行投资而获得的超过资金时间价值的额外收益，称为风险报酬额；风险报酬额与投资额的比率，则称为风险报酬率。

(5)不考虑通货膨胀因素，投资者期望的投资报酬率，就是无风险报酬率与风险报酬率之和。

即：投资报酬率＝无风险报酬率＋风险报酬率

二、单项投资风险报酬的衡量

(1)单项投资的风险可以用概率分布、期望值、方差、标准离差、标准离差率等相关知识或指标来量化衡量。

①概率分布是对某一随机变量(如销售额、投资报酬率)发生各种结果的可能性及其相应概率的量化描述。概率分布可以用表格或坐标图或其他图形方式来描述。

②期望值是指一个随机变量可能发生的各种结果与其相应概率之积的加权平均数。它是投资者基于风险对投资报酬率的合理综合预期。

③方差是各种可能的结果偏离期望值的综合差异，可以用来表示投资报酬率的各种可能值与其预期报酬率之间的离散程度。

④标准离差也称标准差，它是方差的平方根。

⑤标准离差率是指标准差与期望值的比率，也称离散系数。

(2)对一个投资项目的评价，不仅要考虑风险，还要考虑报酬。

风险报酬率是一个充分考虑了风险的报酬率指标。确定风险报酬率，风险报酬系数是一个重要指标。计算出来的包括风险报酬率在内的投资报酬率实际上应是企业项目投资的底限。进行单项投资决策时，对于风险报酬的衡量，如果企业预期的投资报酬率能高于这个底限，可以认为投资方案是可行的。

三、投资组合风险报酬的衡量

投资组合的期望报酬率，就是投资组合中各投资项目的单独期望报酬率与其投资结构的加权平均数。

投资组合的风险，除了构成投资组合的各单个投资项目存有自己的风险外，由于各投资项目之间可能互有影响，所以还可能有组合风险。协方差和相关系数是度量投资组合中任意两个投资项目之间报酬率变动关系的两个重要指标。

投资组合风险可以用投资组合的投资报酬率的方差或标准离差来衡量。

资本资产定价模型的核心关系式为：

$$R_i = R_f + \beta_i \times (R_m - R_f)$$

| # 资本成本与现金流量

工作任务与学习子情境

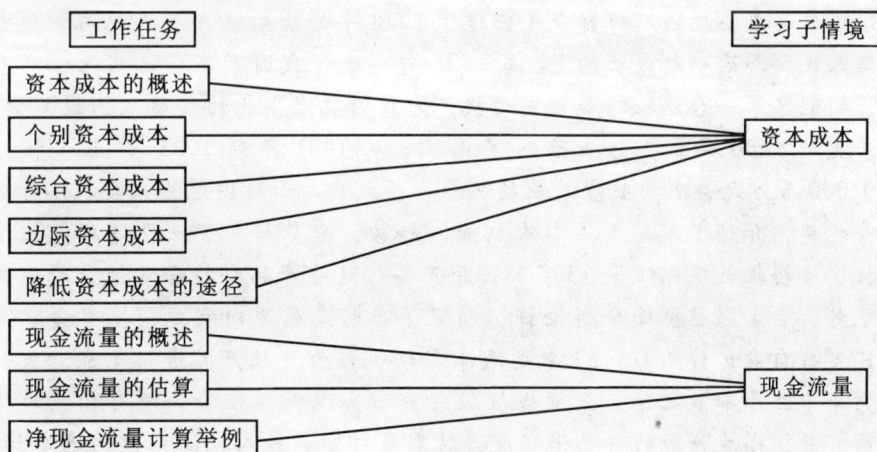

工作任务	学习子情境
资本成本的概述	
个别资本成本	
综合资本成本	资本成本
边际资本成本	
降低资本成本的途径	
现金流量的概述	
现金流量的估算	现金流量
净现金流量计算举例	

职业能力目标

专业能力：

- 理解资本成本概念，熟练掌握个别资本成本、综合资本成本和边际资本成本的计算方法。理解现金流量的含义与构成，掌握现金流量的估算。

社会能力：

- 能运用资本成本的计算方法，对企业实际经济活动中常见的个别资本成本、综合资本成本和边际资本成本进行计算，并具备分析与评价的能力。具备运用现金流量的计算方法估算、分析企业实际投资项目的现金流量的能力。

学习子情境一　资　本　成　本

情境引例

长期筹资决策方法的选择
——"东安"的动力

基本案情

1980 年 12 月 31 日，国产第一台微型汽车发动机在哈尔滨东安机械厂诞生；2000 年 7 月 18 日 10 时，"东安动力"第 100 万台微型汽车发动机走下了生产线。20 年，"东安"完成了从 0 到 100 万台的历史性跨越，从困境一步步走向辉煌。20 年来，东安公司走的是一条投资少、见效快、自我滚动发展的道路。"东安"的动力来自于挖潜改造、扩大生产规模。事实证明，这是一条搞好国有老企业的成功之路。

哈尔滨东安机械厂的前身是始建于 1948 年的哈尔滨东安发动机制造公司，这个同中华人民共和国一起成长的"老军工"，曾创造了我国第一台活塞七、活塞八航空发动机，研制了第一台涡轮螺旋桨发动机，为我国航空事业的发展做出过重大贡献。然而，当历史进入 80 年代，企业陷入了困境。从 1981 年到 1983 年仅三年间，亏损额高达 1 000 多万元，成为航空工业的头号亏损大户。面对困境，东安人不等不靠，立足于自身优势，开始了军转民第二次创业。起初，东安人走了一段弯路，相继开发出了清粉机、磨粉机、煤气罐等 50 多种民用产品。这些产品科技含量低，难以发挥东安的技术优势，后来经过全面分析论证，确定了当时尚属国内空白、技术含量高、性能先进且能发挥自身优势的 DA462 微型汽车发动机作为支柱产品进行重点开发。企业要在市场竞争中立于不败之地，必须规模经营，而实现规模经营必须有相应的技术准备作为后盾，并提高生产线的自动化程度，特别是对于高投入、高产出的汽车行业更是如此。这一点，东安人看得清楚、算得也明白。但由于资金不足，马上采取高投入扩大经济规模的办法是没有可能性的。在这种情况下，他们选择了挖潜改造扩大生产规模的道路，采取了边生产、边积累、边改造的方式，充分盘活了存量资产，走出了一条投资少、见效快、自我滚动发展的新路。

"东安"艰难的一步

首期工程改造是东安人"走过"的艰难一步。在技术改造初期，东安人按照产品结构调整的主攻方向，对生产要素进行了优化组合。拆除了当时闲置的老军品生产线，腾出了 36 000 平方米的厂房面积，近 500 台富余设备和 2 000 多名技术工人，组建了 9 条冷加工和 5 条热加工生产线，用于生产微型汽车发动机。重新组合的资产，打破了旧有格局，使资产开始向市场最急需、回报率高、最具发展潜力的方向流动，使军品富余的设备得到了有效利用，节省了大量资金。为了充分挖掘存量资产的潜力，东安人在微型汽车发动机一期工程改造所需要的 1 000 多台设备中，利用军品富余设备 427 台，自制专机和组机 85 台。

"东安"关键的一步

二期工程改造是东安人"迈出"的关键一步。在二期工程改造中，东安人仍从优化资本结构出发，首先从技术、经济、进度几个角度，对改造工程进行了优化设计和分析计算，认为如果全部生产线从国外引进，需要花费 7 000 万美元，如果全部采用国产设备，其关键部位的质量将难以保证。最后东安人仍然走了挖潜的道路，采用一般设备自行制造，重点设备利用和浓缩军品线挖潜、关键设备从国外引进的办法，少花钱、多办事，自行积累、逐步完善。在这一思想指导下，东安人仅投入了 8 500 万元人民币，硬是改造完成了具有 12 条冷加工和 7 条热加工、年产可达 5 万台发动机的生产线。

在挖潜改造的道路上，东安人把有效的资金投入关键薄弱环节，注重经济增长的质量和效益。比如"八五"改造，东安人从国外引进了一条价格低廉的生产线，在充分消化吸收的基础上，重新进行了改造，采用了电器液压自动控制和 PC 控制技术，使这条只用 700 万元买回来的生产线，发挥了巨大的作用。

"东安"稳重的一步

三期工程改造是东安人"走向"辉煌的稳重一步。为了赢得市场竞争的主动权，扩大经营规模，增强企业实力，从 1993 年开始，东安人投资 1.52 亿元，对微型汽车发动机生产线进行了第三期工程改造，新建能同时生产 0.8 升和 1.0 升微发产品的具有阶段性自动化的缸体、缸盖、曲轴和变速器壳体 4 条生产线。1995 年末，东安人又对中小铸铁件、铸铝件等毛坯生产线和 DA465Q 发动机变速器及热处理生产线，进行了"双加"工程的改造，投入使用后，微发综合生产能力达到 20 万台。

三期改造工程和一期"双加"改造，总投资只有 4 亿多元，但却形成了年产微型汽车发动机 20 万台的能力。特别是工程改造的进度与市场对微发产品的需要同步，使得工程改造完工后能马上发挥作用，取得了较好的经济效益和社会效益。东安人有理由自豪，因为中国微型汽车 1/3 的发动机来自他们的企业。

分析要点及要求

东安公司分析了改造微型汽车生产线工程项目投资的两个方案后，最后决定走内部挖潜的道路，即：一般设备自制，重点设备内部挖潜、关键设备引进的投资方案（技改项目需投资 8 500 万元人民币）。若其项目投资所需资金的备选方案如下：

A 方案：项目投资拟通过银行贷款解决 40%，贷款年利率为 10%；通过发行三年期债券解决 60%，债券年利率为 15%。

B 方案：一般设备投资拟用自有资金解决，占项目投资的 20%；重点设备和关键设备拟用银行贷款和发行债券方式解决，其中银行贷款占 30%，贷款年利率为 10%；发行的五年期债券占 50%，债券年利率为 20%。

请根据案情和你掌握的资料进行筹资决策方案比较，并确定东安公司的最佳筹资方案。

资料来源：http://wenku.baidu.com/view/bdc8b50490c69ec3d5bb7573.html.

◎问题探讨

1. 为什么说挖潜改造是搞好国有老企业的成功之路？
2. 东安人走出困境、一步步走向辉煌的经验是什么？

✎ 知识准备

一、资本成本概述

(一)资本成本的概念

在市场经济条件下,企业筹集和使用资金,往往要付出代价。资本成本是在商品经济条件下,资金所有权与资金使用权分离的产物。资本成本是资金使用者对资金所有者转让资金使用权利的价值补偿。也就是说,企业不能无偿使用资金,必须向资金提供者支付一定数量的费用作为补偿,企业筹措和使用资本往往都要付出代价。资本成本就是指为筹集和使用资金而付出的代价。资本成本包括筹资费用和用资费用两部分。

(1)筹资费用。它是指企业在筹资过程中为获得资本而付出的费用。如向银行借款时需要支付的手续费,因发行股票债券等而支付的发行费用等。

(2)用资费用。它是指企业在生产经营过程中因使用资金而支付的费用。如向股东支付的股利、向银行支付的利息、向债券持有者支付的债息等。

资本成本是筹资与投资决策中的重要概念,这主要是因为:首先,资本成本是企业的投资者(包括股东和债权人)对投入企业的资本所要求的收益率;其次,资本成本是投资本项目(或企业)的机会成本。

资本成本有多种计量形式,在比较各种筹资方式时,使用个别资本成本,包括普通股成本、留存收益成本、长期借款成本、债券成本等;在进行资本结构决策时,使用加权平均资本成本。

资本成本可以用绝对数表示,也可以用相对数表示。在一般情况下,如果不作特别说明,资本成本即是用相对数表示的成本率。用公式表示:

$$资本成本率 = \frac{用资费用}{筹资总额 - 筹资费用}$$

由于筹资费用一般以筹资总额的某一百分比计算,因此,上述计算公式也可表示为:

$$资本成本率 = \frac{用资费用}{筹资总额 \times (1 - 筹资费用率)}$$

可以用符号表示为:

$$K = \frac{D}{(P-F)} \times 100\%$$

$$= \frac{D}{P(1-f)} \times 100\%$$

式中:K——资本成本,以百分率表示;

D——用资费用;

P——筹资总额;

F——筹资费用;

f——筹资费用率,即筹资费用与筹资数额的比率。

（二）资本成本的性质

（1）从资本成本的价值属性看，它属于投资收益的再分配，且属于利润范畴。资本成本的产生是由于资本所有权与使用权的分离，它属于资本使用者向其所有者或中介人支付的费用，构成资本所有者或中介人的一种投资收益。尽管资本成本属于利润范畴，但在会计核算中，有的资本成本是计入企业的成本费用之中，如利息；有的则作为利润分配项目，如股息。

（2）从资本成本的计算与应用价值看，它属于预测成本。计算资本成本与其说是一种计算，倒不如说是一种预计和预测。预计资本成本的目的在于通过成本大小的比较来规划筹资方案，因此，规划方案在前，实施方案在后。作为规划筹资方案的一种有效手段，预计不同筹资方式下的成本，有利于降低未来项目的投资成本，提高投资效益。因此，资本成本预计是规划筹资方案前的一项基础性工作，相应地，其计算结果也为预测数。

（三）资本成本的作用

资本成本是财务管理中的重要概念，对于企业筹资及投资管理，乃至整个经营管理都具有重要的意义。对于企业筹资来讲，资本成本是企业选择资金来源、确定筹资方案的重要依据，企业力求选择资本成本最低的筹资方式；对于企业投资来讲，资本成本是评价投资项目可行性、决定投资项目取舍的重要尺度。资本成本还可以用做衡量企业经营成果的尺度，即经营利润率应高于资本成本，否则表明业绩欠佳。

（1）资本成本是比较筹资方式、选择追加筹资方案的依据。企业筹措长期资本有多种方式可供选择，它们的筹资费用与使用费用各不相同，通过资本成本的计算与比较，并按成本高低进行排列，从中选出成本较低的筹资方式。不仅如此，由于企业全部长期资本通常是采用多种方式筹资组合而成的，这种筹资组合有多个方案可供选择，因此，加权资本成本的高低将是比较各筹资组合方案、作出资本结构决策的依据。

（2）资本成本是评价投资项目，比较投资方案和追加投资决策的主要经济标准。一般而言，项目的投资收益率只有大于其资本成本率，才是经济合理的，否则投资项目不可行。这表明，资本成本是企业项目投资的"最低收益率"，或者是判断项目可行性的"取舍率"。

二、个别资本成本

个别资本成本是指企业使用各种长期资金的成本。它进一步细分为借款成本、债券筹资成本、股票筹资成本（优先股与普通股）、留存收益成本等。其中，前两者可统称债务成本，后两种可统称权益成本。

（一）债务成本

债务成本主要是长期借款的成本和债券成本。按照国际惯例和各国所得税法的规定，债务的利息一般允许在企业所得税前支付，因此，企业实际负担的利息为：利息×（1-企业所得税税率）。

1. 长期借款成本

企业长期借款的成本主要包括借款利息和筹资费用。其中借款利息在税前支付，具有减税效应。

长期借款成本。其计算公式为：

$$K = \frac{I_L(1-T)}{L(1-f)} \times 100\%$$

$$K = \frac{R_L(1-T)}{(1-f)} \times 100\%$$

式中：K——长期借款成本；

I_L——长期借款年利息；

L——长期借款总额，即借款本金；

R_L——企业所得税税率；

R——借款年利率；

F——筹资费用率。

【例 4-1】 某企业从银行取得长期借款 500 万元，年利率为 10%，期限为 3 年，每年付息一次，到期还本付息。假定筹资费用率为 1‰，企业所得税税率为 33%，则其借款的成本为：

$$\frac{500 \times 10\% \times (1-33\%)}{500 \times (1-1‰)} = 6.71\%$$

如果不考虑筹资费用率，或者筹资费用率较小而忽略不计，则其成本计算可直接写成：

$$10\% \times (1-33\%) = 6.70\%$$

2. 债券成本

债券成本主要包括债券利息和筹资费用。其中债券利息的计算与长期借款的计算相同，也在所得税前支付，因此，企业实际负担的利息应为债券利息×(1-企业所得税税率)。债券的筹资费用一般比较高，不可以在计算资本成本时忽略不计。债券的筹资费用即债券发行费用，这类费用主要包括申请发行债券的手续费、债券注册费、印刷费、上市费以及推销费用等。其中有些费用按一定的标准(定额或定率)支付，有些费用并无固定的标准。

债券资本成本的计算公式为：

$$K_b = \frac{I_b(1-T)}{B_0(1-f_b)} = \frac{Bi_b(1-T)}{B_0(1-f_b)}$$

式中，K_b——债券资本成本；

I_B——债券年利息；

B_0——债券筹资总额，按发行价格确定；

T——企业所得税税率；

f_b——债券筹资费用率。

【例 4-2】 某公司发行总面额为 100 万元的 10 年期债券，票面利率为 10%，发行费用率为 3%，企业所得税税率为 40%。试计算该债券的资本成本。

解：该债券的资本成本为：

$$\frac{100\times10\%\times(1-40\%)}{100\times(1-3\%)}=6.19\%$$

当债券溢价或折价发行时，为更精确地计算资本成本，应以实际发行价格作为债券筹资额。

【例 4-3】　某企业发行债券 1 000 万元，面额 1 000 元，按折价 950 元发行，票面利率 10%，企业所得税税率 40%，发行筹资费用率 3%。要求：计算该债券资本成本。

解：债券资本成本为：

$$\frac{1\ 000\times10\%\times(1-40\%)}{950\times(1-3\%)}=6.51\%$$

与借款相比，由于债券利息一般高于借款利率、债券发行成本高于借款筹资费用，因此债券成本相对要高于借款成本。

（二）权益成本

权益成本主要有优先股成本、普通股成本、留存收益成本等。各种权益形式的权益责任不同，计算方法也不同。股票的股利是以所得税后净利支付的，不会减少企业应缴的所得税。因此，权益成本的计算方法不同于债务成本。

1. 优先股成本

公司发行优先股需要支付发行费用，且优先股的股息通常是固定的，因此其计算公式为：

$$K_P=\frac{D_P}{P_P(1-f)}\times100\%$$

式中：K_P——优先股成本；

　　　D_P——优先股年股息，等于优先股面额乘固定股息率；

　　　P_P——优先股筹资总额，按预计的发行价格计算。

【例 4-4】　某公司拟发行某优先股，面值总额为 100 万元，固定股息率为 10%，筹资费率预计为 3%，该股票溢价发行，其筹资总额为 120 万元，则优先股的成本计算为：

$$\frac{100\times10\%}{120\times(1-3\%)}\times100\%=8.59\%$$

2. 普通股成本

普通股成本主要包括股利和筹资费用，其股利率将随着企业经营状况的变动而变化，正常情况下是呈逐年增长的趋势，而且股利是以税后净利支付的，不能抵减所得税。从理论上看，股东投资期望收益率即为公司普通股成本。在计算时，存在多种不同的方法，其主要的方法为股利折现法。这种方法是一种将未来期望股利收益折为现值，以确定其成本率的方法。其原理为：从投资者角度看，股票投资价值等于各年股利收益的折现值，因此股票的收益现值必须大于现在购买时的股票成本（即股价），才有利可图。用公式表示：

$$K_E=\frac{D_1}{P_E(1-f)}+g$$

式中：K_E——普通股的成本；

      D_1——第一年的预计股利额；

      g——普通股股利预计年增长率；

      P_E——普通股筹资总额，按发行价格计算。

【例4-5】 某公司发行面值为1元的普通股500万股，筹资总额为2 000万元，筹资费率为5%，已知第一年每股股利为0.3元，以后各年按5%的比率增长，则其成本应为：

$$\frac{500\times0.3}{2000\times(1-5\%)}+5\%\times100\%=12.89\%$$

3. 留存收益成本

留存收益是企业的税后未分配利润。留存收益是企业的可用资金，它属于普通股股东所有，其实质是普通股股东对企业的追加投资。留存收益资本成本可以参照市场利率，也可以参照机会成本，更多的是参照普通股股东的期望收益，即普通股资本成本，但它不会发生筹资费用。其计算公式为：

(1)股利固定不变企业留存收益成本的计算公式：

$$K_r=\frac{D}{V_0}$$

式中，K_r——留存收益成本；

      D——每年支付的股利；

      V_0——普通股现值，即股票发行价格。

【例4-6】 某公司普通股目前市价为80元，每年均发放股利8元。试计算该公司留存收益的成本是多少。

解：该公司留存收益的成本为：

$$K_r=\frac{8}{80}\times100\%=10\%$$

(2)股利固定增长企业留存收益成本的计算公式：

$$K_r=\frac{D_1}{V_0}+g$$

【例4-7】 某公司普通股目前市价为80元，本年发放股利8元，以后每年增长6%。试计算该公司留存收益的成本是多少。

解：$$D_1=8\times(1+6\%)=8.48(元)$$

$$K_r=\frac{8.48}{80}+6\%\times100\%=16.6\%$$

除了上述按照普通股成本计算方法确定留存收益外，还可以利用"资本资产定价模型"和"风险溢价法"来确定留存收益的成本。

（三）个别资本成本比较

上述各种资金来源中，普通股与留存收益都属于所有者权益，股利的支付不固定。企业破产后，股东的求偿权位于最后，与其他投资者相比，普通股股东所承担的风险最大，因此，普通股的报酬也应最高。根据风险收益对等的观念，在一般情况下，各筹资方式的资本成本由小到大依次为：国库券、银行借款、抵押债券、信用债券、优先股、普通股等。

三、综合资本成本

在实际工作中，由于受多种因素的影响，企业不可能只使用某种单一的筹资方式，往往需要通过多种方式筹集所需资金。为进行筹资决策，就要计算确定企业全部长期资本的总成本。**综合资本成本**是指企业全部长期资本成本的总成本，通常以各种资本占全部资本的比重为权数，对个别资本成本进行加权平均确定，它又称加权平均资本成本。用公式表示为：

$$K_W = \sum_{j=1}^{n} K_j W_j$$

式中，K_W——综合资本成本（加权平均资本成本）；

K_j——第 j 种资本的个别资本成本；

W_j——第 j 种资本占全部资本的比重（权数）。

【例 4-8】 某公司共有长期资本（账面价值）2 000 万元，相关资料如表 4-1 所示。

表 4-1　　　　　　　　　　　　　　某公司的相关资料

资本来源	账面金额（万元）	权数（%）	税后资本成本（%）
公司债券	600	30	12
银行借款	400	20	10
优先股	300	15	15
普通股	500	25	16
留存收益	200	10	12.5
合计	2 000	100.0	

则其综合资本成本为：

$K_W = 12\% \times 30\% + 10\% \times 20\% + 15\% \times 15\% + 16\% \times 25\% + 12.5\% \times 10\%$

$= 13.10\%$

上述加权平均资本成本计算中的个别资本成本占全部资本成本的比重，是按照账面价值确定的，使用账面价值权数的优点是其资料容易从资产负债表上取得。但当资本的账面价值与市场价值差别较大时，如股票、债券的市场价值发生较大变动时，计算的结果可能与实际有较大的差距，就会误估加权平均资本成本，从而贻误筹资决策。为了克服这一缺陷，在实际工作中，个别资本占全部资本的比重的确定还可以按市场价值或目标价值确定，分别称为市场价值权数、目标价值权数。

【例 4-9】 企业准备从以下筹资方式筹集 5 000 万元。

a. 通过金融机构获得信用贷款 1 000 万元，年息率 5%，$f = 1\%$；

b. 向公众发行面值 1 000 元的债券 1 万张，发行价 1 050 元，利息率 7%，$f = 1\%$；

c. 向公众发行新股 1 000 万股，发行价 2 元/股，$f = 2\%$，$g = 6\%$，预计股利 0.4 元/股；

d. 剩余动用留存收益。

要求：(1)求个别资本成本($T = 40\%$)；

(2)求加权平均资本成本。

解：(1)根据个别资本成本的公式计算得：

$$K_a = [1\ 000 \times 5\% \times (1 - 40\%)] \div [1\ 000 \times (1 - 1\%)] \times 100\% = 3\%$$

$$或 \ K = 5\% \times (1 - 40\%) = 3\%$$

$$K_b = [1\ 000 \times 7\% \times (1 - 40\%)] \div [1\ 050 \times (1 - 1\%)] \times 100\% = 4.04\%$$

$$K_c = (0.4 \times 1\ 000) \div [2 \times 1\ 000(1 - 2\%)] + 6\% = 26.4\%$$

$$K_d = (0.4 \times 1\ 000) \div (2 \times 1\ 000) + 6\% = 26\%$$

(2)加权平均资本成本

$$K_a = 3\% \qquad 权数 = 20\% \ (1\ 000/5\ 000)$$

$$K_b = 4.04\% \qquad 权数 = 21\% \ (1\ 050/5\ 000)$$

$$K_c = 26.4\% \qquad 权数 = 40\% \ (2\ 000/5\ 000)$$

$$K_d = 26\% \qquad 权数 = 19\% \ (950/5\ 000)$$

$$K_w = 20\% \times 3\% + 21\% \times 4.04\% + 40\% \times 26.4\% + 19\% \times 26\%$$

$$= 16.9\%$$

四、边际资本成本

企业无法以某一固定的资本成本来筹措无限的资金，当其筹集的资金超过一定限度时，原来的资本成本就会增加。当企业追加筹资时，需要知道筹资额的变化会引起资本成本怎样的变化。这就要用到边际资本成本的概念。

边际资本成本是指资金每增加一个单位而增加的成本，它是财务管理中的重要概念，也是企业投资、筹资过程中必须加以考虑的问题。

企业追加筹资，有时可能只采取一种筹资方式。但在筹资数额较大，或在目标资本结构既定的情况下，往往会通过多种筹资方式的组合来实现。这时，边际资本成本需要按加权平均法计算，是追加筹资时所使用资本的加权平均资本成本。其权数必须为市场价值权数，不应采用账面价值权数。

【例 4-10】 某公司目标资本结构为：债务 0.25、优先股 0.5、普通股权益(包括普通股和留存收益)0.25。现拟追加筹资 100 万元，仍按此资本结构来筹资。个别资本成本预计分别为：债务为 5%，优先股为 12%，普通股权益为 14%。试计算该追加筹资的边际资本成本为多少？

解：该追加筹资的边际资本成本为：

$$0.25 \times 5\% + 0.5 \times 12\% + 0.25 \times 14\% = 10.75\%$$

五、降低资本成本的途径

能否降低资本成本，既取决于企业自身的筹资决策，如筹资期限安排是否得当，筹资效率是否较高，信用等级状况是否较好，资产抵押或担保工作是否做得较好，等等；同时更取决于投资项目的未来风险状况以及市场环境，特别是通货膨胀状况、市场利率变动趋势等。降低资本成本的方法有以下几种：

（一）合理安排筹资期限

资本的筹集主要是为了满足投资需要，尤其是为了满足用于长期投资的需要。在这种情况下：筹资期限要服从于投资年限，服从于资本预算，投资年限越长，筹资期限也要求越长。但是，由于投资是分阶段、分时期进行的，因此，企业在筹资时，可按照投资的进度来合理安排筹资期限，这样既可以减少资本成本，又能减少资金不必要的闲置。

（二）合理的利率预期

资本市场利率多变，因此，合理的利率预期对负债筹资意义重大。比如，同样是利用债券筹资 100 万元，筹资期限为 3 年。如果筹资时预期未来利率将由现时的 10% 上升到 12%，则按现时 10% 的利率发行 3 年期的债券，对企业有利。如果，未来利率预期将由现时的 10% 下降到 8%，则按现时 10% 的利率发行为期 1～2 年的债券，等到利率下降时再按下降了的利率发行债券，以新债还旧债从而节约资本成本。

（三）提高企业信誉，积极参与信用等级评估

我国部分企业不太注重企业信誉的建立，对信用等级评估也采取无所谓的态度，其实这不利于企业自身财务形象的树立。要想提高信用等级，首先必须积极参与等级评估，让市场了解企业，也让企业走向市场，只有这样，才能为以后的资本市场筹资提供便利，才能增强投资者的投资信心，才能积极有效地取得资金，降低资本成本。

（四）积极利用负债经营

在投资收益率大于债务成本率的前提下，积极利用负债经营，取得财务杠杆效应，降低资本成本，提高投资效益。

学习子情境二 现金流量

知识准备

一、现金流量的概述

（一）现金流量的概念

所谓现金流量，是指在项目投资决策中，投资项目在其计算期内因资本循环而可能发生或应该发生的各项现金流入量和现金流出量的统称，它是计算项目投资决策评价指标的重要根据和重要信息之一，也称现金流动量。这里的"现金"概念是广义的，它不仅包括

各种货币资金，而且还包括项目需要投入的企业拥有的非货币资源的变现价值。本书介绍的现金流量，不是指财务会计中的库存现金，而是指区别于观念货币的现实货币。此外，它与编制财务会计的现金流量表所使用的现金流量相比，无论是具体构成内容还是计算口径可能都存在较大差异，不应将它们混为一谈。

（二）现金流量的作用

投资决策的关键就是估计各年的现金流量，即因投资方案的实施而引起的企业收支的改变量，现金流量是企业生存之源，现金流量信息可以发挥以下作用：

第一，现金流量信息所揭示的未来期间现实货币资金收支运动，可以序时动态地反映项目投资的流向与回收之间的投入产出关系，使决策者站在投资主体的立场上，更完整、准确、全面地评价具体投资项目的经济效益。

第二，利用现金流量指标代替利润指标作为反映项目效益的信息，可以摆脱在贯彻财务会计的权责发生制时必然面临的困境，即由于不同的投资项目可能采取不同的固定资产折旧方法、存货估价方法和费用摊配方法，从而导致不同方案的利润信息相关性差、透明度不高和可比性差。

第三，利用现金流量信息，还因排除了非现金收付内部周转的资本运动形式而简化了有关投资决策评价指标的计算过程。

第四，由于现金流量信息与项目计算期的各个时点密切结合，有助于在计算投资决策评价指标时，应用货币时间价值的形式进行动态投资效果的综合评价。

（三）影响现金流量的因素

确定项目的现金流量，就是在收付实现制的基础上，预计并反映现实货币资本在项目计算期内未来各年中的收支运动情况。

在现实生活中，要说明一个具体投资项目的现金流量究竟应当包括哪些内容，或要回答应当怎样确定其现金流量的问题，并不是十分简单的事情，必须视特定的决策角度和现实的时空条件而定。影响投资项目现金流量的因素很多，概括起来包括：

1. 不同投资项目之间存在的差异

在现实生活中，不同投资项目在其项目类型、投资构成内容、项目计算期构成、投资方式和投资主体等方面均存在较大差异，可能出现多种情况的组合，因而就可能有不同组合形式的现金流量，其内容千差万别。

2. 不同出发点的差异

即使就同一个投资项目而言，也可能有不同角度的现金流量。比如从不同决策者的立场出发，就有国民经济现金流量和财务现金流量之分；从不同的投资主体的角度看，又有全部投资现金流量和自有资金现金流量的区别。

3. 不同时间的差异

由于投资计算期的阶段不同，各阶段上的现金流量的内容也可能不同；不同的现金流入量或现金流出量项目在其发生时间上也存在不同特征，如有些项目发生在年初，而有的则发生在年末；有的属于时点指标，有的则属于时期指标。此外，固定资产的折旧年限与经营期的长短也可能发生差异。

4. 相关因素的不确定性

由于投资项目的投入物和产出物的价格、数量等受到未来市场环境等诸多不确定因素的影响，我们不可能完全预测出它们的未来变动趋势和发展水平，这就必然影响现金流量估算的准确性。

上述因素的存在，给长期投资项目现金流量的确定带来了极大的困难。

(四) 确定现金流量的假设

为克服确定现金流量的困难，简化现金流量的计算过程，本书特作以下假设：

1. 投资项目的类型假设

假设投资项目只包括单纯固定资产投资项目、完整工业投资项目和更新改造投资项目三种类型；这些项目又可进一步分为不考虑所得税因素和考虑所得税因素两类。

2. 财务可行性分析假设

假设投资决策是从企业投资者的立场出发，投资决策者确定现金流量就是为了进行项目财务可行性研究，该项目已经具备国民经济可行性和技术可行性。

3. 全投资假设

假设在确定项目的现金流量时，只考虑全部投资的运动情况，而不具体区分自有资金和借入资金等具体形式的现金流量。即使实际存在借入资金也将其作为自有资金对待。

4. 建设期投入全部资金假设

不论项目的原始总投资是一次投入还是分次投入，除个别情况外，假设它们都是在建设期内投入的。

5. 经营期与折旧年限一致假设

假设项目主要固定资产的折旧年限或使用年限与经营期相同。

6. 时点指标假设

为便于利用货币时间价值的形式，不论现金流量具体内容所涉及的价值指标实际上是时点指标还是时期指标，均假设按照年初或年末的时点指标处理。其中，建设投资在建设期内有关年度的年初或年末发生，流动资金投资则在年末发生；经营期内各年的收入、成本、折旧、摊销、利润、税金等项目的确认均在年末发生；项目最终报废或清理均发生在终结点(但更新改造项目除外)。

7. 确定性假设

在本情境中，假定与项目现金流量有关的价格、产销量、成本水平、所得税税率等因素均为已知常数。

(五) 确定现金流量时应考虑的问题

在确定项目投资的现金流量时，应遵循的基本原则是：只有增量现金流量才是与投资项目相关的现金流量。所谓增量现金流量，是指由于接受或放弃某个投资项目所引起的现金变动部分。采纳某个投资方案引起的现金流入增加额，才是该方案的现金流入；同理，某个投资方案引起的现金流出增加额，才是该方案的现金流出。为了正确计算投资项目的增量现金流量，要注意以下几个问题：

1. 机会成本

在投资决策中，如果选择了某一投资项目，就会放弃其他投资项目，其他投资项目可能取得的收益就是本项目的机会成本。任何决策都有得有失，机会成本讲的就是这个原理。机会成本不是我们通常意义上的成本：它不是实际发生的支出或费用，而是一种潜在的放弃的收益。例如，一笔现金用来购买股票就不能存入银行，那么存入银行的利息收入就是股票投资的机会成本。如果某人创办了一家私营企业，公司的盈利都归其所有。但如果此人在其他公司工作每月可赚 5 000 元。因此，此人在自己公司工作，每个月就要放弃 5 000 元的收入，这种放弃的收入就是他的机会成本。机会成本作为丧失的收益，离开被放弃的投资项目就无从计量。在投资决策过程中考虑机会成本，有利于全面分析评价所面临的各个投资项目，以便选择经济上最为有利的投资项目。

2. 沉没成本

相对机会成本的概念，沉没成本有些专业化。沉没成本是指项目决策中，在项目分析之前发生的成本费用。例如，项目启动前的市场调查费用，它无论项目是否立项，都已经花费出去了，因此属于项目决策的无关成本。如某企业在两年前购置的某设备原价 10 万元，估计可使用五年，无残值，按直线法计提折旧，目前账面净值为 6 万元。由于科学技术的进步，该设备已被淘汰，在这种情况下，账面净值 6 万元就属于沉没成本。所以，企业在进行投资决策时要考虑的是当前的投资是否有利可图，而不是过去已花掉了多少钱。

3. 公司其他部门的影响

一个项目建成后，该项目会对公司的其他部门和产品产生影响，这些影响所引起的现金流量变化应记入项目现金流量。

4. 对净营运资本的影响

一个新项目投产后，存货和应收账款等流动资产的需求随之增加，同时应付账款等流动负债也会增加。这些与项目相关的新增流动资产与流动负债的差额即净营运资本应记入项目现金流量。

职业判断与业务操作

一、现金流量的估算

企业投资决策中的现金流量是指与投资决策有关的现金流入、流出的数量，现金流量是评价投资项目财务可行性的基础。从其产生的时间上看现金流量的构成可以包括初始现金流量、营业现金流量和终结现金流量三部分，而不同阶段的现金流量的估算方法也有所不同。

（一）初始现金流量的估算

初始现金流量是指为使投资项目建成并投入使用而发生的有关现金流量，是项目的投资支出。它包括：固定资产投资支出、垫支营运资金支出、原有固定资产变价收入、其他投资费用支出、增加或抵减所得税支出。初始现金流量的计算公式为：

初始现金流量=固定资产投资支出+垫支营运资金支出+其他投资费用支出-原有固定资产变价收入±增加或抵减所得税支出

【例4-11】　ABC企业2××1年对原有的一条生产线进行更新改造，投资200万元新购入了一条生产线，并在项目投产前投入了50万元的资金用于启动生产，在筹建期间发生了20万元的筹建费等其他费用。另外，企业对旧生产线进行清理并对外出售，企业旧生产线当前账面净值为80万元，企业以60万元的价格将其卖给另一家企业。该企业所得税税率为40%。现要求对该投资项目初始投资的现金流量进行估算。

解：

该企业固定资产投资支出——新购生产线支出200万元

垫支营运资金支出——投入启动资金50万元

其他投资费用支出——筹建费等其他费用20万元

原有固定资产变价收入——旧生产线出售所得60万元

抵减所得税支出——该企业以60万元出售生产线，固定资产清理净损失为20万元（80万元-60万元=20万元），抵减所得税支出8万元（20万元×40%）。

根据以上分析计算ABC企业初始现金流量为202万元（200万元+50万元+20万元-60万元-8万元）。

（二）营业现金流量的估算

营业现金流量是指项目投入运行后，在整个经营寿命期间内因生产经营活动而产生的现金流入和流出的数量。这些现金流量通常是按照会计年度计算的，由以下几个部分组成：产品或服务销售所得到的现金流入量、各项营业现金支出（如原材料购置费用、职工工资支出、燃料动力费用支出、销售费支出以及期间费用等）、税费支出等。

如果各年销售收入均为现金收入，则年营业现金净流量（NCF）可用下列公式计算：

年营业现金净流量=年销售收入-付现成本-所得税

或：年营业现金净流量=净利+折旧

其中，付现成本指不包括固定资产折旧和无形资产、开办费的摊销等非付现成本在内的各项成本费用支出，而且把折旧作为主要的非付现成本。

【例4-12】　某企业投资一项目，启动资金为200万元，该项目的使用年限预计为5年，假定项目到期后没有残值，用直线法计提折旧。项目建成后带来的第一年现金收入为100万元，第一年所发生的付现成本（包括维修费、水电费、人工等）为50万元，如果该投资项目的年销售收入等于营业收入，付现成本（指不包括折旧的成本）等于现金支出，求该企业第一年营业现金净流量。假设企业所得税税率为40%。

解：年营业现金净流量=年销售收入-付现成本-所得税

或：年营业现金净流量=净利+折旧

则：第一年的现金净流量=100-50-4=46（万元）

或第一年的现金净流量=6+40=46（万元）

其中，所得税 = (100-50-200/5)×40% = 4(万元)

折旧 = 200÷5 = 40(万元)

净利 = 100-50-40-4 = 6(万元)

(三)终结现金流量的估算

终结现金流量是指投资项目终结时所发生的各种现金流量。主要包括现有固定资产的变价收入、投资时垫支的流动资金的收回、抵减或增加所得税支出以及为结束项目而发生的各种清理费用。

终结现金流量公式为：

终结现金流量=现有固定资产变价收入+投资时垫支的营运资金的收回±抵减或增加所得税支出

【例 4-13】 某企业原投资的一条生产线于 2××2 年底报废，对该生产线进行清理并对外出售，出售收入为 50 万元，该生产线账面净值为 30 万元，另外，企业原垫支的 20 万元营运资金于 2××2 年底一次性收回，假设该企业所得税税率为 40%。现要求对该投资项目终结阶段的现金流量进行估算。

解：

现有固定资产变价收入——现有生产线出售收入 50 万元；

增加所得税支出——该企业以 50 万元出售现有生产线，固定资产清理收益为 20 万元(50 万元-30 万元)，增加所得税支出 8 万元(20 万元×40%)；

投资时垫支的营运资金的收回——收回营运资金 20 万元；

根据以上分析该企业终结现金流量为 62 万元(50 万元+20 万元-8 万元)。

二、净现金流量计算举例

【例 4-14】 某公司有一投资项目，有 A 和 B 两个方案可以选择。

A 方案：需投资 6 000 元，使用寿命为 5 年，采用直线法计提折旧，5 年后设备无残值。5 年中每年销售收入为 3 000 元，每年的付现成本为 1 000 元。

B 方案：需投资 6 200 元，另外，在第一年垫支营运资金 600 元，采用直线法计提折旧，使用寿命也是 5 年，5 年后有残值收入 1 000 元。5 年中每年的销售收入为 3 500 元，付现成本第一年为 1 200 元，以后随着设备陈旧，逐年将增加修理费 100 元。假设企业所得税税率为 40%，试计算两个方案的现金流量。

解： 为计算现金流量，先计算两个方案每年的折旧额：

A 方案每年折旧额 = 6 000/5 = 1 200(元)

B 方案每年折旧额 = (6 000-1 000)/5 = 1 000(元)

在进行现金流量估算之前，首先需要计算和预测 A 和 B 两方案的营业现金流量状况，见表 4-2。在此基础上，综合初始现金流量和终结现金流量编制两个方案的全部现金流量表，见表 4-3。

表 4-2 投资项目的营业现金流量预测表

时间(t) 项目	第1年	第2年	第3年	第4年	第5年
A 方案:					
销售收入(1)	3 000	3 000	3 000	3 000	3 000
付现成本(2)	1 000	1 000	1 000	1 000	1 000
折旧(3)	1 200	1 200	1 200	1 200	1 200
税前利润(4)=(1)−(2)−(3)	800	800	800	800	800
所得税(5)=(4)×40%	320	320	320	320	320
税后净利(6)=(4)−(5)	480	480	480	480	480
营业现金流量(7)=(1)−(2)−(5)或(3)+(6)	1 680	1 680	1 680	1 680	1 680
B 方案:					
销售收入(1)	3 500	3 500	3 500	3 500	3 500
付现成本(2)	1 200	1 300	1 400	1 500	1 600
折旧(3)	1 000	1 000	1 000	1 000	1 000
税前利润(4)=(1)−(2)−(3)	1 300	1 200	1 100	1 000	900
所得税(5)=(4)×40%	520	480	440	400	360
税后净利(6)=(4)−(5)	780	720	660	600	540
营业现金流量(7)=(1)−(2)−(5)或(3)+(6)	1 780	1 720	1 660	1 600	1 540

表 4-3 投资项目现金流量计算表

时间(t) 项目	第0年	第1年	第2年	第3年	第4年	第5年
A 方案:						
固定资产投资	−6000					
营业现金流量		1680	1680	1680	1680	1680
现金流量合计	−6000	1680	1680	1680	1680	1680
B 方案:						
固定资产投资	−6200					
营运资金垫支	−600					
营业现金流量		1780	1720	1660	1600	1540
期末固定资产残值						1000
营运资金回收						600
现金流量合计	−6800	1780	1720	1660	1600	3140

在表 4-2 和表 4-3 中，$t=0$ 代表第一年初，$t=1$ 代表第一年末，$t=2$ 代表第二年末……在现金流量计算中，为了简化计算，一般都假定投资在年初一次进行（即 $t=0$ 时点进行），各年营业现金流量看做各年年末一次发生，终结现金流量看做最后一次发生。

三、投资中使用现金流量的原因

传统财务会计按权责发生制计算企业的收入和成本，并以收入减去成本后的利润作为收益，用来评价企业的经济效益。在长期投资决策中则不能以按这种方法计算的收入和支出来评价投资项目的经济效益，而应以净现金流量作为投资项目的净收益，并在此基础上评价投资项目的经济效益。投资决策之所以要以按收付实现制计算的现金流量作为评价项目经济效益的基础，主要有以下两个方面的原因。

（一）考虑时间价值因素

科学的投资决策必须考虑资金的时间价值，现金流量的确定为不同时点的价值相加及折现提供了前提。利润与现金流量的差异主要表现在：第一，购置固定资产付出大量现金时不计入成本；第二，将固定资产的价值以折旧或损耗的形式逐期计入成本时，却又不需要付出现金；第三，计算利润时不考虑垫支的流动资产的数量和回收时间；第四，只要销售行为已经确定，就计算为当期的销售收入，尽管其中有一部分并未于当期收到现金；第五，项目寿命终了时，以现金的形式回收的固定资产残值和垫支的流动资产在计算利润时也得不到反映。考虑到这些，就不能用利润来衡量项目的优劣，而必须采用现金流量。

（二）用现金流量才能使投资决策更符合客观实际情况

因为：第一，利润的计算没有一个统一的标准，在一定程度上要受存货估价、费用摊配和折旧计提等不同方法的影响。第二，利润反映的是某一会计期间"应计"的现金流量，而不是实际的现金流量。若以未实际收到现金的收入作为收益，具有较大风险，容易高估投资项目的经济效益，存在不科学、不合理的成分。

情境小结

一、资本成本的概念、性质和作用

资本成本是企业筹资活动中必须考虑的财务变量之一，它是指企业为筹集和使用资金而付出的代价，是财务管理中的重要概念。资本成本的概念广泛应用于企业财务管理的许多方面，对于企业筹资来讲，资本成本是企业选择资金来源、确定筹资方案的重要依据，企业力求选择资本成本最低的筹资方式；对于企业投资来讲，资本成本是评价投资项目可行性、决定投资项目取舍的重要尺度。资本成本还可以用做衡量企业经营成果的尺度，即经营利润率应高于资本成本，否则表明业绩不佳。

二、资本成本的估算及降低资本成本的方法

资本成本的估算，包括对个别资本成本和综合资本成本的估算，在比较各种筹资方式

中，使用个别资本成本，包括长期借款成本、债券成本、优先股成本、普通股成本、留存收益成本等；在进行资本结构决策时，使用加权平均资本成本；在进行追加筹资决策时，则使用边际资本成本。企业应尽可能选择资本成本最低的筹资方式来满足企业资金的需求。降低资本成本的方法，主要有合理安排筹资期限、合理预测利率、提高公司信誉、合理负债经营和建立合理的资本结构等。

三、现金流量的概念及分类

现金流量是指在项目投资决策中，投资项目在其计算期内因资本循环而可能发生或应该发生的各项现金流入量和现金流出量的统称，它是计算项目投资决策评价指标的重要根据和重要信息之一，也称现金流动量，是企业进行投资决策所要考虑的一个最重要的因素。一个投资项目的好坏主要取决于与该项目相关的现金流量的多少和资本成本即折现率的高低。投资项目的现金流量包括初始现金流量、营业现金流量、终结现金流量三部分。当估算一个项目的现金流量时，所有方面的影响都必须识别，否则就不能正确估计出项目的预期现金流量。

下编 | **企业财务管理实务**

学习情境五 | 财 务 预 测

工作任务与学习子情境

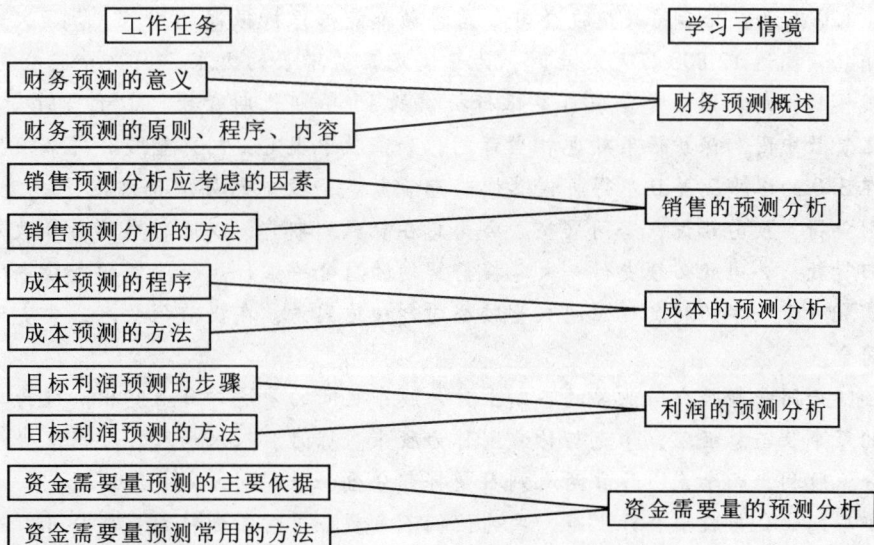

工作任务	学习子情境
财务预测的意义	财务预测概述
财务预测的原则、程序、内容	
销售预测分析应考虑的因素	销售的预测分析
销售预测分析的方法	
成本预测的程序	成本的预测分析
成本预测的方法	
目标利润预测的步骤	利润的预测分析
目标利润预测的方法	
资金需要量预测的主要依据	资金需要量的预测分析
资金需要量预测常用的方法	

职业能力目标

专业能力：

- 要求理解财务预测的概念，了解财务预测的意义和作用；
- 了解财务预测中的定性预测和定量预测方法；
- 掌握现金需要量的预测以及利润的预测。

社会能力：

- 能根据学习情境设计的需要查阅有关资料；
- 能够结合企业个案，进行现金需要量的预测以及利润的预测。

学习子情境一 财务预测概述

情境引例

同兴塑胶公司成立于1988年，主要业务为产销各种工业用塑胶制品。公司创办人之一陈为发明了一种新型硬化胶材料并获得专利，他和朋友张永利用这种新胶材料做原料，共同开发出几种工业用新型胶制品并设计了生产制品的制模。在为某大型汽车公司设计制造出几批零件后，他们接到了该公司的大批订单。

自从拥有新型胶材的专利权、一个小厂房及汽车公司的订单后，陈为和张永决定创办同兴塑胶公司，并拟订了公司营运计划，投资商李克看过营运计划后不久，就决定参与投资，但他只能提供创业资金，并不参与经营。同兴塑胶公司成立后，李克是最大股东，持有40%的股份；陈为和张永分别持有26%的股份；剩下8%的股份则在林立手上，他以前是会计，加入同兴塑胶公司后担任财务经理。

同兴塑胶公司成立后不久，事业蒸蒸日上，事实上公司在1987年6月就已开工生产，同年9月出了第一批货。虽然1987年的销售额只有152万元，但1988年的年销售额为1 120万元。此后同兴塑胶公司年销售额都能够保持很高的增长，到2××8年时该公司销售额高达12 800万元。此时，为了满足日益增长的需求，同兴塑胶公司进行了一项大规模的扩厂计划，资金来自某银行提供的15年期长期贷款。由于当时贷款利率偏高，加之贷款中附加保护性条款也相当苛刻，如条款中规定：同兴塑胶公司必须将流动比率维持在3.0的水平，并且不得再借其他长期贷款。条款中的另一条规定是：禁止提前还款，否则重罚，换句话说，若同兴塑胶公司想在贷款到期前，以低利率的新贷款来取代高利率的旧贷款，公司就必须支付一大笔提前解约的罚金给银行。一般保护条款中所规定的罚金数额相当于一年的利息。但同兴塑胶公司却被迫同意，在提前还款时，要支付三年利息作为罚金。

随着同兴塑胶公司业务的不断上升，股东之间的矛盾却日益突出。陈为与张永分担公司的董事长与总经理，李克与林立则作为股东。陈为、张永两人在公司里坐享高薪，故不愿分派股利，而李克、林立两人则希望将部分盈余以股利方式分派给他们。更重要的是前者都不想让公司股票公开上市，因为他们不希望公司财务资料因此而公开，而后者则希望公司股票能上市，使他们能抽出部分资金，投资到其他产业以分散风险。另外，李克、林立两人对于当初公司使用长期贷款的方式来筹措扩厂资金颇有微词，他们认为贷款中禁止额外举债、将流动比率维持在固定水平的规定，严重妨碍公司未来成长。若同兴塑胶公司要充分发挥增长潜力，必须再度扩充资金。

在2××9年的股东会上，李克与林立指出，就生产和营销而言公司现行政策无可非议，但从财务管理角度看，则尚欠理想。他们认为公司在财务管理方面所面临的问题是：没有制订财务计划以适应未来成长；另外在资金的融通和调度方面也不够灵活。他们认为：(1)公司必须公开发行新股来筹措扩充所需资金，并且增资额要超过现有的留存收益；(2)公司需拟出一套股票上市计划，且要考虑资金结构的合理搭配比例，但银行的保护性条款却已严重限制了公司未来的举债能力。

在拟订公司未来几年的财务计划时,李克、林立认为,在2××9年的销售额应该增长到1.48亿元,税后净利为销售额的5%。陈为、张永认为这个预测非常合理。最后,四个股东认为,将2×10年的营业目标定在18 000万元,税后净利润定在销售额的5%左右,应该是合理的。虽然,陈为、张永两人都承认,同兴塑胶公司的确需要制订出一套正式的财务计划,但他们认为公司有足够的留存收益来完成扩厂所需的资金。但李克、林立则认为,只有将股票公开上市,公司才能持续成长。最后,公司四个股东同意公司的首要目标是维持高销售额成长率。因此,他们决定,公司目前要做两件事:(1)预测出未来数年的资金需求。(2)如确有必要增资,才能满足公司未来成长所需资金,则筹措新资金以前,应先拟订可行的筹资计划。

同兴塑胶公司资产负债表和损益表分别如附表1和附表2所示。

附表1 同兴塑胶公司资产负债表 单位:千元

	1988 年	1993 年	2××8 年
现金	400	1 840	4 200
应收账款	3 560	14 680	32 800
存货	4 000	17 080	35 000
流动资产合计	8 000	33 600	72 000
固定资产净值	4 200	18 400	43 400
资产合计	12 200	52 000	115 400
流动负债	2 200	9 000	22 000
长期负债	800	15 800	42 000
普通股	4 200	4 200	42 000
资本公积	4 000	4 000	4 000
留存收益	1 000	19 000	43 200
权益合计	12 200	52 000	115 400

附表2 同兴塑胶公司损益表 单位:千元

	1988 年	1993 年	2××8 年
销售收入	11 200	52 000	128 000
销售成本	8 400	43 480	104 000
销售毛利	2 800	8 520	24 000
营业费用	2 200	4 880	17 360
税后净利	600	3 640	6 640

◎思考：

（1）运用销售百分比法，以2××8年为基础，预测出2××9年与2×10年同兴塑胶公司的资金需要量。

（2）在应用销售百分比法预测同兴塑胶公司未来资金需求时所做的假设是否合理？

（3）若经由银行贷款与留存收益等方式仍无法筹措到足够资金以融通未来的资金需求，则同兴塑胶公司还有哪些其他的筹资方案可供选择？

资料来源：李雪松. 企业财务管理咨询与诊断. 北京：中国经济出版社，2003.

知识准备

一、财务预测的意义

（一）财务预测的概念

预测是指用科学的方法预计、推测事物发展的必然性或可能性的行为，即由过去和现在预计未来、由已知推测未知的过程，是人们认知世界的重要途径。

预测分析是指在经济预测过程中，根据过去和现在预计经济活动可能产生的经济效益及其发展趋势所采用的各种科学的专门分析方法，也称预测技术。财务管理中的预测分析是指运用专门的方法进行经济预测的过程。

财务预测是指财务工作者根据企业过去一段时期财务活动的资料，结合企业现在面临和即将面临的各种变化因素，运用数理统计方法以及结合主观判断，来预测企业未来财务状况。财务预测是企业财务管理的重要环节之一，其侧重点在于改变传统的事后反映和监督管理要求，从而转向事前预测和决策。

所谓经营预测，是指企业根据现有的经济条件和掌握的历史资料以及客观事物的内在联系，对生产经营活动的未来发展趋势和状况进行的预计和测算。

进行预测的目的，是体现财务管理的事先性，即帮助财务人员认识和控制未来的不确定性，使对未来的无知降到最低限度，使财务计划的预期目标同可能变化的周围环境和经济条件保持一致，并对财务计划的实施效果做到心中有数。

（二）财务预测的意义

财务预测的意义，主要有以下三个方面。

1. 财务预测的必要性

财务管理的核心在于财务决策，正确的决策取决于及时、有效的信息，财务预测就是给财务决策收集、整理、提供信息的有效工具。

财务管理为了规划和控制企业的经济活动，必须首先对企业的一些重要经济指标，如利润、成本、资金等进行科学的预测分析，并把目标利润、目标销售量（或目标销售额）和目标成本等确定下来，以便实行全面的目标管理，提高企业经济效益。企业经营成败的关键是决策，而决策的基础是科学预测。通过运用一系列科学方法，预测企业在不同条件下生产、经营诸方面可能实现的各种指标参数，可以为管理者提供可靠的决策依据。没有科学的预测，要作出符合客观发展规律的科学决策是不可能的，因此，预测分析直接为决策服务，是决策的先导与前提。同时，企业开展预测分析，可以为编制企业全面预算提供许多数据，成为编制预算的基础。

2. 财务预测的重要性

在现代市场经济条件下，企业间的竞争日趋激烈，经营预测分析比以往任何时候都更为重要。现代生产力的迅速发展，使社会经济环境发生了巨大变革。不开展科学的预测分析，就不能预先估计未来的发展趋势，且无法积极采取措施，也就难以适应不断变化的形势。开展预测分析可以减少瞎指挥，克服盲目性，因而，企业应特别重视预测分析工作，以提高企业的应变能力。

3. 财务预测的可能性

经济形势异常复杂、瞬息万变，使得预测未来十分困难，一旦预测失误必然导致决策失败。可见现代企业管理实践中不仅迫切需要开展预测分析，而且还要讲求预测方法的科学性和预测结论的准确性。在现代企业管理中开展科学的财务预测是完全可能的，这是因为，一方面，任何经营活动无论其繁简程度如何，总具有一定的规律性；另一方面，现代数学方法和电子计算机技术为我们认识和掌握经济规律提供了必要的物质技术基础。财务预测可以提供日常控制所需的财务信息，找出资金筹措等安排中的规律性，有利于企业财务管理人员根据变化适时调整，保证财务收支的综合平衡，达到企业价值最大化的目标。

综上所述，在现代经济条件下，科学地开展财务预测既重要又必要，而且还有可能。

二、财务预测的一般方法

财务预测的基础在于经济规律的客观性及其可认识性，而系统、准确的会计信息资料则是开展预测分析活动的前提。进行预测分析所采用的专门方法种类繁多，随分析时间、目的以及精确程度等的不同而各有所异，但主要的预测方法大体可归纳为定量分析法和定性分析法两大类。

（一）定量分析法

定量分析法又称为数量分析法，是指在掌握与预测对象有关的各种定量资料的基础上运用现代数学方法进行数据处理，据以建立能够反映有关变量之间规律性联系的各类预测模型进行预测分析的方法。这类方法一般在历史资料比较完备准确，事物发展变化的环境和条件比较稳定情况下采用。定量分析法根据具体做法不同，又可分为趋势预测分析法和因果预测分析法两类。

1. 趋势预测分析法

趋势预测分析法又称趋势外推分析法，是指根据某项指标过去的、按时间顺序排列的数据，运用一定的数学方法进行加工处理，借以预测其未来发展趋势的预测分析方法。这类方法的基本原理是：根据事物发展的连续性规律，企业过去和现在的某种发展趋势将会延续下去，而且过去和现在发展的条件同样适用于未来，可以认为未来是历史的自然延续。因此，这类方法又称为"时间序列分析法"。算术平均法、移动加权平均法、指数平滑法和修正的时间序列回归分析法等都属于这类方法。

2. 因果预测分析法

因果预测分析法是指根据某些指标之间的相互依存、相互制约的规律性联系，来建立相应的因果数学模型进行预测分析的方法。这类方法的基本原理是：根据事物之间的因果关系，预测对象受到许多因素的影响，它们之间存在着因果关系，通过对这些变量内在规律性的研究可建立一定的数学模型，在已知自变量的条件下，可利用模型直接推测因变量的水平。例如本量利分析法、投入产出法、回归分析法、经济计量法等都属于这类方法。

(二)定性分析法

定性分析法又称非数量分析法，是指由有关方面的专业人员根据个人的经验和知识，结合预测对象的特点进行综合分析，进而推测事物未来发展状况和趋势的预测分析方法。这种方法主要是由熟悉该企业情况和业务的专家，应用自己的专业知识和经验，对过去和现在发生的问题进行分析，从中找出规律，然后通过召开座谈会或发出征求意见书等形式，把收集到的分析结论进行综合，作为预测未来的依据。显然，这类方法在量的方面不易准确，一般在企业缺乏完备的历史资料难以定量分析的情况下使用。由于这类方法计算工作量较小，主要依靠预测者的主观判断和分析能力进行预测，因此，这类方法又称为判断分析法或集合意见法，主要包括市场调查法、判断分析法等。

(三)定性预测分析与定量预测分析的关系

在实践工作中，定量分析法虽然比较精确，但在分析中未能考虑许多非量化因素，如国家宏观经济政策及政治经济形势的变化，市场需求的改变、投资者的意向及职工情绪的变动等。而定性分析法虽然能够考虑这些非量化因素，但推测的准确性在很大程度上取决于预测者的经验和知识，这难免使预测结果因人而异且带有一定的主观随意性。因此，管理人员应根据企业的实际情况，将两种方法结合应用，相互取长补短以提高预测分析结果的准确性和可靠性。可见，定性分析法和定量分析法并非相互排斥，而是相互补充，相辅相成，缺一不可。

三、财务预测的原则

(一)延续性原则

它是指企业经济活动过去和现在的某种发展规律将会延续下去，并且假定过去和现在的条件，同样适用于未来，根据这条原则，预测分析可以把未来视做历史的延伸而进行推测，前面介绍的趋势预测分析法就是依据这条原则而建立的。

(二)相关性原则

它是指企业经济活动中某些经济变量之间存在着相互依存、相互制约的关系。根据这条原则，预测分析就可以利用对某些经济变量的分析来推测受它们影响的另一个(或另一些)经济变量发展的规律性。前面介绍的因果预测分析法就是依据这条原则而建立的。

（三）相似性原则

它是指企业经营活动中不同的经济变量遵循的发展规律有时会出现相似的情况。根据这条原则，预测分析可以利用已知经济变量的发展规律来推测未知变量的发展趋势。前面介绍的判断分析法就是依据这条原则建立的。

（四）统计规律性原则

它是指对于企业经营活动中某个经济变量所进行的一次观测结果，可能是随机的，但多次观测的结果，就会出现具有某种统计规律性的情况。根据这条原则，预测分析就可以利用概率论及数理统计的方法进行推测。前面介绍的回归分析法就是根据这条原则而建立的。

四、财务预测的基本程序

财务预测是现代企业管理的一项重要内容，它是一项复杂而细致的工作，必须有计划、有步骤地进行。其一般程序如下：

（一）确定预测目标

确定预测目标即明确预测的对象和内容，也就是弄清楚预测什么。这是进行预测分析的首要工作。预测目标需要根据企业经营的总体目标来设计和选择，既不能盲目随意，也不应面面俱到。在预测目标确定的同时，还应根据预测的具体对象和内容确定预测的期限和范围。

（二）收集、分析资料

系统、准确的原始资料和数据是开展预测分析的前提条件。因此，预测目标确定后，应着手收集全面、完整、可靠的相关资料，并按一定的方法对资料进行加工分析、归纳整理，尽量从中找出与预测对象有关的各因素之间的相互依存、相互制约的关系以及事物发展的规律，从而为预测提供条件。

（三）选择预测方法

对于不同的预测对象和内容，应选用不同的预测方法。对于那些可以量化并能建立数学模型的预测对象，应反复筛选比较，选择最恰当的定量预测分析方法；对于那些缺乏定量资料无法开展定量分析的预测对象，应结合以往的经验，选择最佳的定性预测分析方法。

（四）实际进行预测

应用选定的预测分析方法，根据建立的数学模型和掌握的信息资料分别进行定量分析和定性分析，并提出实事求是的预测结果。

（五）验证评价预测结果

经过一段时间，对上一阶段预测结果进行检查，看其与当前实际是否相符，并分析产生差异的原因，以验证预测分析方法是否科学有效，以便在本期预测过程中加以修正。

（六）修正预测结果

应用定量预测分析法预测的结果，可能由于未考虑非量化因素而导致预测结果不准确，这就需要结合定性分析结论对预测结果进行修正。而原用定性分析法预测的结果，往往也需用定量分析法加以修正、补充，以便使预测结果更接近实际。

（七）报告预测结论

经过上一阶段的修正，补充，最终要以一定形式通过一定程序将修正过的预测结论向企业的有关领导和部门报告。

五、财务预测的内容

财务预测的内容是以现代企业管理为基础、围绕着企业管理中有关的主要经济业务来进行的预测工作，主要包括以下几个方面。

（一）销售预测

销售预测是在对市场进行充分调查的基础上，根据市场供需情况的发展趋势，用科学的方法对影响企业销售的各种因素进行分析，测算出未来一定时期内企业各产品销售量或销售额及其变化趋势的过程。它是正确编制销售预算的依据，销售预算也只有在销售预测的基础上编制，才能使目标销售量或销售额适应未来市场发展变化的需要。销售预测是制定经营决策的重要依据，通过销售预测，对市场的变化趋向及竞争情况作出判断，使决策者可以按照经营战略目标的要求，对产品经营作出最佳决策。销售预测是其他各项经营预测的前提条件，不论成本预测、利润预测、还是资金预测都直接或间接与销售预测的内容和结果紧密相关，只有在搞好销售预测的前提下，才能相互衔接地开展好其他各项经营决策。

（二）成本预测

成本预测是根据历史成本资料以及企业现有的经济、技术条件和今后的发展目标，对未来一定时间内有关产品或劳务的成本水平和趋势所进行的科学预计和推测。成本预测是正确编制成本预算的重要依据。通过成本预测，可以把握成本的历史、现状和将来的发展趋势，确定成本变动与产量之间的相互关系，使目标成本的确定具有可靠的客观依据。在企业制定各有关经营决策如最佳生产决策、定价决策、存货决策、投资决策时，它也是不可缺少的重要依据。

（三）利润预测

利润预测是按照企业经营目标的要求，通过对影响利润变动的成本、产销量等因素的综合分析，对未来一定时期内可能达到的利润水平和变动趋势所进行的科学预计和推测。利润预测是在销售预测和成本预测的基础上进行的。利润预测是正确编制利润预算的重要依据，通过利润预测，可以合理地确定利润目标，使企业这一总体奋斗目标具有科学性、可靠性和得以顺利实现的可能性。

（四）资金预测

资金预测根据历史上资金及销售等其他资料，对未来一定时间内的资金需要量所进行的科学预计和推测。由于销售额是影响资金需要量大小的最重要的因素，因而，资金预测也是在销售预测的基础上，通过进一步分析销售额与资金总额之间的依存关系或分别分析销售额与资金各个项目之间的依存关系来进行的。

学习子情境二　销售的预测分析

知识准备

一、销售预测的意义

企业生产经营的最终目的是获利，任何企业只有将产品销售出去才有可能实现利润。可见，销售是企业整个生产经营活动过程的中心环节。而开展销售预测的直接目的是把握有关产品的社会需要前景，了解有关产品的市场占有份额和销售的基本状态，从而为企业管理当局正确地规划未来的生产经营活动、确定企业未来一定期间的经营目标提供科学依据。因此，做好销售预测工作，对于加强企业管理、提高经济效益意义重大。销售预测在企业经营管理中的重要作用主要表现在以下几个方面。

（一）销售预测是企业从事经营活动的起点

在现代市场经济条件下，企业的生产经营必须以市场为导向，适应市场需要，实行以需定销，以销定产，按市场情况组织企业的生产经营。通过销售预测，企业可以全面了解掌握产品市场需求的基本动态和产品销售变化的一般规律，从而正确地组织未来时期的生产经营，合理安排有关产品的生产数量与品种结构，做到以销定产，产销平衡。在实际工作中，企业管理当局只有在真正了解市场需求规律和销售变动趋势的基础上，才能科学地规划未来一定期间的供应、生产、销售活动，才能真正做到产销均衡、供需协调，从而使企业的各项经营活动得以顺利进行。

（二）销售预测是开展财务成本预测的前提

经营预测通常包括销售预测、成本预测、利润预测和资金预测，其中销售预测在企业预测体系中处于先导地位，是企业各项经营预测的基础和前提。虽然其他预测各有其自身的特点和范围，但它们都必须以做好销售预测为先决条件，都要在多方面同销售预测结果紧密配合。企业只有认真准确地做好销售预测，才有可能正确开展成本预测，继而进行利润、资金等其他预测。

(三)销售预测是制定经营决策的依据

经营决策的正确制定，在很大程度上取决于企业管理者或决策人是否了解市场，是否善于运用销售预测所提供的有关信息。通过销售预测，既可随时掌握企业的生产经营状态和能力，又可全面了解市场相关因素，如政治、经济、技术等对企业目前和将来产生的各种不同影响，从而使企业决策者能准确把握市场变化和竞争态势，按照企业既定战略方针的要求，实事求是、科学地制定各项经营决策。

二、销售预测分析应考虑的因素

对于企业而言，影响其销售的因素很多，诸多因素的变化使得企业有关产品的销售数量、销售状态和市场占有率等经常发生变化。为了使销售预测结果更加正确、可靠，应该对影响有关产品销售情况的因素及其影响力度进行综合分析。应考虑的主要影响因素有：

(一)国民经济的发展规模与速度

国民经济的发展规模与速度，制约着整个社会的需求和消费水平，影响着每个企业的生产、供应和销售活动。因此，在进行销售预测时，首先要分析和研究的内容是国家经济建设的方针、政策，社会经济发展和国民收入的增长、积累与消费之间的分配关系，国家的资源政策和自然资源的开发、利用等。

(二)社会购买力水平

社会购买力是指一定时期内全社会用于购买商品的货币支付能力，通常包括居民购买力、集团购买力和农村生产资料购买力。社会购买力是衡量一定时期内社会上有支付能力的商品需求和国内市场容量大小的重要指标。而要正确掌握产品销售的变化趋势，就应对城乡居民的货币收入、储蓄动态以及就业程度、年成好坏等进行全面的了解，从而确定市场的需求量，进而对企业的产销量作出决策。

(三)消费结构和消费倾向

消费结构和消费倾向是影响市场需求的又一重要因素。它们的变动主要取决于生产发展水平、科学文化水平和居民收入水平，同时也受消费心理、风土人情、国际交往和政治因素等的影响。所以，要科学地进行销售预测，就应综合考察生产和科学文化的发展以及人民生活水平和消费结构、消费倾向的变化，对有关产品的品种、规格、质量、功能、款式、造型等所提出的各种新要求，只有这样，才能生产出适销对路的产品。

（四）市场价格

市场价格的变动直接影响市场需求的变动。由于产品本身价值量和市场供求关系变化的影响，有关产品的市场价格往往处在不断变化之中；而市场价格的某种变动，又必然引起市场需求发生相应的变动。因此，在对有关产品的销售情况进行预测时，就应深入调查了解市场价格的变动情况及变动趋势，有关产品之间的比价和市场供求关系以及消费者对市场价格的信赖程度和承受能力。

（五）竞争态势

在市场经济条件下，企业时时处处面临着竞争。开展竞争有利于企业扩大经营范围、增加产品品种、提高产品质量。要预测本企业产品在未来一定时期的销售情况，就应特别注意了解掌握同行业、同类产品的竞争能力，正确估量预计本企业能经营的产品在同行业、同类产品中所处的地位和市场占有率的变动趋势。同时，还应考虑分析潜在的竞争对手的活动及竞争能力，扬长避短，制定出强有力的对阵策略和措施，以保证企业的产品在激烈的市场竞争中立于不败之地，为进一步开辟市场，扩大销售创造有利的条件。

职业判断与业务操作

进行销售预测，应在大量占有市场信息，综合考虑各种影响因素的基础上，采用适当的销售预测方法，以科学准确地确定销售预测的结果。销售预测分析的方法很多，常用的有趋势预测分析法、因果预测分析法、判断分析法以及市场调查法等。

一、趋势预测分析法

趋势预测分析法又称时间序列预测法，它是预测者借助于数理统计的方法对按时间顺序排列的历史数据进行加工处理，据此估计与推算事物未来发展变化趋势的预测方法，属于一种定量分析法。这种方法是假设事物的发展具有一定的连续性，事物过去随时间而发展变化的趋势，也是该事物今后发展变化的趋势，把事物未来发展视做自身历史的延伸。

趋势预测分析法的一般步骤是：

（1）确定某预测对象在某一时间系列内的趋势变动类型，如季节性变动、周期性变动等。

（2）根据趋势变动类型和特点，恰当地选用时间系列值的加工处理方法，如简单平均法、移动加权平均法等。

（3）在将加工处理的结果与定性分析相结合的基础上，确定该预测对象未来一定期间的预测值。

趋势预测分析法根据其采用的具体分析方法的不同，又可分为简单平均法、移动加权平均法、指数平滑法、简易回归分析法。现分别说明如下。

（一）简单平均法

简单平均法又称算术平均法，是指以过去若干期的销售量或销售额的算术平均数作为计划期的销售预测值的一种预测方法。其计算公式为：

计划期销售预测值(X)= 各期销售量（或销售额）之和/期数

【例5-1】 某公司某年上半年 A 产品销售资料如表5-1所示。

表5-1 A 产品销售资料 单位：元

月份	1 月	2 月	3 月	4 月	5 月	6 月
A 产品销售额	2 400	2 360	2 800	2 540	2 600	2 700

要求：用简单平均法预测7月份 A 产品的销售量。

解：7月份 A 产品的销售预测值为：

$$X = \frac{2\ 400 + 2\ 360 + 2\ 800 + 2\ 540 + 2\ 600 + 2\ 700)}{6} = 2\ 567(元)$$

简单平均法的优点是计算简单，缺点是没有考虑不同期间的销售对未来期间销售状况的不同影响程度，使过去销售差异平均化，从而导致预测值与实际情况可能发生较大误差。因此，简单平均法一般适用于各期销售比较稳定，没有季节变动影响的产品的销售预测。

(二)移动加权平均法

移动加权平均法是先根据过去若干期的销售资料，按近大远小的原则确定各期权数（权数用 W 表示），然后计算其加权平均数作为计划期的销售预测值的一种预测方法。所谓"移动"是指预测值随着时间的不断推移，计算的加权平均值也在不断向后顺延。例如，预测7月份的销售额，采用4、5、6三个月的历史资料为依据；若预测8月份的销售额，则以5、6、7三个月的资料为依据。依此类推，预测值随时间的推移而顺延。另外，加权时，由于接近预测期的实际销售对预测值的影响较大，故其权数应大些；而距离预测期较远的，影响也较小，故其权数也应小些，为了计算方便，可令权数之和等于1，即 $\sum W = 1$。因此，移动加权平均法的计算公式为：

计划期销售预测值(X) = $\sum$ 某期销售量（或销售额） × 该期权数 = $\sum W_i X_i$

式中，权数 W_i 必须满足下列条件：

$$W_{i+1} > W_i, \ (i = 1,\ 2,\ \cdots,\ n - 1) \ 且 \sum W_i = 1。$$

如：

当 $n = 3$ 时，可令 $W_1 = 0.2$，$W_2 = 0.3$，$W_3 = 0.5$；或 $W_1 = 0.1$，$W_2 = 0.3$，$W_3 = 0.6$。

当 $n = 5$ 时，可令 $W_1 = 0.03$，$W_2 = 0.07$，$W_3 = 0.15$，$W_4 = 0.25$，$W_5 = 0.5$。

当 $n = 6$ 时，可令 $W_1 = 0.01$，$W_2 = 0.04$，$W_3 = 0.08$，$W_4 = 0.12$，$W_5 = 0.25$，$W_6 = 0.5$。

上述公式计算的预测值只反映计划期前一期的销售水平，为了反映近期销售的发展趋势，还应在此基础上，按趋势值进行修正，趋势值用 b 来表示，其计算公式为：

趋势值(b)=（最后移动期平均值-上一期移动期平均值）÷移动期(m)

因此，移动加权平均法的计算公式可修正为：

$$计划期销售预期值(X) = \sum W_i X_i + b$$

【例 5-2】 仍以例 5-1 中的资料为例，要求用移动加权平均法预测 7 月份的销售额（移动期为 3 个月，即 $M=3$）。

解：(1)计算每月销售平均变动趋势值 b。

因为最后移动期平均值 =（2 540+2 600+2 700)/3 = 2 613.33（元）

上期移动期平均值 =（2 800+2 540+2 600)/3 = 2 646.67（元）

所以 b =（2 613.33−2 646.67)/3 = −11.11（元）

(2)令 $\sum W = 1$（即 $W_1 = 0.2$，$W_2 = 0.3$，$W_3 = 0.5$）

$$
\begin{aligned}
预计 7 月份的销售金额(X) &= \sum W_i X_i + b \\
&= 2\,540×0.2+2\,600×0.3+2\,700×0.5+(-11.11) \\
&= 508+780+1\,350-11.11 = 2\,626.89（元）
\end{aligned}
$$

综上所述，移动加权平均法既考虑了远、近期销售对预测值的不同影响程度，消除了远、近期偶然因素的影响，又考虑了近期发展趋势，所以其预测结果比较接近计划期的实际情况。

(三)指数平滑法

指数平滑法是指在充分考虑有关前期预测值和实际情况的基础上，利用事先确定的平滑指数预测未来销售量或销售额的一种预测方法。这种方法需导入平滑指数（用 α 表示），其取值范围一般为 0.3 ~ 0.7。指数平滑法的计算公式为：

计划期销售预测值(X_t)

=（平滑指数×上期实际销量或销售额)+(1-平滑指数)×上期销售预测值

$$= \alpha X_{t-1} + (1-\alpha)\overline{X_{t-1}}$$

【例 5-3】 仍以例 5-1 中的资料为例，假定该公司 6 月份的销售额原预测值为 2 790 元，平滑指数为 0.6。要求用指数平滑法预测 A 产品 7 月份的销售额。

解：预计 7 月份的销售金额(X)7 $= \alpha X_{7-1} + (1-\alpha)\overline{X_{7-1}}$

$$= 0.6×2\,700+(1-0.6)×2\,790$$

$$= 2\,736（元）$$

从指数平滑法预测公式和实例可见，指数平滑法实质上是分别以 α 和 $(1-\alpha)$ 为权数的一种特殊加权平均法。这种方法的优点是可以排除在实际销售中所包含的偶然因素的影响，方法比较灵活，适用范围较广；缺点是平滑指数的确定具有一定的主观随意性。一般 α 的值越大，则近期实际数对预测结果的影响越大；α 取值越小，则近期实际数对预测结果的影响越小。因此，进行近期预测时，应采用较大的平滑指数，进行长期预测时，则应采用较小的平滑指数。

(四)简易回归分析法

简易回归分析法又称回归直线分析法，它是通过建立回归直线模型，利用修正的时间自变量计算回归系数，进而预测销售量或销售额的一种预测方法。

将此法应用于销售预测时，数学模型为：

$$y = a + bx$$

式中，a，b 代表回归系数，y 代表销售量或销售额，x 代表观测期即时间自变量。回归系数 a，b 的值可按下列公式计算：

$$a = \left(\sum y - b \sum x \right) / n$$

$$b = \left(n \sum xy - \sum x \sum y \right) / \left[n \sum x^2 - \left(\sum x \right)^2 \right]$$

由于观测期 x 按时间顺序排列，且间隔期相等，所以可采用简捷的办法，令 $\sum x = 0$ 来求回归直线。具体做法是，其观测期（n）为奇数，则令 x 的间隔期为 1，将 0 置于中央期，其余上下各期依次按 1 增减；若观测期（n）为偶数，则令 x 的间隔期为 2，将 -1 与 +1 置于观测期中央的上下期，其余上下各期依次按 2 增减。经过这样处理，上述回归系数计算公式可简化为：

$$a = \sum y / n$$

$$b = \sum xy / \sum x^2$$

利用简易回归分析法进行销售预测的步骤如下：

(1) 判断观测期 n 的奇偶性，确定修正的 x 值；

(2) 列表计算 n，$\sum x$，$\sum y$，$\sum xy$，$\sum x^2$；

(3) 利用回归系数计算公式求回归系数 a，b；

(4) 确定预测期的 x 值；

(5) 将回归系数 a，b 及预测值 x 值代入公式 $y = a + bx$ 计算销售预测值。

【例 5-4】 仍以例 5-1 中的资料为例，要求用简易回归分析法按观测期 n 为 6 个月和 5 个月分别计算预测 7 月份的销售额。

当观测期为 6 个月时：

解： (1) $n = 6$ 为偶数，则 x 的间隔期为 2。整理和计算的有关数据如表 5-2 所示。

表 5-2　　　　　　　　　　　　　　　　　　　　$n = 6$ 时的有关数据

月份	间隔期（x）	销售金额（y，单位：元）	xy	x^2
1	-5	2 400	-12 000	25
2	-3	2 360	-7 080	9
3	-1	2 800	-2 800	1
4	1	2 540	2 540	1
5	3	2 600	7 800	9
6	5	2 700	12 500	25
$n = 6$	$\sum x = 0$	$\sum y = 15\ 400$	$\sum xy = 1\ 960$	$\sum x^2 = 70$

（2）将上表末行数据代入回归系数计算公式：

$$a = \sum y/n = 15\,400/6 = 2\,566.67$$

$$b = \sum xy/\sum x^2 = 1\,960/70 = 28$$

（3）确定 7 月份的 x 值为：5+2=7

（4）预计 7 月份的销售额 $(y) = a+bx = 2\,566.67+28×7 = 2\,762.67$（元）

当观测期为 5 个月时：

（1）$n = 5$ 为奇数，则 x 的间隔期为 1。整理和计算的有关数据如表 5-3 所示。

表 5-3　　　　　　　　　　　　　　　$n = 5$ 时的有关数据

月份	间隔期（x）	销售金额（y，单位：元）	xy	x^2
2	-2	2 360	-4 720	4
3	-1	2 800	-2 800	1
4	0	2 540	0	0
5	1	2 600	2 600	1
6	2	2 700	5 400	4
$n = 5$	$\sum x = 0$	$\sum y = 13\,000$	$\sum xy = 480$	$\sum x^2 = 10$

（2）将上表末行数据代入回归系数计算公式：

$$a = \sum y/n = 13\,000/5 = 2\,600$$

$$b = \sum xy/\sum x^2 = 480/10 = 48$$

（3）确定 7 月份的 x 值为：2+1=3

（4）预计 7 月份的销售额 $(y) = a+bx = 2\,600+48×3 = 2\,744$（元）

二、因果预测分析法

因果预测分析法是指利用事物发展的因果关系来推测事物发展趋势的一种预测方法，也属于定量分析法。它一般是根据掌握的历史资料，找出预测对象的变量与其相关事物的变量之间的依存关系，来建立相应的数学模型以计算推测计划期的销售量或销售额。这种方法应用的具体步骤如下：

第一，确定影响销售的主要因素 $x_i(i=1,\ 2,\ \cdots,\ n,\ i \geqslant 1)$。确定影响销售的主要因素，一定要以客观事实为依据，并应能定量分析考察，可根据事物之间的内在规律、以往经验或历史资料进行相关判断。主要应考虑的因素在本节前面已作介绍，这里不再重述。一般情况下，自变量 x_i 越多，预测结果可能越接近实际，但定量分析的过程较复杂；反之，x_i 越少，则预测模型越容易建立，但可能出现的误差较大。为了简化分析，对于不太重要的非定量因素或偶然因素可以忽略不计。

第二，根据有关资料确定销售量或销售额 y 与 x_i 之间的数量关系，建立因果预测模型。预测变量与相关重要因素之间存在着直接或间接的经济联系。直接联系是指一种产品产销量的增减会直接引起另一产品产销量的相应增减，如汽车与汽车轮胎，布料与服装等；间接联系是指一种产品产销量的增减会引起另一种或多种产品产销量的一定变化，但不一定有固定的数量关系。如：陶瓷用品的减少是由于铝制品和塑料用品的增加的结果；火柴用量的减少是由于打火机、电子打火器等不断投入市场的结果等。所以充分考虑、准确分析预测变量与相关因素之间的关系是建立预测模型的关键。预测模型既可以在原有经验的基础上加以适当调整，也可以利用相关期间内的历史资料重新建立。

第三，根据未来有关自变量 x_i 的变动情况，预测销售量或销售额。建立因果预测模型时，应能事先掌握和了解有关因素的定量资料，可以利用国家公开发表的统计资料，国民经济发展计划以及其他相关资料，也可利用由企业自行安排或委托他人进行市场调查而取得的有关信息。总之，有了有关自变量 x_i 的变动资料，很容易就能够计算确定销售预测值。

因果预测分析法在现实经营活动中的具体应用有两种方式，即指标建立法和回归分析法。

(一)指标建立法

指标建立法是指直接利用现有的经验模型进行预测。这里的经验模型既可以是企业以前建立的，也可以是其他企业或行业建立的，预测者只要掌握模型中的各项相关指标，利用模型就可以计算出预测值。

【例 5-5】　某公司生产一种汽车轮胎，假定其年销售量受到以下因素影响：①按长期合同向某汽车制造厂定量供应的轮胎数量为 a；②某地区装备该种轮胎且正在使用中的汽车应予更新的轮胎数 x_1（x_1 取决于这类汽车上年实际行驶里程和载重量的吨公里指标 x_2 及该种轮胎的磨损更新经验指数 b_1）；③上述汽车制造厂增产汽车所需的轮胎数量 x_3（x_3 取决于汽车厂增加的产量 Q 和该厂原有库存轮胎 x_4 及单车需要用的轮胎数 b_2）；④企业在该地区的市场占有率为 b_3。该公司以往建立的模型为：

$y = a + [b_1 x_2 + (Qb_2 - x_4)]b_3$。假设已知 $a = 73\ 500$ 只，$b_1 = 0.8 \times 10^{-5}$ 只/(吨·公里)，$x_2 = 1.75 \times 10^{10}$ 吨·公里，$Q = 2\ 500$ 辆，$b_2 = 4$ 只/辆，$x_4 = 6\ 000$ 只，$b_3 = 50\%$。

要求：利用上述模型和资料预测下一年度的轮胎销售量。

解：将已知数据资料代入模型公式得：

预测轮胎下年的销售量 $= 73\ 500 + [0.8 \times 10^{-5} \times 1.75 \times 10^{10} + (2\ 500 \times 4 - 6\ 000)] \times 50\%$

$= 73\ 500 + (140\ 000 + 4\ 000) \times 50\%$

$= 145\ 500$（只）

(二)回归分析法

回归分析法是利用相关分析技术自行建立回归直线模型，再进行预测的方法。在因果预测分析法下，用于建立模型的回归分析法不同于趋势分析法下所采用的简单回归分析法。由于这里的自变量 x 是销售量，因此它不一定是等差数列。这种方法的具体做法是：

(1)设 x 为影响销售对象的相关因素的销售量，即自变量，y 为销售对象的销售量，即因变量。

（2）收集本企业近年来因变量的历史资料以及相关工业有关自变量的相应统计数据。

（3）根据直线方程式 $y = a + bx$，按照数学上最小平方法原理来确定一条能正确反映自变量 x 与因变量 y 之间具有误差平方和最小的直线。它的常数项 a 和系数 b 可按下列公式计算：

$$a = \left(\sum y - b \sum x \right) / n$$
$$b = \left(n \sum xy - \sum x \sum y \right) / \left[n \sum x^2 - \left(\sum x \right)^2 \right]$$

（4）求出 a 与 b 的值后，结合计划期自变量的预计销售量，代入公式 $y = a + bx$，即可求得预测对象销售量的预测值。

【例 5-6】　假定某火花塞厂专门生产内燃机上的点火装置火花塞，而决定火花塞销售量的主要因素是内燃机的销售量。假如这两者的实际销售资料如表 5-4 所示（其中内燃机数量单位为百万台；火花塞数量单位为百万只），假定计划期（2××9 年度）内燃机销售量根据该行业的预测为 4.5 百万台。假定该厂市场占有率为 100%。

表 5-4　　　　　　　　　　　　　　　　实际销售资料

年度	2××4	2××5	2××6	2××7	2××8
内燃机销售量	2	2.5	3	3.5	4
火花塞销售量	58	66	69	78	79

要求：采用回归分析法为该厂预测 2××9 年的火花塞销售量。

解：（1）设 y 代表火花塞的销售量，x 代表内燃机的销售量，a 代表原来社会上拥有的内燃机对火花塞的每年需要量，b 代表每销售百万台内燃机对火花塞的需求量。

（2）根据资料进行计算，相关计算结果如表 5-5。

表 5-5　　　　　　　　　　　　　　　　相关计算结果

年度	内燃机销售量 x	火花塞销售量 y	xy	x^2
2××4	2	58	116	4
2××5	2.5	66	165	6.25
2××6	3	69	207	9
2××7	5.5	78	273	12.25
2××8	4	79	316	16
$n = 5$	$\sum x = 15$	$\sum y = 350$	$\sum xy = 1\ 077$	$\sum x^2 = 47.5$

(3)将上表的末行数据代入公式得：

$$b = \left(n \sum xy - \sum x \sum y \right) / \left(n \sum x^2 - \left(\sum x \right)^2 \right)$$

$$= 5 \times 1\,077 - 15 \times 350/5 \times 47.5 - 1\,515$$

$$= 5\,385 - 5\,250/237.5 - 225$$

$$= 135/12.5 = 10.8$$

$$a = \left(\sum y - b \sum x \right) / n = 350 - 10.8 \times 15/5 = 37.6$$

(4)预计2××9年火花塞销售量$(y) = a+bx = 37.6+10.8\times4.5 = 86.2$(百万只)

三、判断分析法

判断分析法是通过一些具有丰富实践经验的管理人员或知识渊博的经济专家，对企业一定时期特定产品的销售情况进行综合研究，并作出推测和判断的一种方法。它属于定性分析法，一般适用于不具备完整可靠的历史资料，无法进行定量分析的企业。判断分析法根据其进行的方式不同，又可分为推销员判断法、综合判断法、专家判断法三种。

(一)推销员判断法

作为最基层销售人员的推销员，既熟悉了解市场，又能直接倾听顾客的意见，反映顾客的需求。推销员判断法是指企业在进行销售预测时，让推销人员直接参与，即由企业推销人员根据他们的调查，把各个顾客或各类顾客对待定预测对象的销售预测值填入卡片或表格，然后由销售部门经理加以综合来预测销售量的一种预测方法。这种方法的优点是时间短、费用低、比较实用。但是，由于推销人员的秉性各异，加之推销人员各自所处的业务环境不同，他们对销售形式的估计过于乐观或过于悲观，从而干扰预测结果，造成销售预测值与实际情况偏离过大。因此，应用这种方法时，应注意采取以下措施，以提高销售预测值的准确性。

(1)把本企业过去的销售预测值和实际销售资料提供给各推销人员，供他们参考。

(2)将企业预测决策管理人员对本企业前景的规划和预测资料以及未来社会经济发展趋势等信息介绍给所有推销人员。

(3)组织多人对同一产品的销售进行预测判断，再将这些数据加以平均处理，以消除人为的偏差。

(二)综合判断法

综合判断法是指企业经营管理人员，特别是那些最熟悉销售业务的销售主管人员以及各地经销商的负责人根据他们多年的实践经验和判断能力对特定产品未来销售量(或销售额)分别进行预测估算，然后通过集思广益，采用加权平均法作出综合判断的一种预测方法。这种方法的优点是能够集众家所长，快捷、实用。但缺点是预测结果易受有关人员主观判断能力的影响。所以，采用这种方法，必须事前向有关预测人员提供近期政治、经济形势和市场情况的调查分析资料，并组织他们座谈讨论，然后把各自意见综合平衡，作出预测结论。

（三）专家判断法

专家判断法是向见识广博、知识丰富的经济专家进行咨询，并根据他们多年的实践经验和判断能力对特定产品的未来销售量（或销售额）作出预测的一种方法。这里的"专家"是指本企业或同行业的高级领导（如总经理）、销售部门经理、经销商以及其他外界专家等，但不包括推销人员和顾客。根据吸收专家意见的方式不同，专家判断法又分为如下三种：

（1）专家个人意见集合法。这种方法只向各个专家征求意见，要求他们对本企业产品销售的当前状况和未来趋势作出个人判断，然后把各位专家的不同意见加以综合、归纳、整理，以确定销售预测值。这种方法的优点是能集中各方面的意见，预测的结论比较准确，缺点是由于各个专家占有的资料有限，因此，不可避免地带有片面性。

（2）专家小组法。专家小组法是先把专家分为几个预测小组，分别以小组为单位进行判断预测，然后再进行综合论证，以确定销售预测值。这种方法的优点是能够发挥集体智慧、相互启发，克服了上述方法的片面性；缺点是小组的预测结论常常受个别权威人士意见的左右。

（3）特尔菲法。它是先通过函询调查方式分别向各位专家征求意见，然后把各位专家的判断汇集在一起，以匿名的方式再反馈给各位专家，请他们参考别人的意见后修正本人的判断，如此反复多次，最终得出预测值。这种方法有三大特点：

① 匿名。这种方法是在专家座谈会的基础上发展起来的。专家座谈会是把专家请到一起开会研究分析，可是有时大家面对面在一起很拘束，即使对别的专家的意见有不同的看法，因为碍于情面也不愿提出来，甚至有些老资格专家耍权威左右会场。另外，由于自尊心作怪，明知有些想法错了也不愿意在会上修改。为了避免这些问题，特尔菲法不把问题摆在桌面上讨论，而是要求专家们以匿名的方式提出书面意见。

②反馈。反馈也就是征询意见，是一个重复的过程。参加应答的专家们各自从反馈回来的问题调查表上得到集体的意见和目前的状况以及同意或反对各种观点的理由，据此再作出新的预测判断。

③收敛。因为每次反馈都要求被征询的专家们参照上一轮结果进行回答，所以几次的反复征询之后，专家们的意见会相对集中一些。

特尔菲法的调查方式是反复给专家寄调查表和背景资料，请专家针对表中问题，利用背景资料，提出意见，填表分析解答。然后调查人员对各位专家的预测意见进行统计、归纳、整理、综合分析，得出最终的预测结论。特尔菲法运用得是否有效，关键在两个方面：①选择好专家。即在进行征询调查前要选择好有关的各类高水平的专家，组成专家征询组。但要注意专家人数不宜过多，也不宜太少。人数太多，统计工作量太大；人数太少，提出的意见又会片面而不具有代表性，一般控制在20人左右为宜。另外，对所要调查的问题，专家之间不能直接联系，专家只能与调查人员相互联系。②设计好征询调查表。特尔菲法采用调查表的方式提问，并请专家们填表予以解答，而且要求专家们进行书面的说明、解释、论证。要达到这样的目的，在拟定调查表时要注意以下三点：一是所提问题要引起专家们的研究兴趣；二是提问措辞应简洁、明了；三是一次调查不宜太多。

特尔菲法的预测结果是由专家们集体判断的，可以取得集思广益、博采众长的效果，而且费用又不高，因此，这种方法较受欢迎，在国外使用很广，约占企业预测的20%以上，比较多地用于开发新产品和市场动态变化方面的预测。

四、市场调查法（或产品寿命周期分析法）

市场调查法，就是通过对某种产品所处的寿命周期阶段和消费者购买意见的详细调查，来预测该产品的销售量或销售额的一种方法，也称产品寿命周期分析法。它是定性预测分析中的一种重要方法。市场调查一般从以下几个方面进行：

（一）调查商品本身目前处于"寿命周期"的哪一阶段

前几种预测分析法都是假定过去的发展趋势会延续到今后，而实际上，在产品的寿命周期的不同阶段，销售量的发展趋势是不同的。根据产品寿命周期理论，一种产品的寿命周期应该有试销期、成长期、成熟期、饱和期、衰退期五个阶段。任何一个企业的产品在一定时期内必然处在某一阶段上，产品的销售量在产品周期各个阶段中的发展趋势一般有如下规律：

（1）试销期：新产品刚刚投入市场试销，此时，消费者还不熟悉新产品的性能，销售量较小，需经过一定时间的推广，销售量才能逐步上升。

（2）成长期：产品已为广大消费者所接受，由小批试制、试销进入大批生产销售，市场销售量迅速增加。

（3）成熟期：产品进入大批量生产和畅销阶段，销售量稳定上升。

（4）饱和期：产品市场饱和，销售量增长缓慢，并趋于下降。

（5）衰退期：产品老化，逐步被新产品所取代，销售量急剧下降，趋于被淘汰。

综上所述，在做销售预测时，必须了解产品周期的规律和它对销售产生的影响，正确判断预测对象所处的寿命周期阶段，并以此作为预测分析的基础。

（二）调查消费者的情况

进行销售预测时，必须调查了解消费者的经济情况、个人爱好、风俗习惯、购买心理和消费结构的变化，以便对市场需求做到心中有数。

（三）调查商品的市场占有率

通过调查商品的市场占有率，不仅可以掌握自身的竞争对手的情况。商场如战场，知己知彼，才能百战不殆。市场占有率的计算公式如下：

市场占有率＝本企业该类产品在市场上的销售量（或销售额）/同类产品在市场上的总销售量（或销售额）

（四）调查经济发展趋势

经济发展趋势，会对企业产品销售产生极大影响，所以，企业应通过调查，深入了解经济发展趋势，以便及时调整经营决策，顺应经济发展的潮流。

最后，对上述四个方面的调查资料进行综合、分析、加工、整理，就可以对产品销售作出预测判断。

【例 5-7】 假定某公司对其生产的家用电器微波炉的销售情况进行了调查。该产品已处于寿命周期阶段的成长期的第 2 年，截至本年度在本市已拥有 16 万用户，本市共有居民 200 万户。据调查，下年度外地从该公司订购微波炉 4 万台，本市从外地订购 3 万台。假定该产品的成长期为 5 年，产品的普及率为 6% ~ 50%，该公司的市场占有率为 45%。

要求：利用市场调查法预测该公司下年度微波炉的销售量。

解：

(1) 本市平均年需求量

= 居民户数 × (最高普及率 - 已达普及率)/产品所处寿命周期阶段剩余年限

= 200 × (50% - 16/200 × 100%)/(5 - 2)

= 28(万台)

(2) 该公司下年度销售量预测值

= 外地订购量 + (本市平均需求量 - 外地供给量) × 市场占有率

= 4 + (28 - 3) × 45% = 15.25(万台)

学习子情境三　成本的预测分析

知识准备

一、成本预测的作用

成本预测就是根据企业未来的发展目标和现实条件，参考其他资料，利用专门方法对企业未来成本及其发展趋势所进行的推测和估算。它要综合考虑企业盈利、销售、供应、生产、运输、储备等方面的情况，动员企业各方面力量挖掘内部潜力，提出降低消耗、实现成本目标的方案，为成本决策和实施成本控制提供信息。成本预测的重要作用具体表现在以下三个方面：

（一）成本预测既是全面加强企业成本管理的首要环节，也是正确编制产品成本计划的前提条件

在现代经济条件下，成本管理工作不仅要反映实际耗费和分析成本升降原因，而且更应该着眼于未来，事前进行成本预测，制定目标成本，从而有计划地控制成本。

（二）成本预测为企业挖掘降低成本的潜力、提高经济效益指明了方向和途径

企业的经济效益主要表现为生产成本和生产成果的比较，因此，成本是衡量企业经济效益的重要指标。在生产一定数量产品的情况下，成本越低，经济效益就越高。为了降低产品成本，在生产经营活动发生以前就需要进行成本预测，根据企业具体情况，多方面多环节寻找降低成本的方向和途径。

（三）成本预测是企业领导者正确进行生产经营决策的依据

企业的经营发展受很多因素的影响，产品成本是一个重要因素。成本的高低，直接影响到企业的竞争能力，甚至关系到企业的兴衰成败。企业管理当局在组织生产经营、推动企业发展方面作出某项重大决策时，往往离不开科学的成本预测。通过成本预测，企业管理者可以提高自觉性，减少盲目性，在安排生产、购置设备、组织协作、接受订货、确定产品发展方向和研究技术改造措施等决策活动中，能够选择最佳答案，作出正确的决策。

二、成本预测的程序

（一）提出目标成本草案

目标成本是指企业在一定期间内，为了完成已确定的目标利润所应达到的成本水平或所应控制的成本限额。它是企业未来一定期间成本管理工作的奋斗目标，一般具有效益性、可控制性、目的性和先进性的特点。确定目标成本既有利于原有产品的生产、经营，又有利于新产品的设计、试制。所以，企业必须在切实保证实现目标利润、满足社会需要的前提下，根据有关产品的市场、价格状况等正确确定未来一定期间的目标成本，科学地规划为实现企业经营目标所需控制的成本限额，努力搞好目标成本管理工作。

目标成本可作为衡量实际生产费用支出的标准，考核费用节约与超支的情况，以便及时监督和分析脱离目标成本的偏差。所以，目标成本的确定既要注意先进性，又要注意可行性。这样，才能有利于调动企业各方面实现目标的积极性。因此，目标成本的提出与测定需运用科学的方法经过反复测算才能完成。一般可采用以下两种方法进行预测。

1. 按目标利润进行预测

这类方法是在确定目标利润的基础上，通过市场调查，根据所获情报资料，确定适当的销售单价，然后，根据收入、利润、成本之间的关系来确定目标成本。因具体做法不同又可分为三种。

（1）按全部产品预测目标成本。企业在实际预测目标成本时，可以从企业全局出发，综合其所经营的各种产品，测算整个企业在未来一定期间必须达到的成本水平。测算全都产品目标成本的一般计算公式是：

$$目标成本 = 预计销售单价 \times 预测销售量 - 目标利润$$
$$= 预计销售收入 - 目标利润$$

上式中，预计销售收入是指未来一定期间（预测期）内，计划销售的各种产品的销售收入总额。在计算时，每种产品的销售数量和价格等，应在销售预测的基础上予以确定。其中，产品销售价格问题还应考虑国家价格政策、市场供求关系、竞争情况等，以使未来的预计销售收入尽可能符合实际。

（2）按单项产品确定目标成本。除按全部产品确定目标成本外，还可以按不同产品的具体情况，分别测算它们的目标成本。其一般计算公式是：

$$单位产品目标成本 = 预计单位产品销售价格 - 预计单位产品目标利润$$

（3）按资金利润率确定目标成本。在实际工作中，企业不仅要保证完成未来一定期间的经营目标或销售利润目标，而且还要使投资人的资本金既能保值又有增值。为此，还应确定资金利润目标，具体表现为未来一定期间的目标资金利润率。为了实现这一目标资金利润率所必须控制的成本限额，即为目标成本，通常按以下公式予以确定：

目标成本=按市场可接受的价格计算的销售收入-按预定的资金利润率计算的利润
总额

综上所述，这类方法有利于使目标成本与目标利润的水平保持一致，但它无法直接确定目标固定成本和目标单位变动成本指标，还需在此基础上进一步分析。

2. 以先进的成本水平作为目标成本

这种方法又叫先进成本水平法，它可以根据企业历史上最好的成本水平，或根据国内外同类产品的先进水平，或根据本企业基期的实际平均成本扣减成本降低率确定目标成本。这种方法可以直接确定单位目标成本，但是，它无法将目标成本与目标利润联系起来。

（二）预测成本的发展趋势

目标成本提出后，企业还需要采用各种专门方法和建立相应的数学模型来预测在当前实际情况下总成本的发展趋势，并计算出预测成本与目标成本的差距，判断在现有条件下实现目标成本的可能性与现实性。预测总成本的内容包括两个方面：一是预测一定时期内各项生产成本、营业费用的总体水平和结构；二是预测在一定销售量条件下的成本水平。

（三）修正目标成本

通过上一步骤，可以了解到预测成本与目标成本的差距，企业应在此基础上，积极寻求各项措施，降低成本水平。然后，根据其中的最佳措施方案，修正目标成本，使之切实可行。

职业判断与业务操作

成本预测的方法有历史资料分析法、因素预测法、定额测算法和预计成本测算法等。现分别介绍如下：

一、历史资料分析法

历史资料分析法，是指在掌握本企业有关成本的历史资料的基础上，按成本习性的原理，采用一定方法进行数据处理，建立数学模型预测总成本发展趋势的一种方法。如前所述，成本的发展趋势一般可用直线方程来表示，即：

$$y = a + bx$$

式中：y——产品总成本；

a——固定成本；

b——单位变动成本；

x——产量。

从上述公式可见，只要能求出公式中的 a 和 b，就可以利用这个总成本的模型，计算预测出在任何产量 (x) 下的产品成本 (y)。确定 a 值和 b 值的常用方法有：高低点法、加权平均法和回归直线法。

（一）高低点法

高低点法是根据一定时期的历史资料中最高和最低产量成本的差额（用 Δy 表示）与最高和最低产量的差额（用 Δx 表示）之比，求出单位变动成本 b，然后求出固定成本 a，其计算公式如下：

$$b = 最高产量成本 - 最低产量成本 / 最高产量 - 最低产量$$
$$= \Delta y / \Delta x$$
$$a = 最高点成本总额 - b \times 最高点产量 = y_h - bx_h$$
$$或\ a = 最低点成本总额 - b \times 最低点产量 = y_l - bx_l$$

式中：y_h——最高点成本总额；

y_l——最低点成本总额；

x_h——最高点产量；

x_l——最低点产量。

a 和 b 的值求出后，将其代入数学模型 $y = a + bx$，即可求得计划期产品总成本及单位成本的预测值，即：

$$计划期产品总成本的预测值(y_P) = a + bx_P$$
$$计划期产品单位成本的预测值 = y_P / x_P$$

高低点法是一种简便易行的预测方法，但如果企业产品的各期成本变动幅度较大，采用此法误差也较大，因此，这种方法适用于在相关范围内企业产品成本的趋势比较稳定的企业。

【例 5-8】 某公司只生产甲产品，最近五年的产量及历史成本数据如表 5-6 所示，假定计划年度 2××9 年产量为 250 台。

表 5-6　　　　　　　　　　　**产量及历史成本数据**

项目 \ 年度	产量(x)(台)	成本总额(元)
2××4	40	25 000
2××5	160	79 000
2××6	120	61 000
2××7	80	43 000
2××8	200	97 000

要求：采用高低点法预测该公司 2××9 年甲产品的总成本和单位成本。

解： 从上述资料中找出最高产量和最低产量的年度并计算有关数据(如表5-7所示)。

表5-7 　　　　　　　　　　　　　　　　计算的有关数据

摘要	最高点(2××8)	最低点(2××4)	差异
产量(x)(台)	200	40	$\Delta x = 160$
总成本(y)(元)	97 000	25 000	$\Delta y = 72\,000$

$$b = \Delta y / \Delta x = 72\,000/160 = 450(元/台)$$
$$a = y(h) - bx(h)$$
$$= 97\,000 - 450 \times 200 = 7\,000(元)$$
$$或 \quad a = y(l) - bx(l)$$
$$= 25\,000 - 450 \times 40 = 7\,000(元)$$

计划年度甲产品总成本的预测值(y_P) = $a + bx_P$ = 7 000 + 450 × 250 = 119 500(元)

计划年度甲产品单位成本的预测值 = y_P/x_P = 119 500/250 = 478(元/台)

(二)加权平均法

加权平均法是根据过去若干时期的单位变动成本和固定成本总额的历史资料,按其距离计划期远近分别进行加权,从而求得 a 与 b 值的一种方法。为了计算简便,加权时可令 $\sum W = 1$,具体情况与销售预测时相同,其计算公式如下:

$$a = \sum W_i a_i$$
$$b = \sum W_i b_i$$

计划期产品总成本的预测值(y_P) = $\sum W_i a_i + \left(\sum W_i b_i \right) x_P$

计划期产品单位成本预测值 = y_P/x_P

加权平均法一般适用于具有详细固定成本与单位变动成本历史数据资料的企业。

【例5-9】 仍以例5-8中的资料为例假定各年的固定成本为5 000元,8 000元,6 000元,4 000元,7 000元,各年的单位变动成本为500元,400元,600元,300元,450元,要求用加权平均法预测2××9年度生产250台甲产品的总成本及其单位成本(假定 $W_1 = 0.03$,$W_2 = 0.07$,$W_3 = 0.15$,$W_4 = 0.25$,$W_5 = 0.5$)。

解： $a = \sum W_i a_i$

$$= 5\,000 \times 0.03 + 8\,000 \times 0.07 + 6\,000 \times 0.15 + 4\,000 \times 0.25 + 7\,000 \times 0.5$$
$$= 6\,110(元)$$

$b = \sum W_i b_i$

$$= 500 \times 0.03 + 400 \times 0.07 + 600 \times 0.15 + 300 \times 0.25 + 450 \times 0.5$$
$$= 433(元/台)$$

计划年度甲产品总成本的预测值(y_P) = $\sum a_i W_i + x_P \sum b_i W_i$

$$= 6\ 110 + 250 \times 433$$
$$= 114\ 360(元)$$

计划年度甲产品单位成本的预测值 $= y_p/x_p = 114\ 360/250 = 457.44(元)$

(三)回归直线法

回归直线法是根据过去若干期的产量和成本资料,应用数学上最小平方原理来分析确定成本预测方程式 $y = a + bx$,从而求得 a 值与 b 值。其具体计算公式如下:

$$a = \left(\sum y - b \sum x \right)/n$$

$$b = \left(n\sum xy - \sum x \sum y \right)/\left(n\sum x^2 - \left(\sum x \right)^2 \right)$$

回归直线法是一种比较精确的方法,当企业历年的产品成本忽高忽低,变动幅度较大时,采用此法较为适宜。

【例 5-10】 仍以例 5-8 中的资料为例,假定各年的总成本分别为 2 500 元,72 000 元,78 000 元,28 000 元,97 000 元,要求用回归分析法预测 2××9 年生产 250 台甲产品的总成本及其单位成本。

解:

(1)根据上述资料进行计算,结果如表 5-8 所示。

表 5-8 　　　　　　　　　　　　　计算结果

年份	产量(x)(台)	总成本(y)(元)	xy	x^2
2××4	40	25 000	1 000 000	1 600
2××5	160	72 000	11 520 000	25 600
2××6	120	78 000	9 360 000	14 400
2××7	80	28 000	2 240 000	6 400
2××8	200	97 000	19 400 000	40 000
$n = 5$	$\sum x = 600$	$\sum y = 300\ 000$	$\sum xy = 43\ 520\ 000$	$\sum x^2 = 88\ 000$

(2)将上表末行数据代入有关公式:

$$b = \left(n\sum xy - \sum x \sum y \right)/\left(n\sum x^2 - \left(\sum x \right)^2 \right)$$
$$= (5 \times 43\ 520\ 000 - 600 \times 300\ 000)/(5 \times 88\ 000 - 600 \times 600)$$
$$= 37\ 600\ 000/80\ 000 = 470(元 / 台)$$

$$a = \left(\sum y - b \sum x \right)/n$$
$$= (300\ 000 - 470 \times 600)/5 = 3\ 600(元)$$

(3)将 a 和 b 代入总成本公式:

计划年度甲产品总成本的预测值$(y_p) = a + bx_p$
$$= 3\ 600 + 470 \times 250 = 121\ 110(元)$$

计划年度甲产品单位成本的预测值 $= y_P / x_P$

$$= 121\ 100 / 250 = 484.4(元)$$

上述三种成本预测的常用方法，虽然都是根据成本的历史资料进行数学推导而来，在一定程度上能反映成本变动的趋势，但它们都未考虑政治经济形势、市场供求情况、供应运输等外部条件的变动，这必然会影响到预测分析的准确性。所以，在实践工作中，为了使成本预测更加接近实际，必须将采用数学公式推导的结论与企业主管当局的经验判断结合起来，进行综合分析研究。

二、因素预测法

因素预测法是通过分析与定型产品成本有关的技术进步、劳动生产率变动以及物价变动和经济发展前景，确定这些因素对成本指标的相对影响，以预测现有老产品的未来成本的一种定量分析法。因素预测法适用于编制成本计划前的成本试算以及对成本计划执行过程中预计完成情况的测算分析。

如果在计划期内只有一种成本因素发生变化，而且这种因素的变化只涉及成本项目的变化，那么一般可用此公式直接算出产品单位成本变化的情况：

$$y = c(1 - Am)$$

式中：y——计划期产品单位成本；

$\quad\quad c$——基期产品单位成本；

$\quad\quad A$——某因素在基期成本中所占比例；

$\quad\quad m$——在计划期内该因素上升或下降的比例（上升为负，下降为正）。

在实际工作中，往往是多种因素同时发生变化，并共同对产品的成本产生影响，则上述公式可扩展为：

$$y = c(1 - A_1 m_1 - A_2 m_2 - \cdots - A_n m_n)$$

式中：n——发生变化因素的个数。

三、定额测算法

定额测算法是指利用定型产品的各种消耗定额及成本价格水平等资料，预计测算现有产品生产成本的一种定量分析方法。

四、预计成本测算法

预计成本测算法一般用于新产品成本预测或改型产品成本预测。对新产品成本预测，主要是根据设计、工艺和劳动部门提供的有关新产品资料，考虑多种可能并参考试产阶段有关参数进行估算，或是按系列产品成本资料进行类推；对于改型产品成本预测，可在原有成本资料的基础上，只对改变部分的设计、工艺或配件方案的成本进行预计和估算。

预计成本测算法又可分为费用要素分析法和成本项目分析法。费用要素分析是指按照预测期预计产量、有关要素的消耗量及估计价格，分别测算未来外购材料、工资及福利、折旧费等各项费用水平的方法。成本项目分析法是指按实际成本计算的程序分车间按产品测算其直接材料、直接人工（包括工资及福利费），按车间测算间接费用，按全厂测算期间费用。

学习子情境四　利润的预测分析

🖋 知识准备

一、目标利润预测分析的意义

目标利润是企业管理当局综合考虑本单位在计划期间的实际生产能力、生产技术条件、材料物资供应情况、运输条件以及市场销售预测等因素后提出来的最优化战略目标。目标利润是企业规划各项经营活动的中心，也是企业编制全面预算的基础。利润预测是根据影响企业变动的各个因素，对企业在预测期所达到的利润水平进行的预计和测算。正因为目标利润至关重要所以它的确定需体现以下几项原则：

（1）可行性。目标利润应能反映企业可能实现的最佳利润水平，做到既先进又合理。

（2）客观性。为保证目标利润的实现具有最大的可能性，在预测目标利润时，一定要以客观事实为依据，采用科学的方法进行预测。

（3）严肃性。目标利润的预测必须经过反复计算、分析验证、调整后才能最终确定，确定后的目标利润也应保持相对稳定，不得随意改变。

（4）指导性。目标利润是企业最优化的利润控制目标，它对企业业务量、成本、价格的未来发展应起着某种规定、约束和指导作用。

二、目标利润预测的步骤

（一）调查研究，确定利润率标准

经过调查研究，了解掌握企业历史上最高利润率水平以及当前同行业同类产品或社会平均利润率水平，从中选择某项先进合理的利润率作为预测目标利润的基础。可供选择的利润率主要有销售利润率、产值利润率、资金利润率。在选择利润率标准时，不宜定得过高或过低，否则会使目标利润失去其自身的重要作用。

（二）计算目标利润基数

将选定的利润率标准乘以企业预期应达到的相关指标，即可测算出目标利润的基数。其计算公式如下：

$$目标利润基数＝有关利润率的标准×相关指标$$

上式中，相关指标取决于利润率标准指标的内容，可以分别是预计销售收入、预计工业总产值或预计资金平均占用额等。

（三）确定目标利润修正值

目标利润修正值是对目标利润基数的调整数。一般可将目标利润基数与按传统方式预测出来的预算利润进行比较分析，再按本量利原理分项测算实现目标利润基数各项因素的期望值，进一步分析其实现的可能性。若各项因素期望值实现的可能性较小，则必须适当修改目标利润，确定目标利润修正值。这个过程可反复测算多次，以使目标利润达到既先进又可行的水平。

（四）最终下达目标利润，分解落实并纳入预算体系

最终下达的目标利润应当是目标利润基数与修正值的代数和。目标利润一经确定，就应立即纳入预算执行体系，层层分解落实，以此作为采取措施的依据。

职业判断与业务操作

一、经营杠杆系数在利润预测中的应用

在利润预测中，若只有销售业务量一项因素变动时，则可以利用经营杠杆系数进行预测。

（一）经营杠杆系数的变动规律

（1）只要固定成本不等于零，经营杠杆系数恒大于1。因为经营杠杆系数＝基期贡献毛益/（基期贡献毛益－固定成本），所以只要固定成本存在，即固定成本不等于零时，经营杠杆系数就永远大于1。

（2）在前后期单价、单位变动成本和固定成本不变的情况下，产销量越大，经营杠杆系数越小；产销量越小，经营杠杆系数越大。所以，产销量的变动与经营杠杆系数的变动方向相反。

（3）成本指标的变动与经营杠杆系数的变动方向相同，即成本指标越高，经营杠杆系数越大；相反，成本指标越低，经营杠杆系数越小。

（4）单价的变动与经营杠杆系数的变动方向相反。单价越高，经营杠杆系数越小；相反，单价越低，经营杠杆系数越大。

（5）在同一产销量水平上，经营杠杆系数越大，利润变动幅度就越大，从而经营风险也就越大；反之，经营杠杆系数越小，经营风险也就越小。

（二）经营杠杆系数在利润预测中的应用

（1）预测产销量变动对利润的影响。在已知经营杠杆系数、产销变动率的条件下，可以利用经营杠杆系数测算产销量变动对利润的影响，再结合基期利润，就能进一步计算利润预测值，具体计算公式如下：

$$经营杠杆系数＝利润变动率/产销量变动率$$
$$未来利润的变动率＝产销量变动率×经营杠杆系数$$
$$预计利润＝基期利润×（1+未来利润的变动率）$$
$$＝基期利润×（1+产销量变动率×经营杠杆系数）$$

【例 5-11】　已知某公司本年利润为 200 000 元，下年的经营杠杆系数为 1.5，销售量

变动率为 8% 。

要求：计算未来利润变动率和利润预测值。

解： (1)未来利润变动率 = 8% × 1.5 = 12%

(2)预计利润 = 200 000 × (1 + 12%) = 224 000(元)

(2)预测为实现目标利润应采取的调整产销量的措施。在已知经营杠杆系数、基期利润和目标利润或目标利润变动率的条件下，可以利用经营杠杆系数测算为实现目标利润而应采取的调整产销量的措施。其计算公式为：

$$产销量变动率 = 目标利润变动率/经营杠杆系数 × 100\%$$

【例 5-12】 仍以例 5-11 中的资料为例，假定下年目标利润为增长 30% 。要求测算实现目标利润变动率应采取的产销量变动措施。

解： 销售量变动率 = 30% / 1.5 = 20%

即：要实现目标利润增长 30%，必须采取措施使销售量增长 20% 。

二、概率分析法在利润预测中的应用

(一)概率分析法的原理

概率分析法是指以现代概率论原理为基础，针对那些有多种可能结果的不确定因素而采取的一种定量分析的方法。

实践中，许多经济要素的未来发展趋势都是不确定的，往往会出现不同的结果，用概率论的术语讲就是会发生多个事件或产生多个随机变量。概率分析法就是要充分考虑各种可能事件，然后用概率来反映各种可能，进而估计特定研究对象未来最有可能达到的发展趋势。

概率分析法的一般程序如下：

(1)针对特定分析对象确定其未来可能出现的每一种事件(即随机变量)以及发生每一种事件的概率。概率有客观概率和主观概率两种。客观概率是在会计、统计或其他业务核算历史数据的基础上加工推算确定的；而主观概率则是由决策者根据以往经验凭主观判断加以确定的。无论哪种概率，都必须符合以下两条规则：

①各个随机变量的概率的取值范围为 $0 \leqslant P_i \leqslant 1$；

②全部概率之和等于 1，即 $\sum P_i = 1$。

(2)根据因素的各个随机变量及其估计概率编制概率分析表计算其数学期望值。

$$期望值(E) = \sum (随机变量 × 概率) = \sum X_i P_i$$

公式中的随机变量 X_i 会因分析的具体对象不同而有所不同。

(3)根据因素的期望值或在此基础上求得的有关指标进行分析并得出结论。

(二)销售量为不确定因素时的概率分析

【例 5-13】 假定某公司可安排生产 A、B 两种产品，相关的固定成本总额为 25 000 元。A 产品的单价为 30 元，单位变动成本为 20 元。B 产品的单价为 25 元，单位变动成本为15元。两种产品的销售量均为离散型随机变量。各种销售量水平及有关概率分布情况如表5-9所示。

表5-9 销售量水平及有关概率分布情况

销售量(件)	A产品		B产品	
	概率分布	积累概率	概率分布	积累概率
750	—	—	0.1	0.1
2 000	0.1	0.1	0.1	0.2
2 500	0.2	0.3	0.1	0.3
3 000	0.4	0.7	0.2	0.5
4 500	0.2	0.9	0.4	0.9
6 000	0.1	1.0	0.1	1.0

要求:

(1)用概率分析法计算两种产品的销售量的数学期望值;

(2)计算两种产品盈亏分界点的销售量;

(3)计算两种产品的销售量达到数学期望值时的利润;

(4)计算两种产品的销售量为2 000和3 000件时的利润;

(5)比较两种产品的经营风险。

解:

(1)A产品销售量的数学期望值

　　=2 000×0.1+2 500×0.2+3 000×0.4+4 500×0.2+6 000×0.1

　　=3 400(件)

　　B产品销售量的数学期望值

　　=750×0.1+2 000×0.1+2 500×0.1+3 000×0.2+4 500×0.4+6 000×0.1

　　=3 525(件)

(2)A产品盈亏分界点的销售量=25 000/(30-20)=2 500(件)

　　B产品盈亏分界点的销售量=25 000/(25-15)=2 500(件)

(3)A产品销售量达到期望值可获利润=(30-20)×3 400-25 000=9 000(元)

　　B产品销售量达到期望值可获利润=(25-15)×3 525-25 000=10 250(元)

(4)由于A、B产品的单位贡献毛益相等,当销售3 000件时:

　　A、B产品的利润=10×(3 000-2 500)=5 000(元)

　　当销售2 000件时:

　　A、B产品的利润=10×(2 000-2 500)=-5 000(元)

(5)当两种产品的销售量均达到其数学期望值时,生产B产品比生产A产品有利可图,可多获利润1 250元(10 250-9 000)。

由于 A、B 两种产品的保本量相同，它们的单位贡献毛益也相等，因此，不管按多大规模组织哪种产品的生产经营，只要产销量相等就会得到完全相同的利润。

由于 A、B 两种产品盈利或亏损 5 000 元的概率是不同的，因此 A 产品销售量等于或低于 3 000 件的概率为 70%，而 B 产品的相应概率仅有 50%；同理，A 产品销售量等于或低于 2 000 件的概率只有 10%，而 B 产品的相应概率则有 20%。所以，两者实现预期利润的风险不同，B 产品的风险较大。

三、损益方程式法

损益方程式法是根据损益计算公式，把成本、业务量和利润三者之间的依存关系用方程式表示，在其他变量已知的基础上，计算出其中的未知变量。

目标利润＝产品销售量×（单位售价－单位变动成本）－固定成本总额

税后目标利润＝［产品销售量×（单位售价－单位变动成本）－固定成本总额］×（1－税率）

【例 5-14】 某企业生产一种产品，每月固定成本为 20 000 元，价格为 20 元/件，单位变动成本 10 元，计划本月销售 5 000 件。请计算本月的利润是多少？

目标利润＝5 000×（20－10）－20 000＝30 000（元）

四、边际贡献法

边际贡献又称边际利润或贡献毛益，它是销售收入减去变动成本以后的金额。

边际贡献抵偿固定成本后的剩余部分就是利润总额，如果不足抵偿固定成本就会发生亏损。

单位边际贡献＝销售单价－单位变动成本

边际贡献＝销售收入－变动成本总额

＝（销售单价－单位变动成本）×销售数量

＝单位边际贡献×销售数量

＝固定成本＋利润

（一）利用边际贡献计算利润

目标利润＝边际贡献－固定成本

＝单位边际贡献×销售数量－固定成本

＝（销售收入－变动成本总额）－固定成本

（二）利用边际贡献率计算利润

边际贡献率是边际贡献占销售收入的比率。

变动成本率是变动成本占销售收入的比率。

变动成本率＝变动成本÷销售收入

＝（单位变动成本×销售量）÷（销售单价×销售量）

＝单位变动成本÷销售单价

边际贡献率＝边际贡献÷销售收入

$$=单位边际贡献÷销售单价$$

$$=（销售单价-单位变动成本）÷销售单价$$

$$=1-变动成本率$$

即：变动成本率+边际贡献率=1

$$目标利润=销售收入-变动成本总额-固定成本$$

$$=边际贡献-固定成本$$

$$=销售收入×（1-变动成本率）-固定成本$$

$$=边际贡献率×销售单价×销售量-固定成本$$

【例 5-15】 甲企业只生产 A 产品，单价 200 元，单位变动成本 80 元/台，计划期预计销售 500 台，发生固定成本 10 000 元。试计算：

①计划期 A 产品的单位边际贡献、边际贡献总额和边际贡献率；

②变动成本率，并验证变动成本率与边际贡献率的关系；

③利用边际贡献率计算企业的目标利润；

④利用变动成本率计算企业的目标利润。

根据以上资料计算如下：

①边际贡献总额=（销售收入-变动成本总额）

$$=200×500-80×500=60 000（元）$$

单位边际贡献=（销售单价-单位变动成本）

$$=200-80=120（元/台）$$

边际贡献率=（销售成本-单位变动成本）÷销售单价×100%

$$=（200-80）÷200×100%=60%$$

②变动成本率=变动成本总额÷销售收入×100%

$$=（80×500）÷（200×500）×100%=40%$$

边际贡献率=1-变动成本率=1-40%=60%

③目标利润=边际贡献总额-固定成本

$$=120×500-10 000=50 000（元）$$

目标利润=边际贡献率×销售单价×销售量-固定成本

$$=60%×200×500-1 000=50 000（元）$$

④目标利润=销售收入×（1-变动成本率）-固定成本

$$=200×500×（1-40%）-10 000$$

$$=50 000（元）$$

（三）多品种条件下，应该计算企业的加权平均边际贡献率

$$目标利润=销售收入×加权平均边际贡献率-固定成本$$

加权平均边际贡献率=各产品边际贡献总额÷各产品销售收入总额×100%

$$=\sum（各产品边际贡献率×各产品销售收入）÷\sum 销售收入$$

$$=\sum（各产品销售收入占总销售收入的比重×该产品边际贡献率）$$

五、盈亏临界点分析

盈亏临界点也称保本点、损益平衡点等，是指当产品的销售业务达到某一水平时，其总收入等于总成本，边际贡献正好抵偿全部固定成本，利润为零，企业处于不盈利也不亏损的状态。

盈亏临界点的表现形式有盈亏临界点销售量、盈亏临界点销售额。

（一）盈亏临界点的预测

（1）盈亏临界点的销售量

①用损益方程式法预测。即利润为零时的销售量。

盈亏临界点销售量=固定成本总额÷（销售单价-单位变动成本）

②用边际贡献法预测

盈亏临界点销售量=固定成本总额÷单位边际贡献

（2）综合盈亏临界点的销售额

综合盈亏临界点的销售额=固定成本总额÷加权平均边际贡献率

【例5-16】 某企业计划期生产销售 A、B 两种产品，其单位售价分别为 50 元、20元，单位变动成本分别为 38 元、15 元，预计销量分别为 1 500 件、3 500 套，计划期内企业固定成本总额为 10 800 元。试计算 A、B 两种产品的盈亏临界点销售额与销售量。

根据以上资料计算如下：

①先计算全部产品的销售总额。

全部产品的销售总额=50×1 500+20×3 500=145 000（元）

②计算各种产品的销售比重。

A 产品销售比重=50×1 500÷145 000≈52%

B 产品销售比重=20×3 500÷145 000≈48%

③计算各种产品的加权平均边际贡献率。

A 产品的边际贡献率=（50-38）÷50×100%=24%

B 产品的边际贡献率=（20-15）÷20×100%=25%

加权平均边际贡献率=$\sum$（各产品销售收入占总销售收入的比重×该产品边际贡献率）

=52%×24%+48%×25%=24%

④计算综合盈亏临界点的销售额。

=10 800÷24%=45 000（元）

⑤计算各种产品的盈亏临界点的销售额和销售量。

A 产品销售额=45 000×52%=23 400（元）

A 产品销售量=23 400÷50=468（件）

B 产品销售额=45 000×48%=21 600（元）

B 产品销售量=21 600÷20=1 080（套）

（3）盈亏临界图

盈亏临界图是将影响企业利润的成本、价格、销售量等诸因素集中在直角坐标平面内，以解析几何模型表示本量利之间关系的一种分析方法。

①传统式盈亏临界图(如图 5-1 所示)。

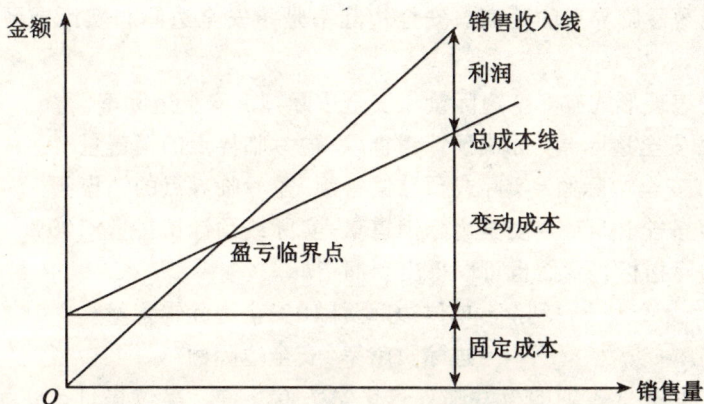

图 5-1　传统式盈亏临界图

盈亏临界图直观形象地反映了多种因素对利润的决定关系，图示分析有助于加深对盈亏临界点意义的理解。从图中我们可以看到，当企业的销售量低于盈亏临界点时，企业处于亏损的状况；当企业的销售量高于盈亏临界点时，企业是盈利的。盈亏临界点分析对企业经营决策具有重要意义。

② 边际贡献式盈亏临界图(如图 5-2 所示)。

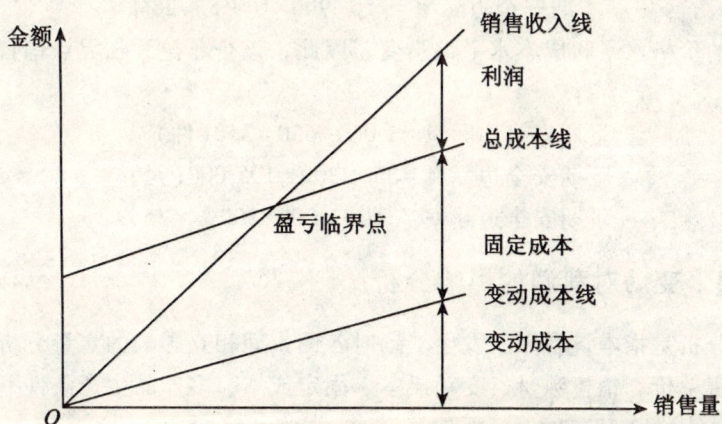

图 5-2　边际贡献式盈亏临界图

边际贡献式盈亏临界图的特点是将固定成本线置于变动成本线之上，总成本线是一条平行于变动成本线的直线，它能直观地反映边际贡献与其他各因素的关系以及边际贡献的大小。

（二）安全边际和安全边际率

安全边际是指实际或预计业务量超过盈亏临界点业务量的差额，标志着企业销售的安全程度，即距离盈亏临界点的距离。安全边际率是指安全边际与实际或预计销售量（额）的比值。

安全边际的表现形式有安全边际量、安全边际额、安全边际率。

$$安全边际=实际或预计销售量-盈亏临界点的销售量$$
$$安全边际额=实际或预计销售额-盈亏临界点的销售额$$
$$安全边际率=安全边际销售量÷实际或预计销售量×100\%$$

借助安全边际指标，我们也可以得出利润指标。

$$利润=单位边际贡献×安全边际销售量$$
$$=边际贡献率×安全边际额$$

【例 5-17】 甲企业本期的盈亏临界点销量为 650 件，单位售价 300 元，实际销量为 900 件，假定下期的单价、单位变动成本与固定成本总额均不变，预计下期销量将达 1 000 件。试计算：

① 甲企业本期的安全边际指标；

② 下期的盈亏临界点的销售量；

③ 甲企业下期的安全边际指标。

根据资料计算如下：

$$本期安全边际量=900-650=250（件）$$
$$本期安全边际额=250×300=75\ 000（元）$$
$$本期安全边际率=250÷900×100\%≈28\%$$

由于下期的价格水平和成本水平都不变，因此，该企业盈亏临界点销售量也不便，仍为 650 件。

$$下期安全边际量=1\ 000-650=350（件）$$
$$下期安全边际额=350×300=105\ 000（元）$$
$$下期安全边际率=350÷1\ 000×100\%=35\%$$

六、各因素变动对利润的影响分析

因素变动分析是指本量利因素发生变动时各因素间相互影响的定量分析。影响利润的因素主要有销售单价、销售数量、变动成本、固定成本、多产品生产条件下的产品品种结构变动。

【例 5-18】 某企业只生产 A 产品，单价 150 元，单位变动成本 60 元，计划每年销售 500 件，每年发生固定成本 10 000 元。试计算下列各种情况下利润的变化：

如果单价提高 10%，利润增长多少百分比？

如果销售量减少 10%，利润减少多少百分比？

如果单位变动成本上升 10%，利润减少多少百分比？

如果固定成本上升 10%，利润减少多少百分比？

各因素互动对利润的影响：如果单价下降 10%、销售量增加 30%，利润增长多少百分比？

根据资料计算如下：

变动前的利润＝销售收入－变动成本总额－固定成本

$$=150×500-60×500-10\ 000=35\ 000（元）$$

（1）单价提高 10% 的利润＝150×500×110% －60×500－10 000

$$=42\ 500（元）$$

利润增长百分比＝（42 500－3 500）÷35 000×100% ≈21%

（2）销售量减少 10% 的利润＝150×500×90% －60×500×90% －10 000

$$=30\ 500（元）$$

利润减少百分比＝（35 000－30 500）÷35 000×100% ≈13%

（3）单位变动成本上升 10% 的利润＝150×500－60×500×110% －10 000

$$=32\ 000（元）$$

（4）固定成本上升 10% 的利润＝150×500－60×500－10 000×110%

$$=34\ 000（元）$$

（5）单价下降 10%、同时销售量增加 30% 的利润＝150×90% ×500×130% －

$$60×500×130% -10\ 000$$

$$=38\ 750（元）$$

利润增加百分比＝（38 750－34 000）÷35 000×100% ≈14%

七、利润敏感性分析

利润敏感性分析主要研究和分析有关参数发生变化时对利润的影响程度。分析时重点对敏感因素进行分析，某个参数在很小的幅度内变动就会影响预测结果，称为敏感因素；某个参数在很大的幅度内变动才会影响预测结果，称为非敏感因素。

反映敏感程度的指标叫敏感系数。

敏感系数＝目标值变动百分比÷参量值变动百分比

计算敏感系数，可以具体掌握各有关因素对利润的敏感程度；有助于增加企业管理人员在经营管理中的预见性。

现举例说明销售单价、单位变动成本、固定成本、销售量对利润的敏感性分析。

【例 5-19】　某公司计划期生产并销售甲产品，单价 500 元，单位变动成本 300 元，预计明年固定成本 20 000 元，产销量计划达到 200 只。

1. 单价的敏感程度

设单价增长 20%，即：

增长后的单价＝500×（1+20% ）=600（元）

按此单价计算，利润将变为：

利润＝200×（600－300）－20 000 ＝4 000（元）

原来的利润＝200×（500－300）－2 000 ＝20 000（元）

利润变动百分比＝（40 000－20 000）÷20 000×100% ＝100%

$$单价的敏感系数 = 100\% \div 20\% = 5$$

通过计算可以发现，单价对利润的影响很大，从百分率来看，单价每增长 1 倍，利润将增长 5 倍。涨价是提高盈利的最有效手段，价格下跌也将是企业的最大威胁。

2. 单位变动成本的敏感程度

设单位变动成本增长 20%，即：

$$增长后的单位变动成本 = 300 \times (1 + 20\%)$$
$$= 360(元)$$

按此单位变动成本计算，利润将变为：

$$利润 = 200 \times (500 - 360) - 20\,000 = 8\,000(元)$$
$$利润变动百分比 = (8\,000 - 20\,000) \div 20\,000$$
$$= -60\%$$
$$单位变动成本的敏感系数 = -60\% \div 20\% = -3$$

通过计算可以发现，单位变动成本对利润的影响比单价小，单位变动成本每上升 1%，利润将减少 3%。但是，敏感系数绝对值大于 1，表明单位变动成本的变化会造成利润更大的变化，仍属于敏感因素。

3. 固定成本的敏感程度

设固定成本增长 20%，即：

$$增长后的固定成本 = 20\,000 \times (1 + 20\%) = 24\,000(元)$$

按此固定成本计算，利润将变为：

$$利润 = 200 \times (500 - 300) - 24\,000 = 16\,000(元)$$
$$利润变动百分比 = (16\,000 - 20000) \div 20\,000 = -20\%$$
$$固定成本的变动系数 = -20\% \div 20\% = -1$$

通过计算可以发现，固定成本每增长一个单位，利润将减少一个单位。

4. 销售量的敏感程度

设销售量增长 20%，即：

$$增长后的销量 = 200 \times (1 + 20\%) = 240(只)$$

按此计算利润：

$$利润 = 240 \times (500 - 300) - 20\,000 = 28\,000(元)$$
$$利润变动百分比 = (28\,000 - 20\,000) \div 20\,000 = 40\%$$
$$销售量的敏感系数 = 40\% \div 20\% = 2$$

通过计算可以发现，销售量的变动会带动利润的更大变动，销售量每上升 1%，利润将增加 2%。

从以上分析可以发现：

(1)销售单价的敏感程度

涨价是提高盈利的最有效手段，价格下跌也将是企业的最大威胁。

(2)单位变动成本的敏感程度

单位变动成本敏感系数绝对值大于 1，表明单位变动成本的变化会造成利润的更大变化，仍属于敏感因素。

（3）固定成本的敏感程度

固定成本每增加一个单位，利润将减少一个单位。

（4）销售量的敏感程度

销售量的变动会带来利润的更大变化。

在影响利润变动的各因素中，最敏感的是销售单价，其次是单位变动成本，再次为销售数量，而固定成本的敏感性最小。其中敏感系数为正值的，表明它与利润同向增减，敏感系数为负值的，表明它与利润反向增减。

学习子情境五　资金需要量的预测分析

知识准备

一、资金需要量预测分析的意义

（一）资金需要量预测的含义

资金需要量预测是根据成本、业务量、利润同资金之间的相互关系原理，在采用特定方法对有关历史资料进行分析、计量的基础上，把握资金增减变动的基本规律和趋势，进而推算为保证实现企业未来一定期间的经营目标所需要的资金数量。

（二）资金需要量预测的意义

企业为了正确地进行经营决策，合理、有效地组织生产经营活动，除前述必须做好销售预测，成本预测、利润预测之外，还需进行资金需要量的预测。因为，企业生产经营业务的正常开展，有关产品供销活动的顺利进行都需要一定数额的资金投入作保证，同时也必然会有一定数额的资金收入作为回报。因此，企业的一切生产经营活动都直接或间接地同资金相关联。所以，保证资金供应，合理安排资金的使用，既是企业正常经营的前提，又是企业的奋斗目标之一。可见，资金需要量的预测，对改进企业经营管理和提高经济效益有着十分重要的意义。

二、资金需要量预测的主要依据

企业的一切生产经营活动都离不开资金，加之企业生产经营活动错综复杂，从而导致多种因素对资金的增减变动产生影响。但就较短的经营期间而言，资金发生增减变动的直接原因是有关产品销售收入的增减变动。在通常情况下，当销售量增长或处于较高水平时，资金需要量较多；而当销售量减少或处于较低水平时，资金需要量较少。可见，一般情况下，影响资金需要量的主要因素就是计划期间的预计销售金额。所以，良好的销售预测是资金需要量预测的主要依据。

职业判断与业务操作

资金需要量预测常用的方法有两种：一是销售百分比法；二是回归分析法。本节着重介绍销售百分比法。

一、资金需要量预测的销售百分比法

(一)销售百分比法的含义

销售百分比法是最常用的预测需要量的方法,它是根据资金各个项目与销售收入总额之间的依存关系,按照计划期间销售额的增长情况来预测需要相应地追加多少资金的方法。这种方法与回归分析法相比,具有简便易行的特点,所以运用较为普遍,尤其在西方国家颇为流行。

(二)销售百分比法的步骤

销售百分比法一般按以下三个步骤进行:

1. 分析研究资产负债表各个项目与销售收入总额之间的依存关系

(1)资产类项目。在资产负债表的资产类项目中,凡周转中的货币资金、正常的应收账款和存货等流动资产项目,一般都会随销售额的变动而相应地变动。而固定资产项目则要视基期固定资产是否已被充分利用而定,如果尚未充分利用,则可通过进一步挖掘其利用潜力,产销更多的产品,此时,不需追加资金投入;如果基期固定资产生产能力已达到饱和状态,则增加销售额,就需要增加资金购置设备,以扩大再生产。至于长期投资、无形资产等其他资产项目,一般不会随着销售额变动而变动。敏感性项目就是资产负债表中与销售收入存在不变比例的项目,资产负债表中除敏感性项目外,其余项目为非敏感性项目。

(2)权益类项目。在资产负债表的权益类项目中,属于流动负债的项目,如应付账款、应付票据、应付税金等通常随销售的变动而变动;至于属于长期负债的项目和股东权益的项目等,则不会随销售的变动而变动。此外,计划期所提取的固定资产折旧准备减除计划期用于更新改造的金额和留存收益两个项目后的余额,通常可作为计划期内需要追加的内部资金来源。

2. 将基期的资产负债表与销售收入有关的各项目用销售百分比(与基期销售额相比)的形式另行编表

3. 按下列公式计算计划期预计需要追加的资金数额

计划期预计需要追加的资金数额

$$= (A/S_0 - L/S_0)(S_1 - S_0) - DeP_1 - S_1 R_0 (1 - d_1) + M_1$$

其中:S_0——基期的销售收入总额;

S_1——计划期的销售收入总额;

A/S_0——基期随着销售额增加而自动增加的资产项目占销售总额的百分比;

L/S_0——基期随着销售额增加而自动增加的负责项目占销售总额的百分比;

$(A/S_0 - L/S_0)$——销售额每增加1元所需追加的资金数额;

DeP_1——计划期提取的固定资产折旧减去用于更新改造后的金额;

R_0——基期的税后销售利润率;

d_1——计划期的股利发放率；

M_1——计划期的零星资金需要量。

（三）销售百分比法举例

【例 5-20】　某公司 2××8 年的销售额为 800 000 元，获得税后净利 40 000 元，已发放普通股股利 20 000 元，假定该公司的厂房利用率已达到饱和状态。该公司 2××8 年 12 月 31 日资产负债表如表 5-10 所示。假定该公司在计划期间（2××9 年度）销售收入总额可达 1 200 000 元，并仍按基期股利发放率支付股利；固定资产折旧计提数为 40 000 元，其中 70% 用于改造现有设备。又假定计划期零星资金需要量为 30 000 元。

表 5-10　　　　　　　　　　　　　　　　**某公司资产负债表**

2××8 年 12 月 31 日　　　　　　　　　　　　单位：元

资　产		权　益	
1. 现金	16 000	1. 应付账款	120 000
2. 应收账款	136 000	2. 应交税金	24 000
3. 存货	160 000	3. 长期借款	210 000
4. 固定资产	240 000	4. 普通股股本	320 000
5. 长期投资	100 000	5. 留存收益	66 000
6. 无形资产	88 000		
资产合计	740 000	权益合计	740 000

要求：利用销售百分比法预测 2××9 年需要追加的资金数额。

解：（1）根据 2××8 年末资产负债表各项目的性质，分析它们与当年销售收入总额的依存关系，并编制该年度用销售百分比形式反映的资产负债表（如表 5-11 所示）。

表 5-11　　　　　　　　　　　　　　　　**某公司资产负债表**

（用销售百分比反映）

2××8 年 12 月 31 日

资　产		权　益	
1. 现金	2%	1. 应付账款	15%
2. 应收账款	17%	2. 应付税金	3%
3. 存货	20%	3. 长期负债	（不适用）
4. 固定资产	30%	4. 普通股股本	（不适用）
5. 长期投资	（不适用）	5. 留存收益	（不适用）
6. 无形资产	（不适用）		
A/S_0	69%	L/S_0	18%

（2）计算未来年度每增加 1 元的销售额需增加的资金数额。

即：
$$A/S_0 - L/S_0 = 69\% - 18\% = 51\%$$

它表明该公司每增加 1 元销售额，全部资产将需要增加 0.69 元，负债将增加 0.18 元，尚缺 0.51 元资金需要追加。

（3）计算 2××9 年度需要追加的资金总额。

2××9 年预计需要追加资金数额 $= (A/S_0 - L/S_0)(S_1 - S_0) - DeP_1 - S_1R_0(1-d_1) + M_1$

$$= (69\% - 18\%)(1\ 200\ 000 - 800\ 000) - 40\ 000(1 - 70\%)$$

$$- 1\ 200\ 000 \times 40\ 000/800\ 000(1 - 20\ 000/40\ 000)$$

$$+ 30\ 000$$

$$= 204\ 000 - 12\ 000 - 30\ 000 + 30\ 000$$

$$= 192\ 000（元）$$

【例 5-21】 假设某公司 2××6 年实际销售收入为 25 000 万元，销售净利润为 12%，净利润的 60% 分配给投资者。2××6 年 12 月 31 日的简要资产负债表如表 5-12 所示。

表 5-12 资产负债表

2××6 年 12 月 31 日 单位：万元

资产	期末余额	负债及所有者权益	期末余额
流动资产	12 000	应付款项	2 000
固定资产	8 000	长期借款	9 000
		实收资本	6 000
		留存收益	3 000
资产总计	20 000	负债与所有者权益总计	20 000

预计公司 2××7 年计划销售收入为 30 000 万元。为实现这一目标，需要按比例相应增加固定资产。假定销售净利润及股利支付率保持不变。要求：运用销售百分比法预计 2××7 年该公司的外部融资需求。

确定随着销售额的变动而同步变动的资产或负债项目，并计算其与销售量的百分比。在资产负债表中，从资产类项目来看，货币资金、应收账款和存货等流动资产项目，一般都会因销售额的增长而相应地增长，称为敏感性项目。而固定资产是否需要增加，则要看固定资产的利用程度。如果提高产销量，企业生产能力仍然允许，则固定资产并不随销售额的增长而相应地增长，则称为非敏感性项目。从权益类项目来看，应付账款、应付费用、应付税金等流动负债项目，也会因销售额的增长而成正比例地增长，也属于敏感性项目。短期借款、长期负债、实收资本和留存收益等，属于非敏感性项目。计算敏感性项目与销售额的百分比的方法如下：

流动资产÷销售额×100% = 12 000÷25 000×100% = 48%

固定资产÷销售额×100% = 8 000÷25 000×100% = 32%

应付款项÷销售额×100% = 2 000÷25 000×100% = 8%

计算预计销售额下的资产和负债。

资产(负债) = 预计销售额×各项目的销售百分比

流动资产 = 30 000×48% = 14 400(万元)

固定资产 = 30 000×32% = 9 600(万元)

应付款项 = 30 000×8% = 2 400(万元)

预计总资产 = 14 400+9 600 = 24 000(万元)

预计总负债 = 2 400+9 000 = 11 400(万元)

留存收益增加 = 预计销售额×销售净利润×(1-股利支付率)

= 30 000×12%×(1-60%) = 1 440(万元)

外部融资需求 = 预计总资产-预计总负债-预计股东权益

= 24 000-11 400-(9 000+1 440) = 2 160(万元)

外部融资需求 = 资产增加-负债增加-留存收益增加

= (资产销售百分比×新增销售额)

-[计划销售净利润×销售额×(1-股利支付率)]

外部融资需求 = 80%×5 000-8%×5 000-12%×30 000×(1-60%) = 2 160(万元)

由上例可见，用销售百分比法来预测资金需要量简单方便，由于在预测过程中主要考虑销售额对资金需要量的影响，并假定资产负债表中有关资产项目、流动负债项目同销售额成比例变动。所以，该方法比较适合用于近期资金需要量的预测。在实践应用时，还要求预测人员具有丰富的实践经验和较强的判断能力。如果需要作长期资金需要量的预测，则采用回归分析法比较合适，因为它不仅可以考虑销售额与资产负债表各项目关系的变化，而且还可以考虑多因素变化对资金需要量预测的影响。

二、回归分析法

回归分析法中最常用的是回归直线法。回归直线法是假定资金需要量与销售额存在线性关系，根据历史资料、用最小二乘法确定回归直线方程的参数，利用直线方程预测资金需要量的一种方法。

回归直线法应用的前提：将资金按照资金习性分为不变资金、变动资金和半变动资金。

资金习性是指资金变动与产销量变动之间的依存关系。

不变资金是指在一定的产销量范围内，不受产销量变动的影响而保持固定不变的那部分资金。包括：为维持营业而占用的最低数额的现金，原材料的保险储备，必要的成品储备，厂房、机器设备等固定资产占用的资金。

变动资金是指在一定的产销量范围内，随产销量的变动而同比例变动的那部分资金。包括：最低储备以外的现金、存货、应收账款等所占用的资金。

半变动资金是指虽受产销量的影响，但不成同比例变动的那部分资金。这部分资金通过采用一定的方法划分为不变资金和变动资金两部分。

销售量与资金需求量之间的关系可以用回归线性方程表示为：

$$y = a + bx$$

式中，y——资金需求量；

x——预计销售额；

a——不变资金总额；

b——单位可变资金。

式中 a 和 b 的值的计算公式如下：

$$a = \left(\sum y - b \sum x \right) / n$$

$$b = \left(n \sum xy - \sum x \sum y \right) / \left[n \sum x^2 - \left(\sum x \right)^2 \right]$$

【例5-22】 某企业销售额和总资金占用情况如表5-13所示。2××7年预计销售额为85万元。试计算2××7年该企业的资金需求量。

表5-13　　　　　　　　　　　　　　　销售额和总资金占用情况

年度	销售额(X)（万元）	总资金占用(Y)（万元）
2××2	55	400
2××3	50	380
2××4	65	450
2××5	70	470
2××6	60	410

（1）设销售额为自变量 x，资金占用量为因变量 y。建立回归直线方程，并计算相关要素（见表5-14）。

表5-14　　　　　　　　　　　　　　　回归直线方程数据计算

年度	销售额(X)	总资金占用(Y)	XY	X
2××2	55	400	22 000	3 025
2××3	50	380	19 000	2 500
2××4	65	450	29 250	4 225
2××5	70	470	32 900	4 900
2××6	60	410	24 600	3 600
$n = 5$	$\sum x = 300$	$\sum y = 2\ 110$	$\sum xy = 127\ 750$	$\left(\sum x^2 \right) = 18\ 250$

（2）将表5-14中的数据代入公式，求参数 a 和 b。

$$a = \left(\sum y - b \sum x \right) / n$$

$$b = \left(n \sum xy - \sum x \sum y \right) / \left[n \sum x^2 - \left(\sum x \right)^2 \right]$$

解得：$a = 146$

$b = 4.6$

（3）把 $a = 146$，$b = 4.6$ 代入 $y = a + bx$，得：

$$y = 146 + 4.6x$$

（4）把 $2 \times \times 7$ 年预计销售额85万元代入上式，得出 $2 \times \times 7$ 年总资金需要量为：

$$146 + 4.6 \times 85 = 537（万元）$$

情境引例

解：

1. $2 \times \times 9$ 年与 2×10 年同兴塑胶公司的资金需要量（如表5-15所示）

表5-15　　　　　　　　　　　同兴塑胶公司资金需要量　　　　　　　　　　单位：千元

	$2 \times \times 8$ 年	$2 \times \times 9$ 年	2×10 年
销售额	128 000	148 000	180 000
现金（占销售额比率）	3.3%	4 884	5 940
应收账款	25.6%	37 888	46 080
存货	27.3%	40 404	49 140
流动资产合计	56.2%	83 176	101 160
固定资产	33.9%	50 172	61 020
资产合计	90%	133 348	162 180
流动负债	17.2%	25 456	30 960
长期负债	—	42 000	42 000
普通股	—	4 200	9 023
资本公积	—	4 000	4 000
留存收益	—	50 600	59 600
可供运用资金		126 256	145 583
额外资金需求		7 092	16 597
权益合计		133 348	162 180

$2 \times \times 9$ 年：

因为 $2 \times \times 9$ 年的净利为销售额的5%，

所以 $2 \times \times 9$ 年留存收益 = $2 \times \times 8$ 年的余额 + 0.05 × （ $2 \times \times 9$ 年的销售额）

$$= 43\ 200+0.05\times148\ 000=50\ 600(千元)$$

额外资金需求＝资产合计－负债－所有者权益

$$=133\ 348-25\ 456-42\ 000-4\ 200-4\ 000-50\ 600=7\ 092(千元)$$

而所需的 7 092 千元资金应由银行短期贷款、普通股来筹资。

因为资料规定流动比率为 3，

所以被允许的最高流动负债＝预估流动资产/3＝83 176/3＝27 725(千元)

额外举债的流动负债＝最高流动负债－预估的流动负债

$$=27\ 725-25\ 456=2\ 269(千元)$$

普通股权益的需求＝7 092－2 269＝4 823(千元)

由上述可知，应向银行借入短期借款 2 269 千元，发行股票筹资 4 823 千元。

2×10 年：

普通股＝4 200+4 823＝9 023(千元)

留存收益＝2××9 年余额+0.05×2000 年销售额

$$=50\ 600+0.05\times180\ 000=59\ 600(千元)$$

额外资金需求＝资产合计－负债－所有者权益

$$=162\ 180-30\ 960-42\ 000-9\ 023-4\ 000-59\ 600=16\ 597(千元)$$

可被允许的最高流动负债＝流动资产/3＝101 160/3＝33 720(千元)

减：2×10 年 12 月 31 日预估的流动负债 30 960 千元，可得，额外举债的流动负债＝最高流动负债－预估的流动负债＝33 720－30 960＝2 760(千元)

普通股权益的需求＝16 597－2 760＝13 837(千元)

由上述可知，应向银行借入短期借款 2 760 千元，发行普通股筹资 13 837 千元。

2. 销售百分比法的两个假设

①大多数资产负债表账户的余额都会随着销售额的变动而变动。

②在目前销售水平下，现有的全部资产都已达到最适当的水准，也就是说，资产负债表中的资产对销售额的比率和负债对销售额的比率均固定不变。

3. 其他筹资方式

(1)发行普通股、优先股；

(2)筹措其他短期负债，如借入短期借款；

(3)减少存货，以减少积压资金；

(4)加速收款；

(5)延展应付账款的付款期，或将应付账款改为应付票据。

情境小结

1. 预测分析的含义、基本原理和一般程序

预测分析是指采用各种科学的专门分析方法，根据过去和现在预计未来以及根据已知推测未知的分析过程；预测分析的基本原理有：延续性原理、相关性原理、规律性原理、可控性原理；预测分析的一般程序是：确定预测目标、收集分析资料、选择预测方法、进行预测分析、分析预测误差、对预测值进行修正、评价预测结果。

2. 预测分析的方法

预测分析的方法分定性预测法和定量预测法两类，定量预测分析法又分为趋势预测分析法和因果预测分析法；销售预测的主要方法有：判断分析法、市场调查法、趋势预测法（包括算术平均法、加权移动平均法、指数平滑法）、因果预测法；利润预测的方法有：预测保本点的方法、预测目标利润的方法；成本预测的方法有：目标成本预测法、历史成本预测法、因素变动预测法；资金需要量预测的基本方法有：销售百分比法、回归分析法。

资本筹集管理

工作任务与学习子情境

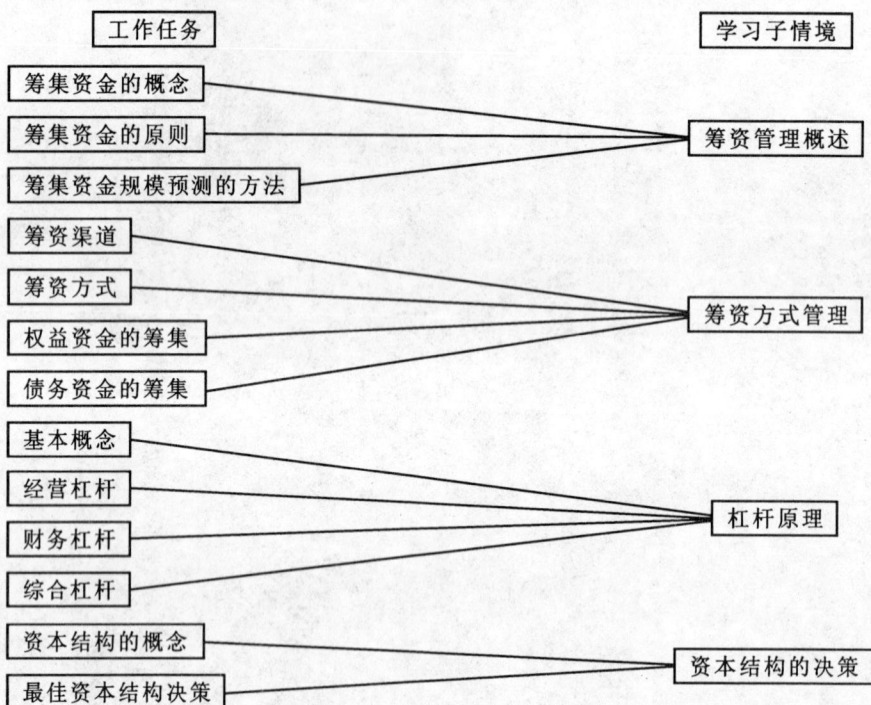

工作任务	学习子情境

- 筹集资金的概念
- 筹集资金的原则 ——— 筹资管理概述
- 筹集资金规模预测的方法

- 筹资渠道
- 筹资方式
- 权益资金的筹集 ——— 筹资方式管理
- 债务资金的筹集

- 基本概念
- 经营杠杆
- 财务杠杆 ——— 杠杆原理
- 综合杠杆

- 资本结构的概念
- 最佳资本结构决策 ——— 资本结构的决策

职业能力目标

专业能力：

- 能够运用杠杆效应进行筹资管理
- 能确定企业最优资金结构并做出筹资决策
- 明确各类资本来源的特性、条件和优缺点社会能力：

- 理财中的资本管理是指长期资本管理，包括长期债务资本和股东权益资本的管理。长期资本是与营运资金相对称的概念，是公司长期和稳定的资金来源。通过本情境的学习与研究，能够为企业选择最优资金结构并做出筹资决策。

学习子情境一　筹资管理概述

情境引例

位于成都市近郊新津县，拥有 2 亿多资产，占有全国泡菜市场 60% 份额的新蓉新公司，近年来却被流动资金的"失血"折磨得困苦不堪。企业创始人，总经理田玉文（人称"田大妈"）目前在由成都市委宣传部、统战部和市工商联联合召开的一次座谈会上大倒苦水。这位宣称"除了'田玉文'认不到多少字"的企业家当场发问："我始终弄不懂：像我们这样的企业，一年上税三四百万元，解决了附近十几个县的蔬菜出路问题，安排了六七千农民就业，从来没有烂账，为啥就贷不到款?!"

新蓉新公司最近的流动资金状况的确很成问题。四五月份正是蔬菜收购和泡菜出厂的旺季，该公司这段时间每天从农民手中购进价值 70 余万元的大蒜、萝卜等蔬菜，但田大妈坦言，她已经向农民打了 400 多万元的"白条"。

这种状况让田大妈非常苦恼。她能有今天——据她自己说——全靠她一诺千金。在她看来，"白条"所带来的信誉损失是难以接受的。新蓉新公司从零开始做到如今的 2 亿多元，历史上只有工行的少量贷款，大部分资金是"向朋友借的"。也正是为了维护这种民间信用关系，田大妈近日一气偿还了"朋友"的借款共 2 000 多万元。据说，现在，新蓉新公司的民间借款几乎已经偿清。

这也正是新蓉新公司目前面临流动资金困境的主要原因之一。此外，为了引进设备建一个无菌车间，田大妈新近花了 100 多万元，购进土地 110 亩。近日，田大妈同她的长子、新蓉新公司董事长陈卫东为此发愁：如果弄不到 800 万元贷款，下一步收购四季豆就没法了。

田大妈说，一周前，公司已向工行提出了 800 万元贷款申请，但目前还没有动静。

据田大妈说，新蓉新公司现有资产 2.63 亿元，资产负债率 10% 左右。另据新津县委办公室负责人介绍，该公司目前已签了 3 亿多元的供货合同，在国内增加了几百个网点，预计年内市场份额能达到 80%。

资料来源：《成都商报》，1999 年 5 月 3 日。

◎思考：

像这样的企业，银行为何惜贷呢？

案例点评

融资渠道和方式有很多，但适用于中小企业的却很少。像田大妈这样的民营企业融资方式不规范，融资渠道狭窄，求贷无门的案例在我国经济生活中还相当普遍。

民营企业贷款难的主要原因有：国有银行对民营企业的所有制歧视、银行发放贷款偏好大型企业的大笔贷款、中小企业资信较差可供抵押的物品少、财务会计不规范等。因此，要解决民营企业贷款难问题，从外部条件来看：一是政府出面组建民营企业担保基金，推进国有银行的观念转变和机制转换，在立法上对国有银行对民营企业的贷款比例提出要求。二是建立民营企业募集股份、发行债券渠道，大力发展柜台交易并加以规范。三是鼓励成立地区性、社区性和民间性质的合作金融组织，积极引进外资银行。四是大力发展金融中介服务机构，如小企业诊断所等，为银行贷款提供专业化信息服务。从民营企业自身来看，要积极推进内部管理水平的提高，规范财会工作，加强内部控制制度建设；强化产品创新，提高产品的科技含量和知识含量，着力增强企业无形资产投资，有效阻止竞争者的介入；提高盈利水平，注重留利，降低对外部资本的依赖度；改善用人制度，积极引进管理、技术方面的人才；树立良好的财务形象，给股东和债权人满意的回报，为进一步融资和降低资本成本创造条件；在房地产、设备方面舍得投入，增强企业的可供抵押品比重；充分利用租赁、商业信用、民间信用、直接投资等现有融资渠道，搞好与政府、银行的关系，争取银行的理解和支持；通过并购扩大企业规模，增强企业的融资能力。

知识准备

一、筹集资金的概念

筹集资金简称筹资，是指企业根据其生产经营、对外投资和调整资本结构等活动对资金的需要，通过筹资渠道和资本市场，并运用筹资方式，经济、有效地筹集企业所需资金的财务活动。

二、筹集资金的原则

企业筹资管理的基本要求是在严格遵守国家法律法规的基础上，分析影响筹资的各种因素，权衡资金的性质、数量、成本和风险，合理选择筹资方式，提高筹集效果。

(一)遵循国家法律法规，合法筹措资金

不论是直接筹资还是间接筹资，企业最终都要通过筹资行为向社会获取资金。企业的筹资活动不仅为自身的生产经营提供资金来源，而且也会影响投资者的经济利益以及社会经济秩序。企业的筹资行为和筹资活动必须遵循国家的相关法律法规，依法履行法律法规和投资合同约定的责任，合法合规筹资，依法披露信息，维护各方的合法权益。

(二)分析生产经营情况，正确预测资金需要量

企业筹集资金，首先要合理预测资金的需要量。筹资规模与资金需要量应当匹配一致，既避免因筹资不足，影响生产经营的正常进行，又要防止筹资过多，造成资金闲置。

(三)合理安排筹资时间，适时取得资金

企业筹集资金，还需要合理预测资金需要的时间。要根据资金需求的具体情况，合理安排资金的筹集时间，适时获取所需资金，使筹资与用资在时间上相衔接，既避免过早筹集资金造成资金投放前的闲置，又防止取得资金的时间滞后，错过资金投放的最佳时间。

(四)了解各种筹资渠道，选择资金来源

企业所筹集的资金都要付出资本成本的代价，不同的筹资渠道和筹资方式所取得的资金，其资本成本各有差异。企业应当在考虑筹资难易程度的基础上，针对不同来源资金的成本进行分析，尽可能选择经济、可行的筹资渠道与方式，力求降低筹资成本。

(五)研究各种筹资方式，优化资本结构

企业筹资要综合考虑股权资金与债务资金的关系、长期资金与短期资金的关系、内部筹资与外部筹资的关系，合理安排资本结构，保持适当的偿债能力，防范企业财务危机，提高筹资效益。

职业判断与业务操作

筹集资金规模预测是指企业根据生产经营的需求，对未来所需资金的估计和推测。企业筹集资金，首先要对资金需要量进行预测，即对企业未来组织生产经营活动的资金需要量进行估计、分析和判断，它是企业制订融资计划的基础。企业资金需要量的预测方法主要有：定性预测法和定量预测法两种。

定性预测法主要是利用有关材料，依靠预测者个人的经验和主观分析、判断能力，对企业未来资金的需要量作出预测的方法。这种方法一般在企业缺乏完备、准确的历史资料的情况下采用。定性预测法使用简便、灵活，在企业缺乏基本资料的情况下不失为一种有价值的预测方法。但因其不能揭示资金需要量与某些有关因素之间的数量关系，缺乏客观依据，容易受预测人员主观判断的影响，因而预测的准确性较差。

定量预测法是指以资金需要量与有关因素的关系为依据，在掌握大量历史资料的基础上，选用一定的数学方法加以计算，并将计算结果作为预测数的一种方法。定量预测法种类很多，下面主要介绍销售百分比法和资金习性预测法。

一、销售百分比法

销售百分比法是在分析报告年度资产负债表有关项目与销售收入关系的基础上，确定资产、负债、所有者权益的有关项目占销售收入的百分比，然后依据计划期销售额的增长和假定不变的百分比关系来预测短期资金需要量的方法。其原理是根据预计的销售额预测资金的需要量。根据资产负债表中占用在各资产上的资金与销售收入变动的关系，将资产负债项目分为两类：与销售额的变动成同比例变动关系的项目和不随销售变动而变动的项目。在此基础上，作出预计的资产负债表，并推算出在一定预计销量下的资金需要量。销

售百分比法的一般程序如下：

①将资产负债表中预计随销售同比例变动的项目分离出来；

②确定需要增加的资金；

【例 6-1】 某公司 2××5 年 12 月 31 日经整理后的资产负债表如表 6-1 所示。该公司 2××5 年销售收入为 800 万元，2××6 年在不增加固定资产的情况下销售收入预测数为 1 000 万元。假设公司预计销售净利润为 100 万元，股利支付率为 80%。

表 6-1 　　　　　　　　　　　　　资产负债表
2××5 年 12 月 31 日 　　　　　　　　　　　　　单位：万元

资产	金额	负债及所有者权益	金额
现金	20	短期借款	10
应收账款	30	应付账款	20
		应付费用	20
存货	150	长期借款	100
		实收资本	300
固定资产净值	300	资本公积	20
		留存收益	30
合计	500	合计	500

预测融资需求的步骤如下：

第一，区分敏感项目与非敏感项目。

就本例而言，资产中的现金、应收账款和存货项目以及负债中的应付账款、应付费用项目都随销售的变动而变动，并假设成正比例关系；而其他负债项目如短期借款、长期负债以及股东权益项目则与销售无关。

第二，确定销售百分比。

根据上年有关数据确定销售额与资产负债项目的百分比。

现金÷销售收入×100% = 20÷800×100% = 2.5%

应收账款÷销售收入×100% = 30÷800×100% = 3.75%

存货÷销售收入×100% = 150÷800×100% = 18.75%

应付账款÷销售收入×100% = 20÷800×100% = 2.5%

应付费用÷销售收入×100% = 20÷800×100% = 2.5%

可见，该公司每 100 元销售收入占用现金 2.5 元，占用应收账款 3.75 元，占用存货 18.75 元，形成应付账款 2.5 元，形成应付费用 2.5 元。

第三，确定需要增加的资金。

从表 6-1 可以看出，还有 20% 的资金需求。因此需要追加的资金为：

需追加资金 = (1 000 - 800)×(25% - 5%) = 40(万元)

第四，预计留存收益增加额。

这部分资金的多少，取决于收益的多少和股利支付率的高低。

$$留存收益增加额 = 预计销售额 \times 销售净利率 \times (1-股利支付率)$$
$$= 100 \times (1-80\%) = 20(万元)$$

第五，计算外部融资需求。

$$外部融资需求额 = 需追加资金 - 预计留存收益 = 40 - 20 = 20(万元)$$

该公司为完成销售收入 1 000 万元，需要增加资金 50 万元(550-500)，负债的自然增长提供 10 万元(25+25-20-20)，留存收益提供 20 万元，本年应再从外部融资 20 万元(50-10-20)。

为简便起见，可直接运用以下预测公式：

$$对外筹资需要量 = \Delta S \times \left(\sum a - \sum r \right) - \Delta E$$

式中：ΔS——预测年度销售增加额；

$\sum a$——基年敏感资产与销售收入百分比；

$\sum r$——基年敏感负债与销售收入百分比；

ΔE——预测年度内部留存额。

如上例：

$$融资需求 = (1\ 000-800) \times (25\% - 5\%) - 100 \times (1-80\%) = 20(万元)$$

销售百分比法能为企业提供短期预计的财务报表，以适应进行外部融资的需要。但该方法是以预测年度敏感项目与销售收入的比例及非敏感项目与基年保持不变为前提的，如果有关比例发生了变化，那么据以进行预测就会对企业产生不利的影响。

二、资金习性预测法

(1)不变资金指在一定的产销量范围内保持不变的那部分资金，主要包括为维持经营活动而占用的最低数额的现金、原材料的保险储备、必要的成品储备和厂房、机器设备等固定资产占用的资金。

(2)变动资金指随产销量成比例变动的那部分资金，如最低储备以外的现金、存货、应收账款等。

(3)半变动资金是指虽受产销量变动的影响，但不成同比例变动的资金，如一些辅助材料占用的资金等，半变动资金可采用一定的方法划分为不变资金和变动资金两部分。

(4)资金习性指资金的变动与产销量变动之间的依存关系。按照资金习性可以把资金区分为不变资金、变动资金和半变动资金。

(5)资金习性预测法是指根据资金习性预测未来资金需要量的一种方法。在进行资金习性分析时，先把企业的资金划分为不变资金和变动资金，然后再进行资金需求量的预测。

【例6-2】 某公司 2××8 年销售收入为 20 000 万元，销售净利润率为 12%，净利润的 60% 分配给投资者。2××8 年 12 月 31 日的资产负债表如表 6-2 所示。

表 6-2 资产负债表

2××8 年 12 月 31 日　　　　　　　　　　单位：万元

资产	期末余额	负债及所有者权益	期末余额
货币资金	1 000	应付账款	1 000
应收账款净额	3 000	应付票据	2 000
存货	6 000	长期借款	9 000
固定资产净值	7 000	实收资本	4 000
无形资产	1 000	留存收益	2 000
资产总计	18 000	负债及所有者权益	18 000

　　该公司 2××9 年计划销售收入比上年增长 30%，为实现这一目标，公司需新增设备一台，价值 148 万元。据历年财务数据分析，公司流动资产和流动负债随销售额同比率增减。公司如需对外筹资，可通过按面值发行票面年利率为 10%、期限为 10 年、每年年末付息的公司债券解决。假设该公司 2××9 年的销售净利率和利润分配政策与上年保持一致，公司债券发行费用可忽略不计，适用的所得税税率为 33%。

　　要求：

　　(1)计算 2××9 年公司需增加的营运资金；

　　(2)预测 2××9 年需要对外筹集的资金量；

　　解：

　　(1)流动资产占销售收入百分比 = 10 000/20 000×100% = 50%

　　　流动负债占销售收入百分比 = 3 000/20 000×100% = 15%

　　　增加的销售收入 = 20 000×30% = 6 000(万元)

　　　增加的营运资金 = 6 000×50% − 6 000×15% = 2 100(万元)

　　(2)增加的留存收益 = 20 000×(1+30%)×12%×(1−60%) = 1 248(万元)

　　　对外筹集资金量 = 2 100+148−1 248 = 1 000(万元)

学习子情境二　筹集资金的管理

知识准备

一、筹资渠道

　　筹资渠道主要指资金来源的对象，解决的是资金来源问题，筹资方式则解决通过何种方式取得资金的问题，它们之间存在一定的对应关系。一定的筹资方式可能只适用于某一特定的筹资渠道，但是，同一渠道的资金往往可采用不同的方式取得，同一筹资方式又往往适用于不同的筹资渠道。

　　目前我国筹资的渠道有：

（一）国家财政资金

国家财政资金是指国家对企业的直接投资，是国有企业特别是国有独资企业获得资金的主要渠道之一。在国有企业资金来源中，大部分是由国家财政拨款形成。

（二）银行信贷资金

目前我国企业最主要的借入资金的来源即是银行信贷。我国银行主要分为政策性银行和商业性银行。政策性银行主要有：国家开发银行、中国进出口银行和中国农业发展银行；商业性银行主要有：中国银行、中国工商银行、中国建设银行、中国农业银行、交通银行等。商业银行是以盈利为目的，从事信贷资金投放的金融机构，主要为企业提供商业贷款。政策性银行主要是为特定企业提供政策性贷款。

（三）非银行金融机构资金

非银行金融机构主要包括信托投资公司、保险公司、证券公司、租赁公司、企业集团的财务公司等。这些机构主要为企业和个人提供各种金融服务，包括物资融通、信贷资金投放以及承销证券等。

（四）其他法人资金

法人即是指以盈利为目的的企业法人，这些企业或事业单位都会有一部分闲置资金。企业在生产经营过程中，为了让资金更多地增值，都会将资金进行对外投资。企业间的相互投资，使其他企业资金成为重要的资金来源。

（五）个人资金

个人会用自己拥有的资金购买企业股票或企业债券，这种方式也是企业资金的重要来源之一。

（六）企业自留资金

企业自留资金又称为企业内部资金，是企业内部形成的资金，主要指计提的固定资产折旧、提取的盈余公积金以及未分配利润等。

（七）境外资金

境外资金即是指外商资金，主要包括外企、外国投资者以及中国港澳台投资者的投资。

二、筹资方式

筹资方式是指企业筹集资金所采取的具体形式。筹资渠道是客观存在的，但筹资方式是企业主观的自主行为。如何选择合理的筹资方式是企业筹资管理的主要内容。通过了解筹资方式的各种类别和特点，选择适当的筹资方式，可以降低筹资成本，并提高筹资效益。

目前我国企业的筹资方式主要有以下几种：

（1）吸收直接投资，指企业直接吸收国家、法人、个人投入资金，用于企业的生产经营活动。

（2）发行股票，企业在证券市场发行股票，取得权益性资金。

（3）发行债券，企业在证券市场发行债券，筹措债务性资金。

（4）商业信用，指由于企业间的业务往来发生的借贷关系，是企业筹措短期资金的主要方式。

（5）银行借款，企业向银行借贷资金。

（6）融资租赁，指企业向租赁公司等机构取得固定资产而构成的债务，是区别于经营租赁的一种长期租赁方式。

一定的筹资方式可以适用于多种筹资渠道，也可能只适用于某一特定的筹资渠道；同一渠道的资金也可能采取不同的筹资方式取得。因此，企业筹集资金时，还必须将两者结合在一起，研究两者的合理配合。

企业筹资管理的基本要求，是在严格遵守国家法律法规的基础上，分析影响筹资的各种因素，权衡资金的性质、数量、成本和风险，合理选择筹资方式，提高筹集效果。

1. 合理确定资金需要量

筹资必须正确预测出资金的需要量，制定一个资金的合理界限，使资金的筹集量与需要量达到平衡。既防止资金不足影响生产经营的发展，又防止资金过剩导致资金使用效果降低。

2. 合理安排筹资时间

由于资金具有一定时间价值，企业筹资过早或过晚都会影响投资的正常进行，筹资过早会造成资金闲置，增加成本；筹资太晚，会错过投资的最佳时机。为保证筹资时间合理，企业财务人员应严格执行筹资计划，选择恰当的筹资渠道和方式。

3. 合理确定企业资本结构

企业的资本结构一般是由自有资本和借入资本构成的。负债的多少要与自有资本和偿债能力的要求相适应，要合理安排资本结构，既要防止负债过多，导致企业财务风险过大，偿债能力过低，又要有效地运用负债经营，提高自有资本的收益水平。

三、权益资金的筹集

权益资金是企业依法筹集并长期拥有、自主支配的资本。我国企业主权资金，包括实收资本、资本公积金、盈余公积金和未分配利润，在会计中称"所有者权益"。

（一）权益资金的特点

（1）权益资金的所有权归属于所有者，所有者可以此参与企业经营管理决策、取得收益，并对企业的经营承担有限责任。

（2）权益资金属于企业长期占用的"永久性资本"，形成法人财产权，在企业经营期内，投资者除依法转让外，不得以任何方式抽回资本，企业依法拥有财产支配权。

（3）权益资金没有还本付息的压力，它的筹资风险低。

（4）权益资金主要通过国家财政资金、其他企业资金、居民个人资金、外商资金等渠道，采用吸收直接投资、发行股票、留用利润等方式筹集形成。

（二）权益资金筹资方式

权益资金筹资方式主要有吸收直接投资、发行普通股票、发行优先股票和利用留存收益。以下主要介绍发行股票。

1. 股票概念

股票是一种有价证券，是股份公司在筹集资本时向出资人公开或私下发行的、用以证明出资人的股东身份和权利，并根据持有人所持有的股份数享有权益和承担义务的凭证。股票代表着其持有人（股东）对股份公司的所有权。

2. 股票特点

（1）不可偿还性。股票是一种无偿还期限的有价证券，投资者认购了股票后，就不能再要求退股，只能到二级市场卖给第三者。股票的转让只意味着公司股东的改变，并不减少公司资本。从期限上看，只要公司存在，它所发行的股票就存在，股票的期限等于公司存续的期限。

（2）参与性。股东有权出席股东大会，选举公司董事会，参与公司重大决策。股票持有者的投资意志和享有的经济利益，通常是通过行使股东参与权来实现的。股东参与公司决策的权利大小，取决于其所持有股份的多少。从实践来看，只要股东持有的股票数量达到左右决策结果所需的实际多数时，就能掌握公司的决策控制权。

（3）收益性。股东凭其持有的股票，有权从公司领取股息或红利，获取投资的收益。股息或红利的大小，主要取决于公司的盈利水平和公司的盈利分配政策。股票的收益性，还表现在股票投资者可以获得价差收入或实现资产保值增值。通过低价买入和高价卖出股票，投资者可以赚取价差利润。

（4）流通性。股票的流通性是指股票在不同投资者之间的可交易性。流通性通常以可流通的股票数量、股票成交量以及股价对交易量的敏感程度来衡量。可流通股数越多，成交量越大，价格对成交量越不敏感（价格不会随着成交量一同变化），股票的流通性就越好，反之就越差。股票的流通，使投资者可以在市场上卖出所持有的股票，取得现金。通过股票的流通和股价的变动，可以看出人们对于相关行业和上市公司的发展前景和盈利潜力的判断。那些在流通市场上吸引大量投资者、股价不断上涨的行业和公司，可以通过增发股票，不断吸收大量资本进入生产经营活动，从而取得优化资源配置的效果。

（5）价格波动性和风险性。股票在交易市场上作为交易对象，同商品一样，有自己的市场行情和市场价格。由于股票价格要受到诸如公司经营状况、供求关系、银行利率、大众心理等多种因素的影响，其波动有很大的不确定性。正是这种不确定性，有可能使股票投资者遭受损失。价格波动的不确定性越大，投资风险也越大。因此，股票是一种高风险的金融产品。

3. 股票的种类

股票可以根据投资主体的不同分为国家股、法人股、内部职工股和社会公众个人股；按股东权益和风险大小，可以分为普通股、优先股以及普通和优先混合股；按照认购股票投资者身份和上市地点不同,可以分为境内上市内资股、境内上市外资股和境外上市外资股三类。按发行对象和上市地区的不同分为 A 股、B 股、H 股、S 股和 N 股。A 股的正式名称是人民币普通股票。它是由我国境内的公司发行,供境内机构、组织或个人(不含台、港、澳投资者)以人民币认购和交易的普通股股票。B 股也称为人民币特种股票。它是指那些在中国内地注册、在中国内地上市的特种股票。以人民币标明面值,只能以外币认购和交易。H 股也称为国企股是指国有企业在香港上市的股票。S 股是指那些主要生产或者经营等核心业务在中国内地、而企业的注册地在新加坡或者其他国家和地区,但是在新加坡交易所上市挂牌的企业股票。N 股是指那些在中国内地注册、在纽约上市的外资股票。

4. 股票的发行与上市

(1)股份有限公司发行股票的一般程序

①发起人认足股份、缴付股资。发起方式设立的公司,发起人认购公司的全部股份;募集方式设立的公司,发起人认购的股份不得少于公司股份总数的 35%。发起人可以用货币出资,也可以非货币资产作价出资。在发起设立方式下,发起人缴付全部股资后,应选举董事会、监事会,由董事会办理公司设立的登记事项;在募集设立方式下,发起人认足其应认购的股份并缴付股资后,其余部分向社会公开募集。

②提出公开募集股份的申请。以募集方式设立的公司,发起人向社会公开募集股份时,必须向国务院证券监督管理部门递交募股申请,并报送批准设立公司的相关文件,包括公司章程、招股说明书等。

③公告招股说明书,签订承销协议。公开募集股份申请经国家批准后,应公告招股说明书。招股说明书应包括公司的章程、发起人认购的股份数、本次每股票面价值和发行价格、募集资金的用途等。同时,与证券公司等证券承销机构签订承销协议。

④招认股份,缴纳股款。发行股票的公司或其承销机构一般用广告或书面通知的办法招募股份。认股者一旦填写了认股书,就要承担认股书中约定的缴纳股款义务。如果认股者的总股数超过发起人拟招募的总股数,可以采取抽签的方式确定哪些认股者有权认股。认股者应在规定的期限内向代收股款的银行缴纳股款,同时交付认股书。股款认足后,发起人应委托法定的机构验资,出具验资证明。

⑤召开创立大会,选举董事会、监事会。发行股份的股款募足后,发起人应在规定期限内(法定 30 天)主持召开创立大会。创立大会由发起人、认股人组成,应有代表股份总数半数以上的认股人出席方可举行。创立大会通过公司章程,选举董事会和监事会成员,并有权对公司的设立费用进行审核,对发起人用于抵作股款的财产作价进行审核。

⑥办理公司设立登记,交割股票。经创立大会选举的董事会,应在创立大会结束后 30 天内,办理申请公司设立的登记事项。登记成立后,即向股东正式交付股票。

(2)股票上市交易

①股票上市的目的。股票上市的目的是多方面的,主要包括:第一,便于筹措新资金。证券市场是资本商品的买卖市场,证券市场上有众多的资金供应者。同时,股票上市经过了政府机构的审查批准并接受严格的管理,执行股票上市和信息披露的规定,容易吸引社会资本投资者。公司上市后,还可以通过增发、配股、发行可转换债券等方式进行再

融资。第二，促进股权流通和转让。股票上市后便于投资者购买，提高了股权的流动性和股票的变现力，便于投资者认购和交易。第三，促进股权分散化。上市公司拥有众多的股东，加之上市股票的流通性强，能够避免公司的股权集中，分散公司的控制权，有利于公司治理结构的完善。第四，便于确定公司价值。股票上市后，公司股价有市价可循，便于确定公司的价值。对于上市公司来说，即时的股票交易行情，就是对公司价值的市场评价。同时，市场行情也能够为公司收购兼并等资本运作提供询价基础。

但股票上市也有对公司不利的一面，这主要有：上市成本较高，手续复杂严格；公司将负担较高的信息披露成本；信息公开的要求可能会暴露公司的商业机密；股价有时会歪曲公司的实际情况，影响公司声誉；可能会分散公司的控制权，造成管理上的困难。

②股票上市的条件。公司公开发行的股票进入证券交易所交易，必须受严格的条件限制。我国《证券法》规定，股份有限公司申请股票上市，应当符合下列条件：一是股票经国务院证券监督管理机构核准已公开发行；二是公司股本总额不少于人民币 3 000 万元；三是公开发行的股份达到公司股份总数的 25% 以上；公司股本总额超过人民币 4 亿元的，公开发行股份的比例为 10% 以上；四是公司最近 3 年无重大违法行为，财务会计报告无虚假记载。

③股票上市的暂停、终止与特别处理。当上市公司出现经营情况恶化、存在重大违法违规行为或其他原因导致不符合上市条件时，就可能被暂停或终止上市。

5. 发行普通股

普通股筹资是指通过发行普通股的方式来筹集资金。

(1)普通股的种类

普通股的分类方法有多种，下面主要介绍三种。

①按股票有无记名分为记名股票和不记名股票。记名股票是指在股票票面上记载股东姓名或名称的股票，不记名股票是指在股票票面上不记载股东姓名或名称的股票。

②按股票是否标明面值分为有面值股票和无面值股票。有面值股票是指在发行的普通股票面上标明一定金额的股票，无面值股票是指在发行的普通股票面上不标明票面金额，只在股票上记载所占公司股本总额的比例或股份数的股票。

③按投资主体不同分为国家股、法人股、外资股和个人股。国家股是指有权代表国家投资的部门或机构以国有资产向公司投入而形成的股份。法人股是指企业依法以其可支配的财产向公司投资而形成的股份，或者具有法人资格的事业单位和社会团体以国家允许用于经营的资产向公司投入而形成的股份。外资股是指外国和我国港、澳、台地区的投资者，以外币购买的我国上市公司的境内上市外资股和境外上市外资股。个人股是指社会个人或本公司职工以个人合法财产投入公司而形成的股份。

(2)普通股的发行

①发行的条件。新设立的股份有限公司申请公开发行股票，应符合下列条件：

a. 生产经营符合国家产业政策。

b. 发行普通股限于一种，同股同权，同股同利。

c. 在募集方式下，发起人认购的股份不少于公司拟发行股份总数的 35%。

d. 发起人在近三年内没有重大违法行为。

e. 证监会规定的其他条件。

②发行的程序。设立股份有限公司时发行股票的程序如下。

a. 提出募集股份申请。

b. 发起人公告招股说明书，并制作认股书。

c. 发起人与依法设立的证券经营机构签订承销协议，与银行签订代收股款协议。

d. 缴足股款后，由法定的验资机构验资并出具证明，发起人在 30 日内主持召开公司创立大会。

e. 创立大会结束后 30 日内，董事会向公司登记机关报送有关文件，申请设立登记。

f. 股份有限公司经登记成立后，将募集股份情况报国务院证券管理部门备案。

③发行的要求。股份有限公司应将资本划分为每一股金额相等的股份，然后将公司的股份采取股票的形式。股票的发行实行公开、公平、公正的原则，必须同股同权，同股同利。

④股票的发行价格。股票的发行价格有以下三种。

a. 按面值发行。股票的票面价格是指股票票面上所标明的金额，也叫做股票面值。股票面值通常为 1 元钱。

b. 按市价发行。市价发行，也称时价发行，即以股票市场上原股票现行市价为基准来确定股票发行价格，一般来说时价发行属于溢价。

c. 按中间价发行。中间价发行，是取股票市场价格与面额的中间值作为股票的发行价格。

⑤股票上市。股票上市是指股份有限公司公开发行的股票，可以在证券交易所进行交易。

股票上市的条件：

a. 股票经国务院证券管理部门批准已向社会公开发行；

b. 公司股本总额不少于人民币 5 000 万元；

c. 开业时间在 3 年以上，最近 3 年连续盈利；原国有企业依法改建而设立的，或者在我国《公司法》实施后新组建成立，其主要发起人为国有大中型企业的，可连续计算；

d. 持有股票面值达人民币 1 000 元以上的股东人数不少于 1 000 人，向社会公开发行的股份达公司股份总数的 25% 以上；公司股本总额超过人民币 4 亿元的，其向社会公开发行股份的比例为 15% 以上；

e. 公司在最近 3 年内无重大违法行为，财务会计报告无虚假记载；

f. 国务院规定的其他条件。

股票上市公司如果有下列情形之一的，由国务院证券管理部门决定暂停其股票上市：

a. 公司股本总额、股权分布等发生变化不再具备上市条件；

b. 公司不按规定公开其财务状况，或者对财务会计报告作虚假记载；

c. 公司有重大违法行为；

d. 公司最近 3 年连续亏损。

e. 公司在最近 3 年内无重大违法行为，财务会计报告无虚假记载；

f. 国务院规定的其他条件。

（3）普通股筹资的优缺点

普通股筹资的优点如下：

①无固定股利负担。

②无固定到期日，无须还本。

③普通股筹资的风险小。

④普通股筹资能增强公司偿债和举债能力。

⑤普通股可在一定程度上抵消通货膨胀的影响，因而易吸收资金。

普通股筹资的缺点如下：

①普通股筹资的资本成本较高。

②普通股的追加发行，会分散公司的控制权。

③普通股的追加发行，有可能引发股价下跌。

6. 发行优先股

优先股是指股份有限公司发行的相对于普通股而言有一定优先权的股票。"优先权利"包括优先分配股利和优先分配公司剩余财产权利。

（1）优先股的特征

①优先分配固定的股利。

②优先分配公司剩余财产。

③优先股股东一般无表决权。

④优先股可由公司赎回。

（2）优先股的种类

①累积优先股和非累积优先股。

②参与优先股和非参与优先股。

③可转换优先股与不可转换优先股。

④可赎回优先股和不可赎回优先股。

（3）优先股筹资的优缺点

①优先股筹资的优点。

a. 优先股一般没有固定的到期日，不用偿付本金。

b. 股利的支付既固定又有一定的灵活性。

c. 可以保持普通股股东对公司的控制权。

d. 从法律上讲，优先股股本属于自有资金，发行优先股能加强公司的自有资本基础，可适当增强公司的信誉，提高公司的借款举债能力。

②优先股筹资的缺点。

a. 优先股的成本虽低于普通股，但一般高于债券。

b. 对优先股的筹资制约因素较多。

c. 可能形成较重的财务负担。

四、债务资金的筹集

（一）银行借款

银行借款是指企业向银行或其他非银行金融机构借入的、需要还本付息的款项，包括偿还期限超过 1 年的长期借款和不足 1 年的短期借款，主要用于企业购建固定资产和满足流动资金周转的需要。

1. 银行借款的程序

（1）提出申请。企业根据筹资需求向银行书面申请，按银行要求的条件和内容填报借款申请书。

（2）银行审批。银行按照有关政策和贷款条件，对借款企业进行信用审查，依据审批权限，核准公司申请的借款金额和用款计划。银行审查的主要内容是：公司的财务状况；信用情况；盈利的稳定性；发展前景；借款投资项目的可行性；抵押品和担保情况。

（3）签订合同。借款申请获批准后，银行与企业进一步协商贷款的具体条件，签订正式的借款合同，规定贷款的数额、利率、期限和一些约束性条款。

（4）取得借款。借款合同签订后，企业在核定的贷款指标范围内，根据用款计划和实际需要，一次或分次将贷款转入公司的存款结算户，以便使用。

2. 银行借款的条款

由于银行等金融机构提供的长期贷款金额高、期限长、风险大，因此，除借款合同的基本条款之外，债权人通常还在借款合同中附加各种保护性条款，以确保企业按要求使用借款和按时足额偿还借款。保护性条款一般有以下三类：

（1）例行性保护条款。这类条款作为例行常规，在大多数借款合同中都会出现。主要包括：①要求定期向提供贷款的金融机构提交财务报表，以使债权人随时掌握公司的财务状况和经营成果。②不准在正常情况下出售较多的非产成品存货，以保持企业正常的生产经营能力。③如期清偿应缴纳税金和其他到期债务，以防被罚款而造成不必要的现金流失。④不准以资产作其他承诺的担保或抵押。⑤不准贴现应收票据或出售应收账款，以避免或有负债等。

（2）一般性保护条款。一般性保护条款是对企业资产的流动性及偿债能力等方面的要求条款，这类条款应用于大多数借款合同，主要包括：①保持企业的资产流动性。要求企业需持有一定最低限度的货币资金及其他流动资产，以保持企业资产的流动性和偿债能力，一般规定了企业必须保持的最低营运资金数额和最低流动比率数值。②限制企业非经营性支出。如限制支付现金股利、购入股票和职工加薪的数额规模，以减少企业资金的过度外流。③限制企业资本支出的规模。控制企业资产结构中的长期性资产的比例，以减少公司日后不得不变卖固定资产以偿还贷款的可能性。④限制公司再举债规模。目的是防止其他债权人取得对公司资产的优先索偿权。⑤限制公司的长期投资。如规定公司不准投资于短期内不能收回资金的项目，不能未经银行等债权人同意而与其他公司合并等。

（3）特殊性保护条款。这类条款是针对某些特殊情况而出现在部分借款合同中的条款，只有在特殊情况下才能生效。主要包括：要求公司的主要领导人购买人身保险；借款的用途不得改变；违约惩罚条款，等等。

上述各项条款结合使用，将有利于全面保护银行等债权人的权益。但借款合同是经双方充分协商后决定的，其最终结果取决于双方谈判能力的大小，而不是完全取决于银行等债权人的主观愿望。

3. 银行借款的种类

（1）按期限分为短期借款、中期借款和长期借款

短期借款，是指期限在一年以内的借款。

中期借款，是指借款期限在一年以上五年以下的借款。

长期借款，是指借款期限在五年以上的借款。

（2）按有无担保分为信用借款、担保借款和票据贴现

信用借款，是指以借款人的信誉为依据而借入的款项，无须以某种财产作为抵押，也叫做无担保借款。

担保借款，是指以一定的财产或一定的保证人作为担保而借入的款项。

票据贴现，是指企业以持有未到期的商业票据向银行贴付一定的利息而借入的款项。

（3）按偿还方式分为一次偿还借款和分期偿还借款

（4）按借款的用途可分为基本建设借款、专项借款和流动资金借款

基本建设借款，是指列入计划以扩大生产能力为主要目的的新建、扩建工程及其有关工程，因自筹资金不足，需要向银行申请的借款。

专项借款，是指企业因为专门用途而向银行申请借入的款项，主要用于更新改造设备、大修理、科研开发以及小型技术措施等的借款。

流动资金借款，是指企业为满足流动资金的需要而向银行借入的款项，包括流动资金借款、生产周转借款、临时借款、结算借款和卖方借款。

（5）按提供贷款的机构分为政策性银行贷款和商业银行贷款

政策性银行贷款，一般是指执行国家政策性贷款业务的银行向企业发放的贷款。

商业银行贷款，是指商业银行向企业提供的贷款，主要满足企业生产经营的资金需要。

4. 银行借款的信用条件

（1）信贷额度（贷款限额）

信用额度是指借款人与银行签订协议，规定的借入款项的最高限额。如借款人超过限额继续借款，银行将停止办理。此外，如果企业信誉恶化，银行也有权停止借款。在正式协议下，银行要承担按最高限额保证贷款的法律义务。在非正式协议下，银行不承担按最高限额保证贷款的法律义务。

（2）周转信贷协定

周转信贷协定是一种正式的信用额度，经常为大公司使用。与一般信用额度不同，银行对周转信用额度负有法律责任，并因此向企业收取一定的承诺费用（按未使用余额的一定比例收取）。

（3）补偿性余额

补偿性余额指银行要求借款人在银行中保留按借款限额或实际借用额的一定百分比计算的最低存款余额。企业在使用资金的过程中，通过资金在存款账户的进出，始终保持一定的补偿性余额在银行存款的账户上。这实际上增加了借款企业的利息，提高了借款的实际利率，加重了企业的财务负担。银行一般要求借款企业将借款资金的 10% ~20% 作为最低存款余额留存银行。银行的主要目的是降低贷款风险，补偿遭受的损失。

（4）借款抵押

除信用借款以外，银行向财务风险大、信誉不好的企业发放贷款，往往需要抵押贷款，即企业以抵押品作为贷款的担保，以减少自己蒙受损失的风险。借款的抵押品通常是借款企业的应收账款、存货、股票、债券及房屋等。银行接受抵押品后，将根据抵押品账面价值决定贷款金额，一般为抵押品账面价值的 30% ~50%。企业接受抵押贷款后，其抵押财产的使用及将来的借款能力会受到限制。

5. 银行利息支付方法

通常，借款人可采用以下几种方法支付银行贷款利息：

（1）利随本清法又称收款法，即在借款到期时向银行一次性支付利息和本金。采用这种方法的名义利率等于实际利率。计算公式如下：

$$实际利率 = （贷款额 \times 名义利率）\div 贷款额 = 名义利率$$

（2）贴现法是银行向企业发放贷款时，先从本金中扣除利息部分，而到期时借款企业再偿还全部本金的一种方法。采用这种方法，企业可以利用的贷款额只有本金扣除利息后的差额部分。贷款的实际利率高于名义利率。计算公式如下：

$$贴息贷款实际利率 = 本金 \times 名义利率 \div 实际借款额$$

$$= 本金 \times 名义利率 \div （本金 - 利息）$$

6. 银行借款筹资的评价

银行借款的优缺点：

（1）银行借款的优点

①筹资速度快。银行借款与发行证券相比，一般所需时间较短，可以迅速获得资金。

②筹资成本低。就我国目前的情况看，利用银行借款所支付的利息比发行债券所支付的利息低，另外，也无须支付大量的发行费用。

③借款弹性好。企业与银行可以直接接触，商谈确定借款的时间、数量和利息。借款期间如企业经营情况发生了变化，也可与银行协商，修改借款的数量和条件。借款到期后如有正当理由，还可延期归还。

（2）银行借款的缺点

①财务风险大。企业举借长期借款，必须定期付息，在经营不利的情况下，企业有不能偿付的风险，甚至会导致破产。

②限制条款多。企业与银行签订的借款合同中一般都有一些限制条款，如定期报送有关报表、不能改变借款用途等。

③筹资数量有限。银行一般不愿借出巨额的长期借款，因此，利用银行借款筹资有一定的上限。

（二）发行债券

债券是政府、金融机构、工商企业等直接向社会借债筹措资金时，向投资者发行，承诺按一定利率支付利息并按约定条件偿还本金的债权债务凭证。债券的本质是债的证明书。债券购买者与发行者之间是一种债权债务关系，债券发行人即债务人，投资者（债券持有人）即债权人。债券是一种有价证券。由于债券的利息通常是事先确定的，所以债券是固定利息证券（定息证券）的一种。在金融市场发达的国家和地区，债券可以上市流通。在我国，比较典型的政府债券是国库券。人们对债券不恰当的投机行为，例如无货沽空，可导致金融市场的动荡。

1. 债券的分类

（1）按有无抵押担保分为抵押债券、信用债券和担保债券

抵押债券，是以企业的不动产做抵押而发行的债券。

信用债券，是无抵押品担保，全凭公司良好的信誉而发行的债券。

担保债券，是指由一定保证人作担保而发行的债券。

（2）按发行方式分为记名债券和不记名债券

记名债券，是在债券名册上登有债券持有人姓名或名称，凭名册姓名偿还本金或支付利息，债券转让时要办理过户手续。

不记名债券在债券上没有姓名或名称，凭券还本付息，其流动方便，转让无须过户。

（3）按偿还方式分为定期偿还债券和不定期偿还债券

定期偿还债券，是在到期时还本付息（包括分期偿还）的债券。

不定期偿还债券，是期中或延期偿还本息的债券。

（4）按有无利息分为有息债券和无息债券

有息债券，是除本金外再按面值一定比率加计利息。

无息债券，不计利息，按面值折价出售，到期按面值归还本金。

（5）按计息标准分为固定利率债券和浮动利率债券

固定利率债券，是债券的利息率在债券的期限内保持固定。

浮动利率债券，则是利息率随基本利率变动而变动的债券。

（6）按可否转换分为可转换债券和不可转换债券

可转换债券，是可以转换成普通股的债券。

不可转换债券，是不能转换为普通股的债券。

2. 发行债券的资格与条件

（1）发行债券的资格

我国《公司法》规定：股份有限公司、国有独资公司和2个以上的国有企业或2个以上的国有投资主体投资设立的有限责任公司，有权发行债券。

（2）发行债券的条件

根据我国《公司法》的规定，发行债券的条件如下：

①股份公司净资产不低于3 000万元，有限责任公司不低于6 000万元；

②累计债券总额不超过公司净资产的40%；

③最近三年平均可分配利润足以支付公司债券一年的利息；

④筹集的资金投入符合国家产业政策；

⑤债券的利率不超过国务院规定的水平；

⑥国务院规定的其他条件。

3. 债券发行价格的确定

公司债券发行价格是发行公司（或其承销机构）发行债券时的价格，亦即投资者向发行公司认购其所发行债券时实际支付的价格。

决定债券发行价格的因素如下：

债券面额——最基本的因素；

票面利率——利率越高，发行价格越高；

市场利率——市场利率越高，发行价格越低；

债券期限——越长，价格越高。

4. 债券筹资的优缺点

（1）债券筹资的优点

①资本成本较低。与股票的股利相比，债券的利息允许在所得税前支付，公司可享受税收上的利益，故公司实际负担的债券成本一般低于股票成本。

②可利用财务杠杆。无论发行公司的盈利为多少，持券者一般只收取固定的利息，若公司用资后收益丰厚，增加的收益大于支付的债息额，则会增加股东财富和公司价值。

③保障公司控制权。持券者一般无权参与发行公司的管理决策，因此发行债券一般不会分散公司控制权。

（2）债券筹资的缺点

①财务风险较高。债券通常有固定的到期日，需要定期还本付息，财务上始终有压力。在公司不景气时，还本付息将成为公司严重的财务负担，有可能导致公司破产。

②限制条件多。发行债券的限制条件较长期借款、融资租赁的限制条件多且严格，从而限制了公司对债券融资的使用，甚至会影响公司以后的筹资能力。

③筹资规模受制约。公司利用债券筹资一般受一定额度的限制。

（三）融资租赁

租赁是出租人以收取租金为条件，在契约或合同规定的期限内，将资产租赁给承租人使用的一种经济行为。租赁实质上也具有借款性质，但它涉及的是物而不是钱，租赁对象大多为设备等固定资产。融资租赁交易有三方当事人：出租方、承租方、供货方，至少涉及租赁合同和购货合同两个合同，从而形成一个完整的融资租赁交易。租赁已成为现代企业筹资的一种重要方式。

1. 租赁的种类

（1）营运租赁

营运租赁又称经营租赁、服务租赁，是由出租人向承租企业提供租赁设备，并提供设备维修保养等业务。该租赁方式是为了满足承租人在生产经营上的短期、临时或季节性需要。

（2）融资租赁

融资租赁又称财务租赁，是指租赁公司按照承租企业的要求出资购买设备，并在契约或合同规定的较长期限内提供给承租企业使用的信用性业务。

2. 融资租赁的特点

①承租企业提出申请，租赁公司融资购进设备，租赁给承租企业；

②租赁期限较长，大多为设备使用寿命的一半以上；

③租赁合同比较稳定，在租期内未经双方同意，不能中途解约；

④承租企业负责设备的维修保养和保险，但无权自行拆卸改装；

⑤租赁期满时，按事先约定办法处置设备，一般由承租人出资购买。

3. 融资租赁的形式

（1）直接租赁

直接租赁是出租人根据承租人的请求，向承租人指定出卖人，按承租人同意的条件，购买承租人指定的资产货物，并以承租人支付租金为条件，将该资本货物的占有、使用和收益权转让给承租人的一种租赁形式。融资租赁在实质上转移了与资产所有权有关的全部风险和报酬，租赁结束，承租人可以协商的名义价格获得设备所有权。

（2）售后租回

售后租回指承租人将自有物件出卖给出租人，同时与出租人签订一份租赁合同，再将该物件从出租人处租回的租赁形式，简称"回租"。回租业务是承租人和出卖人为同一人的特殊租赁方式。用于承租人具有一定市场价值的存量资产盘活。回租包括融资性回租和经营性回租两种类型，这种方式有利于企业将现有资产变现，筹措流动资金、股本金、并购等用途的资金，同时有利于企业调节财务报表。回租类似于银行抵押贷款。

（3）杠杆租赁

杠杆租赁是指在一项租赁交易中，出租人只需投资租赁物件购置款项的20%～40%的金额，即可以此作为财务杠杆，带动其他债权人对该项目60%～80%的款项提供无追索权的贷款，但需出租人以租赁物件做抵押，以转让租赁合同和收取租金的权利做担保的一种租赁形式。杠杆租赁一般适用飞机、油田等租赁金额较大的租赁项目。

4. 融资租赁的优缺点

（1）融资租赁筹资的优点

①承租人不必像一般性购买那样立即支付大量的资金就可取得所需的资产或设备，因此，融资租赁能帮助企业解决资金短缺和想要扩大生产的问题。企业通过先付很少的资金得到自己所需的生产设备或资产后，通过投入生产，可以用设备所生产的产品出售所得支付所需偿还的租金。这样，可以减轻购置资产的现金流量压力。

②融资租赁容易获得。如果从银行等金融机构筹措资金，通常要受到严格的限制，想要获得贷款的条件非常苛刻，租赁协议中各项条款的要求则宽松很多。此外，租赁业务大多是通过专业性的公司来进行的，租赁公司的专业特长及经验能为承租人找到更有利的客户。

③可以减少资产折旧的风险。在当今这个科技不断进步、生产效率不断提高的时代，资产的无形损耗是一种必然产生的经济现象，对企业的发展有着重大的影响。任何拥有设

备的单位都得承担设备的无形损耗，而租赁则有助于减少这种损耗，有助于企业充分利用资源。

④实现"融资"与"融物"的统一，使得融资速度更快，企业能够更快地投入生产。

（2）租赁筹资的缺点

尽管融资租赁存在以上优点，但是也存在有一些缺点，融资租赁的资本成本较高。一般来说，租赁费要高于债券利息。公司经营不景气时，租金支出将是一项沉重的财务负担。且租期长，一般不可撤销，企业资金运用受到制约。

（四）商业信用

商业信用是指商品交易中以延期付款或预收货款进行购销活动而形成的借贷关系，它是企业之间的一种直接信用行为。

1. 商业信用的形式

（1）应付账款

应付账款是企业赊购货物而形成的短期债务。

（2）应付票据

应付票据是在应付账款的基础上发展起来的，是企业通过延期付款进行商品交易时开具的反映债权债务关系的票据。应付票据的利率一般比银行借款的利率低，它的筹资成本低于银行借款成本。但到期必须归还，否则要支付罚金，因此风险较大。

（3）预收货款

预收货款指卖方按照购销合同或协议的规定，在发出商品之前向买方预收部分或全部货款的行为。一般用于生产周期长、资金需要量大的货物销售。

2. 信用条件

信用条件是销货企业要求赊购客户支付货款的条件，包括信用期限、折扣期限和现金折扣。信用期限是企业为顾客规定的最长付款时间，折扣期限是为顾客规定的可享受现金折扣的付款时间，现金折扣是在顾客提前付款时给予的优惠。

信用条件可表示为：$(a/b, n/c)$

其中：a——现金折扣；

b——折扣期；

c——信用期。

【例 6-3】 某公司购入一批布料，价款总额为 10 万元，付款约定为 $(2/10, n/30)$。此信用条件表示付款信用期为 30 天，若能提早在 10 天内付款，买方可以享受 2% 的现金折扣，若不准备享受 2% 的现金折扣，则应该在 30 天内付清货款。

3. 商业信用的优缺点

（1）商业信用筹资的优点

①筹资成本低。

②限制条件少。

③筹资方便及时。

（2）商业信用筹资的缺点

①商业信用规模的局限性。受个别企业商品数量和规模的影响。

②商业信用方向的局限性。一般是由卖方提供给买方，受商品流转方向的限制。

③商业信用期限的局限性。受生产和商品流转周期的限制，一般只能是短期信用。

④商业信用授信对象的局限性。一般局限在企业之间。

⑤此外，它还具有分散性和不稳定性等缺点。

职业判断与业务操作

在我国融资租赁业务中，租金的计算方法通常采用等额年金法，即将一项租赁资产在未来各租赁期内的租金按一定的利率换算成现值，使其现值总和等于租赁资产成本的租金计算方法。根据租金支付的时间不同可分为后付租金和先付租金。

一、后付租金的计算

后付等额租金即普通年金，根据普通年金现值的计算公式，可推导后付租金方式下每年年末支付租金数额的计算公式为：

$$A = p/(p/A,\ i,\ n)$$

【例6-4】　某公司2010年1月1日采用融资租赁的方式从某租赁公司租入一套设备，设备借款金额为60万元，租期为6年，到期后设备归该公司所有。双方在协议中商定折现率为17%。请计算该公司每年年末应支付的等额租金？

解：$A = p/(p/A,\ i,\ n)$

　　　$= 60/(p/A,\ 17\%,\ 6)$

　　　$= 60/3.589\ 2$

　　　$\approx 1.67(万元)$

二、先付租金的计算

承租企业也有可能与租赁公司商定采用在期初即先付等额租金的方式支付租金。根据先付年金的现值公式，可得到先付租金的计算公式为：

$$A = p/[(p/A,\ i,\ n-1)+1]$$

【例6-5】　假设上例采用先付租金的方式，计算每年年初支付的租金？

解：$A = p/[(p/A,\ i,\ n-1)+1]$

　　　$= 60/[(p/A,\ 17\%,\ 6-1)+1]$

　　　$= 60/4.1993$

　　　$\approx 1.43(万元)$

学习子情境三　杠杆原理

知识准备

1. 成本习性

成本习性是指成本总额与业务量(x)之间在数量上的依存关系。根据成本习性可把全部成本划分为固定成本、变动成本和混合成本。

(1)固定成本是指其总额在一定时期和一定业务量(销售量或产量)范围内不随业务量发生变动的那部分成本。

(2)变动成本是指其总额在一定时期和一定业务量范围内随业务量成正比例变动的那部分成本。

(3)混合成本有些成本虽然也随业务量的变动而变动,但不成正比例变动,不能简单地归入变动成本或固定成本,这类成本称为混合成本。

成本按习性可分为变动成本、固定成本、混合成本三类,但混合成本又可以按一定方法分解为变动部分和固定部分,其可以归结为下列模型:$Y = a + bx$

模型中:Y 为总成本;a 为固定成本;b 为单位变动成本;x 为产销量。

2. 边际贡献

边际贡献是指销售收入减去变动成本后的余额。计算公式为:

$$M = px - bx = (p - b)x = mx$$

其中:M 为边际贡献总额;p 为单价;m 为单位边际贡献。

3. 息税前利润

息税前利润是指支付利息和缴纳所得税前的利润。计算公式为:

$$EBIT = px - bx - a = (p - b)x - a = M - a$$

其中:EBIT 为息税前利润。

息税前利润也可以用利润总额加上利息费用求得。

职业判断与业务操作

一、经营杠杆

在合适的支点上,通过使用杠杆,只用很小的力量便可取得更大的效果。

(一)经营杠杆及其计算

经营杠杆是指在某一固定经营成本比重的作用下,销售量变动对息税前利润产生的影响。

经营杠杆效应的大小可以用经营杠杆系数(简称 DOL)来表示,它是企业息税前利润的变动率与产销量变动率的比率。

$$DOL = \frac{\Delta EBIT / EBIT}{\Delta(px) / px} = \frac{\Delta EBIT / EBIT}{\Delta x / x}$$

式中:DOL——经营杠杆系数;

　　　$\Delta EBIT$——息税前利润的变动额;

　　　Δx——产销量的变动数。

对上式加以简化得到如下公式:

$$DOL = \frac{基期\ M}{基期\ EBIT} = \frac{基期\ M}{基期\ M - a}$$

【例 6-6】 某公司 2009 年 A 产品销售和成本的有关资料如表 6-3 所示。

表 6-3 经营杠杆系数计算分析表

项 目	2009 年（基期）	2010 年（计划期）
单位售价（元）	100	100
产销量（件）	5 000	7 000
销售收入总额（元）	500 000	700 000
单位变动成本（元）	50	50
变动成本总额（元）	250 000	350 000
边际贡献（元）	250 000	350 000
固定成本（元）	50 000	50 000
息税前利润（元）	200 000	300 000

根据上表，计算该公司的经营杠杆系数。

解：

方法一：息税前利润变动率 = (300 000 - 200 000)/200 000 = 50%

销售收入（销售量）变动率 = (700 000 - 500 000)/500 000 = 40%

经营杠杆系数 DOL = 50% ÷ 40% = 1.25

方法二：DOL = 250 000/(250 000 - 50 000) = 1.25

（二）经营杠杆与经营风险的关系

两者的关系指的是由于市场需求和成本等因素的不确定性，当产销量增加或减少时，息税前利润将以 DOL 倍数的幅度增加或减少。因此，经营杠杆系数越大，利润变动越激烈，企业的经营风险就越大。这种现象称为经营风险。

二、财务杠杆

（一）财务杠杆及其计算

财务杠杆是指资本结构中债务的运用对普通股每股利润的影响能力。

固定性财务费用的存在导致普通股股东权益变动大于息税前利润变动的杠杆效应，称做财务杠杆效应。

财务杠杆效应的大小用财务杠杆系数（简称 DFL）来度量。

它是指普通股每股利润 EPS 的变动率与息税前利润 EBIT 变动率的比率。

$$DFL = \frac{\Delta EPS/EPS}{\Delta EBIT/EBIT}$$

式中：DFL——财务杠杆系数；

ΔEPS——普通股每股利润的变动额；

EPS——基期每股利润。

上述公式是计算财务杠杆系数的理论公式，必须同时已知变动前后两期的资料才能计算。可推导简化如下：

$$DFL = \frac{EBIT}{EBIT - I - \dfrac{d}{(1-T)}}$$

式中：I——债务利息；d——优先股股利；T——所得税税率。

如果企业没有发行优先股，其财务杠杆系数的计算公式可进一步简化为：

$$DFL = \frac{EBIT}{EBIT - I}$$

必须说明的是，上述公式中的 EBIT，I，d，T 均为基期值。

【例 6-7】 某企业全部长期资本为 600 万元，债务资本结构比例为 0.3，债务年利率为 9%，息税前利润为 70 万元，试计算其财务杠杆系数。

解： $\quad DFL = 70/(70 - 600 \times 0.3 \times 9\%) \approx 1.3$

(二)财务杠杆与财务风险的关系

在资金总额、息税前利润相同的情况下，负债比率越高，财务杠杆系数越大，普通股每股利润波动幅度越大，财务风险就越大；反之，负债比率越低，财务杠杆系数越小，普通股每股利润波动幅度越小，财务风险就越小。

三、综合杠杆

(一)综合杠杆及其计算

综合杠杆又称总杠杆，是由经营杠杆和财务杠杆共同作用形成的总杠杆。综合杠杆效应的大小用综合杠杆系数来衡量，它是经营杠杆与财务杠杆的乘积，是指每股利润变动率与产销业务量变动率的比率。

$$DCL = \frac{\Delta EPS/EPS}{\Delta(px)/px} = \frac{\Delta EPS/EPS}{\Delta x/x}$$

或

$$DCL = \frac{M}{EBIT - I - \dfrac{d}{(1-T)}} = DOL \times DFL$$

(二)综合杠杆与企业风险的关系

综合杠杆作用使每股利润大幅度波动而造成的风险，称为综合风险。

企业综合杠杆系数越大，每股利润的波动幅度越大。在其他因素不变的情况下，综合杠杆系数越大，综合风险越大；综合杠杆系数越小，综合风险越小。

学习子情境四 资本结构的决策

知识准备

一、资本结构的概念

资本结构是指企业各种资本的构成及其比例关系。广义的资本结构是指全部资本的来源构成，不但包括长期资本，还包括短期负债。狭义的资本结构是指长期资本(长期负债资本与主权资本)的构成及其比例关系，本书只涉及狭义资本结构。

资本结构是企业筹资的核心。若全部资本都是自有资本，那么未必效益是最佳的；若全部资本都是借入资本，那么所有者自己一点儿风险也没有，把全部风险都转移给债权人。这两种资本结构都是不完美的。

二、最优资本结构决策

所谓最优资本结构是指公司在一定时期内，使其加权平均资本成本最低，公司价值最大时的资本结构。人们可以在理论上推导出最优资本结构。但在现实生活中，最优往往是一种理想状态，可以接近它但难以实现它。因而，我们说最优资本结构，就是通过公司理财，努力接近的一个目标。资本结构中，简单地讲包括两大部分：自有资本和借入资本。其判断标准有三个：

(1)有利于最大限度地增加所有者财富，能使企业价值最大化。

(2)企业加权平均资本成本最低；

(3)资产保持适宜的流动，并使资本结构具有弹性。

职业判断与业务操作

根据现代资本结构理论，企业确实存在最优资本结构。在资本结构的最优点上，企业的加权平均资本成本最低，而企业的市场价值最大。因此，所谓的最优资本结构是指企业在一定时期，在最适宜的有关条件下，使其加权平均成本最低，同时企业价值最大的资本结构。资本结构确定的任务在于在众多的资本结构方案中，根据企业的具体情况进行比较、分析和选样，确定适合于企业的资本结构。常用的确定方法主要有以下两种。

一、比较加权平均资本成本法

比较加权平均资本成本法，是通过计算不同资本结构(或筹资方案)的加权平均成本，并进行比较、分析，加以确定企业最优资本结构的一种方法。该法认为在众多资本结构方案(或筹资方案)中，加权平均成本最低的方案最优。

【例6-8】 某公司筹资方案的基本情况分别如表6-4和表6-5所示。

表 6-4   方案一的基本情况

筹资方式	金额(万元)	资金成本率
银行借款	700	6
发行债券	500	7
发行普通股	800	15
合计	2 000	

表 6-5   方案二的基本情况

筹资方式	金额(万元)	资金成本率
银行借款	900	7
发行债券	600	8
发行普通股	500	20
合计	2 000	

该公司拟筹资 1 800 万元,采用比较加权平均资本成本法判断企业应采用哪一种方案确定最佳资本结构。

解:

方案一:筹资后的加权平均资金成本:

银行借款资金成本 = 700/2 000×100% = 35%

债券资金成本 = 500/2 000×100% = 25%

普通股资金成本 = 800/2 000×100% = 40%

加权平均资金成本 = 35% ×6% +25% ×7% +40% ×15% = 9. 85%

方案二:筹资后的加权平均资金成本:

银行借款资金成本 = 900/2 000×100% = 45%

债券资金成本 = 600/2 000×100% = 30%

普通股资金成本 = 500/2 000×100% = 25%

加权平均资金成本 = 45% ×7% +30% ×8% +25% ×20% = 10. 55%

因为方案一的加权平均资金成本最低,所以应当选择方案一进行筹资。

二、无差别点分析法

所谓无差别点,是指使不同资本结构的每股收益(EPS)相等时的息税前利润(EBIT)点。在此点上无所谓哪一种资本结构最优。当企业的息税前利润低于此点时,则借入资本较少的资本结构最优;反之,借入资本较多的资本结构最优。所谓无差别点分析法就是通过分析计算不同资本结构的无差别点来确定最优资本结构的一种方法。由于该法主要是研究 EBIT 与 EPS 之间的关系,故也称其为 EBIT-EPS 分析法。

其计算公式如下:

$$\frac{(\overline{EBIT}-I_1)(1-T)-DP_1}{N_1}=\frac{(\overline{EBIT}-I_2)(1-T)-DP_2}{N_2}$$

式中：EBIT——息税前利润平衡点，即每股利润无差别点；

　　　　I——每年支付的利息；

　　　　T——所得税税率；

　　　　DP——优先股股利；

　　　　N——普通股股数。

利用上式即可求出普通股每股收益相等时的息税前利润。根据企业现有或预计的息税前利润水平，即可进行资本结构决策。如果企业有多个可供参考的方案，可采用两两对比的方法分别求出多个无差别点，再进行决策。无差别点分析如图 6-1 所示。

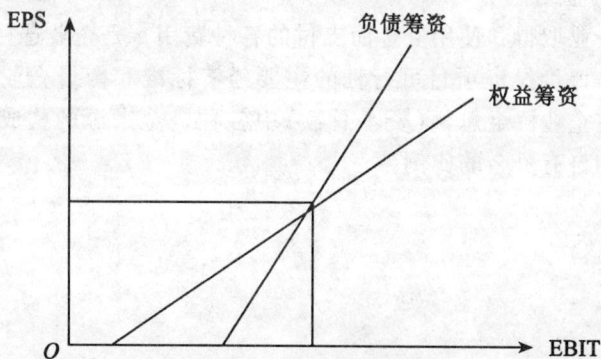

图 6-1　无差别点分析

【例 6-9】　某公司原有资本 1 000 万元，其中，债务资本 300 万元，每年负担利息 27 万元，权益资本（普通股 14 万股，每股面值 50 元）700 万元。该公司所得税税率为 33%。由于扩大业务，需追加筹资 200 万元，有两个方案可供选择：

方案一：全部发行普通股，增发 4 万股，每股面值 50 元；

方案二：全部筹措长期债务，债务年利率 9%，利息 18 万元。

要求：运用无差别点分析法进行筹资决策。

解：设每股利润无差别点为 EBIT，根据相关公式可得：

　　　（EBIT－27）×（1－33%）/（14＋4）＝（EBIT－27－18）×（1－33%）/14

　　　EBIT＝108（万元）

结论：当预期息税前利润为 108 万元时，权益筹资和债务筹资方式均可；

当预期息税前利润大于 108 万元时，选择债务筹资方式；

当预期息税前利润小于 108 万元时，选择权益筹资方式。

🍂 情境小结

1. 企业筹资的概念及基本要求

企业筹集资金是企业筹措和集中生产经营所需资金的财务活动，是企业资金运动的起点。企业筹集资金具有必然性。企业筹集资金的基本要求，是要研究影响筹资投资的多种因素，讲求资金筹集的综合经济效益。

2. 企业筹资的渠道和方式

企业筹集资金需借助于金融市场来实现。筹集资金的渠道是指企业取得资金的来源，筹集资金的方式是指企业取得资金的具体形式。金融市场是指资金供应者和资金需求者双方借助于信用工具进行交易而融通资金的市场。

3. 自有资金和借入资金的筹集

自有资金和借入资金的筹集是本章的重要内容。自有资金筹集又称股权性筹资，其方式主要有吸收直接投资、发行股票、联营筹资、企业内部积累四种。借入资金筹资又称债权性筹资，其方式主要有银行借款、发行债券、融资租赁、商业信用等。

4. 资金成本与资金结构

资金成本就是企业取得和使用资金而支付的各种费用，是企业选择资金来源、拟定筹资方案的依据，也是评价投资项目可行性的主要经济标准和衡量企业经营业绩的最低尺度。资金结构是指在企业资金总额（资本总额）中各种资金来源的构成比例。最基本的资金结构是借入资金和自有资金的比例。

学习情境七 | 营运资金管理

工作任务与学习子情境

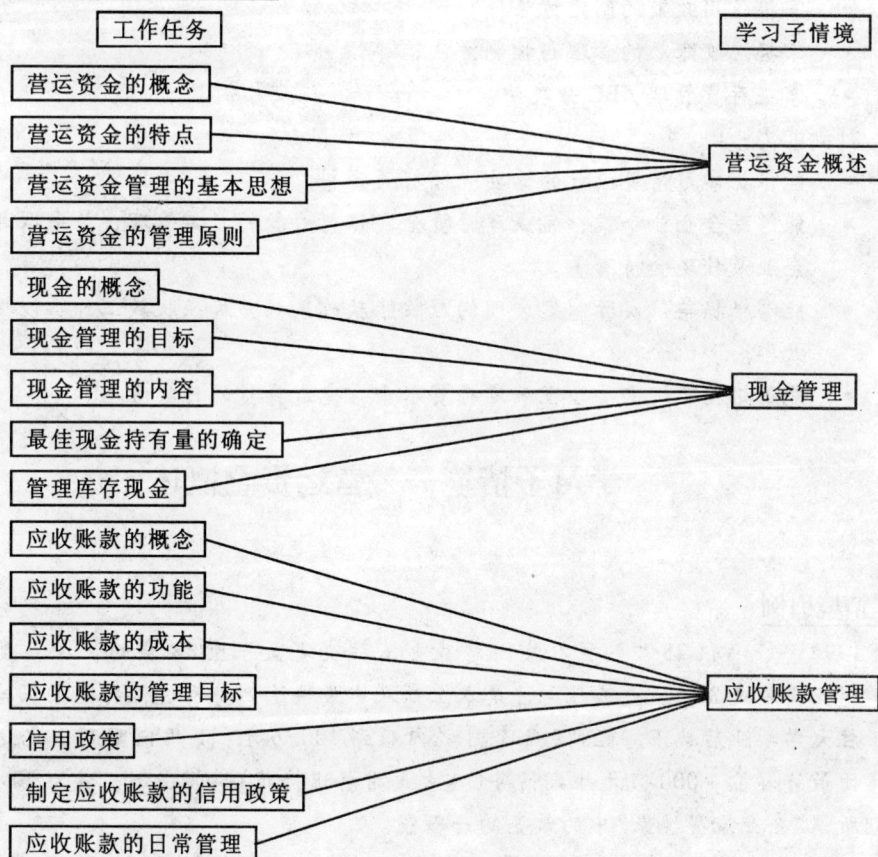

工作任务	学习子情境
营运资金的概念	
营运资金的特点	营运资金概述
营运资金管理的基本思想	
营运资金的管理原则	
现金的概念	
现金管理的目标	
现金管理的内容	现金管理
最佳现金持有量的确定	
管理库存现金	
应收账款的概念	
应收账款的功能	
应收账款的成本	
应收账款的管理目标	应收账款管理
信用政策	
制定应收账款的信用政策	
应收账款的日常管理	

```
┌─────────────┐
│  存货的概念  │─────────────────┐
└─────────────┘                  │
┌─────────────┐                  │
│  存货的功能  │──────────────┐  │
└─────────────┘              │  │
┌─────────────┐              │  │
│  存货的分类  │───────────┐ │  │
└─────────────┘           │ │  │
┌───────────────┐         │ │  │   ┌─────────────┐
│ 存货管理的目标 │─────────┼─┼──┼──▶│   存货管理   │
└───────────────┘         │ │  │   └─────────────┘
┌───────────────┐         │ │  │
│ 存货的经济批量 │─────────┼─┤  │
└───────────────┘         │ │  │
┌───────────────────┐     │ │  │
│ 确定存货的经济批量 │────┼─┘  │
└───────────────────┘     │    │
┌───────────────────┐     │    │
│ 完成存货的日常管理 │─────┘    │
└───────────────────┘          │
```

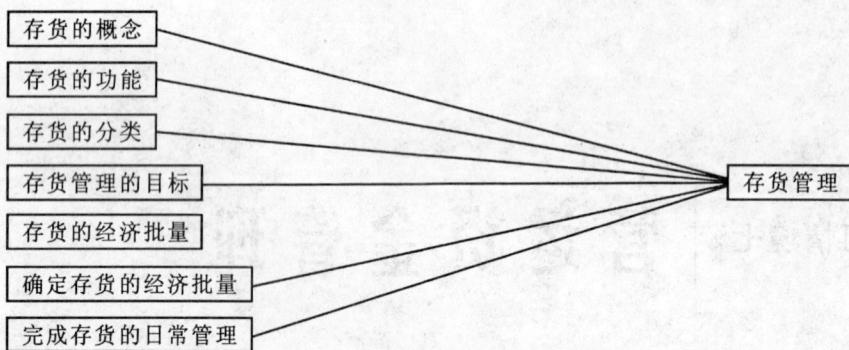

职业能力目标

专业能力：

- 能够理解营运资金管理的方法与决策；
- 掌握最佳现金持有量的确定方法；
- 掌握信用政策的制定方法；
- 掌握应收账款的管理与控制方法；
- 掌握存货管理 ABC 分类法。

社会能力：

- 能根据学习情境设计的需要查阅有关资料。
- 能够结合企业个案，完成库存资金、银行存款的日常管理，并采取相应措施确定企业最佳现金持有量。
- 能够根据单位实际制定合理的应收账款政策，并加强收款工作，以提高资金使用效率。
- 能够根据市场需要合理确定存货水平，完成存货的日常管理。

学习子情境一　营运资金概述

情境引例

　　1992 年，年仅 25 岁的巨人集团总裁史玉柱决定盖一座 38 层的巨人大厦，此时距其大学毕业尚不足 3 年。史玉柱也许是本土商人中最快达到身家过亿的纪录保持者。当时的史玉柱大学毕业后就下海经商，3 个月之内赚到 100 万元，1 年内赚到 1 亿元。但是，巨人集团最终却被 4 000 万元短期债务(建大厦时售出楼花)瞬间击倒，成为 20 世纪 90 年代中期所谓"企业流星现象"中的最亮的一颗星。

　　资料来源：阳葵兰，黄慧欣，范小荣. 财务管理. 北京：清华大学出版社，2010：188.

　　据国外对一些大公司的财务总监及财务经理的调查，流动资金所占用的资金和精力占全部资金和精力的 60% 左右，而对于多数财务管理相关专业的毕业生来说，他们的第一份与专业有关的工作都会涉及企业营运资金管理方面的内容，这点在许多小企业表现得尤其明显。

◎思考：

巨人集团的失败给企业财务管理带来了什么启示？

知识准备

一、营运资金的概念

营运资金又称为营运资本，是指在企业生产经营活动中占用在流动资产上的资本。营运资金有广义和狭义之分，广义的营运资金又称为毛营运资金，就是企业的流动资产总额；狭义的营运资金，又称净营运资金，是指企业的流动资产总额减去各类流动负债后的余额，其计算公式为：

营运资金＝流动资产－流动负债

在企业的日常经营中，流动资产是其可以自由运用的资金。然而，企业需要运用一部分流动资产去偿还流动负债。因此，企业实际可以自由运用的资金只能是流动资产减去流动负债后的净额。从这个意义上讲，我们通常所说的营运资金是指狭义的营运资金。营运资金的管理既包括流动资产的管理，也包括流动负债的管理。

营运资金是流动资产的一个有机组成部分，由于营运资金具有较强的流动性，所以财务分析者通常将营运资金的多少看成评价企业短期偿债能力的重要指标，一般认为，企业营运资金应该是一个正数，而且营运资金数额越大，企业的短期偿债能力越强。

（一）流动资产

流动资产是指企业可以在一年或者超过一年的一个营业周期内变现或者运用的资产。流动资产具有占用时间短、周转快、易变现等特点，企业拥有较多的流动资产，可在一定程度上降低财务风险。流动资产按不同的标准可进行不同的分类，现介绍其中最主要的分类方式：

1. 按实物形态，可把流动资产分为现金、交易性金融资产、应收及预付款项和存货

（1）现金，是指企业占用在各种货币形态上的资产。主要包括库存现金、银行存款和其他货币资金，是流动资产中流动性最强的资产，可以直接支用，也可以立即投入流通。企业拥有大量现金具有较强的偿债能力和承担风险的能力。但因为现金不会给企业带来收益或只有极低的收益，所以，在财务管理比较健全的企业，都不会保留过多的现金。

（2）交易性金融资产，主要是指企业为了近期内出售而持有的金融资产。例如企业以赚取差价为目的从二级市场购入的股票、债券、基金。企业持有交易性金融资产的目的是短期性的，即在初次确认时即确定其持有目的是短期获利。一般此处的短期也应该是指不超过一年（包括一年）；该资产具有活跃市场，公允价值能通过活跃市场获取。

（3）应收及预付款项，是指企业在生产经营的过程中所形成的应收而未收的或预先支付的款项。包括应收账款、应收票据、其他应收款和预付货款。在商品经济条件下，为了加强市场竞争的能力，企业拥有一定数量的应收及预付款项是不可避免的，企业应力求加速账款的回收，减少坏账损失。

（4）存货，是指企业在生产过程中为销售或者耗用而存储的各种资产。包括商品、产成品、在产品、半成品、原材料、辅助材料、低值易耗品、包装物等。存货在流动资产中所占比重较大。加强存货的管理与控制，使存货保持在最优的水平上，便成为财务管理的一项重要内容。

2. 按在生产经营过程中的作用，可把流动资产分为生产领域的流动资产和流通领域中的流动资产

（1）生产领域中的流动资产是指在产品生产过程中发挥作用的流动资产，如原材料、辅助材料、低值易耗品等。

（2）流通领域中的流动资产是指在商品流通过程中发挥作用的流动资产。商品流通企业的流动资产均为流通领域中的流动资产，工业企业的流动资产中的产成品、现金、外购商品等也属于流通领域中的流动资产。

（二）流动负债

流动负债，是指将在 1 年（含 1 年）或者超过 1 年的一个营业周期内偿还的债务。流动负债又称短期融资，具有成本低、偿还期短的特点，必须认真进行管理。流动负债按不同的标准可作不同的分类，现介绍其中最主要的分类方式：

1. 按应付金额是否确定，可把流动负债分成应付金额确定的流动负债和应付金额不确定的流动负债

（1）应付金额确定的流动负债是指那些根据合同或法律规定，到期必须偿还，并有确定金额的流动负债。如短期借款、应付票据、应付账款、应付短期融资等。

（2）应付金额不确定的流动负债是指那些要根据企业生产经营状况，到一定时期才能确定的流动负债或应付金额需要估计的流动负债。如应缴税费、应付股利、应付产品质量担保债务等。

2. 按流动负债的形成情况，可把流动负债分为自然性流动负债和人为性流动负债。

（1）自然性流动负债是指不需要正式安排，由于结算程序的原因自然形成的那部分流动负债。在企业生产经营过程中，由于法定结算程序的原因，一部分应付款项的支付时间晚于形成时间。这部分已形成但尚未支付的款项便成为企业的流动负债。因为它是自然形成的，所以称为自然性流动负债。

（2）人为性流动负债是指由财务人员根据企业对短期资金的需求情况，通过人为安排所形成的流动负债。如银行短期借款、应付短期融资等。

二、营运资金的特点

为了有效地管理企业的营运资金，必须研究营运资金的特点，以便有针对性地进行管理。营运资金具有以下特点：

（一）营运资金周转的短期性

企业占用在流动资产上的资金，周转一次所需时间较短，通常会在 1 年或 1 个营业周期内收回，对企业影响的时间比较短，根据这一特点，营运资金可通过商业信用、银行短

期借款等短期筹资方式来加以解决。

(二)营运资金数量的波动性

流动资产的数量会随企业内外部条件的变化而变化,时高时低,波动很大。特别是对于季节性企业,随着企业内外部条件的变动,流动负债的数量也会相应发生变动。财务人员应有效地预测和控制这种波动,以防止其影响企业正常的经营活动。对于流动资产管理来说,要尽量使流动资产的数量变动与企业生产经营波动保持一致,以满足企业需要。

(三)营运资金实物形态的变现性

短期投资、应收账款、存货等流动资产一般具有较强的变现能力,如果遇到意外情况,企业出现资金周转不灵、现金短缺时,便可以迅速变卖这些资产,以获取现金。这对财务上应付临时性资金需求具有重要意义。

(四)营运资金的实物形态具有并存性

企业营运资金的实物形态是经常变化的,一般在现金、材料、在产品、产成品、应收账款、现金之间顺序转化。企业筹集的资金,一般以现金形式存在,为了保证生产经营的正常进行,必须拿出一部分现金去采购材料。这样,有一部分现金转化为材料;材料投入生产后,当产品进一步加工完成后,就成为准备出售的产成品;产成品经过出售有的可直接获得现金,有的则因赊销而形成应收账款;经过一定时期以后,应收账款通过收现又转化为现金。总之,流动资金每次循环都要经过采购、生产、销售过程,并表现为现金、材料、在产品、产成品、应收账款等具体形态。为此,在进行流动资产管理时,必须在各项流动资产上合理配置资金数额,以使资金周转顺利进行。

(五)营运资金的来源具有灵活多样性

企业筹集长期资本的方式比较固定,一般有吸收直接投资、发行股票、发行债券、银行长期借款等。企业筹集营运资金的方式却较为灵活多样,通常有银行短期借款、短期融资券、商业信用、应交税金、应交利润、应付工资、应付费用、预收货款、票据贴现等。

三、营运资金管理的基本思想

营运资金的基本特征是期限短、流动性强、赢利性差,所以营运资金管理的基本思想是如何对流动性和赢利性进行权衡,从而确定一个最佳的营运资金数额,以达到最好的营运资金管理效果。权衡营运资金的流动性和赢利性,最主要的判断标准是运用营运资金所产生利润的大小。由于营运资金是维持企业日常正常经营所必需的资金,而且营运资金本身的赢利性又比较差,因此所需要考虑的主要因素是运用营运资金的成本。虽然营运资金涉及的项目较多,但是总的来说,运用营运资金的成本主要包括机会成本、转换成本和短缺成本等。营运资金的机会成本是指因持有营运资金而放弃的投资机会所产生的收益,如现金的机会成本通常指用同等金额的现金进行投资所取得的收益，应收账款的机会成本是指被客户占有的资金的投资收益；营运资金的转换成本是指将营运资金从一种形式转换成另一种形式所需要支付的资金，如存货的转换成本通常指订货成本（现金与存货相互转换的成本），应收账款的转换成本通常是指收账费用（现金与应收账款相互转换的成本）；营运资金的短缺成本的含义容易理解，但衡量起来却有难度，需要指出的是，在本书中通常不考虑营运资金的短缺成本。综上所述，由于营运资金的收益具有确定性，因此，营运资金管理的基本思想是如何确定数额最佳的营运资金数额，使得营运资金的成本最小。

四、营运资金的管理原则

企业的营运资金在全部资金中占有相当大的比例，而且周转期短，形态易变，所以是企业财务管理工作的重要内容。营运资金的管理既要保证有足够的资金满足生产经营的需要，又要保证能偿还各种到期债务。企业营运资金的管理原则如下：

（一）合理确定营运资金的需要量

企业营运资金的数量取决于生产经营规模和流动资产的周转速度，当企业产销两旺时，流动资产和流动负债会相应增加；而当企业产销量不断减少时，流动资产和流动负债会相应减少。因此，企业应综合考虑各种因素，合理确定营运资金的需要量，既能保证企业生产经营的需要，又不能因资金过量而浪费。

（二）合理确定营运资金的来源构成

企业从不同渠道和利用不同筹资方式筹集的资金，由于具体的来源、方式、期限不同，所以，资金的成本和风险均不一样，企业应选择最优的筹资渠道和筹资方式，以实现用最小的代价去换取所需的资金，满足企业日常经营的需要。

（三）加速营运资金周转，提高资金的使用效率

营运资金周转是指企业营运资金从现金投入开始，到最终转化为现金的过程。在其他因素不变的情况下，加速资金周转，也就提高了资金的使用效率，因此，企业应加强其内部责任管理，适度加速存货周转，缩短应收账款的收款周期，以改进资金的利用效果。

（四）合理确定比例关系

根据公司经营状况合理安排流动资金与流动负债之间的比例关系，提高公司的短期偿债能力。

（五）减少和避免风险

根据公司性质和经理人能力确定不同的营运资金筹资与投资策略，最大限度地减少或避免营运资金风险。

学习子情境二　现 金 管 理

情境引例

企业的一切都要以现金为基础，如果一个企业没有现金，就意味着破产。有了现金，就可以大胆投资，但是企业持有的现金并不是越多越好，因为现金是收益性最差的资产，企业如果占有太多资金，也会给企业带来一定的损失。

某国际航空公司资产负债表列示出该公司 1994 年 3 月拥有的总资产为 87 亿美元，凭这一点，该航空公司可算得上是世界上最大的运输公司之一，并且，该航空公司还持有高达 6 240 万美元的现金。这里的现金包括库存现金、银行存款、商业银行中的最低存款要求额以及未存入银行的支票等。

1997 年年底福特公司持有 208 亿美元现金和可交易证券，通用公司持有 145 亿美元现金，克莱斯勒公司持有 71 亿美元现金。

◎思考：

既然现金是收益性最差的资产，该航空公司以及福特、通用、克莱斯勒等公司为什么还要持有这么大数量的现金呢？

知识准备

一、现金的概念

现金是指在生产过程中暂时停留在货币形态的资金，是可以立即投入流通的交换媒介。现金有狭义和广义之分，狭义的现金是指库存现金，广义的现金则包括库存现金、银行存款和其他货币资金。财务管理所讲的现金，是指广义的现金。现金是变现能力最强的非营利性资产，是满足正常经营开支、清偿债务本息、履行纳税义务的重要保证。因此，拥有足够的现金对降低企业财务风险、增强企业资金的流动性具有十分重要的意义。

二、现金管理的目标

现金资产的特点就是流动性强，但盈利能力较差，现金是企业流动性最强的资产，具有普遍的可接受性，企业可以用现金购买商品、货物、劳务或者偿还债务，所以，企业在生产经营活动过程中必须持有一定数量的现金，这对保证企业的支付能力，降低企业财务风险都具有重要意义。当然企业持有的现金并不是越多越好，现金通常被称为"无收益的资产"或者"非营利性资产"，持有过多的现金并不能给企业带来较高的收益。因此，现金管理的过程就是在现金的流动性和赢利性之间进行权衡选择的过程，如何在现金的流动性与收益性之间做出合理的选择，即在保证企业高效、高质地开展经营活动的情况下，减少企业闲置的现金数量，提高资金收益率，尽可能保持最低的现金占用量是现金管理的目标，简言之，现金管理的基本目标即为，如何使企业持有的现金在满足现金需求的条件下成本最低。

三、现金管理的内容

(一)编制现金预算,估计现金需求

企业现金预算是现金管理的重要方法,通过编制现金预算,来合理地估计未来的现金需求。

(二)确定最佳的现金持有量

企业确定最佳现金持有量,就是采用一定的方法确定一个既要保证企业经营的需要,又要防止现金短缺,还要使空闲的现金能够得以利用以带来收益的科学合理的量,从而达到最佳的现金管理效果。当企业实际的现金余额与最佳的现金余额不一致时,可以采用短期融资策略或采用归还借款和投资于有价证券等策略来达到理想状况。

(三)对日常的现金收支进行控制

企业应采用一定的管理方法,加速现金的收回和控制现金的支出,力求加速收款,延缓付款。

四、现金持有的动机和成本

(一)现金持有的动机

企业持有现金的动机出于以下几方面:

1. 交易动机

交易动机即企业为了维持日常周转及正常商业活动而持有现金。企业为了组织日常生产活动,必须保持一定数额的现金余额,用于现款购买原材料、支付工资、缴纳税款、偿付到期税务、派发现金股利及其他临时业务开支等。企业在日常经营活动中经常得到现金收入,也经常发生现金支出,两者不能同步同量,企业必须保留一定的现金余额使企业的现金支出大于现金收入,才能使日常经营活动正常地进行下去,不致交易中断。一般来说,企业为满足交易动机所持有的现金余额主要取决于企业的采购水平。企业的采购额增加,所需现金余额也随之增加。

2. 预防动机

预防动机即指企业为应付意外事件而持有现金。市场行情瞬息万变以及不确定的因素太多,如发生自然灾害、生产事故、意外发生的财务困难等,使企业很难对未来现金流量的预期把握准,一旦企业未来所需现金偏离实际情况,必然对企业的正常经营秩序产生极为不利的扰乱,使现金收支出现不平衡。因此,在正常业务活动现金需求量的基础上,追加一定数量的现金余额以应付未来现金流入和流出的随机波动,是企业在确定必要现金持有量时应当考虑的重要因素。预防动机所需现金的多少取决于三个方面,一是企业对现金流量预测的准确程度;二是企业临时举债能力的强弱;三是企业愿意承担风

险的程度。

3. 投机动机

投机动机即企业为了把握市场投资机会,获得较大收益而持有现金,在证券市场价格剧烈波动时,从事投机活动,从中获取收益。这种获利机会具有时间短、收益高的特点。比如:遇有廉价的原材料、其他资产供应等不寻常的购买机会,便可用手头现金大量购入;再比如在适当时机购入价格有利的股票和其他有价证券等。投机动机只是企业确定现金余额时所需要考虑的次要因素之一,其持有量的大小往往与企业在金融市场的投资机会及企业对待风险的态度有关。

除以上三种主要原因外,企业也会基于其他原因而持有现金,例如,为在银行维持补偿性余额而持有现金。但要注意的是,由于各种动机所需要的现金可以相互调节使用,企业持有的现金总额并不等于各种动机所需现金余额的简单相加,通常前者小于后者。另外,需要说明的是,各种动机所需要的现金,并不一定是货币形态,也可以是能够随时变现的有价证券以及能够随时换成现金的其他各种存在形态,如随时借入的银行信贷资金等。

企业在确定现金持有量时必须综合考虑上述三个因素。

(二)现金的成本

1. 持有成本

现金的持有成本是指企业因保留一定的现金余额而增加的管理费用及丧失的再投资收益。

企业拥有现金,会发生一定的管理费用,如出纳人员的工资、管理人员的工资及为保管现金而购买保险柜的费用等,这些费用是现金的管理成本。管理成本是一种固定成本,在一定范围内与现金持有量之间无明显的比例关系,因此可以作为决策无关成本。

企业所持有的现金作为一项资金占用,是要付出代价的,这种代价从经济学的意义来讲是一种机会成本。现金的机会成本是由于企业不能同时用该项现金进行有价证券投资而放弃的投资收益。机会成本属于变动成本,它与现金持有的额度关系密切,即现金持有量越大,机会成本越高,反之就越小,因此,它属于决策的有关成本。计算最佳现金持有量时所说的持有成本仅是就其中的机会成本而言。现金的机会成本与企业现金的持有量成正比,其计算公式为:

$$机会成本 = 平均现金持有量 \times 现金再投资收益率$$

式中,平均现金持有量为决策期间企业现金的平均余额,现金再投资收益率通常是指企业的资本收益率或者有价证券的利率。比如企业欲持有 20 000 元现金,就意味着要放弃 1 800 元的证券投资收益(假设证券利率为 9%),这 1 800 元就是机会成本。

2. 转换成本

转换成本即指企业无论是用现金购入有价证券还是转让有价证券换取现金时都需要付出的交易费用,即现金同有价证券之间相互转换的成本,如委托买卖佣金、委托手续费、证券过户费、实物交割手续费等。严格来讲,转换成本并不属于固定费用,有的具有变动成本的性质,如委托佣金或手续费,这些费用通常是按照委托成交金额计算的。在有价证券总额既定的条件下，无论变现次数怎样变动，所支付的委托佣金总额是相等的。因此，根据委托成交金额计算的转换成本与证券变现次数关系不大，属于决策的无关成本。这样，与证券变现次数密切关联的转换成本，便只包括其中的固定性交易费用。转换成本与证券变现次数呈线性关系，用公式表示为：

转换成本总额＝证券变现次数×每次的转换成本

证券转换成本与现金持有量之间的联系是：在现金需要量既定的前提下，每次现金持有量即有价证券变现额的多少，必然对有价证券的变现次数产生影响，即现金持有量越少，进行证券变现的次数越多，相应的转换成本就越大；反之，现金持有量越多，证券变现的次数就越少，需要的转换成本开支也就越小。因此，现金持有量的不同必然通过证券变现次数多少而对转换成本产生影响。

3. 短缺成本

短缺成本即在现金持有量不足，而又无法及时变现有价证券加以补充的情况下，给企业带来的损失。如因缺乏现金不能及时购买原材料，从而使生产经营中断而给企业造成的损失；由于现金短缺而无法按期支付货款或不能按期归还贷款，将给企业的信用和企业形象造成损失，从而导致失去信用机会而得不到现金折扣的好处等。现金的短缺成本与现金持有量呈反方向变动关系。但由于现金是否会发生短缺、短缺多少、概率为多少以及各种短缺情形发生时可能的损失如何，都存在很大的不确定性和无法计量性。因此，在利用存货模式计算最佳现金持有量时，对短缺成本一般不予考虑。

五、最佳现金持有量

最佳现金持有量就是企业在正常的生产经营情况下所保持现金的最低余额，是现金使用的效率和效益最高时的现金持有量。

基于交易、预防、投机三个动机的要求，企业必须持有一定数量的现金余额。然而，作为一项非收益性资产，持有过多的现金尽管可以降低财务风险与经营风险，但却影响企业投资收益的提高；相反，现金持有量不足，在可能使企业蒙受风险损失的同时，往往还要付出各种无法估量的潜在成本和机会成本，因此，在权衡风险与报酬的基础上，为企业制定一个一定时期最佳的现金持有量，是企业现金管理的重要内容。

职业判断与业务操作

一、最佳现金持有量的确定

（一）成本分析模式

1. 成本分析模式

成本分析模式是根据现金有关成本，分析预测其总成本最低时的现金持有量的一种方法。

有关成本：机会成本及短缺成本。运用成本分析模式确定最佳现金持有量时，只考虑因持有一定量的现金而产生的机会成本及短缺成本，而不予考虑转换成本和管理费用。这种模式下，最佳现金持有量，就是持有现金而产生的机会成本与短缺成本之和最小时的现金持有量。成本分析模式下最佳现金持有量如图 7-1 所示。

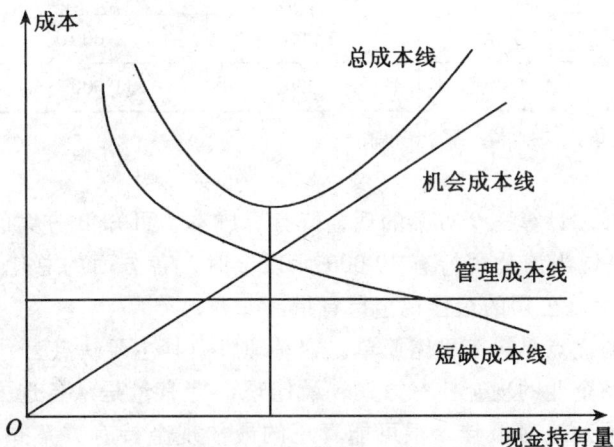

图 7-1 成本分析模式下最佳现金持有量

由图 7-1 可以看出，各项成本同现金持有量的变动关系不同，使得总成本曲线呈抛物线形，抛物线的最低点，即为成本最低点，该点所对应的现金持有量便是最佳现金持有量，此时总成本最低。

2. 操作步骤及计算公式

(1)根据不同现金持有量测算并确定有关成本数值；

(2)按照不同现金持有量及其有关成本资料编制最佳现金持有量测算表；

(3)在测算表中找出相关总成本最低时的现金持有量，即最佳现金持有量。

3. 典型例题

【例 7-1】 某公司现有三种现金持有量方案，有关持有现金的成本资料如表 7-1 所示。

表 7-1 　　　　　　　　　　　　某公司现金持有量资料表　　　　　　　　　　　单位：元

项　　目	A	B	C
现金持有量	20 000	30 000	40 000
短缺成本率	10%	10%	10%
机会成本	2 500	1 000	1 000
管理成本	20 000	20 000	20 000

根据成本分析模式确定该公司的最佳现金持有量。

解：编制最佳现金持有量测算表(如表 7-2 所示)。

表 7-2		最佳现金持有量测算表		单位：元
方案	现金持有量	短缺成本	机会成本	相关总成本
A	20 000	2 000	2 500	4 500
B	30 000	3 000	1 000	4 000
C	40 000	4 000	1 000	5 000

注：管理成本为决策无关成本，不予考虑。

由上表可见，通过计算三个方案的现金持有总成本，可知 B 方案的相关总成本最低，为 4 000 元，也就是说当该公司持有 30 000 元现金时，各方面的总代价最低，对公司最合算，即 30 000 元为该公司的最佳现金持有量。

成本分析模式的优点是决策思路简单，容易理解。其主要缺点为：一方面，运用成本分析模式，需要列举企业的现金持有方案，最佳现金持有量是从备选方案中选择出来的，只是相对最佳，而不是绝对最佳，很可能真正的最佳现金持有方案并不包括在备选方案中；另一方面，现金短缺成本的估计具有很强的主观性，估计结果不一定可靠。

（二）存货模式

1. 存货模式

存货模式是将存货经济进货批量模型原理用于确定目标现金持有量，其着眼点也是如何让现金相关成本最低。在这些成本中，管理费用因其相对稳定，同现金持有量的多少关系不大，因此在存货模式中将其视为决策无关成本而不予考虑。在存货模式的假设前提条件下，由于现金短缺时由有价证券转换补充，短缺成本此时为零，因而，在利用存货模式计算最佳现金持有量时，对短缺成本也不予考虑。企业为了降低机会成本，可以持有较少的现金，而在需要现金时，通过出售有价证券换回现金（或从银行借入现金），来提高资金的使用效率。但是，我们不能忽视的是：每次有价证券转换成现金是需要付出代价的（如支付相关费用），这会加大企业的成本。如何确定有价证券与现金的每次转换量，从而既能满足企业的现金需求，又能使总成本达到最低，我们这里可以用存货模式来解决。该模型是威廉·鲍曼提出的，所以又称为鲍曼模型。这种模式下的最佳现金持有量，只考虑现金持有成本和现金的固定转换成本，如果现金余额大，则持有现金的机会成本高，但转换成本可减少。如果现金余额小，则持有现金的机会成本低，但转换成本要上升。因此，最佳现金持有量是持有现金的机会成本与固定转换成本之和保持最低的现金持有量。

在存货模式中，假设收入是每隔一段时间发生的，而支出则是在一定时期内均匀发生的。在每次收入的间隔期内，企业可通过销售有价证券获得现金。确定现金余额的存货模式如图 7-2 所示。

在图 7-2 中，假定公司的现金支出需要在某一时期（例如一个月）内是稳定的。公司原有 N 元资金，当此笔现金在 T_1 用掉之后，出售 N 元有价证券补充现金；随后当这笔现金到 T_2 时又使用完了，再出售 N 元有价证券补充现金，如此不断重复。

运用存货模式确定最佳现金持有量时，是以下列假设为前提的：

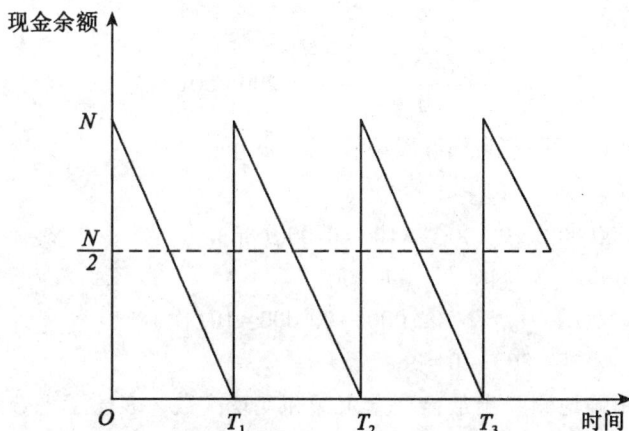

图 7-2　确定现金余额的存货模式

（1）企业预算期内现金需要总量可以预测。

（2）企业所需要的现金可通过有价证券变现取得，且证券变现的不确定性很小。

（3）现金的支出过程比较稳定，波动较小，而且每当现金余额降低为零时，均能通过变现部分有价证券得以补足。

（4）证券的利率或报酬率可知。

（5）每次将有价证券变现的交易成本已知。

如果这些条件基本得到满足，企业便可以利用存货模式来确定最佳现金持有量。

2. 操作步骤及计算公式

$$最佳现金持有量(Q) = \sqrt{\frac{2TF}{K}}$$

$$最佳转换次数(N) = T/Q = \sqrt{\frac{TK}{2F}}$$

$$最低总成本(TC) = \sqrt{2TFK}$$

现金管理总成本 = 持有机会成本 + 固定性转换成本

$$即：TC = \frac{Q}{2}K + \frac{T}{Q}F$$

式中：T——一个周期内现金总需求量；

$\qquad$ F——每次转换的固定成本；

$\qquad$ Q——最佳现金持有量；

$\qquad$ K——有价证券利息率（机会成本）；

$\qquad$ TC——现金管理总成本。

3. 典型例题

【例 7-2】　某企业现金收支状况比较稳定，预计全年（按 360 天计算）需要现金 200 万元，现金与有价证券的转换成本为每次 100 元，有价证券的年利率为 1%，试计算该公司的最佳现金持有量，并确定最低总成本、有价证券转换次数及时间间隔：

解：

$$现金最佳持有量(Q)=\sqrt{\frac{2\times2\,000\,000\times100}{1\%}}=200\,000(元)$$

$$最低总成本(TC)=\sqrt{2\times2\,000\,000\times100\times1\%}=2\,000(元)$$

其中：

转换成本 $=(2\,000\,000\div200\,000)\times100=1\,000(元)$

机会成本 $=(200\,000\div2)\times1\%=1\,000(元)$

有价证券转换次数$(T/Q)=2\,000\,000\div200\,000=10(次)$

有价证券交易间隔期 $=360\div10=36(天)$

存货模式可以精确地测算出最佳现金余额和变现次数，表述了现金管理中基本的成本结构，它对加强企业的现金管理有一定作用。但是这种模式以货币支出均匀发生，现金持有成本和转换成本易于预测为前提条件。因此，只有在上述因素比较确定的情况下才能使用此种方法。

二、管理库存现金

(一)现金管理的有关规定

1. 库存现金的使用范围

企业在经济往来中的结算业务，直接用现金收付的称为现金结算。为了保障国家的现金流通秩序，维护金融安全，国务院颁发了《现金管理暂行条例》，中国人民银行也颁布了《现金管理实施办法》，企业可在下列范围内使用库存现金：

(1)职工工资、津贴。

(2)个人劳务报酬。

(3)根据国家规定发给个人的各种奖金。

(4)各种劳保、福利费用以及国家规定的对个人的其他支出。

(5)向个人收购的农副产品和其他物资的价款。

(6)出差人员必须随身携带的差旅费。

(7)中国人民银行规定的结算起点(1 000 元)以下的零星支出。

(8)中国人民银行确定的需要支付现金的其他支出。

超出上述范围的一切经济往来，企业都应通过开户银行予以结算，即转账结算。转账结算与现金结算具有同等效力。企业购买国家规定的专控商品，需采取转账方式，不得以现金结算。

2. 库存现金限额

为了加强企业现金的日常收支管理，企业应严格控制库存现金的限额，一般为企业3~5 天的日常零星开支所需的库存现金。边远地区和交通不便地区的企业的库存现金限额，可以多于 5 天，但不得超过 15 天的日常零星开支。企业必须严格遵守核定的库存现金限额，超过限额的现金，应当于当日送存开户银行。当日送存确有困难的，由开户银行确定送存时间。

3. 库存现金日常收支的管理

企业在办理有关现金收支业务时，应当依照下列规定进行办理：

(1)现金收入及时送存银行，不得坐支现金。

(2)企业根据规定从开户银行提取现金，应当写明用途。由本单位财会部门负责人签字，经过开户银行审核后，予以支付现金。

(3)企业不准以不符合财务制度的凭证顶替库存现金。

(4)出纳人员应定期编制现金收入报表，反映本企业收入款项情况。定期编制现金支出报表，可按照各项费用分类反映，也可按部门分类反映费用支出，通过现金支出管理加强费用管理。

4. 企业库存现金的内部控制制度

(1)企业应建立现金的岗位责任制，明确相关部门和岗位的职责权限，确保办理现金业务的不相容岗位相互分离、制约和监督。出纳人员不得兼任稽核、会计档案保管和收入、支出、费用、债权债务账目的登记工作。

(2)企业办理现金业务，应配备合格的人员，并根据具体情况进行岗位轮换。

(3)企业应建立现金业务的授权批准制度，明确审批人员对现金业务的授权批准方式、权限、程序、责任和相关控制措施，规定经办人员办理现金业务的职责范围和工作要求。

(4)企业应加强银行预留印鉴的管理。财务专用章由专人保管，个人名章由本人或其授权人保管。严禁一人保管支付款项所需的全部印章。

(5)企业应加强与现金有关的票据管理，防止空白票据遗失和被盗。

此外，企业每日终了结算现金收支、财产清查等发现有待查明原因的现金短缺或溢余时，应通过有关科目及时核算。

(二)管理现金日常收支

总的来说，企业现金日常管理的意图是在保证日常生产经营业务的现金需求前提下，最大限度地加速现金的运转，从而获得最大的经济收益。企业在确定最佳现金持有量后，加强现金日常管理就可以围绕着控制现金最佳持有量来进行。为了提高现金的使用效率，企业需要对现金的流入和流出进行有效的控制，所以，如何增加现金的持有量以达到高效使用现金的目的成为加强现金日常管理最关键的问题。

1. 现金收入的管理

企业现金收入的主要途径就是企业账款的回收，现金收入的管理重在缩短收款时间，收款延误对企业是不利的。因此，在其他情况不变的条件下，企业要采取一些措施加速收账，以缩短收账时间。企业收账一般要经过如图 7-3 所示的过程。

如图 7-3 所示企业账款的回收通常需要经过四个时点，即客户邮寄付款票据、企业收到票据、票据交存银行、企业收到现金。这样，企业账款的回收时间就由票据的邮寄时间、票据在企业停留时间、票据结算时间三个部分组成。在以上过程中现金在每一阶段的时滞长短取决于企业、客户和银行所在的位置以及企业在现金收账上的效率。票据在企业

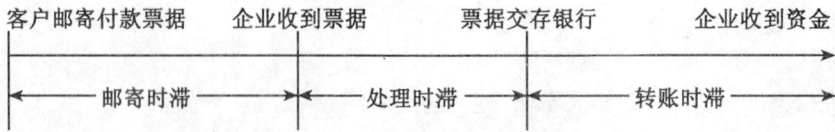

图 7-3　现金收账过程

停留的时间可以由企业本身通过建立规章制度、奖惩激励机制等方法来控制，但控制票据邮寄时间和票据结算时间，仅靠企业自身的力量是远远不够的，必须采取有效措施充分调动客户和银行的积极性，才能实现有效控制。在实际工作中，缩短邮寄时滞和处理时滞的方法一般有邮政信箱法、银行业务集中法等，缩短转账时滞可用最快的转账结算方式。

①银行业务集中法。银行业务集中法的核心思想是建立多个收款中心，便利客户汇款。企业采用银行业务集中法，首先是指定一个主要开户行为集中银行，然后在赊销客户集中的地区设立多个收款中心；企业通知客户在收到账单后直接向客户所在地的收款中心汇款，该收款中心在收到客户货款后立即存入当地银行；当地银行进行票据交换后在短时间内将款项汇给企业指定的集中银行。通过采用银行业务集中法，企业可以有效地缩短现金从客户到企业的周转时间，但在多个地区设立收款中心，也会增加企业的收账费用。

②邮政信箱法。邮政信箱法又称锁箱法，是现代企业加速资金周转的常用方法之一。企业平时在各个主要城市租用专门的邮政信箱，并开立分行存款账户，授权当地银行每日开启信箱，在取得客户票据后立即结算，然后通过电汇的方式将货款拨给企业的开户银行。其流程如图 7-4 所示。

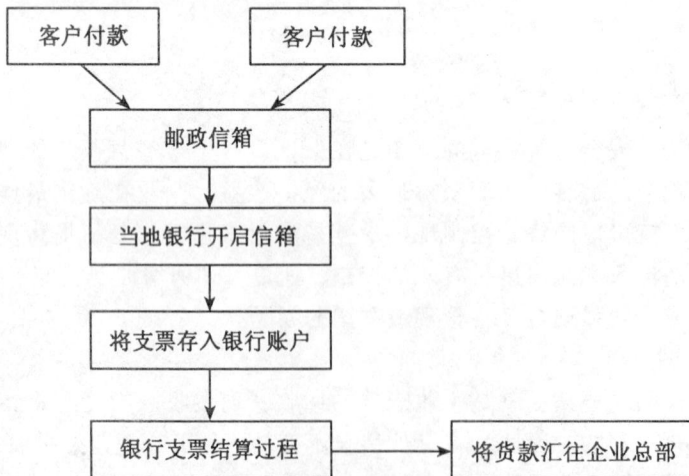

图 7-4　锁箱过程

邮政信箱法缩短了票据在企业的时间，因为支票是在附近的邮局收到的，而不是在企业总部收到的。同时，邮政信箱法也降低了处理时间，因为企业不必打开信箱，并将支票存入银行。总而言之，邮政信箱法使企业收账的处理、存入和结算，比支票在总部收到再自己到银行存入和结算要快很多。现在，许多企业为了提高效率已采用"电子锁箱"来代替传统锁箱，但是租用专门的邮政信箱会提高收账的成本。

企业无论是采用银行业务集中法，还是邮政信箱法，都可以达到加速货款回收的目的，但也都会增加企业的费用。因此，企业的财务管理人员需要权衡收款方法的成本和收益，选择恰当的方法加速收款。

③其他方法。除了以上方法外，还有一些加速收现的方法，例如，对于金额较大的货款可采用直接派人前往收取支票并送存银行，以加速收款。另外，公司对于各银行之间以及公司内部各单位之间的现金往来也要严格控制，以防过多的现金闲置在各部门之间。

【例 7-3】 某企业采用邮政信箱法(或者银行业务集中法)可以使企业每年应收账款的平均余额由现在的 400 万元减少为 250 万元。该企业的综合资金成本率为 10%，租用专用邮政信箱(或者增设收款中心)每年增加相关费用 8 万元，问该企业是否应采用邮政信箱法(或者银行业务集中法)。

解：

每年的应收账款减少额 = 400 - 250 = 150(万元)

减少的应收账款的机会成本 = 150×10% = 15(万元)

采用邮政信箱法(或者银行业务集中法)的净收益 = 15 - 8 = 7(万元)

所以该企业应该采用邮政信箱法(或者银行业务集中法)来加速回款。

2. 现金支出管理

现金支出管理的关键是控制现金支出的时间。从企业角度而言，与现金收入管理相反，尽可能地延缓现金的支出时间是控制企业现金持有量最简便的方法。当然，这种延缓必须是合理合法的，且是不影响企业信誉的，否则，企业延期支付所带来的效益必将远小于为此而遭受的损失。企业延期支付账款的方法主要有：①推迟支付应付账款法；②汇票付款法；③合理利用现金"浮游量"；④分期付款法；⑤改进工资支付方式；⑥外包加工节现法。

3. 闲置现金投资管理

企业在筹集资金和经营业务时会取得大量的现金，这些现金在用于资本投资或其他业务活动之前，通常会闲置一段时间。对于这些现金如果让其一味地闲置就是一种损失和浪费。为此，可将其投向流动性高、风险性低、交易期限短，且变现及时的投资，以获取更多的利益。如金融债券投资、可转让大额存单、回购协议等，股票、基金、期货等投资虽然可行，但因风险较大故不提倡。

4. 力争现金流入、流出量同步

如果企业能尽量使它的现金流入与现金流出发生的时间趋于一致，就可以使其所持有的交易性现金余额降到最低水平，这就是所谓的现金流量同步。企业力争现金流量的同步化既可以提供企业日常经营所需的现金，也可以因此减少银行借款金额，同时降低利息费用的支出，最终增加企业的利润。

学习子情境三　应收账款管理

✎ 情境引例

长虹是"中国彩电大王"和"沪深股市老牌绩优股"，它有过年净利润 25.9 亿元的辉煌，它的股价曾达到 66 元。

作为中国民族工业的一面旗帜，全球第三大彩电生产基地，而且其主导产品享有较高市场份额的企业，却在 2004 年，股价一度暴跌损失 13.3 元。2005 年 4 月 16 日，四川长虹公布了 2004 年年度报告。年报显示，四川长虹 2004 年全年亏损高达 36.8 亿元，创下了当时中国股市亏损之最。36.8 亿元的巨额亏损，约占 10 年来总赢利的 40%，给四川长虹带来了致命的打击。

究其原因，主要是公司的应收账款居高不下，造成企业净资产虚化。自 1996 年以来，四川长虹的应收账款迅速增加，从 1995 年的 1 900 万元增长到 2003 年的近 50 亿元，应收账款占资产总额的比例从 1995 年的 0.3% 上升到 2003 年的 23.3%。应收账款是埋在企业身边的"定时炸弹"，如果管理不善，将给企业财务安全造成隐患。

资料来源：金融界，www.jrj.com.cn.

客户永远是上帝吗？

有一句商业格言说得好：客户既是企业最大的财富来源，也是企业最大的风险来源，只有那些有偿付能力的客户才是重要的客户。在经营活动中，应对客户进行严格的管理，使客户真正成为财富的来源，而不是灾难的来源。

要记住：追讨是一种事后措施，更重要的是前期预防和中期控制。

资料来源：徐虹，康晓梅. 旅游企业财务管理. 大连：东北财经大学出版社，2007.

刘经理的困扰

流行美公司是一家经营女式时装的企业，一段时期以来，困扰公司总经理刘先生的一个问题是公司账面上利润丰厚，可是公司却总是为筹集资金而奔波。于是，刘先生向他的财务顾问王博士咨询，王博士经过调查研究，告诉刘经理是应收账款"绑架"了公司的现金，在公司经营过程中，企业的部门经理会经常因为客户的要求向刘经理审批应收账款，并一直强调说，如果不允许欠款发货，客户就不提货，生产出来的产品就会堆放在仓库里，一段时间过后，就更不值钱了。所以，虽然公司销售业绩骄人，但是大多数是没有收回的应收账款，导致企业"钱袋子"里的资金越来越少。

◎思考：

如果你是流行美公司的财务顾问，你会为这个问题向刘经理提出什么建议？

✎ 知识准备

一、应收账款的概念

在公司销售商品或提供劳务时，可能有两种情况：一种是购买者当即付款，另一种情况是购买者延后一段时间付款，即公司向购买者提供信用。公司提供信用，产生应收账款。应收账款是因为企业对外赊销产品、材料、供应劳务等应向对方收取而未收取的款项，包括应收销售款、其他应收款、应收票据等。从会计核算角度看，应收账款主要包括记账时的"应收账款"、"其他应收款"，"预付账款"及票据形式的"应收票据"等。这里所说的应收账款是一个广义概念，而不是单纯包括会计核算中的"应收账款"。实际生活中，所占金额比重大、对企业影响最重要的是各项赊销应收款。因此，本节所讨论的应收账款主要就是企业中的赊销应收款。

应收账款不包括以下方面：

(1)应收账款是企业因销售活动而引起的短期债权，凡不是因销售活动而发生的应收款项，不应列入应收账款。如各种应收取的赔款和罚款、应向职工收取的各种垫付款、应收债务人的利息、应收已宣告分配的股利等；另外，凡是长期性质的债权也不应列入应收账款，如超过 1 年的应收分期销货款、购买的长期债权等。

(2)应收账款是企业应向客户收取的款项，不包括企业付出的各类存出保证金、押金和预付款项等。

在激烈的市场竞争中，企业往往采用赊销的方式来促进产品的销售，同时也减少了产成品的库存时间，从而提高了企业利润。随着市场经济的发展，商业信用的使用日趋增多，应收账款的数额也日趋增大，加强对应收账款的管理已成为流动资产管理的重要内容。

二、应收账款的功能

(一)增加销售的功能

企业在销售产品时可以采取两种基本方式，即现销方式与赊销方式。现销方式最大的优点是应计现金流入量与实际现金流入量完全吻合，既能避免呆账坏账损失，又能及时将收回的款项投入再增值过程，因而是企业最期望的一种销售结算方式。然而，在激烈的市场经济条件下，完全依赖现销方式是不现实的。改革开放以来，中华人民共和国成立后延续了几十年的短缺经济已经基本结束，买方市场开始形成。中国不仅大部分消费品供过于求，而且一些投资产品甚至基础产品也供过于求。企业之间为争夺市场而展开了激烈的竞争。企业往往采取赊销方式进行销售，先将产品赊销给客户，到一定时间后再收回货款。即便买方目前资金紧张、周转困难，也能按时购买产品，无疑也可以扩大销售。在市场疲软、资金匮乏的情况下，赊销的促销作用则更为明显。

(二)减少存货的功能

企业持有产成品存货，要增加仓储费、管理费和保险费等支出；相反，企业持有应收账款，则无须上述支出。因此，无论是季节性生产企业或是非季节性生产企业，当产成品存货较多时，一般都可采用较为优惠的信用条件进行赊销，把存货转化为应收账款，减少产品存货，节约各种开支。

（三）开拓新市场的功能

企业为了开拓新市场，扩大市场占有率，一般会采取较优惠的信用条件进行销售，通过持有应收账款的形式，企业向顾客提供了两项交易：向顾客销售产品和在一个有限的时间内向顾客提供资金。企业提供商业信用，实际上是在销售中向购货方提供一笔无息贷款，很显然会起到吸引顾客、开拓市场的作用。

三、应收账款的成本

（一）机会成本

应收账款的机会成本是指将资金投资于应收账款而不能进行其他投资而丧失的投资收益。这一成本的大小通常与企业维持赊销业务所需要的资金数量、资金成本有关。其数额可按下列步骤计算：

1. 计算应收账款周转率

$$应收账款周转率 = 360 \div 应收账款周转期$$

（应收账款周转期相当于应收账款平均收账期，如果平均收账期不明确，可用信用期近似代替。）

2. 计算应收账款平均余额

$$应收账款平均余额 = 赊销收入净额 \div 应收账款周转次数（率）$$

3. 计算维持赊销业务所需要的资金

$$维持赊销业务所需要的资金数额 = 应收账款平均余额 \times （变动成本 \div 销售收入）$$
$$= 应收账款平均余额 \times 变动成本率$$

4. 计算应收账款的机会成本

$$应收账款的机会成本 = 维持赊销业务所需要的资金数额 \times 资金成本率$$

上式中，资金成本率一般按有价证券的利息率计算。

【例7-4】 假设企业预测年度赊销额为36万元，应收账款平均收账天数为100天，变动成本率为60%，资金成本率为10%，求该企业应收账款的机会成本？

解：

$$应收账款平均余额 = 360\ 000 \div 360 \times 100 = 100\ 000（元）$$
$$维持赊销业务所需要的资金 = 100\ 000 \times 60\% = 60\ 000（元）$$
$$应收账款的机会成本 = 60\ 000 \times 10\% = 6\ 000（元）$$

上述计算表明，企业投放60 000元的资金可维持360 000元的赊销业务，相当于垫支资金的6倍。这一较高的倍数取决于应收账款的周转速度。在正常情况下，应收账款的周转率越高，维持一定赊销额所需的资金就越少；应收账款周转率越低，维持相同赊销额所需要的资金也就越多。而应收账款机会成本的高低在很大程度上取决于企业维持赊销业务所需资金的多少。

（二）管理成本

应收账款的管理成本是指企业对应收账款进行管理而耗费的开支。它是应收账款成本的重要组成部分。主要包括：对顾客信用情况进行调查的费用、收集各种信息的费用、催收账款的费用、账簿的记录费用等。

（三）坏账成本

应收账款的坏账成本是指某种原因导致应收账款不能收回而给企业造成的损失。可以说，企业发生坏账成本是不可避免的，这一成本一般与应收账款数量成正比，所以，为了减少坏账给企业生产经营活动的稳定性所带来的不利影响，企业按规定应根据期末应收账款余额的一定比例提取坏账准备。坏账的发生对企业是非常不利的，应尽量防范。所以，防止发生坏账是企业制定信用标准时要考虑的一项重要内容。

四、应收账款的管理目标

在市场经济条件下，商品价值与使用价值的相对分离是应收账款产生的根本原因。就具体原因而言，是由于市场竞争的需要而采取赊销方式所致。应收账款投资收益与风险并存的客观事实，要求企业必须对应收账款的收益与成本加以全面权衡。作为一种短期投资行为，应收账款管理的基本目标是：在发挥应收账款强化竞争、扩大销售功能的同时，尽可能降低投资的机会成本、坏账成本与管理成本，最大限度地提高应收账款投资的效益。

五、信用政策

信用政策又称为应收账款政策，信用政策是企业对应收账款进行规划与管理而制定的基本原则和行为规范，一般由信用标准、信用条件和收账政策三部分组成，是企业财务政策的重要组成部分。

（一）信用标准

信用标准是企业同意向客户提供商业信用而要求对方必须具备的最低条件，常以坏账损失率作为判别标准。企业信用标准越高，企业的坏账损失就越少，同时，应收账款的机会成本和管理成本也就越少。但是，过高的信用标准不利于企业扩大销售，有可能影响企业产品的市场竞争能力；反之，如果企业的信用标准过低，虽然有利于企业扩大销售，提高产品的市场竞争力和占有率，但会增加坏账损失和应收账款的机会成本与管理成本。

企业的信用标准必须在两者之间权衡选定。

（二）信用条件

信用条件是指企业向对方提供商业信用时要求其支付赊销款项的条件。信用条件由信用期限、折扣期限和现金折扣三部分构成。信用条件的一般形式如"2/10，n/30"，它表示若客户在 10 天内付款，可以享受 2% 的现金折扣；即使客户不享受现金折扣，也必须在 30 天内付款。这就是说上述信用条件的信用期限为 30 天，折扣期限为 10 天，现金折扣率为 2 %，信用条件是否优惠对企业的产品销售具有很大的影响。

信用期限是企业允许客户从购货到付清货款的最长时间。一般来说，信用期限越长，对客户的吸引力就会越大，因而可以在一定程度上扩大产品的销售量。但是应该注意到，过长的信用期限可能会给企业带来以下问题：一是会使应收账款的平均收账期限延长，占用在应收账款上的资金也就会增加，进而使企业应收账款资金占用的机会成本增加。二是会增加企业的坏账损失和收账费用，因为赊销的时间越长，发生坏账的可能性就越大，收回账款的费用也会相应增加。因此，企业在进行信用期限决策时，应该视延长信用期限增加的边际收入是否大于增加的边际成本而定。

为了缩短客户的实际付款时间，加速资金的周转，同时减少坏账损失，企业常常给客户提供一个折扣期限。客户若在折扣期限内付款，则企业可以按销售收入的一定比率给予其现金折扣。现金折扣实际上是产品售价的扣减，企业提供一个什么样的折扣期限和现金折扣，应该看提供现金折扣后所得的收益是否大于现金折扣的成本。

除上述信用条件外，企业还可以采用阶段性的现金折扣期与不同的现金折扣率。

例如："2/10，1/20，n/30"，意思是：在 10 天内付款，给予 2% 的现金折扣；在 10～20 天内付款，给予 1% 的现金折扣；30 天内必须付款，不再给予现金折扣。

（三）收账政策

收账政策是指客户超过信用期限而仍未付款或拒付账款时企业采取的收账策略。如果企业采用积极的收账政策，可能会减少应收账款投资，减少坏账损失，但要增加收账成本。如果采用消极的收账政策，则可能会增加应收账款投资，增加坏账损失，但会减少坏账成本。

无论采取何种方式催收账款，都需要付出一定的代价，即收账费用，如收款所需的邮电通信费、派专人收款的差旅费和法律诉讼费等。一般而言，收账费用支出越多，坏账损失越少，但它们之间并不一定存在线性关系。通常情况下：（1）开始花费一些收账费用，应收账款和坏账损失有小部分降低；（2）收账费用继续增加，应收账款和坏账损失明显减少；（3）收账费用达到某一限度以后，应收账款和坏账损失的减少不再明显，这个限度称为饱和点，如图 7-5 中的 P 点。在制定收账政策时，应权衡增加的收账费用与减少的应收账款机会成本和坏账损失之间的得失。收账费用与坏账损失的关系如图 7-5 所示。

职业判断与业务操作

一、制定应收账款的信用政策

（一）确定信用标准

1. 信用标准

信用标准是客户获得企业商业信用所应具备的最低条件，通常以预期的坏账损失率表示。到底应向客户提供什么样的信用标准，企业应综合分析影响信用标准的因素，制定合理的信用标准。

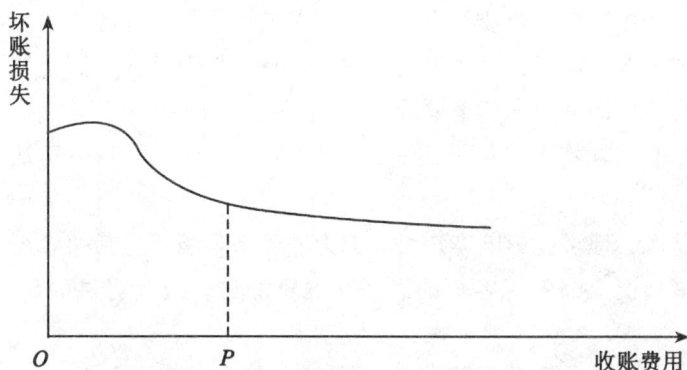

图 7-5　收账费用与坏账损失的关系

2. 操作步骤及计算公式

（1）确定信用标准的定性分析

企业在制定或选择信用标准时，应考虑三个基本因素：

第一，同行业竞争对手的情况。面对竞争对手，企业首先应考虑如何在竞争中处于优势地位，保持并不断扩大市场占有率。如果同行业竞争对手的实力很强，企业欲取得或保持优势地位，就需采取相对较低的信用标准；反之，其信用标准可以相应严格一些。

第二，企业承担违约风险的能力。企业承担违约风险的能力强弱，对信用标准的选择也有着重要的影响。当企业具有较强的违约风险承担能力时，就可以较低的信用标准提高竞争力，争取客户，扩大销售；反之，如果企业承担违约风险的能力比较脆弱，就只能选择严格的信用标准以尽可能降低违约风险。

第三，客户的资信程度。企业在制定信用标准时，必须对客户的资信程度进行调查、分析，然后在此基础上，判断客户的信用等级并决定是否给予客户信用优惠。进行企业信用评估的方法有很多，常用的有以下两种。

①6C 评估法。客户资信程度的高低通常取决于六个方面，即客户的信用品质（Character）、偿付能力（Capacity）、资本（Capital）、抵押品（Collateral）、经济状况（Conditions）和持续性（Continuity），简称"6C"系统。

第一，信用品质，即客户履约或违约的可能性。客户是否愿意按期支付货款与该客户在以往的交易过程中所表现出来的品质有很大的关系，因此，品质是信用评价体系中的重要因素。

第二，偿付能力，是指客户偿债的能力，即其流动（速动）资产的数量和质量及与流动负债的比例。客户支付货款的能力取决于其资产，特别是流动资产的数量、质量、流动比率以及现金的持有水平等因素。一般来说，企业的流动资产数量越多，质量越好，流动比率越高，持有现金越多，其支付货款的能力就越强；反之，就越弱。

第三，资本，即客户的经济实力和财务状况。该指标主要是根据有关的财务比率来测定客户净资产的大小及其获利的可能性，管理者通过对方企业的财务比率所反映的企业财务状况进行判断，其中有形资产在总资产中所占的比率是非常重要的指标。

第四，抵押品，即客户拒付或无力支付款项时能被用做抵押的资产。当对客户的信用状况有怀疑时，如果客户能够提供足够的抵押品，就可以向其提供商业信用。这对于不知底细或信用状况有争议的客户尤其重要。

这不仅对顺利收回货款比较有利，而且一旦客户违约，也可以变卖抵押品，挽回经济损失。

第五，经济状况，即可能影响客户付款能力的经济环境，包括一般经济发展趋势和某些地区的特殊发展情况。当发现客户的经济状况不好时，给其提供的商业信用就应十分谨慎。

第六，持续性，即企业经营政策的连续性与稳定性。好的企业，其经营都是相对稳定的。

对以上六个因素分别进行分析后，还要对它们进行排列组合。六个因素都良好，说明客户信用状况最佳；反之，每个因素都不好，说明客户的信用状况最差；其他情况下可以根据六个因素的重要程度依次排序，以此确定是否应该向客户提供商业信用。

②信用评级法。信用评级法是直接借助信用机构所发布的信用等级结论，而对客户信用进行评估的方法。

许多国家都有信用评估的专门机构，定期发布企业（客户）的信用等级报告。美国的标准普尔公司和穆迪公司，都是世界上著名的信用评级机构，它们的评估结论在世界各地都具有权威性。我国的信用评估机构目前有三种形式：一是独立的社会评估机构，它们只根据自身的业务吸收有关专家参加，不受行政干预和集团利益的牵制，独立自主地开展信用评估业务；二是由中国人民银行负责组织的评估机构，一般吸收各商业银行和各部门的专家进行企业信用的评估；三是由商业银行组织的评估机构，由商业银行组织专家对其客户的信用进行评估。随着经济活动规范化进程的加快和力度的加大，国家已经开始对非社会信用评估机构从设立、执业范围等方面进行限制。

信用评估机构在企业（客户）信用等级评定方面，目前主要采用两种标准。（1）"三等九级制"，即把企业的信用状况分为 A、B、C 三等和 AAA、AA、A、BBB、BB、B、CCC、CC、C 九级。按照国际惯例，AAA 和 AA 级为信用状况良好；A 级和 BBB 级为信用状况一般；BB 和 B 级为信用状况较差，CCC、CC 级和 C 级为信用状况很差。（2）"三级制"，即把企业的信用状况分为 AAA、AA、A 三个等级，通常 AAA 为信用状况良好；AA 为信用状况一般，而 A 为信用状况较差或很差。

专门的信用评估机构通常评估方法先进，评估调查细致，评估程序合理，从而其结论的可信程度也比较高。信用评估法是一种对客户信用评估的较为简捷的方法。

上述客户各种经济信息资料可以通过下列渠道取得：商业代理机构或资信调查机构提供的客户信息资料及信用等级标准资料；委托往来银行信用部门向与客户有关联业务的银行索取信用资料；与跟同一客户有信用关系的其他企业相互交换该客户的信用资料；客户的财务报告资料；企业自己总结的经验与其他可取得的资料等。

（2）确立信用标准的定量分析

确定信用标准的定量分析，主要解决两个问题：一是确定客户拒付账款的风险，即坏账损失率；二是确定客户的信用等级，作为制定信用标准的依据。这主要通过以下三个步骤来完成：

第一步：确定信用等级的评价标准。

第二步：利用客户的财务报告资料，计算其指标值并与信用等级评价标准比较。若某客户的某项指标值小于等于差的信用标准，则预计坏账损失率增加10%；若某客户的某项指标值在好与差的信用标准之间，则预计坏账损失率增加5%；若某客户的某项指标值大于等于好的信用标准，则预计坏账损失率等于0。最后，将该客户各项指标的预计坏账损失率相加，作为该客户可能发生坏账损失的总比率。

第三步：进行风险排队，并确定客户的信用等级。根据上述计算的预计坏账损失率，由小到大进行排序。然后，结合企业承受违约风险的能力及市场竞争的需要，划分客户信用等级，如预计坏账损失率5‰以内的为 A 级信用客户，5‰～10‰的为 B 级信用客户。对不同信用等级的客户，分别采用不同的信用标准，如对 A 级信用客户采用一般的信用标准，对 B 级信用客户采用较严的信用标准等。

实际工作中，企业应该建立客户信用档案，定期对其进行动态评估。通过对信用标准的测定，最终反映出客户的还债能力。因此，一般在信用标准评定的基础上，最终以预计的坏账损失率为标准。企业在确定对什么样的预期坏账损失率的客户给予信用时，应从收益和成本两个角度进行分析。

【例 7-5】　某企业本年度的经营情况和信用标准如表 7-3 所示。

表 7-3　　　　　　　　　　　某企业本年度的经营情况和信用标准情况

项目	数据
销售收入（元）	500 000
应收账款占用额（元）	60 000
利润	100 000
销售利润率（％）	20
信用标准（％）	≤15
平均实际发生坏账损失率（‰）	10
信用期限	30 天付清
平均收款期	60 天
平均收款期应收账款的机会成本（％）	15

该企业在确定下年度信用标准时，提出了如下两个方案，信用标准变化对企业经营状况的影响如表 7-4 所示。

表 7-4 　　　　　　　　　　某企业信用情况的 A、B 方案

A 方案（较紧的信用政策）	B 方案（较松的信用政策）
信用标准：只对那些预期坏账损失率低于 10‰ 的企业提供商业信用	信用标准：只对那些预期坏账损失率低于 20‰ 的企业提供商业信用
由于标准收紧预计减少销售额(元)　　50 000	由于标准放松预计增加销售额(元)　　75 000
所减少销售额的平均收款期限(天)　　60	所增加销售额的平均收款期限(天)　　75
所减少销售额的平均收账损失率(‰)　　7	所增加销售额的平均收账损失率(‰)　　14
因减少销售额而相应减少的管理费用(元)　　600	因增加销售额而相应增加的管理费用(元)　　400

请评价企业应该选择哪个信用标准？

解：

A 方案：

信用标准变化对销售利润的影响 $= -50\ 000 \times 20\% = -10\ 000$（元）

信用标准变化对机会成本的影响 $= -50\ 000 \times 15\% \times \dfrac{60}{360} = -1\ 250$（元）

信用标准变化对坏账成本的影响 $= -50\ 000 \times 7‰ = -350$（元）

信用标准变化对管理费用的影响 $= -600$（元）

A 方案影响的净收益 $= -10\ 000 - (-1\ 250) - (-350) - (-600) = -7\ 800$（元）

B 方案：

信用标准变化对销售利润的影响 $= 75\ 000 \times 20\% = 15\ 000$（元）

信用标准变化对机会成本的影响 $= 75\ 000 \times 15\% \times \dfrac{75}{360} = 2\ 343.75$（元）

信用标准变化对坏账成本的影响 $= 75\ 000 \times 14‰ = 1\ 050$（元）

信用标准变化对管理费用的影响 $= 400$（元）

B 方案影响的净收益 $= 15\ 000 - 2\ 343.75 - 1\ 050 - 400 = 11\ 206.25$（元）

通过比较 A、B 两个方案，显然 B 方案能增加利润 11 206.25 元，应采用 B 方案。

（二）确定信用条件

1. 信用条件

信用标准是企业评价客户的信用等级，决定是否给予客户信用优惠的依据。一旦企业决定给予客户信用优惠时，就需要考虑具体的信用条件。信用条件是指企业接受客户信用订单时所提出的付款要求，主要包括信用期限、折扣期限和现金折扣三部分。信用条件的一般形式如"2/10，n/45"，表示若客户能够在发票开出后的 10 天内付款，可以享受 2% 的现金折扣；如果放弃折扣优惠，则全部款项必须在 45 天内付清。在此，45 天为信用期限，10 天为折扣期限，2% 为现金折扣率。

（1）信用期限

信用期限是指企业允许客户从购货到支付货款的时间间隔。通常，延长信用期限可以

在一定程度上扩大销售量，从而增加毛利。但不适当地延长信用期限，会给企业带来不良后果：一是使平均收账期延长，占用在应收账款上的资金相应增加，引起机会成本增加；二是引起坏账损失和收账费用的增加。例如：若某企业允许顾客在购货 30 天内付款，则信用期限为 30 天。企业在作出信用期限决定时，需慎重考虑。因为信用期过长，对销售增加固然有利，但一味顾及销售增长而盲目放宽信用期，使收益增加的同时费用也大幅增加，有时所得的收益会被增长的费用抵消，甚至造成利润减少；但是信用期过短，不足以吸引顾客，会在竞争中使销售额下降。因此，企业是否给客户延长信用期限，应视延长信用期限增加的边际收入是否大于增加的边际成本而定。通常，信用期限取决于交易传统，同行业企业通常采用类似的信用期限，但不同行业间的信用期限则可能差别很大，信用期限在 30 ~ 50 天不等。通常，影响信用期限长短的因素主要有两个方面，一是买方拥有货物的时间，信用期限不应该超过赊销客户自己消耗货物的时间，也不会允许延长信用期限到货物再销售之后；二是市场竞争的激烈程度，通常赊销企业所在行业竞争激烈，给予客户的信用期限越长。一般来说，企业的信用条件是遵循本行业的惯例给出的，它是基于一定的外部经济环境，在充分考虑到企业自身资金实力的情况下，本着提高最终效益和增强竞争力的思想确定的。给客户的信用条件如何，直接影响甚至决定着企业应收账款的持有水平和规模。

（2）现金折扣和折扣期限

现金折扣实际上是对现金收入的扣减，它不同于商业折扣。现金折扣政策主要包括折扣期限与现金折扣。折扣期限是为客户规定的可享受现金折扣的付款时间；现金折扣是在客户提前付款时给予的优惠。企业决定是否提供以及提供多大程度的现金折扣，着重考虑的是提供折扣后所得的收益是否大于现金折扣的成本。

企业究竟应当核定多长的现金折扣期限以及给予客户多大程度的现金折扣优惠，必须将信用期限及加速收款所得到的收益与付出的现金折扣成本结合起来考察。同延长信用期限一样，采取现金折扣方式有利于刺激销售，能降低机会成本、管理成本和坏账成本，同时，也需要付出一定的成本代价，即现金折扣成本（少收货款部分），也即给予现金折扣造成的损失。现金折扣的政策有时还会影响销售额（比如有的客户就是冲着现金折扣来购买商品的），造成销售利润的改变。如果加速收款带来的机会成本收益能够绰绰有余地补偿现金折扣成本，企业就可以采取现金折扣或进一步改变当前的折扣方针；如果加速收款的机会收益不能补偿现金折扣成本，则现金优惠条件便被认为是不恰当的。

2. 操作步骤及计算公式

信用标准、信用条件的改变，必然会对收益与成本两个方面产生影响，综上所述，决策的基本思路就是通过比较信用标准、信用条件调整前后收益与成本的变动，遵循边际收入大于边际成本的原则，作出方案优劣的选择。

（1）操作步骤

第一，确定方案的决策相关成本，这些成本项目包括：应收账款占用机会成本，坏账损失等。

第二，确定每一方案的决策相关收益，包括扩大销售所增加的收益。

第三，对每一方案进行成本效益分析比较，选择净收益增加最多的决策方案。

（2）基本公式

决策成本=应收账款投资机会成本+应收账款坏账准备及管理费用额

其中：

应收账款投资机会成本=维持赊销业务所需要的资金数额×资金成本率

维持赊销业务所需要的资金数额=应收账款平均余额×（变动成本÷销售收入）

$$=应收账款平均余额×变动成本率$$

$$应收账款平均余额=\frac{应收账款赊销净额}{应收账款平均周转次数（率）}$$

应收账款赊销净额=应收账款赊销收入总额-现金折扣额

$$应收账款平均周转次数（率）=\frac{360}{应收账款平均周转天数}$$

$$应收账款平均周转天数=\sum\frac{各现金折扣期}{或信用期限}×客户享受现金折扣期或信用期的估计平均比重$$

决策收益=赊销收入净额×（1-变动成本率）

方案净收益=决策收益-决策成本

决策标准：以方案净收益大于零为基本标准，取其净收益最大的决策方案。

3. 典型例题

【例 7-6】 某公司现在采用 30 天按发票金额付款的信用政策，拟将信用期放宽到 50 天，仍按发票金额付款即不给折扣，该公司投资的最低报酬为 20%，变动成本率为 80%，其他有关数据见表 7-5。

表 7-5　　　　　　　　　　　　　　　　信用条件备选方案表

项目　　　　　　　　信用期	30 天	50 天
销售量（件）	300 000	400 000
销售额（元）	1 800 000	2 400 000
销售成本（元）		
变动成本（元）	1 440 000	1 920 000
固定成本（元）	150 000	150 000
收账费用（元）	8 000	16 000
坏账损失（元）	15 000	22 000

请根据以上资料，分析该公司是否应改变信用期。

解：信用期由 30 天延长到 50 天后：

（1）增加的收益=（2 400 000-1 920 000）-（1 800 000-1 440 000）=120 000（元）

（2）应收账款机会成本=维持赊销业务占用的资金×资金成本率

维持赊销业务占用的资金=应收账款平均余额×变动成本率

$$应收账款平均余额=\frac{应收账款赊销净额}{应收账款平均周转次数}$$

$$应收账款平均周转次数(率)=\frac{360}{应收账款平均周转天数}$$

$$增加的应收账款机会成本=2\,400\,000\times\frac{50}{360}\times80\%\times20\%-1\,800\,000\times\frac{30}{360}\times80\%\times20\%$$

$$=53\,333.33-24\,000$$

$$=29\,333.33(元)$$

（3）增加的收账费用 = 16 000-8 000 = 8 000（元）

（4）增加的坏账损失 = 22 000-15 000 = 7 000（元）

（5）改变信用期的净收益：

增加的收益-增加的成本费用 = 120 000-（29 333.33+8 000+7 000）

$$=120\,000-44\,333.33$$

$$=75\,666.67(元)$$

结论：由于增加的收益大于增加的成本，故应采用 50 天的信用期。

【例 7-7】 某企业采用赊销方式销售甲产品，该产品的单位售价为 20 元，单位产品的变动成本为 15 元，固定成本总额为 400 000 元。当该企业没有对客户提供现金折扣时，该产品的年销售量为 100 000 件，应收账款的平均回收期为 45 天，坏账损失率为 2%。为了增加销售，同时加速应收账款的回收，企业考虑给客户"2/10，1/20，$n/60$"的信用条件。估计采用这一新的信用条件后，销售量将增加 20%，有 60% 的客户将接受 2% 的折扣，有 15% 的客户接受 1% 的折扣，坏账损失率将降为 1.5%。另外，应收账款的机会成本率为 20%，该企业的生产能力有剩余。试选择对企业最有利的信用条件。

解： 采用旧的信用条件时：

销售收入 100 000×20 = 2 000 000（元）

信用成本前边际收益 = 2 000 000-100 000×15 = 500 000（元）

$$应收账款的机会成本=2\,000\,000\times\frac{45}{360}\times75\%\times20\%=37\,500(元)$$

应收账款的坏账成本 = 2 000 000×2% = 40 000（元）

信用成本后收益 = 500 000-37 500-40 000 = 422 500（元）

采用新的信用条件时：

销售收入 = 100 000×（1+20%）× 20 = 2 400 000（元）

现金折扣 = 2 400 000×（60%×2%+15%×1%）= 32 400（元）

信用成本前边际收益 = 2 400 000-32 400-100 000×（1+20%）×15 = 567 600（元）

应收账款平均周转天数 = 10×60%+20×15%+60×25% = 24（天）

$$应收账款的机会成本=2\,400\,000\times\frac{24}{360}\times75\%\times20\%=24\,000(元)$$

应收账款的坏账成本 = 2 400 000×1.5% = 36 000（元）

信用成本后收益 = 567 600-24 000-36 000 = 507 600（元）

通过计算可知，新的信用条件比原信用条件信用成本后收益增加 85 100 元（507 600-422 500 = 85 100 元），所以应采用新的信用条件。

(三)确定收账政策

1. 收账政策

收账政策又称收账方针,是指当客户违反信用条件,拖欠甚至拒付账款时,企业所采取的收账策略与措施。

在企业向客户提供商业信用时,必须考虑三个问题:第一,客户是否会拖欠或拒付账款,程度如何;第二,怎样最大限度地防止客户拖欠账款;第三,一旦账款遭到拖欠甚至拒付,企业应采取怎样的对策。第一、第二两个问题主要靠信用调查和严格信用审批制度予以解决;第三个问题则必须通过制定完善的收账方针,采取有效的收账措施予以解决。

一般来说,企业对未如期付款的客户通常采用信函通知、电话、催收、派专人与客户洽谈、诉诸法律等措施进行催收。首先,作为债权人有权要求债务人偿还账款,但并不一定意味着一旦发生逾期款项就要付诸法律,因为每个客户拖欠拒付的原因是不同的,企业解决与客户账款纠纷的目的,往往并不是争论谁是谁非,而在于如何最有成效地将账款收回。如果客户只是由于一时资金周转不灵而拖欠货款,通过法律手段追回款项的同时会失去合作伙伴,得不偿失。另外,通过法律途径往往需要花费较长的时间和高额的诉讼费。因此,应视具体情况具体处理,例如,对于逾期较短的客户企业,不要过多打扰,以免失去市场;对于逾期稍长的客户,可措辞委婉地写信催促;对逾期较长的客户,进行频繁地信件催促并电话催询;对于逾期很长的客户,可在催款时措辞严厉,必要时就要提请有关部门仲裁或提起法律诉讼。对拖欠的应收账款采用适当的催收方式,做到有理、有节、有利。与客户沟通,调查分析客户欠款不还的原因,共同协商解决办法。

2. 操作步骤及计算公式

当账款被客户拖欠或拒付时,企业应当首先分析现有的信用标准及信用审批制度是否存在纰漏;然后重新对违约客户的资信等级进行调查、评价。将信用品质恶劣的客户从信用名单中删除,对其所拖欠的款项可先通过信函、电讯或者派员前往等方式进行催收,态度可以渐加强硬,并提出警告。当这些措施无效时,可考虑通过法院裁决。为了提高诉讼效果,可以与其他经常被该客户拖欠或拒付账款的单位联合向法院起诉,以增强该客户信用品质不佳的证据的力度。对于信用记录一向正常的客户,在去电、去函的基础上,不妨派人与客户直接进行协商,彼此沟通意见,达成谅解妥协,这既可密切相互间的关系,又有助于较为理想地解决账款拖欠问题,并且一旦将来彼此关系置换时,也有一个缓冲的余地。当然,如果双方无法取得谅解,也只能付诸法律进行最后裁决。

除上述收账政策外,有些国家还兴起了一种新的收账代理业务,即企业可以委托收账代理机构催收账款。但由于委托手续费往往较高,许多企业,尤其是那些资产较小、经济效益差的企业很难采用。

一般而言,企业加强收账管理,及早收回货款,可以减少坏账损失,减少应收账款上的资金占用,但无论采用何种方式催收账款,都要付出一定代价,会增加收账费用。因此,制定收账政策就是要在增加收账费用与减少坏账损失、减少应收账款机会成本之间进行权衡,若前者小于后者,则说明制定的收账政策是可取的。

3. 典型例题

【例7-8】 某公司应收账款原有的收账政策和拟改变的收账政策如表7-6所示。

表7-6　　　　　　　　　　　　收账政策备选方案资料

项目	现行收账政策	建议收账政策
年销售收入(元)	2 400 000	2 400 000
年收账费用(元)	10 000	15 000
应收账款平均收账期(天)	60	30
坏账损失率(%)	4	2

解：该企业当年销售额为2 400 000元(全部赊销)，收账政策对销售收入的影响忽略不计。该企业应收账款的机会成本为10%。现根据以上资料计算建议收账政策的收益，如表7-7所示。

表7-7　　　　　　　　　　　　收账政策方案分析表

项目	现行收账政策	建议收账政策
(1)年销售收入(元)	2 400 000	2 400 000
(2)应收账款周转次数	6	12
(3)应收账款平均占用额(元)	2 400 000÷6＝400 000	2 400 000÷12＝200 000
(4)建议收账政策节约的机会成本(元)	—	(400 000－200 000)×10%＝20 000
(5)坏账损失(元)	2 400 000×4%＝96 000	2 400 000×2%＝48 000
(6)按建议政策减少坏账成本(元)	—	48 000
(7)两项节约合计[(4)+(6)]	—	68 000
(8)按建议政策增加的收账费用(元)	—	5 000
(9)按建议政策可获得收益[(7)-(8)]	—	63 000

表7-7所示的计算结果表明，虽然拟改变收账政策的年收账费用比现行收账政策多出5 000元(15 000－10 000)，但由此带来了应收账款机会成本和坏账损失的减少，这不仅弥补了增加的收账费用支出，而且还为企业带来了63 000元的成本节约，因此，改变收账政策的方案可以接受。

影响企业信用标准、信用条件及收账政策的因素很多，如销售额、赊销期限、收账期限、现金折扣、坏账损失、过剩的生产能力、信用部门成本、机会成本、存货投资等的变化。这就使得信用政策的制定更为复杂，一般来说，理想的信用政策就是企业采取或松或紧的信用政策时所带来的收益最大的政策。

二、应收账款的日常管理

制定合理的信用政策，优化应收账款的投资决策，是提高应收账款投资效率，降低风险损失的基本保障，因此，企业要加强应收账款的日常管理，采取有力的措施对应收账款进行分析、控制，及时发现问题，解决问题。这些措施主要包括应收账款的追踪分析、账龄分析、收现保证率分析以及根据有关会计法规建立应收账款坏账准备金制度。

（一）充分了解应收账款的拖欠情况——应收账款的追踪分析

应收账款是存货变现过程的中间环节，对应收账款实施追踪的重点应该是赊销商品的销售与变现方面。一般来说，企业一旦发生了应收账款，就必须考虑如何按期足额收回的问题，要达到这一目的，赊销企业有必要在收账之前，对应收账款进行跟踪分析。企业应对赊销客户的付款情况进行调查分析，特别是对那些交易金额大、交易次数频繁或信用品质有疑问的客户进行重点追踪调查，通过调查追踪，根据客户的信用品质以及现金持有量与调剂程度判断其能否严格履行信用条件。客户以赊购购入商品后，能迅速地实现销售并收回账款，且客户又具有良好的品质，则赊销企业如期足额地回收客户欠款一般不会有太大问题；若客户所赊购的商品不能顺利地销售与实现，其信用品质不佳，或者现金匮乏，或者现金的可调剂程度低下，那么，赊销企业的账款遭受拖欠也就在所难免了。

可见，通过对应收账款进行追踪分析，有利于赊销企业能准确预期应收账款发生呆账的风险和可能性，研究和制定有效的收账政策，在与客户交涉时做到心中有数，有理有据，从而提高效率、降低坏账损失。

当然，企业不可能也没有必要对全部的应收账款都进行跟踪分析。企业应该将主要精力集中在那些交易金额大、交易次数频繁或信用品质有疑问的客户身上。

（二）时刻监督应收账款回收情况——应收账款的账龄分析

应收账款的账龄是指未收回的应收账款所拖欠的时间。企业已发生的应收账款的账龄长短不一。有的在信用期内，有的已逾期。我们进行应收账款账龄分析的重点是被拖欠的已超过信用期的应收账款。

一般来说，应收账款被拖欠的时间越长，催收的难度就越大，成为坏账的可能性也就越高。所以，将应收账款按账龄分类，尤其是按被拖欠的时间分类，密切关注应收账款的回收情况，是加强应收账款日常管理的重要环节。

进行应收账款账龄分析，可从应收账款的账龄结构分析入手。所谓应收账款的账龄结构，是指各类不同账龄的应收账款余额占应收账款总体余额的百分比。在应收账款的账龄结构中，可以清楚地看出企业应收账款的分布和被拖欠情况，便于企业加强对应收账款的管理。

企业平时应落实专人做好备查记录，编制应收账款账龄分析表，对不同账龄的应收账款进行分类列示，以便对其收回情况进行监督，账龄分析表的格式如表7-8所示。

表 7-8   **某企业应收账款账龄分析表**

应收账款账龄	客户数量	金额（万元）	百分比
在信用期内	150	90	34.6%
逾期 1 个月内	100	50	19.2%
逾期 3 个月内	50	30	11.5%
逾期半年以内	30	30	11.5%
逾期 1 年以内	20	30	11.5%
逾期 1 年到 3 年	15	30	7.7%
逾期 3 年以上	5	10	3.9%
应收账款的总额		260	100%

表 7-8 表明，该企业应收账款总额是 260 万元，其中在信用期内的是 90 万元，占全部应收账款的 34.6%，超过信用期的应收账款总额是 170 万元，占全部应收账款的 65.4%，其中逾期 1 个月、3 个月、半年、1 年以上、1 年到 3 年，分别是 19.2%、11.5%、11.5%、11.5%、7.7%，另有 3.9% 的应收账款已经逾期 3 年以上的。企业对逾期的应收账款应该予以足够重视，查明原因，采取有力措施。

企业应收账款的账龄结构确定以后，如果发现逾期的应收账款比重较大，首先，应分析产生这种情况的原因，如果属于企业信用政策的问题，应立即进行信用政策的调整；其次，应具体分析拖欠客户的情况，搞清这些客户发生拖欠的原因是什么，拖欠的时间有多长，拖欠的金额有多少；最后，针对不同的情况采取不同的收账方法，制定出经济可行的收账方案。同时，对尚未过期的应收账款也不应放松管理和账龄分析，以防止发生新的逾期拖欠。

（三）设定企业的防火线——应收账款收现保证率分析

由于企业当期现金支付需要量与当期应收账款收现额之间存在着非对称矛盾，并呈现出预付性与滞后性的差异特征（如企业必须用现金支付与赊销收入有关的增值税和所得税，弥补应收账款资金占用等），这就决定了企业必须对应收账款的收现水平制定一个必要的控制标准，即应收账款收现保证率。

应收账款收现保证率是适应企业现金收支匹配关系的需要，所确定出的有效收现的账款应占全部应收账款的百分比，是指一定时期内必须收现的应收账款占全部应收账款的比重，是两者应当保持的最低的结构状态。其计算公式为：

$$\frac{\text{应收账款}}{\text{收现保证率}} = \frac{\text{当期必要现}}{\text{金支付总额}} - \frac{\text{当期其他稳定可靠}}{\text{的现金流入总额}}}{\text{当期应收账款总额}}$$

其中，当期其他稳定可靠的现金流入总额是指从应收账款收现以外可以取得的其他稳定可靠的现金流入数额，主要包括短期有价证券变现净额、可随时取得的银行贷款额等。

该指标反映了企业既定会计期间预期现金支付数量扣除各种可靠、稳定来源后的差额，必须通过应收账款有效收现予以弥补的最低保障程度，其意义在于：应收账款未来是否可能发生坏账损失对企业并非最为重要，最为关键的是实际收现的账项能否满足企业同期必需的现金支付要求，特别是满足具有刚性约束的纳税债务及偿付不得展期或调换的同期债务的需要。

【例7-9】 某企业预期必须以现金支付的款项有：支付工人工资50万元，应纳税款35万元，支付应付账款60万元，其他现金支出3万元。预计该期稳定的现金收回数是70万元。记载在该期期末"应收账款"明细账上的客户有A（欠款80万元）、B（欠款100万元）和C（欠款20万元）。试求该企业应收账款收现保证率。

解： 应收账款收现保证率 $= \dfrac{(50+35+60+3)-70}{(80+100+20)} = 0.39$

以上计算结果表明，该企业当期必须收回应收账款的39%，才能最低限度保证当期必要的现金支出，否则企业便有可能出现支付危机。为此，企业应定期计算应收账款实际收现率，看其是否达到了既定的控制标准，如果发现实际收现率低于应收账款收现保证率，应查明原因，采取相应措施，确保企业有足够的现金满足同期必需的现金支付要求。

（四）防患于未然——建立应收账款坏账准备金制度

只要有应收账款就有发生坏账的可能性。按照权责发生制和谨慎性原则的要求，必须对坏账发生的可能性预先进行估计，并计提相应的坏账准备金。坏账准备金的计提比例与应收账款的账龄存在着密切的关系。应收账款坏账准备金的具体计提比例可以由企业根据自己的实际情况和以往的经验加以确定。不过，我国现行的会计制度对股份有限公司计提坏账准备金做了一些详细的规定，例如，当公司计提的比例高于40%或低于5%时，应该在会计报表附注中说明计提的比例及理由。

应收账款计提坏账准备金以后，一旦发生坏账，就要用坏账准备金核销。一般来讲，企业的应收账款符合下列条件之一的，应确认为坏账：①债务人死亡，以其遗产清偿后仍然无法收回的部分；②债务人破产，以其破产财产清偿后仍然无法收回的部分；③债务人较长时间内未履行其偿债义务，并且有足够的证据表明无法收回或收回的可能性极小。但是，对已经确认为坏账的应收账款，并不意味着企业已经放弃了对它的追索权，一旦情况发生变化，债务人具有偿债能力，企业就应该积极追偿。

通过建立坏账准备金制度，提取应收账款减值准备，不仅可以缓解坏账损失对企业正常经营秩序的冲击，正确反映企业各期财务成果的真实水平，而且对于加速企业资金周转，降低损失程度也有极其重要的作用。

学习子情境四　存货管理

情境引例

戴尔的"零库存"管理

企业要想达到零库存状态是非常难的，但这并不是说根本无法做到，戴尔公司就是这方面的典范。戴尔公司放弃层层经销模式，实行直接销售模式，并在供应链反应速度上不断创新，从而以高性价比吸引了消费者，使得它的产品可以在 7 天之内送达消费者手上，戴尔公司的主要竞争优势是低库存。主要的方式是：一是整合供应商工作做得好。戴尔公司通过各种方式，赢得了供应商的信任，以至于不少供应商在戴尔公司工厂附近建造自己的仓库。二是按单生产。"在戴尔公司，它的每一个产品都是有订单的，它通过成熟网络，每 20 秒就整合一次订单。"海尔集团 CEO 张瑞敏评价说。按单生产不仅意味着经营中减少资金占用的风险，还意味着减少戴尔公司对 PC 行业巨大降价风险的回避。三是高效的库存作业。四是通畅的信息降低了存货。戴尔公司始终坚定不移地把低库存放在经营活动的重点方面。戴尔公司直接获取订单，以获得更多的第一手需求信息，因为客户会告诉戴尔公司他们的需要，或者他们的不满。当客户把订单传至戴尔公司信息中心后，由控制中心将订单分解成子任务，并通过 Internet 和企业间信息网分派给上游配件制造商，各制造商按电子配件生产组装，并按控制中心的时间表供货。"零库存"管理，极大地提高了戴尔公司的经营效率，并缩短了其制造组装时间（如制造组装一台笔记本电脑，只需 13个小时），戴尔公司的库存时间比联想公司少 18 天，效率比联想公司高 90%。另外，要求消费者提前付款，供应商滞后付款，使得自由营运资金占用极低。因此，戴尔公司在经营风险极高的 IT 行业里能够快速成长，短短 20 年时间里，该公司成为全球最大个人电脑供应商。

◎思考：

"零库存"管理对于企业提高经营效率有什么意义？

知识准备

一、存货的概念

存货是指企业在生产经营过程中为了生产或销售而储备的物资。存货主要包括企业的库存原材料、辅助材料、包装物、低值易耗品等，为销售而储备的存货主要包括库存商品、产成品等。如果供应企业能在生产投料时随时购入所需的原材料，或者商业企业能在销售时随时购入该项商品，则不需要存货。但实际上，企业为了满足生产或销售的需要或者由于整批购买在价格上的优惠，一般有存储存货的需要，并因此占用或多或少的资金。存货在流动资产中所占的比重为 40% ~ 60%，存货管理水平的高低，对企业生产经营的顺利与否具有直接的影响，并且最终会影响到企业的收益、风险和流动性的综合水平，因此，存货管理在整个流动资产管理中具有重要的地位。

二、存货的功能

存货是企业流动资产中获利能力最强，然而却是流动性最弱的资产，存货的功能是指存货在企业生产经营过程中所具有的作用，主要表现为四个方面。

（一）防止停工待料

适量的原材料存货和在制品、半成品存货是企业生产正常进行的前提和保障。就企业外部而言，供货方的生产销售往往会由于某些原因而暂停或推迟，拥有一定量的存货，可以有效防止由此导致的停工待料事件的发生；就企业内部而言，有适量的半成品存储，能使各生产环节的调度更加合理，各生产供需步调更为协调，联系更加紧密，不至于因等待半成品而影响生产，从而可维持生产的连续性。

(二)维持均衡生产

针对一些季节性产品，若想保证均衡生产，必须适当地储备一定的存货。否则，这些企业若按照季节变动组织生产活动，难免会产生忙时超负荷运转，闲时生产能力得不到充分利用的情形，这也会导致生产成本的提高。其他企业在生产过程中，同样会由于各种原因导致生产水平的高低变化，拥有合理的存货可以缓冲这种变化对企业生产活动及获利能力的影响。

(三)适应市场变化

存货储备能增强企业在生产和销售方面的机动性及适应市场变化的能力。若某种畅销产品库存不足，企业将会失去目前或未来的推销良机，并有可能因此而失去顾客。在通货膨胀时，适当地储备原材料存货，还能够减缓因原材料价格上涨而给企业带来的冲击。

(四)降低进货成本

许多企业为扩大销售规模，往往会向购货方提供优厚的商业折扣，即购货达到一定数量时，便在价格上给予相应的折扣优惠。企业采取批量集中进货，可获得较多的商业折扣。此外，通过增加每次购货数量，减少购货次数，可以降低采购费用支出。

三、存货的分类

(1)按照经济用途分类，存货可以分为原材料、包装物、低值易耗品、自制半成品、产成品和在产品。原材料是指用于生产的原料及主要材料、辅助材料、外购半成品(外购件)、修理用备件、包装材料、燃料等；包装物是指为包装企业产品并随产品出售或出租、出借给购货单位使用的各种包装容器和用品，如桶、箱、瓶、坛、袋等；低值易耗品指单位价值在规定的限额标准以下，或使用期限不满一年，不能列为固定资产的各种劳动资料，如工具、管理用具、劳动保护品等；自制半成品指已经过一定生产过程并已检验合格交付半成品仓库，但尚未制造完成为商品产品，仍需继续加工的中间产品；产成品指已经完成全部生产过程并已验收入库，可以作为商品对外销售的产品；在产品指企业还没完成生产过程，或虽已完成全部生产过程，但尚未验收入库，不能作为商品对外销售的产品。

(2)按照存放地点和管理责任分类，存货可以分为库存存货、在途存货和委托加工存货。库存存货指已运达企业并验收入库的各种材料和商品以及验收入库的自制半成品和产成品；在途存货指货款已经支付，但尚未验收入库，仍由供应部门负责的外购的各种材料和商品；委托加工存货指委托外单位代为加工的各种材料和半成品等。

四、存货管理的目标

对于一般的企业(尤其是制造业、商业等)来说,持有一定数量的存货是十分必要的。一方面,一定数量的存货有利于保障企业生产经营的顺利进行;另一方面,可以使企业的生产与销售具有较大的机动性,适应市场不规则的突然变化,以免失去商机。但是,存货的增加必然要占用更多的资金,使企业付出较多的持有成本。而且,存货的储存与管理费用也会增加,影响企业获利能力的增加,因此,存货管理的目标就是要在充分发挥存货作用的前提下,不断降低存货成本,以最低的存货成本保障企业生产经营的顺利进行。

五、存货的成本

为了充分发挥存货的功能,企业必须持有一定的存货,但是,并不是说存货持有越多越好,因为持有存货,必然会发生一定的成本支出。存货成本包括以下几个方面:

(一)取得成本

所谓取得成本,是指企业取得存货时的成本费用支出,用 TC_a 表示。它主要包括存货的订货成本和采购成本两个方面。其中,采购成本是指存货本身的价值,它在数量上等于采购量与单位存货的采购单价的乘积。采购成本一般与采购数量成正比例变化,由于采购量是根据生产经营部门的需要决定的,所以,采购成本管理的重点是如何降低单位存货的采购单价。为降低采购成本,企业应研究材料的供应情况,货比三家,价比三家,争取采购质量好、价格低的材料物资。订货成本是指为了订购材料、商品而发生的成本,如办公费、差旅费、邮资费、电讯费、运输费、检验费、入库搬运费等。订货成本有一部分与订货次数有关,如差旅费、邮资、电话电报费等费用一般与单次订货的数量无关,与订货次数密切相关,这类变动性订货成本属于决策的相关成本;另一部分与订货次数无关,如专设采购机构的基本开支等,这类固定性进货费用属于决策的无关成本,所以,降低进货成本,就要大量地采购,以减少订货的次数。

$$订货成本 = F_1 + \frac{D}{Q}K$$

其中:F_1 为订货的固定成本;

K 为每次订货的变动成本;

D 为存货的年需要量;

Q 为每次进货量,$\frac{D}{Q}$ 为订货次数。

$$取得成本 = 订货成本 + 采购成本$$

$$TC_a = F_1 + \frac{D}{Q}K + DU$$

其中:U 为进货单价。

(二)储存成本

所谓储存成本,是指企业为持有存货而发生的成本费用支出,这一成本用 TC_c 表示。

它主要包括存货资金占用的机会成本、仓储费用、保险费用、存货库存损耗等。其中，存货资金占用的机会成本主要是指以现金购买存货而失去的其他投资机会可能带来的投资收益，一般可以用证券投资收益来衡量。储存成本中，有一部分与存货的储存数量有密切关系，如存货资金占用的机会成本、保险费用等，这部分成本与存货的数量有关；另外一部分则与存货的储存数量没有密切的关系，如仓库折旧费用、仓库职工的固定工资等，这类成本属于决策的无关成本，常用 F_2 表示。储存成本管理的重点是与储存数量有关的成本费用支出，企业要想降低储存成本，则需要小批量采购，减少储存数量。

$$储存成本 = 储存固定成本 + 储存变动成本$$

$$TC_c = F_2 + K_c \frac{Q}{2}$$

其中：F_2 为储存固定成本；

K_c 为储存单位变动成本；

Q 为存货数量，$\frac{Q}{2}$ 为年平均存货量。

（三）缺货成本

所谓缺货成本，是指因存货不足而给企业造成的损失，这一成本用 TC_s 表示。它主要包括由于原材料供应中断造成的停工待料损失、产品供应中断而导致延误发货的信誉损失以及丧失市场机会的有形与无形损失等。如果生产企业以紧急采购代用材料解决库存材料中断之急，那么缺货成本表现为紧急额外购入成本，而紧急额外购入的开支会大于正常采购的开支。缺货成本能否作为决策的相关成本，应视企业是否允许出现存货短缺的不同情形而定。若允许缺货，则缺货成本便与存货数量反向相关，即属于决策相关成本；反之，若企业不允许发生缺货情形，此时缺货成本为零，也就无须加以考虑。在实际工作中，缺货成本因其计量十分困难常常不予考虑，但如果缺货成本能够准确计量的话，也可以在存货决策中考虑它。

如果以 TC 来表示储备存货的总成本，它的计算公式为：

$$TC = F_1 + \frac{D}{Q}K + DU + F_2 + K_c \frac{Q}{2} + TC_s$$

企业存货的最优化，即是使 TC 最小。

六、存货的经济进货批量

存货的经济进货批量是指按照存货管理的目的，通过合理的进货批量和进货时间，能够使一定时期存货的总成本达到最低的采购数量。决定存货经济批量的成本因素主要包括变动性进货费用、储存变动成本以及允许缺货时的缺货成本。不同的成本项目与进货批量有着不同的变动关系。同时，采购次数少，进货费用和缺货成本少；订购的批量小，储存的存货就少，储存成本就低；反之，采购次数多，进货费用和缺货成本多；订购的批量大，储存的存货就多，储存成本就高。经济批量采购决策就是要权衡这些成本和费用，使得它们的总和最低。

职业判断与业务操作

一、确定存货的经济进货批量

（一）基本经济进货批量的确定

1. 假设前提

基本经济进货批量模型以如下假设为前提：一是企业一定时期的进货总量可以较为准确地予以预测；二是存货的耗用或者销售比较均衡；三是存货的价格稳定，且不存在数量折扣，进货日期完全由企业自行决定，并且每当存货量降为零时，下一批存货均能马上一次到位；四是仓储条件及所需现金不受限制；五是不允许出现缺货情形；六是所需存货市场供应充足，不会因买不到所需存货而影响其他方面。

2. 操作步骤及计算公式

在满足以上假设的前提下，存货的采购成本、订货的固定费用和储存固定成本均为常量，因为不存在缺货，即每当存货数量降至零时，下一批订货便会随即全部购入，短缺成本也不是决策的相关成本。此时，经济进货批量考虑的仅仅是采购的变动成本与储存的变动成本。因此，可以得出以下计算公式。

经济进货批量
$$Q^* = \sqrt{\frac{2KD}{K_c}}$$

经济进货批量的存货相关总成本
$$TC(Q^*) = \sqrt{2KDK_c}$$

经济进货批量平均占用资金
$$I^* = \frac{Q^*}{2} \times U$$

年度最佳订货次数
$$N^* = \frac{D}{Q^*} = \sqrt{\frac{DK_c}{2K}}$$

年度最佳进货批次
$$I^* = \frac{Q^*}{2} \times U$$

最佳订货周期
$$t^* = \frac{360 \text{ 天}}{N}$$

式中：D——存货年需要量；

Q——每次进货批量；

K——每次订货的变动成本；

K_c——存货的单位储存变动成本；

U——进货单价。

3. 典型例题

【例7-10】 某企业每年耗用 A 材料 5 000 千克，该材料的单位采购价格为 20 元，每千克材料年储存成本平均为 2 元，平均每次订货费用为 50 元。试作出经济批量采购决策。

解：根据条件：$D = 5\ 000$（千克） $K = 50$（元） $K_c = 2$（元） $U = 20$（元）

$$Q^{*} = \sqrt{\frac{2KD}{K_c}} = \sqrt{\frac{2 \times 5\,000 \times 50}{2}} = 500\,(\text{千克})$$

$$TC(Q^{*}) = \sqrt{2KDK_c} = \sqrt{2 \times 5\,000 \times 50 \times 2} = 1\,000\,(\text{元})$$

$$N^{*} = \frac{D}{Q^{*}} = \sqrt{\frac{DK_c}{2K}} = 5\,000 \div 500 = 10\,(\text{次})$$

$$I^{*} = \frac{Q^{*}}{2} \times U = 500 \times 20 \div 2 = 5\,000\,(\text{元})$$

可见，该材料的最佳采购经济批量为 500 千克。此时进货费用与储存成本总额最低。

以上基本经济进货批量模型是在许多假设的前提下作出的，通常称为基本经济进货批量决策。但是，在实践中，常常不能满足以上全部假设条件，从而需要对上述决策方法进行修正。下面考虑松动部分假设条件情况下的经济进货批量决策问题。

（二）存在数量折扣的经济进货批量确定

1. 存在数量折扣情况下的经济批量决策

在基本经济进货批量模型中"存货单价不变"的假设与现实明显不符。在市场经济条件下，为了鼓励客户购买更多的商品，销售企业通常会给予不同程度的价格优惠，即实行商业折扣或称价格折扣。购买越多，所获得的价格优惠越大。此时，进货企业对经济进货批量的确定，除了考虑进货费用与储存成本外，还应考虑存货的进价成本，因为，此时的存货进价成本已经与进货数量的大小有了直接的联系，属于决策的相关成本。即在经济进货批量基本模型其他各种假设条件均具备的前提下，存在数量折扣时的存货相关总成本可按下式计算：

存货相关总成本＝采购成本＋订货成本＋相关存储成本

2. 操作步骤

实行数量折扣的经济进货批量的具体确定步骤如下：

第一步，按价格分成若干个购货数量区间。

第二步，按照基本经济进货批量模型确定经济进货批量 Q^{*}。

第三步，就每一个购货数量区间，依据 Q 值分别确定各个购货数量区间的最优进货批量；其原则是同一区间内距 Q 值最近的数量为该区间的最优进货批量。

第四步，计算给予数量折扣时最优进货批量的存货相关总成本。

如果在给予数量折扣的进货批量范围内，如进货数量在 1 000 ~ 2 000 千克可享受 2% 的价格优惠，此时按给予数量折扣的最低进货批量，即按 1 000 千克计算存货的相关成本。

因为在给予数量折扣的进货批量范围内，无论进货量是多少，存货进价成本总额都是相同的，而相关总成本的变动规律是：进货批量越小，相关总成本就越低。

第五步，比较各区间最优进货批量的存货相关总成本，选择最小值，其批量即为最终的最优批量。

3. 典型例题

【例 7-11】 某企业甲材料的年需要量为 4 000 千克，每千克标准价为 20 元。销售企业规定：客户每批购买量不足 1 000 千克的，按照标准价格计算；每批购买量 1 000 千克以上，2 000 千克以下的，价格优惠 2%；每批购买量 2 000 千克以上的，价格优惠 3%。已知每批进货费用为 60 元，单位材料的年储存成本为 3 元。请确定存在现金折扣时的经济订货批量是多少？

解：（1）在没有现金折扣时，根据经济进货批量基本模型确定的经济进货批量为：

$$Q^* = \sqrt{\frac{2 \times 4\,000 \times 60}{3}} = 400（千克）$$

$$TC = 4\,000 \times 20 + 4\,000 \div 400 \times 60 + 400 \div 2 \times 3 = 81\,200（元）$$

（2）进货批量为 1 000 千克时，可享受 2% 的价格优惠：

$$TC = 4\,000 \times 20 \times (1 - 2\%) + 4\,000 \div 1\,000 \times 60 + 1\,000 \div 2 \times 3 = 80\,140（元）$$

（3）每次进货 2 000 千克时，可享受 3% 的价格优惠：

$$TC = 4\,000 \times 20 \times (1 - 3\%) + 4\,000 \div 2\,000 \times 60 + 2\,000 \div 2 \times 3 = 80\,720（元）$$

通过比较发现，每次进货为 1 000 千克时的存货相关总成本最低，所以，最佳经济进货批量为 1 000 千克。

（三）允许缺货时的经济批量的确定

允许缺货的情况下，企业对经济进货批量的确定，就不仅要考虑进货费用与储存费用，而且还必须对可能的缺货成本加以考虑，即能够使三项成本总和最低的批量便是经济进货批量。

设缺货量为 S，单位缺货成本为 C_s，其他符号同上，则可建立允许缺货时的经济批量模型：

允许缺货时经济进货批量 $\quad Q^* = \sqrt{\dfrac{2KD}{K_c} \times \dfrac{K_c + C_s}{C_s}}$

平均缺货量 $\quad S = \dfrac{Q + K_c}{K_c + C_s}$

【例 7-12】 某企业甲材料年需要量为 16 000 千克，每次订货成本为 30 元，单位存储成本为 4 元，单位缺货成本为 8 元，请确定允许缺货时经济进货批量和平均缺货量是多少？

允许缺货时经济进货批量 $\quad Q^* = \sqrt{\dfrac{2KD}{K_c} \times \dfrac{K_c + C_s}{C_s}}$

$$= \sqrt{\frac{2 \times 16\,000 \times 30}{4} \times \frac{4 + 8}{8}}$$

$$= 600（千克）$$

平均缺货量 $\quad S = \dfrac{Q + K_c}{K_c + C_s} = \dfrac{600 \times 4}{4 + 8} = 200（千克）$

但在实际中，缺货成本的计量往往比较困难。企业应根据缺货后造成的对企业的损失来进行估计，比如材料中断造成的停工损失、成品供应中断导致延误发货的信誉损失以及丧失销售机会等损失。

（四）确定再订货点、订货提前期和保险储备

1. 再订货点

在基本经济进货批量模型中，假设企业的存货在被"订购时能瞬间一次到达"，事实上这一点很难在实际中做到。一般情况下，企业不能等存货用光再去订货，而需要在没有用完时提前订货。在提前订货的情况下，企业再次发出订货单时，尚有存货的库存，再订货点是指发出订货指令时尚存的原材料数量。其计算公式为：

$$R = L \times d$$

R——再订货点（不考虑保险储备的再订货点）；

L——原材料的在途时间；

d——原材料平均日需求量。

【例7-13】 某企业生产周期为1年，甲种原材料年需要量为500 000千克，企业订购原材料的在途时间为2天。

要求：

（1）计算平均日需求量。

（2）计算企业的再订货点。

解：

（1）原材料平均日需要量 = 500 000÷360 = 1 389（千克）

（2）企业的再订货点 = 1 389×2 = 2 778（千克）

也就是说，当企业的库存原材料数量降到2 778千克时，就需要发出订货指令。

2. 订货提前期

一般情况下，企业的存货不可能做到随用随时补充，因此需要企业在没有用完时提前订货。提前订货时，企业再次发出订货单时，提前期是指从发出订单到货物验收完毕所用的时间。其计算公式为：

订货提前期 = 预计交货期内原材料的使用量÷原材料使用率

式中，原材料使用率是指每天消耗的原材料数量。

【例7-14】 某企业预计交货期内原材料的用量为100千克，原材料使用率为10千克/天，无延期交货情况。

要求：计算该企业的订货提前期。

解：订货提前期 t = 100÷10 = 10（天）

也就是说，当该企业的库存原材料数量还差10天用完时，就需要发出订购指令，等到下批订货到达时（再次发出订货单10天后），原有库存正好用完。

3. 保险储备

（1）存货供需不稳定，设置保险储备

存货供需稳定且确知，交货时间固定不变，这只是一种假定。实际上，存货每日的需求量和交货时间都可能发生变化，按照某一订货批量（如经济订货批量）和再订货点发出订单后，如果需求增大或送货延迟，就会发生缺货或供货中断。为防止由此造成的损失，就需要多储备一些存货，称为保险储备。保险储备是指为防止耗用量突然增加或交货延期

等意外情况发生而进行的储备。这些存货在正常供应情况下不动用，只有当存货过量使用或送货延迟时才动用。再订货点相应提高为：

$$R = L \times d + B = 交货时间 \times 平均日需求量 + 保险储备$$

【例7-15】 接例7-10，已知某企业每年耗用 A 材料 5 000 千克，已计算出经济订货量 500 千克，每年订货 10 次。又知全年平均日需要量（d）为 10 件，平均交货时间（L）为 10 天，为防止需求量发生变化引起缺货损失，设保险储备量（B）为 200 件，试计算该企业的再订货点。

解：
$$R = L \times d + B = 10 \times 10 + 200 = 300（件）$$

建立保险储备，虽然可以使企业避免由于存货或供应中断造成的损失，但同时也会使储备成本升高。因此，要找出一个合理的保险储备量，使缺货或供应中断损失和储备成本之和最小。可以先计算出不同保险储备量的总成本，然后再对总成本进行比较，选择其中最低的。

如果设与此有关的总成本为 $TC(S, B)$，缺货成本为 C_S，保险储备成本为 C_B，则：
$$TC(S, B) = C_S + C_B$$

设单位缺货成本为 K_u，一次订货缺货量为 S，年订货次数为 N，保险储备量为 B，单位存货成本为 K_c，则：

$$C_s = K_u \times S \times N, \quad C_B = B \times K_c$$
$$TC(S, B) = K_u \times S \times N + B \times K_c$$

现实中，缺货量 S 具有随机性，其概率可根据历史经验估计得出；保险储备量 B 可视实际情况而定。

（2）操作步骤及计算公式

保险储备量的确定：

第一步，计算不同保险储备的总成本；

第二步，比较不同保险储备的总成本，以低者为佳。

（3）典型例题

【例7-16】 假定存货的年需要量 D 为 4 000 件，单位存储变动成本 K_c 为 2 元，单位缺货成本 K_u 为 5 元，交货时间 L 为 10 天；已经计算出经济订货量 Q 为 300 件，每年订货次数 N 为 12 次。交货期内的存货需要量极其概率分布如表7-9所示。

表 7-9 存货需要量及其概率分布

需要量（10×d，件）	60	70	80	90	100	110	120
概率（P_i）	0.02	0.03	0.3	0.4	0.2	0.04	0.01

解：

①计算不同保险储备的总成本。

a. 保险储备量为 0 件时计算如下：

即令 $B=0$，且以 90 件为再订货点。此种情况下，当需求量为 90 件或以下时，不会发生缺货，其概率为 $0.75(0.02+0.03+0.3+0.4)$；当需求量为 100 件时，缺货 10 件 $(100-90)$，其概率为 0.2；当需求量为 110 件时，缺货 20 件 $(110-90)$，其概率为 0.04；当需求量为 120 件时，缺货 30 件 $(120-90)$，其概率为 0.01。因此，$B=0$ 时缺货的期望值 S_0、总成本 $TC(S, B)_0$ 可计算如下：

$$S_0 = (100-90) \times 0.2 + (110-90) \times 0.04 + (120-90) \times 0.01 = 3.1(\text{件})$$

$$TC(S, B)_0 = K_u \times S \times N + B \times K_c = 5 \times 3.1 \times 12 + 0 \times 2 = 186(\text{元})$$

b. 保险储备量为 10 件时计算如下：

即令 $B=10$，且以 100 件为再订货点。此种情况下，当需求量为 100 件或以下时，不会发生缺货，其概率为 $0.95(0.02+0.03+0.4+0.2)$；当需求量为 110 件时，缺货 10 件 $(110-100)$，其概率为 0.04；当需求量为 120 件时，缺货 20 件 $(120-100)$，其概率为 0.01。因此，$B=10$ 时缺货的期望值 S_{10}、总成本 $TC(S, B)_{10}$ 可计算如下：

$$S_{10} = (110-100) \times 0.04 + (120-100) \times 0.01 = 0.6(\text{件})$$

$$TC(S, B)_{10} = K_u \times S \times N + B \times K_c = 5 \times 0.6 \times 12 + 10 \times 2 = 56(\text{元})$$

c. 保险储备量为 20 件时计算如下：

利用上述方法，可计算 S_{20}、$TC(S, B)_{20}$ 如下：

$$S_{20} = (120-110) \times 0.01 = 0.1(\text{件})$$

$$TC(S, B)_{20} = K_u \times S \times N + B \times K_c = 5 \times 0.1 \times 12 + 20 \times 2 = 46(\text{元})$$

d. 保险储备量为 30 件时计算如下：

即 $B=30$ 件，以 120 为再订货点。此种情况下可满足最大需求，不会发生缺货，因此 S_{30} 为 0，可计算 $TC(S, B)_{30}$ 如下：

$$TC(S, B)_{30} = K_u \times S \times N + B \times K_c = 5 \times 0 \times 12 + 30 \times 2 = 60(\text{元})$$

②比较不同保险储备的总成本，以低者为佳。

当 $B=20$ 时，总成本是 46，是各总成本中最低的，故应确定保险储备量为 20 件，或者说确定 110 件为再订货点。

上例是由于需求量变化引起的缺货问题，至于由于延迟交货引起的缺货问题，也可以通过建立保险储备量的方法来解决。确定其保险储备量时，可将延迟的天数折算为增加的需求量，其计算过程与前述方法相同。

二、存货的日常管理

存货日常管理的目标是在保证企业生产经营正常进行的前提下尽量减少库存，防止挤压。实践中常用的方法有存货存储期管理控制和存货 ABC 分类管理。

(一)存货储存期管理控制

1. 存货储存期管理控制

无论是商品流通企业还是生产制造企业，其商品一旦入库，便面临着如何尽快销售出去的问题。即使不考虑未来市场供求关系的不确定性，仅是储存存货本身就会占用资金和增加仓储管理费，而且在市场变化很快的情况下，储存期过长有可能导致企业的产品或商品滞销而给企业带来巨大的损失，因此，为了加快存货的流转，企业应该尽量缩短存货的储存期，尤其是应该缩短产品或商品的储存期。尽力缩短存货储存期，加速存货周转，是提高企业经济效益、降低企业经营风险的重要手段。

存货储存成本之所以会不断增加，主要是由于变动储存费随着存货储存期的延长而不断增加的结果，所以，利润和费用之间此增彼减的关系实际上是利润与变动储存费之间此增彼减的关系。这样，随着存货储存期的延长，利润将日渐减少。当毛利扣除固定储存费和销售税金及附加后的差额，被变动储存费抵消到恰好等于企业目标利润时，表明存货已经到了保利期。当它完全被变动储存费抵消时，便意味着存货已经到了保本期。无疑，存货如果能够在保利期售出，所获得利润会超过目标值。反之将难以实现既定的目标利润。倘若存货不能在保本期内售出的话，企业便会蒙受损失。

对存货储存期进行管理，可以及时为经营决策者提供存货的储存状态信息，以便决策者对不同的存货采取相应的措施。一般来说，凡是已过保本期的产品或商品大多属于积压滞销的存货，企业应该采取降价促销的办法，尽快将其推销出去；对超过保利期但未过保本期的存货，应当分析原因，找出对策，力争在保本期内将其销售出去；对于尚未超过保利期的存货，企业应当密切监督，防止发生过期损失。通过分析，财务部门应当通过调整资金供应政策，促使经营部门调整产品结构和投资方向，推动企业存货结构优化，提高存货的周转速度和投资效益。

2. 操作步骤及计算公式

借鉴管理会计中成本习性分类原理，我们可以将存货投资所发生的费用支出，按照其与储存时间的关系分为固定储存费用与变动储存费用两类。前者数额大小与存货储存期的长短无直接关系，如各项进货费用、管理费用等。后者则与存货储存期的长短有密切关系，如存货资金占用费（贷款购置存货的利息或现金购置存货的机会成本）、保管费、仓储损耗费等。

基于上述分析，可以将本量利的平衡关系分解为：

利润＝毛利－销售税金及附加－固定储存费－变动储存费

＝毛利－销售税金及附加－固定储存费－每日变动储存费×储存期

由上式可得：

$$存货保本储存期 = \frac{毛利 - 固定存储费 - 销售税金及附加}{每日变动费用}$$

$$存货保利储存期 = \frac{毛利 - 固定存储费 - 销售税金及附加 - 目标利润}{每日变动费用}$$

3. 典型例题

【例 7-17】 某商品流通企业购进甲商品 8 000 件，单位进价（不含增值税）50 元，单位售价 80 元（不含增值税），经销该商品的固定费用为 219 000 元，销售税金及附加 2 000 元，每日变动储存费为 250 元。要求：

(1)计算该批存货的保本储存期；

(2)若企业要求获得 5 000 元利润，计算保利期。

解：

(1)该批存货的保本储存期＝[(80-50)×8 000-219 000-2 000]÷250 ＝76(天)

（2）保利储存期＝[（80-50）×8 000-219 000-2 000-5 000]÷250 ＝56（天）

（二）存货的 ABC 分类管理控制

1. 存货的 ABC 分类管理

19 世纪意大利经济学家帕累托首创了 ABC 控制法，存货的 ABC 分类管理就是这种方法在存货管理中的具体应用。一般来说，企业的存货品种繁多，有的价值高，但品种、数量很少；有的价值低廉，但品种、数量很多。在存货管理中，企业应分清主次，突出重点，以提高存货资金管理的整体效果。

存货的 ABC 分类管理就是将存货按照一定的标准分成 A、B、C 三类，然后，按照各类存货的重要程度分别采取不同的方法进行管理。这样，企业就可以分清主次，突出管理重点，提高存货管理的整体效率。存货的划分标准主要有两个：一是存货的金额，二是存货的品种数量，以存货的金额为主。其中，A 类存货标准是：存货金额很大，存货的品种数量很少；B 类存货标准是：存货金额较大，存货的品种数量较多；C 类存货标准是：存货金额较小，存货的品种数量繁多。

虽然每个企业的生产特点不同，从而每个企业存货的具体划分标准各不相同，但是，一般来说，存货的划分标准大体如下：A 类存货金额占整个存货金额比重的 60% ~80%，品种数量占整个存货品种数量的 5% ~20%；B 类存货金额占整个存货金额比重的 15% ~30%，品种数量占整个存货品种数量的 20% ~30%；C 类存货金额占整个存货金额比重的 5% ~15%，品种数量占整个存货品种数量的 60% ~70%。ABC 控制系统如表 7-10 所示。

表 7-10　　　　　　　　　　ABC 控制系统

项目	特征	分类标准		管理方法
		价值或者资金占用	品种数量	
A 类	金额巨大，品种数量较少	60% ~80%	5% ~20%	实行重点控制、严格管理
B 类	金额一般，品种数量相对较多	15% ~30%	20% ~30%	对 B 类和 C 类库存的重视程度则可依次降低，采取一般管理
C 类	品种数量繁多，价值金额却很小	5% ~15%	60% ~70%	

存货划分成 A、B、C 三类后，可采取不同的管理方法进行控制。A 类存货应进行重点管理控制，一般要采取经济批量的方法来加以控制，经常检查这类存货的库存情况，严格控制该类存货的进出，企业应对其按照每一个品种分别进行管理；C 类存货占用的金额比重很小，品种数量又很多，可以采用较为简单的方法加以管理，只对其进行总量控制和管理，通常可以按经验确定资金的占用量，或者规定一个进货的数量点，当存货低于这个订货点时，就要组织进货；B 类存货的金额相对较小，数量也较多，可以通过划分类别的方式进行管理，或者按照其在生产中的重要程度和采购难易程度分别采用 A 类或 C 类存货的管理方法。

2. 操作步骤

存货的 ABC 分类管理的步骤如下：

第一步，列示全部存货的明细表，并计算出每一种存货在一定时期内的资金占用额。

第二步，计算每一种存货资金占用额占全部资金占用额的百分比，按大小顺序排列并累加金额百分比，编成表格。

第二步，根据事先确定的标准，将存货分成 A、B、C 三类，并画图表示出来，一般金额百分比累加到 70% 左右时，以上存货视为 A 类存货；百分比为 15% ~20% 的存货视为 B 类存货，其余视为 C 类存货。

3. 典型例题

【例 7-18】　某企业共有 20 种原材料，共占用资金 100 000 元，按占用资金多少顺序排列后，根据上述原则划分成 A、B、C 三类，具体情况如表 7-11 所示。

表 7-11　　　　　　　　　　　　　　　　存货资金占用表

材料品种编号	占用资金数额（元）	类别	各类存货所占的		各类存货占用资金	
			种数（种）	比重（%）	数量（元）	比重（%）
1	50 000	A	2	10	75 000	75
2	25 000					
3	10 000	B	5	25	20 000	20
4	5 000					
5	2 500					
6	1 500					
7	1 000					
8	900	C	13	6	5 000	5
9	800					
10	700					
11	600					
12	500					
13	400					
14	300					
15	200					
16	190					
17	180					
18	170					
19	50					
20	10					
合计	100 000		20	100	100 000	1 000

根据上表，A类物资的存货虽然只有一种，但是其存货占有额占了总资金的75%，应集中力量进行管理；C类存货虽然有12种，但资金只占有5%，故不必花大精力进行管理和控制。B类材料存货和占用额介于A、C之间，要予以重视，但重视程度应低于A类存货。

通过对存货进行ABC分类，可以使企业分清主次。采取相应的对策进行经济有效的管理、控制。企业组织进货批量、进行存货限额（量）控制、存储期分析、存货目标流转规划时，对A、B两类存货可以分别按品种、类别进行。对C类存货只需加以灵活掌握即可，一般不必进行上述各方面的测算与分析。此外，企业还可以运用存货的ABC分类管理的基本原理，对消费者进行分析，以加强存货的管理工作。如企业可以按照有效业务区域内消费者的收入水平、社会地位等标准将他们区分为ABC三类，通过研究各类消费者的消费倾向、档次等，对各档次存货的需要量（额）加以估算，并购进相应的存货。这样，能够使存货的购进与销售工作建立在市场调查的基础上，从而收到良好的管理、控制效果。

（三）存货的归口分级管理控制

存货的归口分级管理控制是加强存货日常管理的重要方法，即在加强存货各部门对存货的集中统一管理的同时，把存货日常管理的权责落实到供产销各职能部门。其基本原则是"谁使用谁管理，谁管理谁负责"。这一管理方法主要包括以下内容：

（1）企业对存货资金实行集中统一管理，可以促进供产销相互协调，实现资金使用的综合平衡以及存货流转的顺畅进行，加速企业资金周转。财务部门的统一管理主要包括以下几个方面的工作：①根据国家财务制度和财经法规，结合企业的具体情况，制定企业资金管理的各种制度。②认真测算企业存货资金需求量，并及时足额筹措资金。③对各单位的资金运用情况进行检查和分析，及时发现问题，处理问题，并按照已制定的资金管理制度对相关部门进行考核评估。

（2）实行资金的归口管理。根据使用资金和管理资金相结合、物资管理和资金管理相结合的原则，存货资金由哪个部门使用就归哪个部门管理。具体而言，各项资金归口管理的分工一般如下：①原材料、燃料、包装物等资金归供应部门管理。②在产品和自制半成品资金归生产部门管理。③产成品资金归销售部门管理。④工具用具占用的资金归工具部门管理。⑤修理用备件占用的资金归设备动力部门管理。

（3）实行资金的分级管理。资金的分级管理是在资金归口管理的前提下，各归口管理部门根据具体情况进一步对各资金计划指标进行分解，分配给所属单位或个人，层层落实，实行分级管理。具体而言，可按下列方式进行分解：①原材料资金计划指标可分配给供应计划、材料采购、仓库保管、整理准备业务组管理。②在产品资金计划指标可分配给各车间、半成品库管理。③产成品资金计划指标可分配给销售、仓库保管、产成品发运等各业务组管理。

情境小结

1. 营运资金管理的概念及意义

营运资金管理是对企业流动资产及流动负债的管理。企业经营的过程就是现金—资产—现金(增值)的循环,企业要维持运转,就必须保持这个循环不断运转。这个循环维持的资金链,我们称之为营运资金,一个企业要维持正常的运转就需要拥有适量的营运资金,因此,营运资金管理是企业财务管理的重要组成部分,它相当于对企业"生命线"的管理。营运资金与企业的日常生产经营活动有着密切的联系,其触角几乎可以延伸到企业生产经营的各个方面;同时,企业一定时期资金盈利水平的高低,直接取决于营运资金管理水平的高低。要搞好营运资金管理,必须解决好流动资产和流动负债两个营运资金管理方面的问题,加快现金、存货和应收账款的周转速度,尽量减少资金的占用。

2. 现金管理的目标、内容及确定最佳的现金持有量的方法

现金管理的基本目标是如何使企业持有的现金在满足现金需求的条件下成本最低。现金管理的内容包括确定最佳的现金持有量和对日常的现金收支进行控制,其中,最重要的是确定最佳的现金持有量。最佳的现金持有量的确定方法很多,本书主要介绍了成本分析模式和存货模式。

3. 应收账款的功能及其管理的基本目标

应收账款是流动资产中的一个重要项目。应收账款的功能主要体现为增加销售、减少存货、开拓新市场。应收账款管理的基本目标是在发挥应收账款强化竞争、扩大销售功能的同时,尽可能降低投资的机会成本、坏账成本与管理成本,最大限度地提高应收账款投资的效益。

4. 信用政策和应收账款的管理

信用政策是企业财务政策的一个重要组成部分,主要包括信用标准、信用条件和收账政策三部分。不同信用政策对企业的收益会产生不同的影响,另外,企业要重视应收账款的日常管理,采取有力的措施对应收账款进行分析、控制,及时发现问题,解决问题。

5. 存货管理的目标与方法

存货管理在流动资产中占有非常重要的地位。存货管理的目标就是要在充分发挥存货作用的前提下,不断降低存货成本,以最低的存货成本保障企业生产经营的顺利进行。存货管理的方法主要有确定存货的经济批量和存货的日常管理。存货经济批量的确定以一定假设为前提,必须注意在松动部分假设条件情况下,经济进货批量决策也会发生变化。另外,存货储存期管理控制、存货 ABC 分类管理控制、存货的归口分级管理控制也是加强存货日常管理的重要方法。我们应该运用存货的管理方法,加强存货质量控制。

学习情境八 | # 项 目 投 资 决 策

工作任务与学习子情境

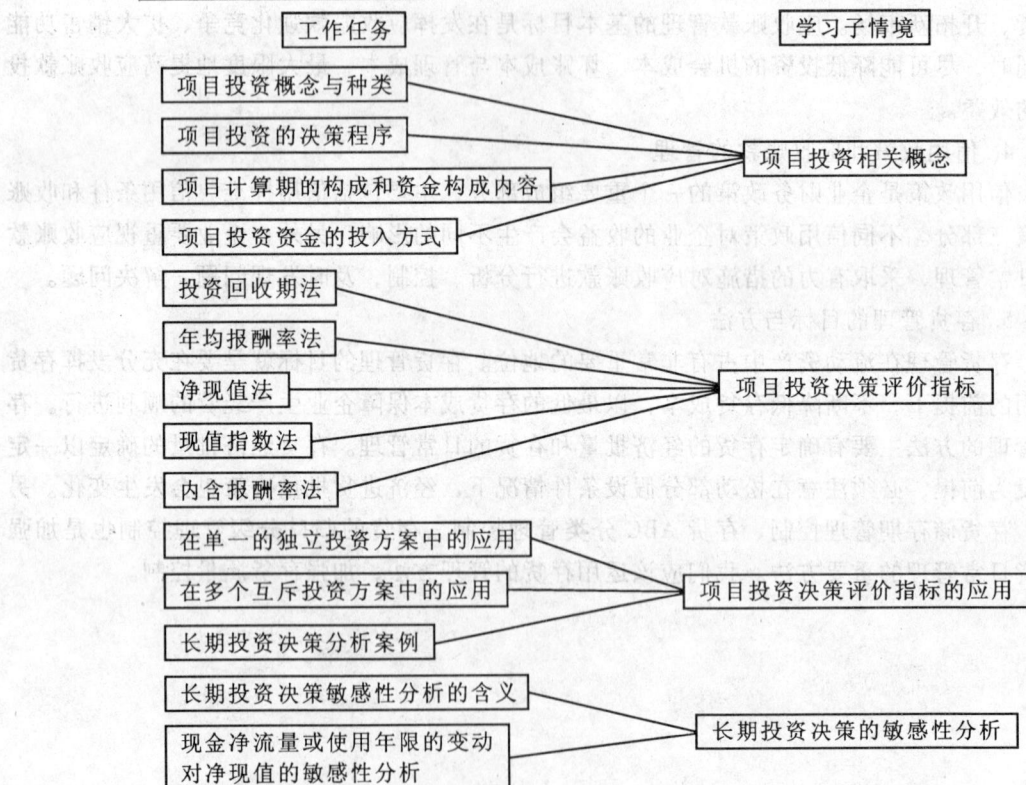

工作任务		学习子情境
项目投资概念与种类		
项目投资的决策程序		项目投资相关概念
项目计算期的构成和资金构成内容		
项目投资资金的投入方式		
投资回收期法		
年均报酬率法		
净现值法		项目投资决策评价指标
现值指数法		
内含报酬率法		
在单一的独立投资方案中的应用		
在多个互斥投资方案中的应用		项目投资决策评价指标的应用
长期投资决策分析案例		
长期投资决策敏感性分析的含义		长期投资决策的敏感性分析
现金净流量或使用年限的变动对净现值的敏感性分析		

职业能力目标

专业能力：

- 了解项目投资的概念、类型及项目投资决策的程序；

- 掌握各种贴现与非贴现指标的含义及计算方法；

● 掌握项目投资决策评价指标的应用。

社会能力:

● 能根据学习情境设计的需要查阅有关资料并进行相关分析;

● 能够结合企业个案,应用项目投资决策评价指标,为企业进行科学、合理的投资决策。

学习子情境一 项目投资相关概念

情境引例

某公司于本年初购置一台设备,原价 36 000 元,预计可使用 10 年,期满有残值 3 000 元。近日市场上新推出一种设备,该设备配有电脑控制系统,售价 50 000 元。使用新设备后,可使公司的年销售收入从 80 000 元增长到 100 000 元;年营业成本则从原来的 64 000 元增加到 68 000 元。新设备使用年限仍为 10 年,期满残值也是 3 000 元。若将旧设备出售,可获价款 20 000 元。同时,该公司测算出的资金成本为 18%。

◎思考:

该公司是否应该出售旧设备更换新设备?

知识准备

一、投资的含义与分类

(一)投资的概念及特点

投资即资金的投放,是指企业投入一定量的资金从事某项经营活动,以期望在未来获取收益或达到其他目的的一种经济行为。与其他形式的投资相比,项目投资具有投资数额大、影响时间长、变现能力差等特征。

从上述投资的定义可以看出,投资具有以下特点:

1. 目的性

从静态的角度说,投资是现在垫支一定量的资金;从动态的角度说,投资则是为了获得的未来的报酬而采取的经济行为。

2. 时间性

投资具有时间性。即投入的价值或牺牲的消费是现在的,而获得的价值或消费是将来的,因而,从现在支出到将来获得报酬,在时间上总要经过一定的间隔。

3. 收益性

投资的目的在于获得报酬(即收益)。投资活动是以牺牲现在的价值为手段,以赚取未来的价值为目标。未来的价值超过现在的价值,投资者方能得到报酬。此报酬可以是各种形式的收入,如利息、股息,可以是价格变动的资本利得,也可以是本金的增值,还可以是各种财富的保值或权利的获得。

4. 风险性

投资具有风险性，即不稳定性。现在投入的价值是确定的，而未来可能获得的收益是不确定的。

(二)投资的分类

1. 按投资的性质和内容分为项目投资和有价证券投资

项目投资，也称生产经营性资产投资，是企业把资金直接投放于生产经营性资产，自己利用其组织生产经营活动。

有价证券投资，也被称为金融性资产投资，是指把资金投放于有价证券等金融资产，取得其他企业的股权或债权。

2. 按投资回收期的长短分为短期投资和长期投资

短期投资是指能够并准备在一年内收回的投资。

长期投资是指在一年以上才能收回的投资。

3. 按投资的方向分为对内投资和对外投资

对内投资是指把资金投放在企业内部，购置各种生产要素，组织生产的投资。

对外投资是指企业以现金、实物和无形资产等方式或者以购买股票、债券等有价证券的方式向其他单位进行投资。

4. 按项目投资的类型分为新建项目投资和更新改造项目投资

项目投资是一种以特定项目为对象，直接与新建项目或更新改造项目有关的长期投资行为。

新建项目是以新建生产能力为目的的外延式扩大再生产新建项目。新建项目投资按其涉及内容又可分为单纯固定资产投资项目和完整工业投资项目两种：单纯固定资产投资项目仅涉及固定资产投资，是投资最基本的形式，目的是新增生产能力，在投资中只包括为取得固定资产而发生的垫支资本投入而不涉及周转资本的投入，任何项目投资均包括固定资产投资；完整工业投资项目在投资中不仅包括固定资产投资，而且涉及流动资金投资，甚至包括其他长期资产投资如无形资产投资、开办费等其他投资。

更新改造项目是指以新换旧或者以旧的固定资产为基础进行改扩建的投资项目，其目的是恢复或改善生产能力。以旧换新或者对旧的固定资产进行改扩建虽然需要增加投资，但也会带来现金流入的增加。而现金流入的增加是否会大于新增的投资是是否需要进行更新改造的关键。

项目投资的意义在于：

(1)是企业开展正常生产经营活动的必要前提；

(2)是推动企业生产和发展的重要基础；

(3)是提高产品质量，降低产品成本不可缺少的条件；

(4)是增加企业市场竞争能力的重要手段。

二、项目投资的决策程序

项目投资的决策程序是指企业投资主体在市场调研的基础上，根据企业发展战略，提出项目投资方案，并对项目投资方案进行可行性研究、决策分析、财务控制和财务分析的过程和步骤。

企业项目投资的决策程序主要包括以下步骤：

（1）根据企业的发展战略和当前的投资机会，提出投资领域和投资对象。

（2）通过对投资决策中应考虑因素的分析，运用一定的技术方法，评价项目投资的财务可行性。

（3）项目投资的决策。项目投资的决策是在财务可行性评价的基础上，对多个可行性的方案进行选择。投资决策就是评价投资方案是否可行，并从诸多可行的投资方案中选择要执行的投资方案的过程。而判断某个投资方案是否可行的标准是某个方案所带来的收益是否不低于投资者所要求的收益。本学习情境所阐述的投资决策指标就是通过对投资项目经济效益的分析与评价，来确定投资项目是否可取的标准。根据这些指标来进行投资决策的方法被称为投资决策方法。

（4）项目投资的执行。项目投资的执行是对已经决策的投资项目，企业管理部门要编制资金预算，并进行控制和监督，使之按期保质完成。

（5）项目投资的控制。项目投资的控制是在项目投入生产后，要实施经营过程控制和考核，保证预期目标的实现。

（6）项目投资的分析。项目投资的分析是了解项目投资的经济效益，进行财务分析，明确投资责任中心的责任和经营业绩，并进行相应的考核。

三、项目计算期的构成和资金构成内容

（一）项目计算期的构成

项目计算期是指投资项目从投资建设开始到最终清理结束整个过程的全部时间，包括建设期和生产经营期（具体又包括投产期和达产期）。其中，建设期（记做 s，$s \geqslant 0$），是指项目资金从正式投入开始到项目建成投产为止所需要的时间，建设期的第一年初（记做第 0 年）称为建设起点，建设期的最后一年末（记做第 s 年）称为投产日。在实践中，通常应参照项目建设的合理工期或项目的建设进度计划合理确定建设期。项目计算期的最后一年年末（记做第 n 年）称为终结点，假定项目最终报废或清理均发生在终结点（但更新改造除外）。从投产日到终结点之间的时间间隔称为生产经营期（记做 p），包括试产期和达产期（完全达到设计生产能力）两个阶段。试产期是指项目投入生产，但生产能力尚未完全达到设计能力时的过渡阶段。达产期，是指生产经营达到设计预期水平后的时间。生产经营期一般应根据项目主要设备的经济使用寿命期确定。一般而言，项目计算期越长，其所面临的不确定性因素越多，从而风险也越大，投资者要求的报酬可能会越多。其关系如图8-1所示。

项目计算期、建设期和生产经营期之间存在以下关系：

$$项目计算期 = 建设期 + 生产经营期$$

即
$$n = s + p$$

【**例 8-1**】　某企业拟构建一项固定资产，预计使用寿命 10 年。

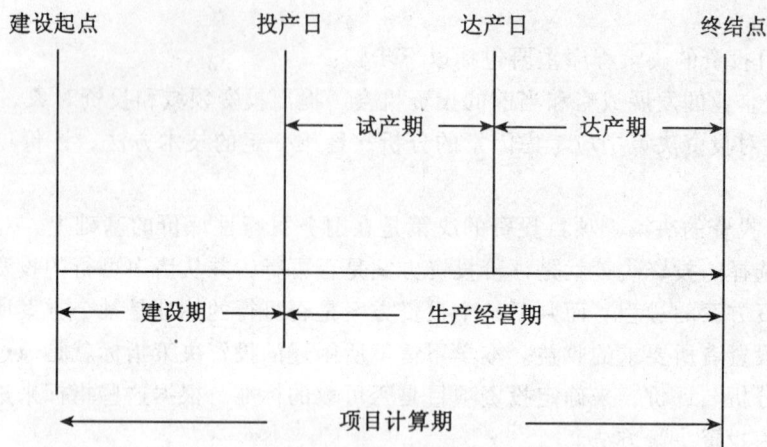

图 8-1　项目计算期的关系

要求：就以下情况分别确定该项目的项目计算期。

(1)在建设起点投资并投产。

(2)建设期为 2 年。

解：(1)项目计算期 = 0+10 = 10(年)

(2)项目计算期 = 2+10 = 12(年)

(二)项目投资资金构成

项目投资包括建设投资和营运资金投资两项内容，是企业为使项目达到设计的生产能力、开展正常营运而投入的全部现实资金，这两项投入的资金被称为项目投资的原始投资。

建设投资是指在建设期内按一定生产经营规模和建设内容进行的投资，包括固定资产投资、无形资产投资和其他资产投资三项内容。固定资产投资是指项目用于购置和安装固定资产(设备和建筑等)而应当发生的投资，固定资产原值等于固定资产卖价、安装费和建设期间的资本化利息之和；无形资产投资是指项目用于取得无形资产(专利权、商标权等)而应当发生的投资；其他资产投资是指除固定资产和无形资产以外的投资。

营运资金投资是指为维持生产经营的正常运转而垫支的资金，数值上等于流动资产与流动负债的差额。

其计算公式为：

$$\begin{array}{c}\text{本年流动资金}\\\text{增加额(垫支数)}\end{array}=\begin{array}{c}\text{本年流动资金}\\\text{需用数}\end{array}-\begin{array}{c}\text{截至上年的}\\\text{流动资金投资额}\end{array}$$

$$\begin{array}{c}\text{经营期流动资金}\\\text{需用数}\end{array}=\begin{array}{c}\text{该年流动资产}\\\text{需用数}\end{array}-\begin{array}{c}\text{该年流动负债}\\\text{需用数}\end{array}$$

项目总投资之间的具体关系如图 8-2 所示。

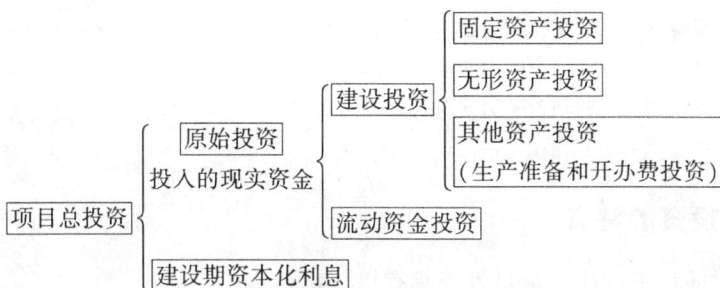

图 8-2 项目总投资之间的关系

关于项目总投资需要注意以下两点：（1）原始投资不受企业投资资金来源的影响，但项目总投资受企业投资资金来源的影响。比如原始投资 100 万元全部来自银行借款，利率 10%，建设期 1 年，则项目总投资为 110 万元；如果自由资金 50 万元，银行借款 50 万元，则项目总投资就是 105 万元。（2）固定资产投资中不包括资本化利息，但是，固定资产投入使用后，需要计提折旧，计提折旧的依据是固定资产原值，而不是固定资产投资。二者的关系是：固定资产原值 = 固定资产投资 + 建设期资本化借款利息。

四、项目投资资金的投入方式

项目投资资金的投入方式分为一次投入和分次投入两种方式。一次投入方式是指投资行为集中一次发生在项目计算期第一期的期初或期末，分次投入方式则涉及两个或两个以上年度，或涉及一个年度的年初和年末。

【例 8-2】 某项目的资金投入方式为分次投入，其中固定资产的投资 100 万元是在建设开始时投入，而无形资产投资 10 万元和垫资流动资产投资 5 万元是在建设期结束时投入。根据资料，该项目有关指标计算如下：

固定资产投资 = 110（万元）

建设投资 = 110 + 10 = 120（万元）

原始投资 = 110 + 10 + 5 = 125（万元）

项目总投资 = 125 + 0 = 125（万元）

【例 8-3】 某公司拟建一条生产线，需要在建设起点一次投入固定资产 100 万元，无形资产 20 万元。建设期为 1 年，建设期资本化利息为 5 万元。投产第一年预计流动资产需用额为 30 万元，流动负债需用额为 22 万元；投产第二年预计流动资产需用额为 45 万元，流动负债需用额为 30 万元。

该项目有关指标计算如下：

（1）固定资产原值 = 100 + 5 = 105（万元）

（2）投产第一年的流动资金需用额 = 30 - 22 = 8（万元）

首次流动资金投资额 = 8 - 0 = 8（万元）

投产第二年的流动资金需用额 = 45 - 30 = 15（万元）

投产第二年的流动资金投资额 = 15-8 = 7(万元)

流动资金投资合计 = 8+7 = 15(万元)

(3)建设投资 = 100+20 = 120(万元)

(4)原始投资 = 120+15 = 135(万元)

(5)投资总额 = 135+5 = 140(万元)

五、项目投资的特点

与其他形式的投资相比,项目投资具有以下特点:

1. 投资金额大

项目投资,一般都需要较多的资金,其投资额往往是企业及投资人多年的投资积累,在企业总资产中有相当大的比重。

2. 影响时间长

项目投资期及发挥作用的时间都较长,至少一年或一个营业周期以上,对企业未来的生产经营活动将产生重大影响。

3. 变现能力差

项目投资一般不准备在一年或一个营业周期内变现,而且即使在短期内变现,其变现能力也较差。

4. 投资风险大

因为影响项目投资未来收益的因素很多,加上投资额大、影响时间长和变现能力差,必然造成其投资风险比其他投资的大,同时其对企业未来的命运也将产生决定性影响。

学习子情境二 项目投资决策评价指标

知识准备

项目投资决策评价指标是衡量和比较投资项目可行性并据以进行方案决策的定量化标准与尺度,它由一系列综合反映投资效益、投入产出关系的量化指标构成。

1. 按照是否考虑资金时间价值分类

在长期投资决策中,分析和评价备选方案优劣的专门方法很多,根据是否考虑资金的时间价值,项目投资决策评价指标可分为非贴现指标和贴现指标两大类。

一类是考虑货币时间价值来决定方案取舍的方法,叫"贴现方法",也称"动态评价方法"。它是将各期现金流入量和现金流出量通过换算,统一在相同的时间基础上进行比较,以决定备选方案取舍或优劣的方法。主要包括:净现值法、现值指数法、内含报酬率法。

另一类是决定方案取舍时不考虑货币时间价值的方法,叫"非贴现方法",也称"静态评价方法"。这类方法的特点是把不同时期的现金流量看做等效的。主要包括:静态投资回收期法、年均报酬率法等。

2. 按指标性质不同分类

评价指标按其性质不同，可分为在一定范围内越大越好的正指标和越小越好的反指标两大类。投资利润率、净现值、净现值率、获利指数、内部收益率属于正指标，静态投资回收期属于反指标。

3. 按指标数量特征分类

评价指标按其数量特征不同，可分为绝对量指标和相对量指标。前者包括静态投资回收期和净现值指标；后者包括获利指数、净现值率、内部收益率和投资利润率指标。

4. 按指标重要性分类

评价指标按其在决策中所处的地位，可分为主要指标、次要指标和辅助指标。净现值、内部收益率等为主要指标；静态投资回收期为次要指标；投资利润率为辅助指标。

职业判断与业务操作

一、回收期法

回收期(PP)是指投资项目回收该项目的原始投资额所需要的时间，一般用年作单位。"回收期法"就是以回收期的长短来判断方案是否可行的方法。回收期短，说明这项投资所冒风险越小，并使投入的资金得以比较快地周转。回收期是考核投资项目优劣的一项静态指标。

回收期的计算方法，因各年现金净流量是否相等而有以下两种方法。

(一)各年现金净流量相等

$$不包括建设期的回收期(PP)=\frac{原始投资额}{各年相等的现金净流量}$$

必须指出：第一，若各年回收的现金净流量并非全部都相等，而只有前若干期相等，但如果前若干期相等的现金净流量之和大于或等于原始投资额，也可以使用上述公式；若前若干期相等的现金流量之和小于原始投资额，则不可使用上述公式。第二，若项目各年现金净流量均相等，只是项目寿命周期期末(即最后一年)有残值，因回收期法为静态指标，不考虑货币时间价值，为简化计算，可将残值平均分摊到各年现金净流量中去，这样各年现金净流量仍相等，则可使用上述公式。

在计算出不包括建设期的回收期之后，只需再加上建设期，即可算出包括建设期的回收期。

【例 8-4】　有甲、乙两个投资方案。甲方案的项目计算期是 5 年，初始投资 100 万元于建设起点一次投入，前三年每年现金流量都是 40 万元，后两年每年都是 50 万元。乙方案的项目计算期也是 5 年，初始投资 100 万元于建设起点一次投入，假设前三年每年现金流入都是 30 万元，第四年现金流入 10 万元，第五年现金流入 60 万元。试分别判断甲、乙两方案能否使用简化公式计算回收期？若能，则计算其回收期。

不包括建设期的回收期(PP)＝原始投资额/投产后前若干年每年相等的净现金流量

甲方案：初始投资 100 万元，前三年现金流量相等，3×40＝120>100

所以甲方案可以使用简化公式：

$$不包括建设期的回收期＝100÷40＝2.5（年）$$

$$包括建设期的回收期＝不包括建设期的回收期+建设期$$

若建设期为 2 年则：

$$包括建设期的回收期（PP'）＝2+2.5＝4.5（年）$$

乙方案：前三年现金流量也是相等的，但前三年现金流量总和小于原始投资额，30×3＝90 < 100，所以不能使用简化公式。

（二）各年现金净流量不相等

这需要用逐次累计的方法计算回收期，即根据各年末的累计现金净流量与各年末回收的投资金额进行计算。具体计算步骤如下：

（1）列表：在表中列出以下三项：年份、各年现金净流量、各年末回收额，并逐次计算出各年末未回收额。

（2）根据公式进行计算：

$$回收期（PP）＝\frac{最低未回收额}{所在年份}＋\frac{最低未回收额}{最低未回收额下一年的现金净流量}$$

【例 8-5】 某公司有 A、B、C 三个投资方案。A、C 方案所需投资金额均为 100 000 元，B 方案所需投资额为 120 000 元。三个投资方案的资金来源全靠借款解决，银行借款年利率为 14%。A、B 两个方案期末无残值，C 方案期末有净残值 10 000 元。各方案每年现金净流量如表 8-1 所示。

表 8-1　　　　　　　　　　　　　各方案每年现金净流量

年序 \ 现金净流量（元） \ 方案	A	B	C
1	45 000	90 000	33 000
2	45 000	90 000	38 000
3	45 000		43 000
4	45 000		48 000
5	45 000		63 000
合　计	225 000	180 000	225 000

A、B、C 方案的回收期计算如下：

（1）A 方案每年的现金净流量相等，则：

$$A 方案回收期＝\frac{100\ 000}{45\ 000}＝2.22（年）$$

（2）B 方案每年的现金净流量相等，则：

$$B \text{ 方案回收期} = \frac{1\ 200\ 000}{90\ 000} = 1.33\text{（年）}$$

（3）C 方案各年现金净流量不相等，则需要用逐次累计的方法计算。

①列表如 8-2 所示。

表 8-2 各年现金净流量及未回收额 单位：元

年份	各年现金净流量	各年末未回收额
0	−100 000	
1	33 000	−67 000
2	38 000	−29 000
3	43 000	14 000
4	48 000	
5	63 000	

②计算回收期。

$$\text{回收期} = 2 + \frac{29\ 000}{43\ 000} = 2 + 0.674 = 2.674\text{（年）}$$

从投资回收期看，B 方案的回收期最短，是最优方案，其次为 A 方案，C 方案回收期最长。如果以回收期指标评价方案的优劣，应该采用 B 方案。

【例 8-6】 某企业计划进行某项投资活动，方案原始投资 150 万元，其中固定资产投资 100 万元，流动资金 50 万元，全部资金于建设起点一次投入，经营期 5 年，到期残值收入 5 万元，预计投产后年营业收入 90 万元，年总成本（包括折旧）60 万元。固定资产按直线法折旧，全部流动资金于终结点收回。该企业为免税企业，可以免交所得税。

要求：

（1）说明方案资金投入的方式；

（2）方案各年的净现金流量；

（3）计算方案包括建设期的静态投资回收期。

解：（1）一次投入

（2）年折旧额 =（100−5）/5 = 19（万元）

$NCF_0 = -150$（万元）

$NCF_{1-4} = 90 - 60 + 19 = 49$（万元）

$NCF_5 = 49 + 5 + 50 = 104$（万元）

（3）回收期 = 150/49 = 3.06（年）

投资回收期法的优点在于计算简便，容易理解，并可促使企业想方设法地加速资金的周期，缩短回收期，及早收回投资。但这种方法存在以下不足：

（1）没有考虑货币时间价值，对投资项目预期收益与投资额所发生的不同时间的金额等同看待，缺乏一定的比较基础。

（2）投资回收期只考虑了在收回投资额这一段期间内的收益状况，而没有从投资项目使用的全部期间的收益状况来评价决策方案的优劣，特别是对某些前期收益低（现金流量小）、后期收益大的投资项目，单纯用回收期法评价，难免考虑不全面。

（3）回收期只能反映投资回收速度，不计算偿还投资后还能获得的收益，也就是不能反映投资的盈利程度。

所以，在实际工作中，往往是将投资回收期法与其他方法结合起来运用。

（三）动态回收期法

【例 8-7】　甲方案的初始投资为 100 000 元，各年现金净流量如表 8-3 所示，假设贴现率为 10%。要求计算甲方案的动态回收期。

先计算甲方案各年折现净现金流量和累计折现净现金流量（如表 8-3 所示）。

表 8-3　　　　　　　　　　　　　　甲方案相关资料　　　　　　　　　　　　单位：元

项目 计算期（年）	现金净流量（NCF） （1）	折现系数（P/F,10%,n） （2）	折现净现金流量 （3）=（1）×（2）	累计折现净现金流量 （4）
1	35 000	0.909	31 815	31 815
2	35 000	0.826	28 910	60 725
3	35 000	0.751	26 285	87 010
4	35 000	0.683	23 905	110 915
5	35 000	0.621	21 735	132 650

然后根据上表资料，计算甲方案的动态回收期：

$$甲方案动态回收期 = 3 + \frac{100\ 000 - 87\ 010}{110\ 915 - 87\ 010} \approx 3.54（年）$$

二、平均投资报酬率法

平均投资报酬率，是指投资项目平均净利润额与原始投资报酬的比率。平均投资报酬率法是用年平均投资报酬率来评价投资方案的决策分析方法。平均投资报酬率为一项静态评价指标，它反映利润与投资额之间的关系。其计算公式为：

$$平均投资报酬率（ARR） = \frac{年均净利润额}{项目总投资额}$$

其中，项目总投资等于原始投资加上资本化利息。

我们可将计算出来的平均投资报酬率与预定要求达到的投资报酬率进行比较，如前者大于后者，说明投资项目可行；如小于后者，则不宜接受。平均投资报酬率越高，说明项目的经济效益越好；反之，平均报酬率越低，则说明其经济效益越差。

【例 8-8】　根据例 8-5 中的资料，假定净利为现金净流量的 3/4，则 A、B、C 方案的平均报酬率计算如下：

$$A \text{ 方案的平均投资报酬率} = \frac{225\ 000 \div 5 \times \frac{3}{4}}{100\ 000} \times 100\% = 33.75\%$$

$$B \text{ 方案的平均投资报酬率} = \frac{180\ 000 \div 2 \times \frac{3}{4}}{120\ 000} \times 100\% = 56.25\%$$

$$C \text{ 方案的平均投资报酬率} = \frac{225\ 000 \div 5 \times \frac{3}{4}}{100\ 000} \times 100\% = 33.75\%$$

从计算结果可知，B 方案的平均投资报酬率最高，则 B 方案最优，A、C 方案并列第二。若该企业的预定报酬率为 40%，那么应选 B 方案。

平均投资报酬率法计算便捷。若以项目寿命周期内的现金净流量为报酬，即作公式的分子，这样还可以弥补回收期法的不足。但是，这种方法的明显不足是：

(1)没有考虑货币时间价值及方案的经济时效。

(2)只着眼于盈利，没有考虑现金流量。

【例 8-9】 有一个工业项目原始投资 800 万元，建设期 2 年，建设期发生与构建固定资产有关的资本化利息 200 万元，项目运营期 5 年，项目投产后每年获得的净利润分别为 100 万元、200 万元、250 万元、300 万元、250 万元。请计算该项目的投资收益率指标。

$$\text{投资收益率} = [(100+200+250+300+250)/5] \div (800+200) \times 100\% = 22\%$$

【例 8-10】 某公司在计划期间有两个投资方案可供选择，若原始投资均为 300 000 元且一次投入，两项目的寿命周期都是 5 年，期末无残值，采用直线法计提折旧。两方案的有关现金净流量的资料如表 8-4 所示。

表 8-4　　　　　　　　　　　　**有关现金流量的资料**　　　　　　　　　　单位：元

年份	甲方案			乙方案		
	净利	折旧	NCF	净利	折旧	NCF
1	80 000	60 000	140 000	70 000	60 000	130 000
2	80 000	60 000	140 000	100 000	60 000	160 000
3	80 000	60 000	140 000	120 000	60 000	180 000
4	80 000	60 000	140 000	90 000	60 000	150 000
5	80 000	60 000	140 000	20 000	60 000	80 000
合　计	400 000	300 000	700 000	400 000	300 000	700 000

要求：采用平均投资报酬率法评价甲、乙两项投资方案。

(1)计算甲方案的平均投资报酬率：

$$\text{甲方案的 ARR} = \frac{\text{年平均净利}}{\text{原始投资额}} = \frac{80\ 000}{300\ 000} = 26.67\%$$

（2）计算乙方案的平均投资报酬率：

$$乙方案的年平均净利 = \frac{400\ 000}{5} = 80\ 000（元）$$

$$乙方案的\ ARR = \frac{80\ 000}{300\ 000} = 26.67\%$$

从以上计算结果可见，甲、乙方案的平均投资报酬率相等，均为 26.67%，故很难分出方案的优劣。这个案例反映了平均投资报酬率法的优点：计算过程比较简单，能够反映建设期资本化利息的有无对项目的影响，但也充分暴露了其缺点：没有考虑货币时间价值和投资的风险价值，因而不论未来报酬产生于哪一期，也不论其金额的大小，只要年平均净利率相等，如果在原始投资相等的情况下，就很难判断出不同方案的经济效益的好坏；不能正确反映建设期长短、投资方式的不同和回收额的有无等条件对项目的影响；该指标的计算无法直接利用净现金流量信息；该指标的分子（时期指标）、分母（时点指标）的时间特征不一致，不具有可比性。

三、净现值法

净现值（NPV）是指项目投产后各年现金净流量的现值之和与投资额现值之间的差额。净现值法就是用净现值指标作为评价长期投资方案优劣标准的方法。若净现值是正数，即说明该方案的现金流入量现值大于原始投资额，该方案可行；反之，净现值为负数，则不可行。净现值越大，说明项目的经济效益越好。

对于任何一项长期投资方案，投资者总是希望投资方案的未来报酬能大于原始投资额，以获得价值的增值。但未来获得的报酬的现金流入量和原始投资额的现金流出量发生在不同时期，根据货币的时间价值观念，不同时期货币的价值是不相等的，这两类金额只有折合在同一时点上才能相互比较。因此，我们把一项投资方案在未来期间所能获得的各年现金净流量，按照资金成本折算成总现值，然后把它与原始投资额折成的现值进行对比，其差额就叫"净现值"。净现值是评价投资方案优劣的一项动态指标。

净现值法一般可以按以下步骤进行：

（1）计算投资项目每年的现金净流量（NCF）。

（2）根据资金成本将各年的现金净流量折成现值（即折合在同一年份上）。若各年 NCF 相等，按年金折成现值；若各年 NCF 不相等，则需分别按普通复利折成现值。

（3）将各年现金净流量的现值加总合计，得出未来报酬总现值；将各项投资额的现值加总合计得出投资额总现值。

（4）计算投资方案的"净现值"：

净现值 = 未来报酬的总现值 - 投资额的总现值

（5）对投资方案进行评价：若为一个单一备选方案，NPV>0，则方案可行；NPV<0，则方案不可行。若为多个备选方案，则以 NPV 最大者为最优方案。

（6）折现率的确定：

①人为主观确定（逐步测试法）；

②根据项目的资金成本确定；

③根据投资的机会成本确定（投资所要求的最低报酬率）；

④以行业平均资金收益率作为项目折现率。

【例 8-11】　根据例 8-5 中的资料，A、B、C 三个投资方案的净现值计算如下：

A 方案每年末现金净流量都是 45 000 元，按普通年金现值计算净现值：

$$A \text{ 方案的净现值(NPV)} = \text{未来报酬的总现值} - \text{投资额的总现值}$$
$$= 45\,000 \times (P/A, 14\%, 5) - 100\,000$$
$$= 45\,000 \times 3.433 - 100\,000$$
$$= 154\,485 - 100\,000 = 54\,485(\text{元})$$

B 方案每年末现金净流量都是 90 000 元，按普通年金现值计算净现值：

$$B \text{ 方案的净现值(NPV)} = 90\,000 \times (P/A, 14\%, 2) - 120\,000$$
$$= 90\,000 \times 1.647 - 120\,000$$
$$= 148\,230 - 120\,000 = 28\,230(\text{元})$$

C 方案每年的现金净流量不相等，要分别用每年现金净流量乘以相应的复利现值系数计算其现值，然后予以相加，再加上第 5 年末残值收入的现值，即为未来报酬总现值，再与原投资额现值相比，以确定其净现值。其计算过程如表 8-5 所示。

表 8-5　　　　　　　　　　　　　　**C 方案净现值的计算**

年序(n)	各年现金净流量（元）	复利现值系数	现值（元）
1	33 000	0.877	28 941
2	38 000	0.769	29 222
3	43 000	0.675	29 025
4	48 000	0.592	28 416
5	73 000	0.519	37 887
各年现金净流量和残值现值之和			153 491
减：原始投资现值			100 000
净现值			53 491

计算结果表明，这三个投资方案的净现值均为正数，说明它们的投资报酬率都在借款利率 14% 上，以借款利率 14% 为标准进行衡量，这三个方案都是可行的。不过三个方案相比，以 A 方案的净现值最大，C 方案的净现值次之，B 方案的净现值最少。A 方案的原始投资额少于 B 方案，而净现值又大于 B 方案，可以视为最优。

如果投资项目的投资额是分次投入，也可以将各次投资额按资金成本折算为建成投产时的终值，作为投资额的现值。

【例 8-12】　某个企业有一投资项目，3 年建成，3 年中每年年末各投资 80 万元，有效使用期 10 年，期满残值 12 万元。投产后每年的现金净流量均为 46 万元，已知资金成本为 10%。问该方案是否可行？

$$净现值(\mathrm{NPV})=[460\,000\times(P/A,\ 10\%,\ 10)+120\,000\times(P/F,\ 10\%,\ 10)]$$
$$-800\,000(F/A,\ 10\%,\ 3)$$
$$=(460\,000\times6.145+120\,000\times0.386)-800\,000\times3.31$$
$$=(2\,826\,700+46\,320)-2\,648\,000$$
$$=2\,873\,020-2\,648\,000=225\,020(元)$$

净现值为正数，该方案可行。

【例 8-13】 假定建设项目的行业基准折现率为 10%，就下列情况分别计算净现值。

(1)初始投资 1 000 万元，项目 1～10 年每年的现金净流量均为 200 万元。

(2)初始投资 1 000 万元，建设期 1 年，项目 2～11 年每年的现金净流量均为 200 万元。

(3)初始投资 1 000 万元，项目 1～9 年每年的现金净流量均为 190 万元，第 10 年为 290 万元。

(4)建设期 1 年，分年初、年末各投资 500 万元，项目 2～11 年每年的现金净流量均为 200 万元。

结合资料给出的各相关条件，各种情况的净现值如下：

(1)$\mathrm{NPV}=200\times6.144\,57-1\,000=228.914(万元)$

(2)$\mathrm{NPV}=200\times(6.144\,57-0.909\,09)-1\,000=117.194(万元)$

或 $=200\times6.144\,57\times0.909\,09-1\,000=117.194(万元)$

(3)$\mathrm{NPV}=190\times5.759\,02+290\times0.385\,54-1\,000$
$=206.020(万元)$

(4)$\mathrm{NPV}=200\times(6.495\,06-0.909\,09)-(500+500\times0.909\,09)-1\,000$
$=162.649(万元)$

决策标准：

如果投资方案的净现值大于或等零，该方案为可行方案；

如果投资方案的净现值小于零，该方案为不可行方案；

如果几个方案的投资额相同，项目计算期相等且净现值均大于零，那么净现值最大的方案为最优方案。

所以，净现值(NPV)≥0 是项目可行的必要条件。

计算方法：

①当经营期内各年现金净流量相等，建设期为零时，净现值的计算公式为：

净现值=经营期每年相等的现金净流量×年金现值系数-投资现值

②当经营期内各年现金净流量不相等时，净现值的计算公式为：

净现值 $=\sum$（经营期各年的现金净流量×各年的现值系数）- 投资现值

净现值法的主要优点在于评价投资方案时首先充分考虑了货币时间价值因素对未来不同时期现金净流量的影响，使有关方案的现金流量具有可比性，增强了投资方案经济性的评价，能较合理地反映投资项目的真正经济价值；其次考虑了项目计算期的全部现金净流量，体现了流动性与收益性的统一；最后考虑了投资风险性，因为折现率的大小与风险大小有关，风险越大，折现率就越高。

净现值法存在的不足是，对于不同的投资方案，如果原始投资额不同，净现值这个指标实际上就没有可比性，难以确定最优的投资项目。因为投资额大，净现值也大的方案不一定是最优。单纯看净现值的大小，以绝对值作简单比较，不能做出正确的评价，也就是说不同投资额的方案，它们的净现值是不可比的。所以，在不同方案原始投资额不等的情况下，不能单纯用净现值法来判断方案优劣。同时，它也不能计算出方案的预期投资报酬率。

四、现值指数法

现值指数（PVI）是指任何一项投资方案的未来报酬按资金成本折算的现值与原始投资额的现值之比，也称"获利能力指数"。它反映每1元原始投资（成本）所带来的按资金成本折现后的收入，它是评价投资方案优劣的一项动态指标。它的计算公式如下：

$$现值指数（RVI）= \frac{未来报酬的现值}{原始投资的现值}$$

净现值率（NPVR）是反映项目的净现值占原始投资现值的比率，也可将其理解为单位原始投资的现值所创造的净现值。

$$净现值率（NPVR）= \frac{项目的净现值}{原始投资的现值合计}$$

例如，净现值=57.8422万元，原始投资的现值=150万元

则：
$$净现值率（NPVR）= \frac{57.842\,2}{150} = 0.385\,6$$

1. 净现值率指标的特征

优点：第一，可以从动态角度反映项目投资的资金投入与净产出之间的关系；

第二，比其他相对数指标更容易计算。

缺点：与净现值指标相似，同样无法直接反映投资项目的实际收益率，而且必须以已知净现值为前提。

决策原则：NPVR≥0，方案可行。

2. 净现值率与现值指数的关系

现值指数=净现值率+1

净现值率大于零，现值指数大于1，表明项目的报酬率高于贴现率，存在额外收益；

净现值率等于零，现值指数等于1，表明项目的报酬率等于贴现率，收益只能抵补资本成本；

净现值率小于零，现值指数小于1，表明项目的报酬率小于贴现率，收益不能抵补资本成本。

评价标准：

对于单一方案的项目来说，净现值率大于或等于零，现值指数大于或等于1是项目可行的必要条件。

现值指数法就是以各个投资方案的现值指数大小作为评价投资方案的标准的方法。在进行投资决策分析时，对于单一方案的项目来说，净现值率大于或等于零，现值指数大于

或等于1是项目可行的必要条件。如果现在指数小于1，则应拒绝该方案；当有多个投资项目可供选择时，由于净现值率或现值指数越大，企业的投资报酬水平就越高，所以应采用净现值率大于零或现值指数大于1中的最大者。

【例8-14】 根据例8-5中的资料，三种方案的现值指数计算如下：

$$A \text{ 方案的现值指数} = \frac{154\ 485}{100\ 000} = 1.54$$

$$B \text{ 方案的现值指数} = \frac{148\ 230}{120\ 000} = 1.24$$

$$C \text{ 方案的现值指数} = \frac{153\ 491}{100\ 000} = 1.53$$

从上述计算可知，A方案现值指数最大，其次是C方案，再其次是B方案。A、B、C三个方案的现值指数都大于1，即三个方案以借款利率14%作为衡量标准都可以接受，其中以A方案现值指数最大，所以A方案可视为最佳方案。这一评价结果同上述净现值法评价结果是一致的。可见，现值指数和净现值这两个指标间有着内在的联系。

以上是用现值指数法评价几个投资方案并从中选择一个为最优投资方案。如果用这种方法评价组合投资方案，则应用综合现值指数，即加权平均现值指数进行评价。

【例8-15】 某企业可用于生产能力投资的资金为100万元，现有A、B、C、D、E五个投资机会，它们的投资额分别为80万、20万、30万、70万、50万，现值指数分别为1.15、1.28、1.40、1.32、1.25。要求选择最优组合方案。

首先，按照资金规模，确定组合投资方案的种类。根据上述资料，其组合种类有：A、B方案，B、C、E方案，C、D方案。

其次，确定各种组合方案的综合现值指数，其计算公式如下：

$$\text{综合现值指数} = \sum \text{ 各方案现值指数} \times \text{各方案投资比重}$$

据此计算上述三种组合方案的现值指数为：

  A、B组合方案：$1.15 \times 80\% + 1.28 \times 20\% = 1.176$

  B、C、E组合方案：$1.28 \times 20\% + 1.4 \times 30\% + 1.25 \times 50\% = 1.301$

  C、D组合方案：$1.4 \times 30\% + 1.32 \times 70\% = 1.344$

最后，按综合现值指数的大小，确定最优组合方案。本例中C、D组合的综合现值指数最大，因此应选择C、D组合方案。

现值指数法和净现值法都考虑了货币的时间价值，而且使用的是相同的信息即未来报酬的总现值和原始投资额的现值。因此，二者得出的结论常常是相同的。但是，当原始投资额不同时，有时可能会得出相反的结论。

产生差异的原因是净现值法是以绝对数表示，不便于在不同投资额的方案间进行比较；而现值指数法则是以相对数表示，这样就可在不同投资额方案间进行比较。

【例8-16】 某企业拟建一项固定资产，需投资100万元，建设资金分别于年初、年末各投入50万元，按直线法计提折旧，使用寿命为10年，期末无残值。该项工程于当年投产，预计投产后每年可获净利润10万元。假定该项目的行业基准折现率为10%。根据以上资料计算该项目的净现值、现值指数。

$NCF_0 = -50(万元)$

$NCF_1 = 150(万元)$

$NCF_{2-11} = 净利润+折旧 = 10+100/10 = 20(万元)$

$NPV = -50-50\times(P/F, 10\%,)+20\times(P/A, 10\%, 10)\times(P/F, 10\%, 1) = 16.26(万元)$

$现值指数 = 20\times(P/A, 10\%, 10)\times(P/F, 10\%, 1)/50+50\times(P/F, 10\%, 1) \approx 1.17$

在实际工作中，可根据具体情况采用不同的方法，也可将两种方法结合使用。比如某公司只存在两个投资方案，没有其他的投资机会，而且只能选择其中一个方案，那么以净现值最高为最优，符合企业的最大利益。而现值指数只反映投资回收程度，不反映投资回收额的多少，因此，在这种情况下应选用净现值法。如果一个企业可以同时投资于几个项目，一般情况下应选择现值指数较高的投资方案，这样可以达到最高的整体获利水平。

现值指数法从某种意义上讲较净现值法有了改进，但仍不能考察投资方案的预期投资报酬率是多少。

五、内含报酬率法

内含报酬率(IRR)是指一项长期投资方案在其寿命周期内按现值计算的实际可能达到的投资报酬率，也可称为"内部收益率"。

内含报酬率的基本原理就是根据这个报酬率对投资方案的全部现金流量进行折现，使未来报酬的总现值正好等于该方案原始投资额的现值。其实质就是一种能使投资方案的净现值等于零的折现率。它是考核投资方案优劣的一项动态指标。

其计算公式为：

$$\sum_{t=0}^{n} NCF_t \times (P/F, IRR, t) = 0$$

即：内含报酬率的计算是先令净现值等于零，然后求能使净现值等于零的贴现率(IRR)。

净现值与内含报酬率的差别：

"净现值"不能揭示各个方案本身可以达到的实际报酬率是多少。

"内含报酬率"实际上反映了项目本身的真实报酬率。

评价项目可行的必要条件：

内含报酬率大于或等于贴现率($IRR \geqslant i$)。

内含报酬率法是指根据投资方案的内含报酬率，来确定投资方案是否可行，并选出最优方案的方法。在净现值等于零的状态下，内含报酬率与资金成本相比，如果内含报酬率大于资金成本，方案可以接受；反之，方案就不可以接受。若干个方案比较，以内含报酬率最大的投资方案为最优方案。

内含报酬率的计算，因各年"现金净流量"是否相等而有所不同，可分为一次计算法和逐次计算法两种。

(一)若各年"现金净流量"相等，内含报酬率可一次计算

(1)先求年金现值系数$(P/A, i, n)$。

设内含报酬率为 i，根据以下公式计算年金现值系数：

$$NPV = 未来报酬现值 - 原始投资额现值 = 0$$

$$每年现金净流量 \times (P/A, i, n) = 原始投资额现值$$

$$(P/A, i, n) = \frac{原始投资额现值}{每年现金净流量}$$

（2）根据计算出来的年金现值系数与已知的年限 n，查"年金现值系数表"，在已知寿命期(n)的同一行中，确定内含报酬率的范围，找出与上述年金现值系数相邻的较小和较大的年金现值系数及折现率。

（3）根据上述两个邻近的折现率及其相应的年金现值系数，再结合上述公式计算的年金现值系数，采用"插值法"计算出该项投资方案的"内含报酬率"。

在某些投资项目中，各期现金净流量都相等，只有期末多一项残值收入，因管理会计只要求数据为近似值即可，并不要求绝对精确，为简化计算，也可将残值平均分摊到各期现金净流量中，视为各期现金净流量相等，按年金计算。

（二）若各年"现金净流量"不等，内含报酬率可采用逐次测试法计算

（1）先估计一个折现率，并根据它计算未来各年现金净流量的现值，然后加计总数求得"未来报酬"的总现值，再与原始投资额的现值进行比较，若净现值(NPV)为正数，即说明原先估计的折现率低于该方案的实际投资报酬率，应相应提高原估计的折现率，再次测试计算净现值。若第一次测试的净现值为负数，即说明原先估计的折现率高于该方案的实际投资报酬率，应相应降低原先估计的折现率，再行测试计算净现值。经过逐次测试，最终找出两个邻近的一个正数的净现值和一个负数的净现值相应的两个折现率。

（2）因内含报酬率就是使投资方案的"净现值"为零的折现率，则可采用前面找出来的两个相邻的折现率及其相应的正负"净现值"并通过"插值法"算出该方案的"内含报酬率"。

由于逐步测试法是一种近似方法，因此相邻的两个贴现率不能相差太大，否则误差会很大。

【例 8-17】 根据例 8-5 的资料，计算 A、B、C 方案的内含报酬率如下：

1. A 方案每年的现金净流量相等，采用一次计算法

（1）计算年金现值系数：

$$A 方案年金现值系数 = \frac{100\ 000}{45\ 000} = 2.222$$

（2）查"年金现值系数表"，在期数为 5 的行内，与年金现值系数 2.222 上下相邻的 2.345 在 32% 所在的列内，2.181 在 36% 所在的列内，可知，A 方案的内含报酬率在 32% 与 36% 之间。

（3）用"插值法"计算 A 方案的内含报酬率：

折现率			年金现值系数		
32%			2.345		
?	X	4	2.222	0.123	0.164
36%			2.181		

$$\frac{X}{4} = \frac{0.123}{0.164} \qquad X = \frac{4 \times 0.123}{0.164} = 3\%$$

所以 A 方案的内含报酬率 = 32% + 3% = 35%

2. B 方案每年现金净流量也是相等的,应采取一次计算法

(1)计算年金现值系数:

$$B\ 方案年金现值系数 = \frac{120\ 000}{90\ 000} = 1.333$$

(2)查"年金现值系数表",在期数为 2 的行内,与年金现值系数 1.333 相邻的 1.332 在 32% 所在的列内。由此可知, B 方案的内含报酬率为 32%。

3. C 方案每年现金净流量不相等,应采用逐次测试法

(1)先估计一个折现率并计算其净现值,设估计的折现率为 28%,计算过程及结果如表 8-6 所示。

表 8-6   计算过程及结果(折现率为 28%)

年序	各年现金净流量(元)	复利现值系数	现值(元)
1	33 000	0.781	25 773
2	38 000	0.610	23 180
3	43 000	0.477	20 511
4	48 000	0.373	17 904
5	73 000	0.291	21 243
投产后各年现金净流量和残值现值之和			108 611
减:原始投资额现值			100 000
净现值			8 611

计算结果显示净现值是正数,说明估计折现率小于内含报酬率,需进一步测试,再设折现率为 32%,则计算过程及结果如表 8-7 所示。

表 8-7   计算过程及结果(折现率为 32%)

年序	各年现金净流量(元)	复利现值系数	现值(元)
1	33 000	0.758	25 014
2	38 000	0.574	21 812
3	43 000	0.435	18 705
4	48 000	0.329	15 792
5	73 000	0.250	18 250
投产后各年现金净流量和残值现值之和			99 573
减:原始投资额现值			100 000
净现值			-427

计算结果显示净现值是负数，说明估计的折现率大于内含报酬率。

通过上述测试可以确定，能使未来各期现金净流量现值之和等于原投资额现值的折现率在28%与32%之间。

（2）根据上述计算出的两个相邻折现率，采用插值法计算 C 方案的内含报酬率：

折现率　　　　　　　　　　　　　　　净现值

$$\left.\begin{array}{l}28\% \\ ? \\ 32\%\end{array}\right\}\left.\begin{array}{l}X\% \\ \end{array}\right\}4\% \qquad\qquad \left.\begin{array}{l}8\ 611 \\ 0 \\ -427\end{array}\right\}\left.\begin{array}{l}8\ 611 \\ \end{array}\right\}9\ 038$$

$$\frac{X}{4}=\frac{8\ 611}{9\ 038} \qquad\qquad X=3.81$$

所以 C 方案的内含报酬率 =（28+3.81）% = 31.81%

上述计算结果表明，如果此项投资方案规定的报酬率为30%，那么，A、B、C 三个投资方案的内含报酬率，均超过30%，它们都是可以接受的，但从这三个方案的获利水平来看，A 方案的内含报酬率最高为35%，B 方案次之，为32%，C 方案最低为31.81%，所以应选择 A 方案。

如果某一投资方案的内含报酬率大于其资金成本，则在扣除该方案的资金成本后，还会产生剩余资金，结果增加了企业的财富；相反，如果投资方案的内含报酬率低于其资金成本，则采用该方案会使企业投资不能完全收回，导致企业的财富减少。用内含报酬率指标来判断一个投资方案是否可行，关键在于将内含报酬率与资金成本相比较。所计算出的内含报酬率可以帮助我们了解投资决策方案预期收益的高低。

内含报酬率的优缺点：

① 优点：它既考虑了资金时间价值，又能从动态的角度直接反映投资项目的实际报酬率，且不受贴现率高低的影响，比较客观。

② 缺点：计算过程比较复杂。

六、各种长期投资决策分析方法的比较

以上我们讨论了贴现及非贴现的五种主要的方法，每种方法各有其优点及局限性。这就要求在投资决策分析时，在具体的投资项目中至少选择 1~2 种方法对备选方案进行分析与评价，使选择结果更具科学性。下面将五种方法所用的主要指标及其主要优缺点和评价标准综合概括如表8-8所示。

表8-8　　　　　　　　　五种方法所用的主要指标及其主要优缺点和评价标准

决策分析方法	方法所用主要指标	主要优点	主要缺点	方法评价标准
平均投资报酬率法	平均净利	简明、方便	①没有考虑货币时间价值 ②没有考虑投资项目使用年限	越高越好

决策分析方法	方法所用主要指标	主要优点	主要缺点	方法评价标准
回收期法	现金净流量	简明、方便易于理解	①没有考虑货币时间价值②没有从投资项目全部期间收益的角度进行考虑	越短越好
净现值法	NCF 现值	考虑了货币时间价值	①不能用于不同投资额的评价②不知预期收益大小	NPV > 0 可行，越大越好
现值指数法	NCF 现值	①考虑了货币时间价值②可用于不同投资额方案的对比	不知预期收益率大小	PVI > 1 可行，越大越好
内含报酬率法	折现率	①考虑了货币时间价值②可用于不同投资额方案的比较③知道预期收益率大小	①只能在常规条件下使用②计算烦琐，工作量大	IRR > 资金成本可行，越大越好

在以上五种计算方法中，后三种都是通过投资成本与收益（报酬）的比较，并结合货币时间价值和投资风险价值来对各该投资方案的经济效益进行评价的。它们各有特点：

（1）净现值法的比较是用减法，即：

$$未来报酬的总现值-原始投资额的现值=净现值$$

（2）现值指数法的比较是用除法，即：

$$\frac{未来报酬的总现值}{原始投资额的现值}=现值指数$$

（3）内含报酬率法的比较是通过使未来报酬的现值与原始投资额的现值相等的原理，来求出投资方案本身实际能达到的投资报酬率。

这三个指标都属于动态正指标，而且它们之间存在以下数量关系，即：

当 NVP>0 时，PVI>1，IRR>i

当 NPV=0 时，PVI=1，IRR=i

当 NPV<0 时，PVI<1，IRR<i

其中：i 为资金成本。

（4）三种方法的影响因素：

①建设期和经营期的长短；

②投资金额及方式；

③各年现金净流量。

（5）三种方法的区别：

①净现值（NPV）为绝对数指标，其余为相对数指标；

②计算净现值、净现值率和现值指数所依据的贴现率（i）都是事先已知的；

③内含报酬率（IRR）的计算本身与贴现率（i）的高低无关，只是采用这一指标的决策标准是将所测算的内含报酬率与其贴现率进行对比，当 IRR$\geq i$ 时该方案是可行的。

学习子情境三　项目投资决策评价指标的应用

计算评价指标的目的，是为投资项目提供决策的定量依据，使它们在方案的对比与选优中正确地发挥作用，进行项目的评价与优选。为正确地进行方案的对比与优选，要从不同投资方案之间的关系着眼，将投资方案区分为独立方案和相互排斥方案（互斥方案）两类。例如，购买机器与生产新产品，为各自独立方案，不能相互替代，但两者之间存在依存关系。互斥方案则不然，有取必有舍，不能并存，如某厂准备生产新产品甲，可买 A 机器也可以买 B 机器进行生产，两者只能选择其一，因而这两个买 A 机器或买 B 机器的方案是相互排斥的。由于各种长期投资决策分析的方法不同，它们之间又存在一定的联系，因此，应根据具体应用范围来确定如何应用各种决策分析方法。

职业判断与业务操作

一、在单一的独立投资方案中的应用

独立方案是指一组互相分离、互不排斥的方案。在独立方案中，选择某一方案并不排斥选择另一方案。

（一）一组完全独立的方案存在的前提条件

（1）投资资金来源无限制；

（2）投资资金无优先使用的要求；

（3）各投资方案所需的人力、物力均能得到满足；

（4）不考虑地区、行业之间的相互关系及其影响；

（5）每一投资方案是否可行，仅取决于本方案的经济效益，与其他方案无关。

（二）评价独立方案财务可行性的要点

1. 判断方案是否完全具备财务可行性的条件

如果某一投资方案的所有评价指标均处于可行区间，即同时满足以下条件时，则可以断定该投资方案无论从哪个方面看都具备财务可行性，或完全具备可行性。这些条件是：

（1）动态评价指标可行，即①净现值 NPV≥ 0；②净现值率 NPVR≥ 0；③获利指数 PI≥ 1；④内部收益率 IRR$\geq$基准折现率 i_c。

（2）静态评价指标可行，即静态投资回收期和投资收益率可行。

比如，某个投资方案的建设期是 2 年，运营期是 5 年，计算期就是 7 年。如果这个方

案包括建设期的投资回收期小于计算期的一半，即小于 3.5 年，不包括建设期的静态投资回收期小于运营期的一半，即小于 2.5 年，那么，就意味着静态投资回收期评价指标是可行的。

投资收益率可行，ROI ≥ 基准投资利润率 i（事先给定）。

2. 判断方案是否基本具备财务可行性的条件

动态评价指标可行，但静态评价指标不可行。即 NPV ≥ 0，NPVR ≥ 0，PI ≥ 1，IRR ≥ i_c，PP > $n/2$，PP′ > $P/2$，ROI < 基准投资利润率 i。

3. 判断方案是否完全不具备财务可行性的条件

如果某一投资方案的所有评价指标均处于不可行区间，即同时满足以下条件时，则可以断定该投资项目无论从哪个方面看都不具备财务可行性，或完全不具备可行性，应当彻底放弃该投资方案。这些条件是：

①净现值 NPV < 0；②净现值率 NPVR < 0；③获利指数 PI < 1；④内部收益率 IRR < 基准折现率 i_c；⑤PP > $n/2$；⑥PP′ > $P/2$；⑦ROI < 基准投资利润率 i。

4. 判断方案是否基本不具备财务可行性的条件

如果在评价过程中发现某项目出现净现值 NPV < 0，净现值率 NPVR < 0，获利指数 PI < 1，内部收益率 IRR < 基准折现率 i_c 的情况，即使 PP ≤ $n/2$，PP′ ≤ $P/2$ 或 ROI ≥ 基准投资利润率 i，也可断定该项目基本不具备财务可行性。

在只有一个投资项目可供选择的条件下，只需要通过计算经济评价指标来考查该方案是否在经济上可行，从而作出接受或拒绝的决策。

可以利用净现值、现值指数、内含报酬率对同一个独立项目进行评价，并会得出完全相同的结论。

因只有一个投资项目可供选择，故只需评价其财务上是否可行。

如果评价指标同时满足以下条件：NPV ≥ 0，NPVR ≥ 0，PI ≥ 1，IRR ≥ i，则项目具有财务可行性；反之，则不具备财务可行性。

静态投资回收期与投资利润率可作为辅助指标评价投资项目，但需注意，当辅助指标与主要指标（净现值等）的评价结论发生矛盾时，应当以主要指标的结论为准。

【例 8-18】　某公司计划年度拟购置一台自动化设备，该设备需投资 120 000 元，该设备可使用六年，期满残值 6 000 元，每年按直线法计提折旧。使用该项自动化设备可使该公司每年增加税后净利 13 000 元，假设该公司的资金成本为 14%。

要求：分别采用以上五种方法来评价上述设备购置方案是否可行。

（1）净现值法：

$$每年的 NCF = 净利 + 折旧 = 13\ 000 + \frac{120\ 000 - 6\ 000}{6} = 32\ 000（元）$$

$$
\begin{aligned}
净现值（NVP） &= 未来报酬总现值 - 原始投资额 \\
&= [32\ 000 \times (P/A, 14\%, 6) + 6\ 000 \times (P/F, 14\%, 6)] - 120\ 000 \\
&= [32\ 000 \times 3.889 + 6\ 000 \times 0.456] - 120\ 000 \\
&= 127\ 184 - 120\ 000 \\
&= 7\ 184（元）
\end{aligned}
$$

以上结算结果表明：购置自动化设备方案的净现值是正数，故该方案可行。

（2）现值指数法：

$$现值指数（PVI）= \frac{未来报酬总现值}{原始投资额} = \frac{127\ 184}{120\ 000} = 1.06$$

由于该方案的现值指数大于1，故该方案可行。

（3）内含报酬率法：

由于该方案除期末有 6 000 元残值外，其他各年的现金净流量（NCF）均相等，为了简化计算手续，可将期末 6 000 元平均分摊到各年的 NCF 内，视做各年 NCF 相等（本题若要计算精确应按非年金计算）。

$$各年平均的 NCF = 32\ 000 + \frac{6\ 000}{6} = 33\ 000（元）$$

$$(P/A,\ i,\ 6) = \frac{原始投资额}{各年平均的 NCF} = \frac{120\ 000}{33\ 000} = 3.636$$

查"年金现值系数表"，在 6 期这一行，找出与 3.636 相邻近的两个年金现值系数及其相应的折现率，并采用插值法计算：

折现率 年金现值系数

$$\left. \begin{array}{l} 16\% \\ ? \\ 18\% \end{array} \right\} X\% \Big\} 2\% \qquad \left. \begin{array}{l} 3.685 \\ 3.636 \\ 3.498 \end{array} \right\} 0.049 \Big\} 0.187$$

$$\frac{X}{2} = \frac{0.49}{0.187} \qquad X = \frac{2 \times 0.049}{0.187} = 0.52$$

则内含报酬率（IRR）= 16% + 0.52% = 16.52%

由于该项投资方案的内含报酬率为 16.52%，高于资金成本 14%，故该方案可行。

（4）回收期法：

$$平均每年的 NCF = 32\ 000 + \frac{6\ 000}{6} = 33\ 000（元）$$

$$回收期 = \frac{原始投资额}{平均每年的 NCF} = \frac{120\ 000}{33\ 000} = 3.64（年）$$

由于该项投资在 3.64 年内即可回收全部投资，回收期为经营期一半多一点，风险不大，故方案可行。

（5）平均投资报酬率法：

$$平均投资报酬率 = \frac{年平均净利}{原始投资额} \times 100\%$$

$$= \frac{13\ 000}{120\ 000} \times 100\% = 10.83\%$$

若假设资金成本为 14%，则 10.83% < 14%，若单纯以平均投资报酬率为考核标准，则该方案不可行。但若结合其他指标，且以主要指标为准，则该方案仍然可行。

【例 8-19】 某固定资产投资项目只有一个方案，其原始投资为 1 000 万元，项目计算期为 11 年（其中生产经营期为 10 年），基准投资收益率为 9.8%，行业基准折现率为 10%。

有关投资决策评价指标如下：ROI = 10%，PP = 6 年，PP′ = 5 年，NPV = 152 万元，NPVR = 12.05%，PI = 1.1 205，IRR = 11.54%。

解：ROI = 10% > 9.8%，PP′ = 5 年 = 10/2 = 5，NPV = 152 万元 > 0

NPVR = 12.05% > 0，PI = 1.120 5 > 1，IRR = 11.54% > 10%

所以，该方案基本上具备财务可行性（虽然 PP = 6 年 > 11/2 = 5.5 年）

二、在多个互斥投资方案中的应用

互斥投资方案就是在决策时涉及多个相互排斥、不能同时并存的投资方案。互斥投资方案决策是指在所有备选方案均为财务可行方案时，利用具体决策方法，比较各方案的优劣，并利用评价指标从各备选方案中优选出一个最佳方案的过程。

（1）互斥方案的投资额、项目计算期均相等，可采用净现值法或内含报酬率法。

所谓净现值法，是指通过比较互斥方案的净现值指标的大小来选择最优方案的方法。

所谓内含报酬率法，是指通过比较互斥方案的内含报酬率指标的大小来选择最优方案的方法。

评价标准：净现值或内含报酬率最大的方案为优。

【例 8-20】 某项目投资需要 130 万元，有 A、B、C、D 四个互斥备选方案，各方案的净现值分别为 25.4 万元、18.3 万元、19.2 万元、17.8 万元。按净现值法进行决策分析如下：

①A、B、C、D 各备选方案的净现值均大于零。

②25.4 > 19.2 > 18.3 > 17.8

③各方案的优劣顺序为：A、C、B、D。

因此，选择 A 方案作为最优方案。

（2）互斥方案的投资额不相等，但项目计算期相等，可采用差额法。

差额法是指在两个投资总额不同方案的差量现金净流量（记做 ΔNCF）的基础上，计算出差额净现值（记做 ΔNPV）或差额内含报酬率（记做 ΔIRR），并据以判断方案孰优孰劣的方法。

评价标准：

一般用投资额大的方案减投资额小的方案，当 ΔNPV ≥ 0 或 ΔIRR ≥ i 时，投资额大的方案较优；反之，则投资额小的方案为优。

差额净现值 ΔNPV 或差额内含报酬率 ΔIRR 的计算过程和计算技巧同净现值 NPV 或内含报酬率 IRR 完全一样，只是所依据的是 ΔNCF。

（3）互斥方案的原始投资额不同或项目计算期不一样，可以用"差额投资内含报酬率法"。

"差额投资内含报酬率法"是指在两个原始投资额不相等的方案的差量现金净流量（ΔNCF）的基础上，计算出差额内含报酬率（ΔIRR），并此判断方案优劣的方法。当差额内含报酬率大于或等于资金成本或设定的折现率时，原始投资额大的方案较优。反之，则投资额少的方案较优。ΔIRR 的计算过程同 IRR 的计算一样，只是依据的是 ΔNCF。该方法还常用于更新改造项目的决策中，当项目的差额内含报酬率大于或等于资金成本时，应当进行更新改造。反之，就不应当进行更新改造。

(4)互斥方案的投资额不相等，项目计算期也不相同，可采用年回收额法。

年回收额法是指通过比较所有投资方案的年等额净现值指标的大小来选择最优方案的决策方法。

评价标准：

年等额净现值最大的方案为优。

计算步骤：

① 计算各方案的净现值 NPV；

② 计算各方案的年等额净现值，若贴现率为 i，项目计算期为 n，则：

$$\text{年等额净现值 } A = \frac{\text{净现值}}{\text{年金现值系数}} = \frac{\text{NPV}}{(P/A, i, n)}$$

【例 8-21】 某企业打算变卖一台尚可以使用 5 年的旧设备，另购一台新设备来替换它。若替换则需多投资 100 000 元，$\Delta \text{NCF}_{1-5} = 26\ 700$ 元，行业资金成本为 10%，要求就以下两种情况分别作出是否更新的决策。

(1)该企业的资金成本为 8%；

(2)该企业的资金成本为 12%。

$$(P/A, \Delta\text{IRR}, 5) = \frac{100000}{26700} = 3.745$$

$$(P/A, 12\%, 5) = 3.605 < 3.745$$

$$(P/A, 10\%, 5) = 3.791 > 3.745$$

10% < ΔIRR < 12%，应用插值法。

$$\Delta\text{IRR} = 10\% + \frac{3.791 - 3.745}{3.791 - 3.605} \times (12\% - 10\%)$$

$$= 10.49\%$$

(1)当企业的资金成本为 8% 时：

$$(\Delta\text{IRR} = 10.49\%) > (i = 8\%)$$

因此应当更新该设备。

(2)当该企业资金成本为 12% 时：

$$\Delta\text{IRR}(= 10.49\%) < i(= 12\%)$$

不应当更新该设备。

【例 8-22】 某公司原有设备一台，目前出售可得收入 15 万元(设与旧设备的折余价值一致)，预计使用 10 年，已使用 5 年，预计残值为 1.5 万元，该公司用直线法提折旧。现该公司拟购买新设备替换该旧设备，新设备购置成本为 80 万元，使用年限为 5 年，按直线法提折旧，预计残值也为 1.5 万元；使用新设备后公司每年销售收入可从 300 万元上升到 330 万元，每年付现成本从 220 万元上升到 230 万元，该公司所得税税率为 40%，资金成本为 10%。

要求：判断是否应更新该设备。

解：旧年折旧额 = (15-1.5)/5 = 2.7(万元)

新年折旧额 = (80-1.5)/5 = 15.7(万元)

$\Delta NCF_0 = -80+15 = -65$(万元)

$\Delta NCF_{1-5} = 30\times(1-40\%) - 10\times(1-40\%) + (15.7-2.7)\times40\% = 17.2$(万元)

$\Delta NPV = 17.2\times(P/A, 10\%, 5) - 65 = 0.201\ 76$(万元)

所以应更新改造。

【例8-23】 某公司拟购入一设备，现有甲、乙两个方案可供选择，甲方案需投资 20 000 元，期初一次投入。建设期为 1 年，需垫支流动资金 3 000 元，到期可全部收回。使用寿命 4 年，采用直线法计提折旧，假设设备无残值，设备投产后每年销售收入 15 000 元，每年付现成本 3 000 元，乙方案需投资 20 000 元，采用直线法计提折旧，使用寿命 5 年，5 年后设备无残值。5 年中每年的销售收入 11 000 元，第一年付现成本 4 000 元，以后逐年增加修理费 200 元，假设所得税税率为 40%。投资人要求的必要收益率为 10%。

要求：

(1)计算两个方案的现金流量；

(2)计算两个方案的差额净现值；

(3)作出应采用哪个方案的决策。

解：

(1)甲方案：$NCF_0 = -20\ 000$(元)

$NCF_1 = -3\ 000$(元)

年折旧额 = 20 000/4 = 5 000(元)

$NCF_{2-4} = (15\ 000 - 3\ 000)\times(1-40\%) + 5\ 000\times40\% = 9\ 200$(元)

$NCF_5 = 9\ 200 + 3\ 000 = 12\ 200$(元)

乙方案：$NCF_0 = -20\ 000$(元)

年折旧额 = 20 000/5 = 4 000(元)

$NCF_1 = (11\ 000 - 4\ 000)\times60\% + 4\ 000\times40\% = 5\ 800$(元)

$NCF_2 = (11\ 000 - 4\ 200)\times60\% + 4\ 000\times40\% = 5\ 680$(元)

$NCF_3 = (11\ 000 - 4\ 400)\times60\% + 4\ 000\times40\% = 5\ 560$(元)

$NCF_4 = (11\ 000 - 4\ 600)\times60\% + 4\ 000\times40\% = 5\ 440$(元)

$NCF_5 = (11\ 000 - 4\ 800)\times60\% + 4\ 000\times40\% = 5\ 320$(元)

(2)$\Delta NCF_0 = 0$

$\Delta NCF_1 = -8\ 800$

$\Delta NCF_2 = 3\ 520$

$\Delta NCF_3 = 3\ 640$

$\Delta NCF_4 = 3\ 760$

$\Delta NCF_5 = 6\ 880$

$\Delta NPV = 3\ 520\times(P/F, 10\%, 2) + 3\ 640\times(P/F, 10\%, 3)$

$+ 3\ 760\times(P/F, 10\%, 4) + 6\ 880\times(P/F, 10\%, 5) - 8\ 800\times(P/F, 10\%, 1)$

= 4 483. 45(元)

（3）因为 ΔNPV>0，所以选择甲方案。

【例 8-24】 某固定资产投资项目，正常投资期为 5 年，每年年初投资 100 万元，共需投资 500 万元，第 6 年初竣工投产，可使用 15 年，期末无残值，投产后每年经营现金净流入 150 万元。如果把投资期缩短为 2 年，每年年初投资 300 万元，2 年共投资 600 万元，竣工投产后的项目寿命期和现金净流入量均不变。该企业的资金成本为 10%，假设项目终结时无残值，不用垫支流动资金。

试计算该固定资产投资项目各年的 NCF。

解： $NCF_0 = -100$（万元）

$NCF_{1-4} = -100$（万元）

$NCF_5 = 0$

三、多方案组合或排队投资决策

如果一组方案既不相互独立，又不相互排斥，而是可以实现任意组合或排队，则这些方案被称做组合或排队方案，其中又包括先决方案、互补方案和不完全互斥方案等形式。在这种方案决策中，除了要求首先评价所有方案的财务可行性，淘汰不具备财务可行性的方案外，还需要衡量不同组合条件下的有关评价指标的大小，从而作出最终决策。

这类决策分两种情况：

（1）在资金总量不受限制的情况下，可按每一项目净现值 NPV 的大小排队，确定优先考虑的项目顺序。

（2）在资金总量受到限制时，则需按净现值率 NPVR 或获利指数 PI 的大小，结合净现值 NPV 进行各种组合排队，从中选出能使 $\sum NPT$ 最大的最优组合。

具体程序如下：

第一，以各方案的净现值率高低为序，逐项计算累计投资额，并与限定投资总额进行比较。

第二，当截至某项投资项目（假定为第 j 项）的累计投资额恰好达到限定的投资总额时，则第 1 至第 j 项的项目组合为最优的投资组合。

第三，若在排序过程中未能直接找到最优组合，必须按下列方法进行必要的修正：

①当排序中发现第 j 项的累计投资额首次超过限定投资额，而删除该项后，按顺延的项目计算的累计投资额却小于或等于限定投资额时，可将第 j 项与第 $(j+1)$ 项交换位置，继续计算累计投资额。这种交换可连续进行。

②当排序中发现第 j 项的累计投资额首次超过限定投资额，且无法与下一项进行交换，而第 $(j-1)$ 项的原始投资大于第 j 项的原始投资时，可将第 j 项与第 $(j-1)$ 项交换位置，继续计算累计投资额。这种交换也可连续进行。

③若经过反复交换，直至不能再进行交换，仍未找到能使累计投资额恰好等于限定投资额的项目组合时，可以最后一次交换后的项目组合作为最优组合。

总之，多方案比较决策的主要依据就是能否获得尽可能多的净现值总量。

【例 8-25】 某公司有 A、B、C、D、E 五个投资项目，该公司投资总额最大限度为

40 万元，有关数据如表 8-9 所示。

表 8-9 投资项目相关数据 单位：万元

项目	原始投资	净现值
A	15.5	7.95
B	12.5	2.1
C	12	6.7
D	10	1.8
E	30	11.1

要求：运用多个投资方案组合的决策方法，作出最优组合决策。

解答：(1)计算各方案的净现值率

A 项目的净现值率 = 7.95÷15.5×100% = 51.29%

B 项目的净现值率 = 2.1÷12.5×100% = 16.8%

C 项目的净现值率 = 6.7÷12×100% = 55.83%

D 项目的净现值率 = 1.8÷10×100% = 18%

E 项目的净现值率 = 11.1÷30×100% = 37%

(2)以各项目的净现值率的高低为序，逐项计算累计原始投资(如表 8-10 所示)

表 8-10 投资项目累计原始投资计算 单位：万元

顺序	项目	净现值率	原始投资	累计原始投资	净现值
1	C	55.83%	12	12	6.7
2	A	51.29%	15.5	27.5	7.95
3	E	37%	30	57.5	11.1
4	D	18%	10	67.5	1.8
5	B	16.8%	12.5	80	2.1

(3)计算限额内各投资组合的净现值：

C+A+D 组合的净现值 = 6.7+7.95+1.8 = 16.45(万元)

C+A+B 组合的净现值 = 6.7+7.95+2.1 = 16.75(万元)

C+A 组合的净现值 = 6.7+7.95 = 14.65(万元)

C+D 组合的净现值 = 6.7+1.8 = 8.5(万元)

C+B 组合的净现值 = 6.7+2.1 = 8.8(万元)

A+D+B 组合的净现值 = 7.95+1.8+2.1 = 11.85(万元)

A+D 组合的净现值 = 7.95+1.8 = 9.75(万元)

A+B 组合的净现值 = 7.95+2.1 = 10.05(万元)

E+D 组合的净现值 = 11.1+1.8 = 12.9(万元)

D+B 组合的净现值 = 1.8+2.1 = 3.9(万元)

(4)以上在限额内的各个组合净现值合计最大的是 C+A+B，净现值为 16.75 万元，故 C+A+B 组合为最优组合。

四、长期投资决策分析案例

长期投资的最终结果是形成固定资产，固定资产在使用时就会涉及更新、修理、租赁等各个方案。下面就实际工作中有关案例进行决策分析。

(一)旧设备是否更新的决策分析

固定资产更新是实际工作中经常遇到的重要问题。通常使用新设备会一次投入大量的资金，但新设备性能更好、效率更高、耗能更小，产品合格率更高；如不更新，继续使用旧设备，虽然可免却大量资金的投入，但通常旧设备由于老化、性能衰退，会造成生产效率差、能耗高、维修费用高等问题。对设备是否更新，通常用"净现值法"，结合"差量分析法"进行决策，决策的关键在于计算新设备与旧设备所产生的"现金流量的差额"。

【例 8-26】 根据情境引例，威达公司于本年初购置一台设备，原价 36 000 元，预计可使用 10 年，期满有残值 3 000 元。近日市场上新推出一种设备，该设备配有电脑控制系统，售价 50 000 元。使用新设备后，可使公司的年销售收入从 80 000 元增长到 100 000 元；年营业成本则从原来的 64 000 元增加到 68 000 元。新设备使用年限仍为 10 年，期满残值也是 3 000 元。若将旧设备出售，可获价款 20 000 元。同时，该公司测算出的资金成本为 18%。试对该公司是否售旧换新作出决策。

1. 分别计算新旧设备每年的 NCF 及差量：

$$NCF_新 = 销售收入 - 营业成本 = 100\ 000 - 68\ 000 = 32\ 000(元)$$

$$NCF_旧 = 销售收入 - 营业成本 = 80\ 000 - 64\ 000 = 16\ 000(元)$$

$$\Delta NCF = NCF_新 - NCF_旧 = 32\ 000 - 16\ 000 = 16\ 000(元)$$

2. 结合货币时间价值计算售旧换新能增加的净现值：

$$NPV = 16\ 000 \times (P/A, 18\%, 10) - (50\ 000 - 20\ 000)$$

$$= 16\ 000 \times 1.494 - 30\ 000$$

$$= 71\ 904 - 30\ 000$$

$$= 41\ 904(元)$$

因新旧设备的残值都在第十年末且金额相等，属于无关成本，无须考虑。

从以上计算结果可知，售旧换新后能新增净现值 41 904 元，所以，该更新方案可行。

【例 8-27】 某公司有一设备，购置成本为 40 万元，直线法计提折旧，使用期为 10 年，已使用 4 年，已计提折旧 16 万元，账面折余价值为 24 万元。如果现值出售，可作价 14 万元。使用该旧设备每年可获销售收入 60 万元，每年营运成本为 50 万元。

该厂为了提高产品产量和质量，拟购置一台新设备对原设备进行更新，约需价款 60 万元，可使用 6 年，期满残值 3 万元，使用新设备后每年增加销售收入 10 万元，每年节约成本 5 万元，若资金成本为 12%，试用净现值法和内含报酬率法对能否用该设备更新原设备进行决策分析。

(1)根据资料,用净现值法计算如下。

①计算新、旧设备的现金净流量:

$$NCF_{新} = (60+10)-(50-5) = 25(万元)$$

$$NCF_{旧} = 60-50 = 10(万元)$$

②计算用新设备更新原设备后每年增加的现金净流量:

$$\Delta NCF = 25-10 = 15(万元)$$

③计算新设备增加的净现值:

$$NPV = 15 \times (P/A, 12\%, 6) + 3 \times (P/F, 12\%, 6) - (60-14)$$
$$= 15 \times 4.111 + 3 \times 0.507 - 46$$
$$= 63.186 - 46$$
$$= 17.186(万元)$$

由于净现值是正数,说明用新设备更新原设备的方案是可行的。

(2)用内含报酬率法进行分析,计算如下:

$$(P/A, i, 6) = \frac{增加投资金额}{平均每年新增现金净流量} = \frac{60-14}{15+\dfrac{3}{6}} = \frac{46}{15.5} = 2.97$$

查 $n = 6$ 年与年金现值系数 2.97 邻近的年金现值系数分别是 3.02 和 2.759,相应的折现率为 24% 和 28%,应用插值法计算内含报酬率如下:

折现率			年金现值系数		
24%	⎫ X%	⎫	3.02	⎫ 0.05	⎫
?	⎬	⎬ 4%	2.97	⎬	⎬ 0.261
28%	⎭	⎭	2.759	⎭	⎭

则 $i = 24\% + \dfrac{0.05 \times 4}{0.261}\% = 24.76\%$

设备更新方案的内含报酬率为 24.76%,高于资金成本 12%,说明可用新设备更换旧设备。

(二)生产设备大修理还是更新的决策分析

生产设备大修理通常是在生产设备使用一定时期以后,为了延长其使用寿命或恢复其原有的功能、效率,而对其主要部件进行翻修或更换;而更新则是重新购置新设备。大修理的成本一般会低于更新的成本。但通常大修理后的设备在性能、效率等方面都会不如新设备,这就需要对大修理和更新两个方案所产生的收入差额及两个方案的成本差额进行分析。

【例 8-28】 某公司有一台机床已陈旧,如现在进行大修理,需支付大修理费 20 000 元,并预计在五年末还需大修理一次,大修理的成本预计为 5 000 元。如按时大修理,该设备尚可使用十年,期满残值 4 000 元。另外该机床每年需付现的营运成本估计为 15 000 元。

该公司还有一方案，就是将旧机床作价出售，可获 6 000 元价款；外购一台新机床，新机床买价 50 000 元，可使用十年。预计第五年末也需大修理一次，大修理成本 2 000 元。期满残值也有 4 000 元。每年需付现的营运成本为 8 000 元。假设该公司资金成本为 10%。

要求对该公司该机床是大修理还是更新作出决策分析。

（1）计算更新方案较大修理方案新增的 NCF：

更新较大修理每年节约的营运成本 = 15 000 - 8 000 = 7 000（元）

$$\Delta NCF_{1-10} = 7000（元）$$

更新较大修理第五年末节约的大修理费 = 5 000 - 2 000 = 3 000（元）

（2）计算更新较大修理新增加的 ΔNPV：

$$\Delta NPV = [7\,000(P/A, 10\%, 10) + 3\,000(P/F, 10\%, 5)] - (50\,000 - 6\,000 - 20\,000)$$
$$= (7\,000 \times 6.145 + 3\,000 \times 0.621) - 240\,003$$
$$= 43\,015 + 1\,863 - 24\,000$$
$$= 20\,878（元）$$

因更新方案较大修理方案可多获得 20 878 元的净现值，故应选择更新机床的方案。

该例也可以分别计算出更新方案与大修理方案各自的净现值，然后进行比较，本例更新方案与大修理方案可使用年限都一样，但在实际工作中二者的时间不一定相同，这时就需要计算年平均成本。举例说明如下。

【例 8-29】 某企业拟对一大型加工设备进行大修理，预计大修理费为 60 000 元，大修理后可使用 5 年，大修理后预计年正常维护费为 1 500 元；现还有另一方案，即将现有设备以 20 000 元出售，再用 125 000 元购入一台全新的同样设备，预计可以使用 15 年，每年的正常维护费为 700 元。资金成本为 15%。要求为该企业作出这一设备是大修理还是重新购置的决策。

（1）计算大修理后年使用成本：

$$年负担大修理成本 = \frac{60\,000}{(P/A, 15\%, 5)} = \frac{60\,000}{3.352} = 17\,900（元）$$

年维修成本 = 1 500 元

大修理使用成本 = 17 900 + 1 500 = 19 400（元）

（2）计算重新购置设备的年使用成本：

$$年负担大修理成本 = \frac{125\,000 - 20\,000}{(P/A, 15\%, 15)} = \frac{105\,000}{5.847} = 17\,957.93（元）$$

年维修成本 = 700 元

重新购置设备的年使用成本 = 17 957.93 + 700 = 18 657.93（元）

两者加以比较，重新购置设备比大修理年使用成本节约 742.07 元，故应选择重新购置方案。

（三）固定资产是举债购置还是租赁的决策分析

固定资产的租赁是一种契约性协议，规定固定资产的所有者在一定期间内，根据一定的条件，将固定资产交给承租人使用，承租人在规定的这段时期内，分期支付租金。企业需要取得一项固定资产以便在生产经营中使用，一般可以购买，但在财力负担有限的情况下，也可以通过举债购置或租赁使用。

【例 8-30】　某企业急需一台不需要安装的设备，设备投入使用后，每年可增加销售收入 50 000 元，增加付现经营成本 34 000 元。若购买，其市场价格为 60 000 元，经济寿命为 10 年，报废后无残值；若从租赁公司租用同样设备，只需每年末支付 9 764 元租金，可连续租用 10 年。已知该企业自有资金的资金成本为 14%，适用所得税税率为 33%。

要求：（1）用净现值法和内含报酬率法评价该企业是否应当购置该项设备。

（2）用净现值法对租赁设备的方案作出评价。

（1）依题意用净现值法评价购置设备的方案：

$$年折旧 = \frac{60\ 000}{10} = 6\ 000（元）$$

$$年净利润 = [50\ 000 - (34\ 000 + 6\ 000)] \times (1 - 33\%) = 6\ 700（元）$$

$$NCF = 6\ 000 + 6\ 700 = 12\ 700（元）$$

$$NPV = 12\ 700 \times (P/A，14\%，10) - 60\ 000$$

$$= 12\ 700 \times 5.216 - 60\ 000$$

$$= 6\ 243.20（元）$$

采用内含报酬率法评价购置设备的方案：

$$(P/A，IRR，10) = \frac{60\ 000}{12\ 700} = 4.724$$

查 10 年的年金现值系数，得：

$$(P/A，16\%，10) = 4.833$$

$$(P/A，18\%，10) = 4.494$$

应用插值法：

$$IRR = 16\% + \frac{4.833 - 4.724}{4.833 - 4.494} \times (18\% - 16\%) = 16.64\%$$

计算结果表明净现值大于零，内含报酬率大于资金成本，所以无论是净现值法还是内含报酬率法的分析评价均表明，购置设备的方案可行。

（2）采用租赁方式，不用投资，不发生折旧，于是：

$$NCF = 年净利润$$

$$= [50\ 000 - (34\ 000 + 9\ 764)] \times (1 - 33\%)$$

$$= 6\ 236 \times 67\%$$

$$= 4\ 178.12（元）$$

$$NPV = 4\ 178.12 \times (P/A，14\%，10)$$

$$= 21\ 793.07（元）$$

可见，租赁设备的方案也是可行的。

购置设备的方案与租赁设备的方案均为可行方案，但由于租赁设备方案的净现值为 21 793.7 元大于购置设备方案的净现值 6 243.20 元，因此选择租赁设备的方案为最优方案。

（四）固定资产购置是分期付款还是一次付款的决策分析

企业购置固定资产，经常会面临分期付款还是一次付款两种方案的选择，通常决策分析的方法就是将分期付款按资金成本折成现值，然后与一次付款相比较。

【例 8-31】 假定某医学院准备购置一台 CT 机，现有两个方案可供选择：一是向省医药器械公司购入，需价款 1 200 000 元，可分六次付款，每年末付 200 000 元；另一方案是向某器械厂购入，一次性付款 1 000 000 元。资金成本为 12%。

要求：为这家医学院作出 CT 机是分期付款还是一次付款购置的决策。

依题意：向医药公司购买 CT 机总金额是 120 000 元，但可分六次付款，这六次付款金额的现值为：

$$200\ 000 \times (P/A, 12\%, 6) = 200\ 000 \times 4.111 = 822\ 200(元)$$

这比一次付款的 1 000 000 元低，故应选择分期付款。

（五）通过固定资产投资开发新产品的决策分析

企业必须不断地开发新产品，促进产品的更新换代，才能不断满足社会需要，维护和扩大市场占有率，取得经营主动权。这里主要讨论企业大量投资追加技术装备开发新产品、扩大生产能力或提高产品质量的决策分析。

【例 8-32】 某企业打算开发一种新产品，需要购买一项专利，成本为 100 000 元；购置设备的成本为 500 000 元，该设备可用 5 年，期满有 1% 的净残值；追加流动资金投入 200 000 元。预计新产品当年就可以上市，投产后每年可获经营现金净流量 300 000 元。企业自有资金的最低报酬率为 14%。

要求：

（1）计算该项目的全部现金净流量；

（2）用回收期法和净现值法作出是否开发新产品的决策。

依题意，（1）计算该项目的全部现金净流量：

原始投资额 = 100 000 + 500 000 + 200 000 = 800 000(元)

第五年的净残值为 500 000 × 1% = 5 000(元)

第五年回收流动资金 = 20 000(元)

$NCF_{1-4} = 300\ 000(元)$

$NCF_5 = 30\ 000 + 20\ 000 + 500 = 500\ 500(元)$

$$回收期 = \frac{800\ 000}{300\ 000} = 2.67(元)$$

$$= 300\ 000 \times (P/A, 14\%, 4) + 505\ 000 \times (P/F, 14\%, 5) - 800\ 000$$

$$= 300\ 000 \times 2.914 + 505\ 000 \times 0.159 - 800\ 000$$

$$= 1\ 136\ 295 - 800\ 000$$

$$= 336\ 295(元)$$

尽管投资回收期大于设备使用期一半，有一定风险，但从净现值指标看，该方案具有财务可行性，所以可以开发新产品。

（六）资本限量决策

【例 8-33】　某企业可用于投资的资本总额为 100 万元，有表 8-11 中的六个项目可供选择，要求进行资本限量决策。

表 8-11　　　　　　　　　　　　　　　投资项目相关资料

投资项目	初始投资（元）	净现值（元）	现值指数
A	150 000	90 000	1.60
B	360 000	270 000	1.75
C	480 000	30 000	1.06
D	330 000	450 000	2.36
E	270 000	30 000	1.11
F	150 000	−30 000	0.8

计算结果如表 8-12 所示。

表 8-12　　　　　　　　　　　　　　　计算结果

项目组合	初始投资（元）	净现值总和（元）	综合现值指数
ABC	990 000	660 000	1.388 8
ABD	840 000	810 000	1.808 8
ABE	780 000	660 000	1.389 7
BDE	960 000	1 020 000	1.748 5
ACD	960 000	840 000	1.567 6
ADE	750 000	840 000	1.318 5

上表中 BDE 三个项目组合的初始投资小于 100 万元，但净现值总和 102 万元高于其他各组，所以应选择 BDE 三个项目组合。

【例 8-34】　某项目原始投资额为 55 万元，一次投入，其中 15 万元是流动资产投资，其余为固定资产投资，该项目可使用 5 年期末无残值，预计每年可获净利 10 万元，要求：分别用净现值法、现值指数法、内含报酬率法作出该项目是否可行的决策（设折现率为 10%）。

解：$NCF_{1~4} = 10 + (55-15)/5 = 18$（万元）

$NCF_5 = 15$（万元）

$NCF_0 = -55$（万元）

（1）NPV = 18×3.791+15×0.621−55 = 22.53（万元）

（2）PI = (18×3.791+15×0.621)/55 = 1.41

（3）取 $i=15\%$

$$NPV = 18×3.352+15×0.497\ 2−55 = 12.794（万元）$$

取 $i=20\%$

$$NPV = 18×2.990\ 6+15×0.401\ 9−55 = 4.859\ 3（万元）$$

取 $i=24\%$

$$NPV = 18×2.745\ 4+15×0.341\ 1−55 = −0.466\ 3（万元）$$

因此 IRR = 20% +(24% −20%)×(4.859\ 3)/(4.859\ 3+0.466\ 3) = 23.65%

因为 NPV>0，PI>1，IRR>i（$i=10\%$），所以该项目可行。

【例 8-35】 某设备原值为 10 万元，使用年限 5 年，税法规定残值率 10%，用直线法计提折旧，该设备投入使用后每年可增加营业收入 8 万元，增加付现成本 2 万元，报废时实际残值为 2 万元，设所得税税率为 30%，折现率为 10%，用净现值法判断该方案是否可行。

解：

$NCF_0 = −10（万元）$

年折旧额 = 10×(1−10%)/5 = 1.8（万元）

$NCF_{1-4} = (8−2−1.8)×(1−30\%)+1.8 = 4.74（万元）$

$NCF_5 = 2−(2−1)×0.3 = 1.7（万元）$

NPV = −10+4.74×3.791+1.7×0.621 = 9.025\ 04（万元）

因为 NPV>0，所以该方案可行。

【例 8-36】 某企业有一设备购置成本 40 000 元，已使用 5 年，还可使用 5 年直线法计提折旧，期满无残值，现在出售可得 10 000 元，旧设备每年可获收入 50 000 元，付现成本 30 000 元；现拟以一新设备替换旧设备，购置成本 60 000 元，估计可使用 5 年，有残值 10 000 元，每年可获收入 80 000 元，付现成本 40 000 元，资本成本为 10%，所得税税率为 40%，要求作出继续使用旧设备还是对其进行更新的决策。

解： 方法一：一般方法

（1）旧设备的 NCF 如下：

$NCF_0 = −10\ 000$，

$NCF_{1-5} = (50\ 000−30\ 000−4\ 000)×(1−40\%)+4\ 000 = 13\ 600（元）$

NPV = 13\ 600×3.791−10\ 000 = 41\ 557.6（元）

（2）新设备的 NCF 如下：

$NCF_0 = −60\ 000$，

$NCF_{1-4} = (80\ 000−40\ 000−10\ 000)×(1−40\%)+10\ 000 = 28\ 000（元）$

$NCF_5 = 10\ 000（元）$

NPV = −60\ 000+28\ 000×3.791+10\ 000×0.621 = 52\ 358（元）

因为：52\ 538−41\ 557.6 = 10\ 800.4>0，所以应以新设备替换旧设备。

方法二：特殊方法——差额净现值法（新旧设备使用年限相同）

（1）分别计算初始投资与折旧的现金流量差量：

初始投资的现金流量差量 = 60 000 - 10 000 = 50 000（元）；

折旧的现金流量差量 = 10 000 - 4 000 = 6 000 元

（2）计算各年营业现金流量差量（如表 8-13 所示）。

表 8-13　　　　　　　　　　　　　营业现金流量差量　　　　　　　　　　单位：元

项　　目	新设备	旧设备	差额
销售收入　　（1）	80 000	50 000	30 000
付现成本　　（2）	40 000	30 000	10 000
折旧额　　　（3）	10 000	4 000	6 000
税前净利（4）=（1）-（2）-（3）	30 000	16 000	14 000
所得税（5）=（4）×40%	12 000	6 400	5 600
税后净利（6）=（4）-（5）	18 000	9 600	8 400
营业现金净流量（7）=（6）+（3）	28 000	13 600	14 400

（3）计算差额净现值

$\Delta NPV = 14\ 400 \times 3.791 + 10\ 000 \times 0.621 - 50\ 000 = 10\ 800$（元）$> 0$，所以方案可行。

五、项目投资应用评价方法的具体选用标准

（一）对于"是""否"决策

（1）若 $NPV > 0$，$NPVR > 0$，$PI > 1$，$IRR > i$，则项目可行。

（2）若 $NPV < 0$，$NPVR < 0$，$PI < 1$，$IRR < i$，则项目不可行。

（3）利用 NPV，NPVR，PI，IRR 总能得出完全一致的结论。

（二）对于择优决策

（1）NPV，NPVR 适用于原始投资额相等且项目计算期相同的方案的对比与选优决策。

（2）若原始投资额不相等，则选用差额投资内部收益率法和年等额净回收额法进行比较，年等额净回收额法尤其适用于项目计算期不相同的方案的选优决策。

六、所得税与折旧对项目投资的影响

（一）考虑所得税与折旧因素的现金流量

1. 原因

所得税对企业来说是一种现金流出，由利润和税率决定，而利润大小又受折旧的影响，因此，讨论所得税对现金流量的影响时，必然要考虑折旧问题。

2. 税后成本和税后收入

（1）税后成本

税后成本：即真实成本，是指扣除了所得税影响以后的费用净额。

其计算公式为：

$$税后成本 = 实际支付额 \times (1 - 所得税税率)$$

（2）税后收入

税后收入是指扣除了所得税影响以后的实际现金流入。

其计算公式为：

$$税后收入 = 应税收入金额 \times (1 - 所得税税率)$$

应税收入金额是指根据税法需要纳税的收入，不包括项目结束时收回垫支流动资金等现金流入。

（二）折旧的抵税作用

1. 折旧的概念

固定资产折旧费是指计入产品成本或有关费用的固定资产损耗价值。

2. 抵税作用

企业计提折旧会引起成本增加，利润减少，从而使所得税减少。

折旧是企业的成本，但不是付现成本，如果不计提折旧，企业所得税将会增加，所以折旧可以起到减少税负的作用，即会使企业实际少缴所得税，也就是减少了企业现金流出量，增加了现金净流量。

3. 折旧抵税额的计算公式

$$折旧抵税额（税负减少）= 折旧额 \times 所得税税率$$

（三）税后现金流量

1. 建设期现金净流量

（1）如果是新建项目，所得税对现金净流量没有影响。

$$建设期现金净流量 = -该年投资额$$

（2）如果是更新改造项目，固定资产的清理损溢就应考虑所得税问题。

2. 经营期现金净流量

（1）根据现金净流量的定义计算

$$现金净流量 = 营业收入 - 付现成本 - 所得税$$

（2）根据年末经营成果计算

$$现金净流量 = 税后利润 + 折旧额$$

（3）根据所得税对收入和折旧的影响计算

$$现金净流量 = 税后收入 - 税后成本 + 折旧抵税额$$

$$= 营业收入 \times (1 - 所得税税率) - 付现成本 \times (1 - 所得税税率)$$

$$+ 折旧额 \times 所得税税率$$

3. 经营期的终结现金净流量

可根据营业现金净流量加上回收额计算。

（四）应用类型

（1）新设备是否替换旧设备问题。
（2）投资新建一条流水线的方案选优问题。

学习子情境四　长期投资决策的敏感性分析

知识准备

敏感性分析是指，如果决策有关的某个因素发生变动，那么该项投资决策的预期结果将会受到什么样的影响。凡某项因素在很小幅度内发生变动就会影响决策结果的，即表明该因素的敏感性强；若某因素在较大幅度内发生变动才会影响决策结果的，即表明该因素的敏感性弱。

进行敏感性分析的基本思路是，首先确定影响因素数值即预期参数变动临界值，参数在临界值范围内变动，方案性质不变；超出范围方案性质必变。敏感性分析，可使决策者对选定的方案能在多大程度上适应未来各种因素的变化做到心中有数，以便掌握主动。

长期投资决策的敏感性分析，通常考虑下面两方面的问题：一是若投资方案的现金净流量或固定资产使用年限发生变动，那么对该方案的净现值将会发生多大程度的影响。由此知道，该投资方案的现金净流量或固定资产使用年限在多大幅度内变动不会影响原投资方案的可行性；若变动超过此幅度，就会使投资方案不可行。二是若投资方案的内含报酬率发生变动，会对现金净流量或固定资产使用年限产生怎样的影响。

职业判断与业务操作

【例 8-37】　某公司投资 37 000 元引进一条生产线，使用年限 5 年，各年现金净流量均为 10 000 元，公司最低投资报酬率为 10%。投资方案的取舍标准为：凡净现值为正数或内含报酬率超过 10% 均为可取，否则应当放弃。据此对投资方案进行敏感性分析如下。

1. 计算投资方案的净现值

$$净现值 = 10\,000 \times (P/A, 10\%, 5) - 37\,000$$
$$= 10\,000 \times 3.791 - 37\,000 = 910（元）$$

因为净现值为正数，说明该方案如以投资报酬率 10% 作为衡量标准是可行的。但其可行性是有条件的，也就是要看影响净现值的两个主要因素：每年的现金净流量 10 000 元是否可靠，5 年的使用年限是否准确。如果这两个因素发生了变化，就会直接影响到方案的可行性和最优性。为了了解这两个因素在多大范围内变化才能使内含报酬率不低于 10%，就必须进行敏感性分析。

2. 进行敏感性分析

（1）确定年现金净流量的下限临界值

临界值是使方案性质发生转折性变化的数值。年现金净流量的下限临界值就是当有效年限不变时，使方案现金净流量现值与投资总额相等的每年现金净流量，即投资方案的净现值等于零，这时方案仍属可行，若低于这个下限，方案就失去了可行性。

根据有关因素可得：

$$每年现金净流量的下限 = \frac{37\ 000}{(P/A,\ 10\%,\ 5)} = \frac{37\ 000}{3.791} = 9\ 760(元)$$

所以，每年现金净流量可允许的变动幅度，等于每年现金净流量下限至原方案的每年现金净流量，即 9 760 元至 10 000 元。也就是说，如该投资方案有效年限 5 年不变，每年的现金净流量由 10 000 元下降至 9 760 元，下降 2.4% 还是可行的，其现金净流量还不会出现负值。如果每年现金净流量低于 9 760 元，则净现值就会出现负数，该方案就不可行了。

(2)确定该投资方案有效年限的下限临界值

投资方案有效年限的下限临界值，就是当现金净流量不变时，方案最低使用多少年，即净现值等于零，这时方案仍继续可行，若低于这个使用年限，方案就失去了可行性。

设有效年限的下限临界值为 n，根据有关公式，则有：

$$(P/A,\ 10\%,\ n) = \frac{37\ 000}{10\ 000} = 3.700$$

查年金现值系数表，在 10% 所在的列内，与年金现值系数 3.700 相邻近的年金现值系数 3.170 对应年限在 4 年内，3.791 对应年限在 5 年内，由此可知，此方案的最低使用年限在 4 年与 5 年之间。采用插值法计算如下：

期数   年金现值系数

$$\left.\begin{array}{c}4 \\ ? \\ 5\end{array}\right\}\!\!\left.\begin{array}{c}X \\ \end{array}\right\}1 \qquad\qquad \left.\begin{array}{c}3.170 \\ 3.700 \\ 3.791\end{array}\right\}\!\!\left.\begin{array}{c}0.53 \\ \end{array}\right\}0.621$$

$$\frac{X}{1} = \frac{0.53}{0.621} \qquad\qquad x = 0.85$$

所以，该方案有效年限的下限临界值 $n = 4 + 0.85 = 4.85(年)$。

由此可见，如果该方案每年的现金净流量不变，投资方案有效使用年限至少要达到 4.85 年，方案才是可行的。如果有效使用年限低于 4.85 年，净现值就会出现负数，原方案就由可行变为不可行了。

上述敏感性分析的计算结果告诉我们，这个方案的年现金净流量和固定资产使用年限允许变动的范围(幅度)是比较小的，这说明方案的敏感性较强，此方案投产经营后，亏损的风险较大，盈利机会较小。

【例 8-38】 接上例资料，用内含报酬率进行敏感性分析。

1. 计算该方案的内含报酬率

$$(P/A,\ i,\ 5) = \frac{37\ 000}{10\ 000} = 3.700$$

查年金现值系数表，在 5 期内与年金现值系数 3.700 相邻近的年金现值系数 3.791 在

10%所在的列内、3.605在12%所在的列内，由此可知，此方案的内含报酬率在10%至12%之间，现采用内插法计算如下：

贴现率 年金现值系数

$$
\left.\begin{array}{l}
10\% \\
? \\
12\%
\end{array}\right\}x\%\Big\}2\% \qquad
\left.\begin{array}{l}
3.791 \\
3.700 \\
3.605
\end{array}\right\}0.091\Big\}0.186
$$

$$
\frac{X}{2}=\frac{0.091}{0.186} \qquad\qquad X=\frac{2\times0.091}{0.186}=0.98
$$

所以，该投资方案的内含报酬率 = 10% + 0.98% = 10.98%

2. 进行敏感性分析

(1)分析内含报酬率变动对每年现金净流量的影响

如果使用年限不变，内含报酬率的变动对每年现金净流量的影响可用下列算式表示：

$$
\frac{37\,000}{(P/A,\,10.98\%,\,5)}-\frac{37\,000}{(P/A,\,10\%,\,5)}=\frac{37\,000}{3.700}-\frac{37\,000}{3.791}=240(元)
$$

计算结果表明，该投资方案在有效年限不变的情况下，若内含报酬率由10.98%降至10%时，方案年现金净流量会减少240元，由10 000元减至9 760元。在此变化幅度内，方案可取；超过此幅度，方案则不可行。

(2)分析内含报酬率变动对方案有效使用年限的影响

如果每年的现金净流量不变，内含报酬率的变动对有效年限的影响，可用下式计算：

$$
(P/A,\,10\%,\,n)=(P/A,\,10.98\%,\,5)=3.700
$$

查年金现值系数表，在10%所在的列内与年金现值系数3.700相邻近的3.170在4期内，3.791在5期内，由此可知，此方案的最低使用年限在4年和5年之间，现采用插值法计算如下：

年数 年金现值系数

$$
\left.\begin{array}{l}
4 \\
? \\
5
\end{array}\right\}X\Big\}1 \qquad
\left.\begin{array}{l}
3.170 \\
3.700 \\
3.791
\end{array}\right\}0.53\Big\}0.621
$$

$$
\frac{X}{1}=\frac{0.53}{0.621} \qquad\qquad X=0.85
$$

所以，最低使用年限 = 4 + 0.85 = 4.85(年)

计算结果表明，该方案在每年的现金净流量不变的情况下，内含报酬率从10.98%降至10%，会使方案有效年限降低到4.85年，减少0.15年，在此幅度内方案可行，超过此幅度，方案则不可行。

学习子情境五　投资风险分析

知识准备

(1)资金时间价值。资金时间价值是无风险最低报酬率。

（2）投资风险价值。投资风险价值是指投资者因为在投资活动中冒风险而取得的报酬，通常以风险报酬率来表示。投资者所冒的风险越大，可能得到的风险价值越大，风险报酬率就越高。

职业判断与业务操作

一、投资风险分析的两种常用方法

（一）风险调整贴现率法

风险调整贴现率法是在不考虑通货膨胀的情况下，将无风险报酬率调整为考虑风险的投资报酬率（即风险调整贴现率），然后根据风险调整贴现率来计算净现值并据此选择投资方案的决策方法。

对于高风险的项目需要有高的贴现率，对于低风险的项目必须采用低的贴现率。

主要解决的问题：投资项目风险程度如何确定；风险报酬斜率如何确定。

其计算公式为：

$$风险调整贴现率 = 无风险报酬率 + 风险报酬率$$
$$= 无风险报酬率 + 风险报酬斜率 \times 风险程度$$

即

$$K = i + b \times Q$$

式中：K——风险调整贴现率；

$\quad\quad i$——无风险报酬率；

$\quad\quad b$——风险报酬斜率；

$\quad\quad Q$——风险程度。

风险调整贴现率法的计算步骤如下。

（1）确定风险程度 Q

①计算投资方案各年现金净流量的期望值 E_t。

$$E_t = \sum_{i=1}^{n} X_i P_i$$

②计算反映各年现金净流量离散程度的标准差 σ。

$$\sigma = \sqrt{\sum_{i=1}^{n} (X_i - E_t)^2 \times P_i}$$

③计算标准差系数 q_t。

$$q_t = \frac{\sigma_t}{E_t}$$

④计算综合标准差系数 Q。

$$Q = \frac{D}{EPV} = \frac{综合标准差}{各年期望值的现值之和}$$

（2）确定风险报酬斜率 b

风险报酬斜率 b 的高低反映了风险程度变化对风险调整贴现率影响的大小。其数值的大小可以根据历史资料用高低点法或直线回归法求出，也可以由企业领导或有关专家根据经验数据确定。

$$b = \frac{最高报酬率-最低报酬率}{最高标准差系数-最低标准差系数}$$

（3）计算风险调整贴现率 K

$$K = i + b \times Q$$

（4）根据风险调整贴现率计算投资方案的净现值

$$NPV = \sum_{t=0}^{n} \frac{E_t}{(1+k)^t} - I$$

【例 8-39】　某企业的无风险报酬率为 5%，现有两个投资方案，有关资料如表 8-14 所示。

表 8-14　　　　　　　　　　　投资方案各年现金净流量及概率分布

项目计算期	A 方案		B 方案	
	现金净流量(元)	概率(P_i)	现金净流量(元)	概率(P_i)
0	(500 000)	1	(200 000)	1
1	300 000	0.25	75 000	0.2
	200 000	0.5	100 000	0.6
	100 000	0.25	125 000	0.2
2	400 000	0.3	75 000	0.2
	300 000	0.4	100 000	0.6
	200 000	0.3	125 000	0.2
3	250 000	0.2	75 000	0.2
	200 000	0.6	100 000	0.6
	150 000	0.2	125 000	0.2

要求：采用风险调整贴现率法来确定应选择哪一方案。

解：具体计算步骤如下：

（1）计算投资方案各年现金净流量的期望值 E_t

$$E_t = \sum_{i=1}^{n} X_i P_i$$

本例的风险因素全部在经营期的 NCF 之中，有三种可能，并且已知概率，但这并不意味着建设期的 NCF 没有风险，而只是为了简化。

A 方案：

$$E_0 = -500\ 000 \times 1 = -500\ 000（元）$$
$$E_1 = 300\ 000 \times 0.25 + 200\ 000 \times 0.5 + 100\ 000 \times 0.25 = 200\ 000（元）$$

$$E_2 = 400\,000 \times 0.3 + 300\,000 \times 0.4 + 200\,000 \times 0.3 = 300\,000(元)$$

$$E_3 = 250\,000 \times 0.2 + 200\,000 \times 0.6 + 150\,000 \times 0.2 = 200\,000(元)$$

B 方案：

$$E_0 = -200\,000 \times 1 = -200\,000(元)$$

$$E_1 = E_2 = E_3 = 75\,000 \times 0.2 + 100\,000 \times 0.6 + 125\,000 \times 0.2 = 100\,000(元)$$

（2）计算反映各年现金净流量离散程度的标准差 σ。

$$\sigma = \sqrt{\sum_{i=1}^{n} (X_i - E_t)^2 \times P_i}$$

A 方案：

$$\sigma_1 = \sqrt{(300\,000 - 200\,000)^2 \times 0.25 + (200\,000 - 200\,000)^2 \times 0.5 + (100\,000 - 200\,000)^2 \times 0.25}$$
$$= 70\,710.68(元)$$

$$\sigma_2 = \sqrt{(400\,000 - 300\,000)^2 \times 0.3 + (300\,000 - 300\,000)^2 \times 0.4 + (200\,000 - 300\,000)^2 \times 0.3}$$
$$= 77\,459.67(元)$$

$$\sigma_3 = \sqrt{(250\,000 - 200\,000)^2 \times 0.2 + (200\,000 - 200\,000)^2 \times 0.6 + (150\,000 - 200\,000)^2 \times 0.2}$$
$$= 31\,622.78(元)$$

B 方案：

$$\sigma_1 = \sigma_2 = \sigma_3 = \sqrt{(75\,000 - 100\,000)^2 \times 0.2 + (100\,000 - 100\,000)^2 \times 0.6 + (125\,000 - 100\,000)^2 \times 0.2}$$
$$= 15\,811.39(元)$$

标准离差越大，说明现金净流量分布的离散程度越大，风险也越大；反之，风险越小。用标准离差反映现金净流量的不确定性即风险的大小是很重要的，但是也存在一定的局限性。因为标准离差是一个绝对值，不便于比较期望值不同的决策方案风险的大小。因此，还需计算标准离差系数，即标准离差率。

（3）计算标准差系数 q_t

$$q_t = \frac{\sigma_t}{E_t}$$

A 方案：

$$q_1 = \frac{70\,710.68}{200\,000} = 0.353\,6$$

$$q_2 = \frac{77\,459.67}{300\,000} = 0.258\,2$$

$$q_3 = \frac{31\,622.78}{200\,000} = 0.158\,1$$

B 方案：

$$q_1 = q_2 = q_3 = \frac{15\,811.39}{100\,000} = 0.158\,1$$

上述计算只反映了某一年的风险大小，为了综合各年的风险，还需计算综合的标准离差系数。

（4）计算综合标准离差系数 Q

$$Q = \frac{D}{\text{EPV}}$$

式中，D 为综合标准差，其计算公式为：

$$D = \sqrt{\sum_{i=1}^{n}\left[\frac{\sigma_t}{(1+i)^t}\right]^2}$$

EPV 为各年期望值的现值之和，其计算公式为：

$$\text{EPV} = \sum_{i=1}^{n}\frac{E_t}{(1+i)^t}$$

A 方案：

$$D_A = \sqrt{\left(\frac{70\,710.68}{1+5\%}\right)^2 + \left[\frac{77\,459.67}{(1+5\%)^2}\right]^2 + \left[\frac{31\,622.78}{(1+5\%)^2}\right]^2} = 101\,081.97(元)$$

$$\text{EPV}_A = \frac{200\,000}{1+5\%} + \frac{300\,000}{(1+5\%)^2} + \frac{200\,000}{(1+5\%)^3} = 635\,352.55(元)$$

$$Q_A = \frac{101\,081.97}{635\,352.55} = 0.159\,1$$

B 方案：

$$D_B = \sqrt{\left(\frac{15\,811.39}{1+5\%}\right)^2 + \left[\frac{15\,811.39}{(1+5\%)^2}\right]^2 + \left[\frac{15\,811.39}{(1+5\%)^2}\right]^2} = 24\,879.41(元)$$

$$\text{EPV}_B = 100\,000 \times (P/A,\ 5\%,\ 3) = 100\,000 \times 2.723\,2 = 272\,320(元)$$

$$Q_B = \frac{24\,879.41}{272\,320} = 0.091\,4$$

假定该企业过去五项投资的投资报酬率和标准离差系数之间的关系如表 8-15 所示。

表 8-15 投资的投资报酬率和标准离差系数之间的关系

投资项目	标准离差系数	投资报酬率	投资项目	标准离差系数	投资报酬率
甲	0.2	8%	丁	0.4	10%
乙	1.2	18%	戊	0.8	14%
丙	1.5	21%			

根据直线方程 $K = i + b \times Q$，采用高低法来确定 b。

$$b = \frac{最高报酬率-最低报酬率}{最高标准离差系数-最低标准离差系数} = \frac{21\%-8\%}{1.5-0.2} = 0.1$$

（1）计算风险调整贴现率 K

根据 $K = i + b \times Q$，得出：

$$K_A = 5\% + 0.1 \times 0.159\,1 = 6.6\%$$

$$K_B = 5\% + 0.1 \times 0.091\,4 = 5.9\%$$

（2）根据风险调整贴现率计算投资方案的净现值

其计算公式为：

$$NPV = \sum_{t=0}^{n} \frac{E_t}{(1 + k)^t} - I$$

$$NPV_A = \frac{200\,000}{1+6.6\%} + \frac{300\,000}{(1+6.6\%)^2} + \frac{200\,000}{(1+6.6\%)^3} - 500\,000 = 116\,723.32（元）$$

$$NPV_B = \frac{100\,000}{1+5.9\%} + \frac{100\,000}{(1+5.9\%)^2} + \frac{100\,000}{(1+5.9\%)^3} - 200\,000 = 67\,796.51（元）$$

$$NPVR_A = \frac{116\,723.32}{500\,000} = 0.233\,4$$

$$NPVR_B = \frac{67\,796.51}{200\,000} = 0.339\,0$$

考虑了风险价值后，A 方案的净现值 116 723.32 元大于 B 方案的净现值 67 769.51 元，但是，A、B 方案的投资额不等，用净现值指标进行方案之间的选择有所不妥，所以用净现值率这一相对数指标进行决策，A 方案的净现值率 0.233 4 小于 B 方案净现值率 0.339 0，因此，应选择 B 方案进行投资。

风险调整贴现率法的优缺点：

① 优点。风险调整贴现率法对风险大的项目采用较高的贴现率，对风险小的项目采用比较低的贴现率，理论比较完善，便于理解，使用广泛。

② 缺点。风险调整贴现率法把时间价值和风险价值混淆在一起，对每年的现金流量进行贴现，意味着风险随着时间的推移而加大，这种假设有时与实际情况不符。

（二）肯定当量法

肯定当量法：就是按照一定的系数（即肯定当量系数）把有风险的每年现金净流量调整为无风险的现金净流量，然后根据无风险的报酬率计算净现值等指标，并据以评价风险投资项目的决策方法。

其计算公式为：

$$NPV = \sum_{t=0}^{n} \frac{a_t \times E_t}{(1 + i)^t}$$

式中：a_t——第 t 年现金净流量的肯定当量系数；

E_t——第 t 年的有风险的现金净流量期望值；

i——无风险的贴现率。

肯定当量系数是把有风险的 1 元现金净流量调整为确定的也即无风险的现金净流量的系数。即为确定的现金净流量与不确定的现金净流量期望值之间的比值。

其计算公式为：

$$a_t = \frac{确定的现金净流量}{不确定的现金净流量期望值}$$

标准差系数越小，其相对应的肯定当量系数越大；标准差系数越大，其相对应的肯定当量系数越小。肯定当量系数是一个经验系数，其与标准差系数的对应关系如表 8-16

所示。

表 8-16　　　　　　　　　　　　标准差系数与肯定当量系数的对应关系

标准差系数 q	肯定当量系数 a_t
$0 \leqslant q \leqslant 0.07$	1
$0.07 < q \leqslant 0.15$	0.9
$0.15 < q \leqslant 0.23$	0.8
$0.23 < q \leqslant 0.32$	0.7
$0.32 < q \leqslant 0.42$	0.6
$0.42 < q \leqslant 0.54$	0.5
...	...

【例 8-40】　接例 8-29 所给的资料。

要求：采用肯定当量法来评价 A、B 两方案的优劣。

解：根据例 8-29 的计算结果和表 8-16 可得：

A 方案：

$$q_1 = 0.353\ 6 \qquad\qquad a_1 = 0.6$$

$$q_2 = 0.258\ 2 \qquad\qquad a_2 = 0.7$$

$$q_3 = 0.158\ 1 \qquad\qquad a_3 = 0.8$$

B 方案：

$$q_1 = q_2 = q_3 = 0.158\ 1 \qquad\qquad a_1 = a_2 = a_3 = 0.8$$

$$\text{NPV}_A = 0.6 \times \frac{200\ 000}{1+5\%} + 0.7 \times \frac{300\ 000}{(1+5\%)^2} + 0.8 \times \frac{200\ 000}{(1+5\%)^3} - 500\ 000$$

$$= 114\ 285.71 + 190\ 476.19 + 138\ 214.01 - 500\ 000 = -57\ 024.08 (元)$$

$$\text{NPV}_B = 0.8 + 100\ 000 \times (P/A,\ 5\%,\ 3) - 200\ 000 = 17\ 856(元)$$

肯定当量法计算的结果是，B 方案的净现值 17 865 元，大于 A 方案的净现值 -57 024.08 元，与按风险调整贴现率法得出的结论不一致，其原因就是风险调整贴现率法对远期现金净流量的调整比较大，夸大了远期风险。

二、风险调整贴现率法与肯定当量法的区别

"风险调整贴现率法"是通过调整净现值公式中的分母来考虑风险因素。

"肯定当量法"是通过调整净现值公式中的分子来考虑风险因素，它克服了风险调整贴现率法将资金时间价值与风险价值混在一起的缺陷，但要准确、合理地确定当量系数。

情境小结

1. 投资决策的含义和方法

投资决策就是评价投资方案是否可行，并从诸多可行的投资方案中选择要执行的投资方案的过程。而判断某个投资方案是否可行的标准是某个方案所带来的收益是否不低于投资者所要求的收益。本情境所阐述的投资决策指标就是通过对投资项目经济效益的分析与评价，来确定投资项目是否可取。根据这些指标来进行投资决策的方法被称为投资决策方法，按其是否考虑时间价值，可分为非贴现法和贴现法。非贴现法又称静态分析方法，是按传统会计观念，不考虑时间价值因素，对投资项目方案进行评价和分析的方法，主要有：回收期法、平均会计收益法和平均报酬率法。贴现法又称动态分析方法，是根据时间价值的原理对投资方案进行评价和分析的方法，主要有：净现值法、现值指数法、内含报酬率法、折现回收期法以及年等值法等。这些方法适用于所有的投资项目的决策。但为了研究的方便，本情境在讨论这些方法时，假定风险是固定不变的或者说假定无投资风险。因而，本情境所讲述的投资决策方法可认为是针对确定性投资决策而言的。

2. 净现值法、现值指数法和内含报酬率法的特点与区别

①净现值法的比较是用减法，即：

$$未来报酬的总现值 - 原始投资额的现值 = 净现值$$

②现值指数法的比较是用除法，即：

$$\frac{未来报酬的总现值}{原始投资额的现值} = 现值指数$$

③内含报酬率法的比较是通过使未来报酬的现值与原始投资额的现值相等的原理，来求出投资方案本身实际能达到的投资报酬率。

这三个指标都属于动态正指标，而且它们之间存在以下数量关系，即：

当 NPV>0 时，PVI>1，IRR>i

当 NPV=0 时，PVI=1，IRR=i

当 NPV<0 时，PVI<1，IRR<i

其中：i 为资金成本。

这三个指标的区别如下：

净现值(NPV)为绝对数指标，其余为相对数指标；

计算净现值、净现值率和现值指数所依据的贴现率(i)都是事先已知的；

内含报酬率(IRR)的计算本身与贴现率(i)的高低无关，只是采用这一指标的决策标准是将所测算的内含报酬率与其贴现率进行对比，当 IRR≥i 时该方案是可行的。

3. 项目投资应用评价方法的具体选用标准

(1)对于"是""否"决策

①若 NPV>0，NPVR>0，PI>1，IRR>i，则项目可行。

②若 NPV<0，NPVR<0，PI<1，IRR<i，则项目不可行。

③利用 NPV，NPVR，PI，IRR 总能得出完全一致的结论。

(2)对于择优决策

①NPV，NPVR 适用于原始投资额相等且项目计算期相同的方案的对比与选优决策。

②若原始投资额不相等，则应选用差额投资内部收益率法和年等额净回收额法进行比较，年等额净回收额法尤其适用于项目计算期不相同的方案的选优决策。

学习情境九 | # 证 券 投 资 决 策

工作任务与学习子情境

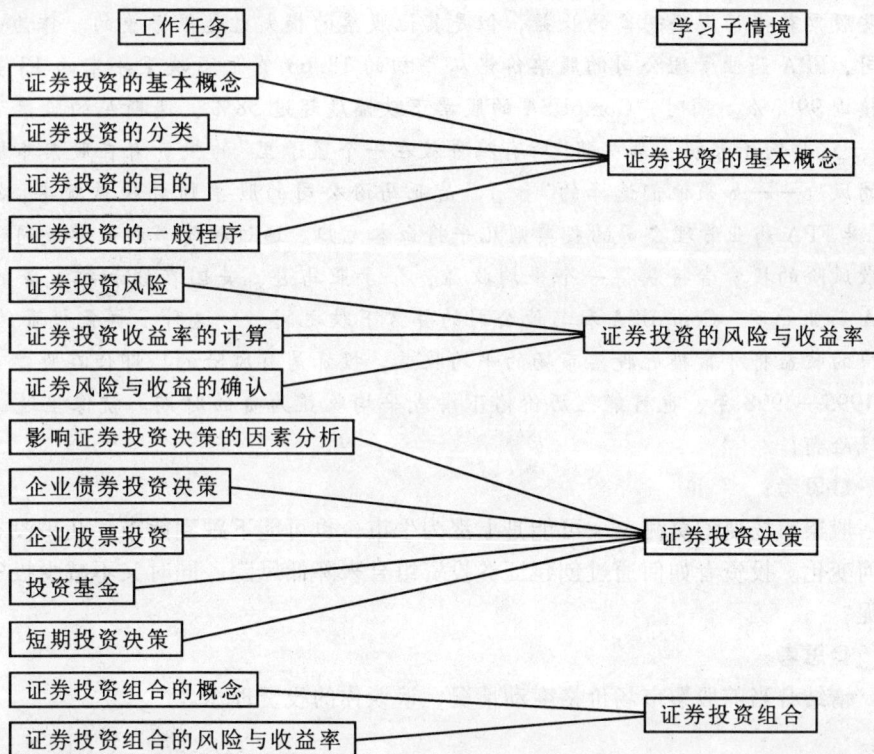

| 工作任务 | 学习子情境 |

证券投资的基本概念

证券投资的分类

证券投资的目的 ————————— 证券投资的基本概念

证券投资的一般程序

证券投资风险

证券投资收益率的计算 ————————— 证券投资的风险与收益率

证券风险与收益的确认

影响证券投资决策的因素分析

企业债券投资决策

企业股票投资 ————————— 证券投资决策

投资基金

短期投资决策

证券投资组合的概念 ————————— 证券投资组合

证券投资组合的风险与收益率

职业能力目标

专业能力：

- 能够领会证券投资的含义；
- 能够描述企业证券投资的主要风险并进行投资决策的相关因素分析；
- 能够进行证券投资中一般情况下证券投资收益的计算和债券、股票的估价。

社会能力：

- 能根据学习情境设计的需要查阅有关资料；
- 能够结合企业个案，科学寻找和分析其证券投资活动的主要投资渠道和主要风险点并采取相应措施进行控制。

学习子情境一　证券投资的基本概念

情境引例

在 1995—1998 年主要的股票市场业绩是非常显著的——这是一个投资者愿意不断重复投资的时期。在这 4 年里，在美国股票市场交易的股票年平均收益率高于 20%。在 1998 年，诸如微软和 MCI 世界通信等公司的价值翻了一番多。其他公司如美国在线、亚马逊、雅虎等网络公司，增值超过 500%。如果在 1998 年初以 30.13 美元购买了亚马逊的股票，在年末以 321.25 美元出售，试想一下你将获得多少收益——966% 的年收益。虽然这些股票获得了无法想象的收益，但是其他股票的损失也是很惨重的。作为一家保健服务公司，FPA 药业管理公司的股票价格从年初的 18.63 美元下跌至年末的 13 美分——损失率接近 99.3%。同时，CompUSA 的股票下跌幅度超过 58%，迪斯尼的股票下跌幅度超过 9%。这些例子表明，那些将"所有鸡蛋放在一个篮子里"的投资者在股票市场中将面临巨大的风险——如果他们选择的"篮子"是亚马逊公司的股票则会收益颇丰，但是如果"篮子"是 FPA 药业管理公司的股票则几乎将血本无归。通过投资多种股票或通过共同基金来分散风险的投资者将获得一个平均收益，介于亚马逊、美国在线和雅虎等的异常增值和 FPA 药业管理、CompUSA 和其他公司的异常下跌之间——这种多样化投资的巨大"篮子"获得的收益将非常接近股票市场的平均收益。投资是有风险的！即使在股票市场业绩良好的 1995—1998 年，也可能经历价格下滑或平均收益为负的时期。就像坐过山车，多么大的风险啊！

◎思考：

股票市场变幻莫测——可能是上涨为牛市，也可能下跌到熊市，几乎没有人知道它会如何变化。投资者如何通过创建证券投资组合来降低风险，同时又不减少投资的平均的收益呢？

◎思考：

请结合当前股票市场价格变动情况，谈谈你的投资理念。

知识准备

一、证券投资的基本概念

证券是根据一国政府的有关法律法规发行的，票面载有一定金额，记载并代表一定权利的各类法律凭证，是代表财产所有权或债权，并表明证券持有人有权按券面规定的条件取得权益，可以有偿转让的凭证。证券必须具备两个基本特征，一是法律特征，二是书面特征，凡同时具备上述两个特征的书面凭证才可称为证券。证券具有流动性、收益性、风险性三个基本特点：

（1）流动性又称变现性，是指证券可以随时抛售取得现金。

（2）收益性是指证券持有者凭借证券可以获得相应的报酬。证券收益一般由当前收益和资本利得构成，以股息、红利或利息所表示的收益称为当前收益；由证券价格上升（或下降）而产生的收益（或亏损），称为资本利得或差价收益。

（3）风险性是指证券投资者达不到预期的收益或遭受各种损失的可能性。证券投资既有可能获得收益，更有可能带来损失，具有很强的不确定性。

证券投资是指企业为获取投资收益或特定经营目的而买卖有价证券的一种投资行为。证券投资是企业对外投资的重要组成部分，科学地进行证券投资管理，能增加企业收益，降低风险，有利于财务管理目标的实现。它具有投资方便，变现能力强等特点。科学地进行证券投资，可以充分地利用企业的闲置资金，增加企业的收益，减少风险，有利于实现企业的财务目标。

二、证券投资的分类

（一）证券的种类

证券的种类很多，按不同的标准可以作不同的分类。

1. 按证券的发行主体分类

按照证券发行主体的不同，可分为政府证券、金融证券和公司证券三种。政府证券是指中央政府或地方政府为筹集资金而发行的证券。金融证券则是指银行或其他金融机构为筹措资金而发行的证券。公司证券又称企业证券，是指工商企业为筹集资金而发行的证券。政府证券的风险较小，金融证券次之，公司证券的风险则视企业的规模、财务状况和其他情况而定。

2. 按证券的到期日分类

按照证券到期日的长短，可分为短期证券和长期证券两种。短期证券是指到期日短于一年的证券，如国库券、商业票据、银行承兑汇票等。长期证券是指到期日长于一年的证券，如股票、债券等。一般而言，短期证券的风险小，变现能力强，但收益率相对较低。长期证券的收益一般较高，但时间长，风险大。

3. 按证券的收益状况分类

按照证券收益状况的不同，可分为固定收益证券和变动收益证券两种。固定收益证券是指在证券的票面上规定有固定收益率的证券，如债券票面上一般有固定的利息率，优先股票面一般有固定的股息率，这些证券都属于有固定收益的证券。变动收益证券是指证券的票面不标明固定的收益率，其收益情况随企业经营状况而变动的证券，普通股股票是最典型的变动收益证券。一般来说，固定收益证券风险较小，但报酬不高；变动收益证券风险大，但报酬较高。

4. 按证券体现的权益关系分类

按照证券所体现的权益关系，可分为所有权证券和债权证券、信托投资证券三种。所有权证券是指证券的持有人便是证券发行单位的所有者的证券，这种证券的持有人一般对发行单位都有一定的管理和控制权。股票是典型的所有权证券，既不定期支付利息，也无固定偿还期，股东便是发行股票的企业的所有者，它代表着投资者在被投资企业所占权益的份额，在被投资企业赢利且宣布发放股利的情况下，才可能分享被投资企业的部分净收益。债权证券是指证券的持有人是发行单位的债权人的证券，这种证券的持有人一般无权对发行单位进行管理和控制。必须定期支付利息，并要按期偿还本金，各种债券如国库券、企业债、金融债券都是债权证券。当一个发行单位破产时，债权证券要优先清偿，而所有权证券要在最后清偿，所以所有权证券一般都要承担比较大的风险。信托投资证券是由公众投资者共同筹集、委托专门的证券投资机构投资于各种证券，以获取收益的股份或收益凭证，如投资基金。

可见，证券的种类是多种多样的。由于其性质、期限、偿还条件、各期收益等各种因素都有所不同，因此，企业在进行证券投资时，需要作出有效的决策，企业应根据不同的投资目的、一定时期证券投资市场的变化情况及企业资金状况和风险承受能力，来合理组合各种证券投资，确保获得最佳的投资收益。当然，上述证券的种类的划分，并非相互孤立的，而是相互交叉和相关的，如长期证券既是一种固定收益的证券，也是一种债权证券或混合性证券。而所有权证券则也可能是一种收益不固定和长期性的证券。总之从多方面、多角度认识有价证券的特性，可以使企业根据不同的投资目的，作出合理的选择。

（二）可供企业投资的主要证券

金融市场上的证券很多，其中可供企业投资的证券主要有以下几种：

1. 国库券

国库券是政府为解决先支后收、资金临时性短缺而发行的有价证券。第二次世界大战后，各国政府发行的国库券数额激增，成为货币市场上主要的信用工具。国库券本金安全，流动性好，并且有多种多样的期限。因此，是企业进行短期投资的主要对象。

2. 短期融资券

短期融资券是由财务公司等金融机构及工商企业所发行的短期无担保本票。它可以直接出售，也可由经纪人出售。通常，短期融资券按折现的办法出售，其到期日一般在一年以内，利率通常比国库券的利率高。买到手的短期融资券一般需保持至到期日，因为短期融资券的流动性较弱，买卖不方便。

3. 可转让存单

可转让存单是指可以在市场上转让（出售）的在商业银行存放特定数额、特定期限的存款证明。在西方国家，这种投资工具始于 20 世纪 60 年代初期，现已成为一种重要的短期投资方式。可转让存单的利息率因金融市场情况、存单的到期日及发行银行的规模与财务信誉不同而不同，利率一般比国库券的利率高。可转让存单有比较活跃的交易市场，流动性很强。

4. 企业股票和债券

企业股票和债券是企业证券投资的主要对象。企业股票和债券均属于长期证券，但由于股票和债券均可在金融市场上出售，因此，也可用于短期投资。企业财务部门进行短期投资的主要目的是配合企业对现金的需求，所以，应投资于那些风险低、变现能力强的股票和债券。

（三）证券投资的分类

从以上分析可以看出，证券是多种多样的，与此相联系，证券投资的种类也是多种多样的。按不同标准可对证券投资进行不同的分类。下面根据证券投资的对象，将证券投资分为债券投资、股票投资和组合投资三类。

1. 债券投资

债券投资是指企业将资金投向各种各样的债券，例如，企业购买国库券、公司债券和短期融资券等都属于债券投资。与股票投资相比，债券投资能获得稳定收益，投资风险较低。当然，也应看到，投资于一些期限长、信用等级低的债券，也会承担较大风险。

2. 股票投资

股票投资是指企业将资金投向其他企业所发行的股票，将资金投向优先股、普通股都属于股票投资。企业投资于股票，尤其是投资于普通股票，要承担较大风险，但在通常情况下，收益也相对较高。

3. 组合投资

组合投资又叫证券投资组合，是指企业将资金同时投资于多种证券，例如，既投资于国库券，又投资于企业债券，还投资于企业股票。组合投资可以有效地分散证券投资风险，是企业等法人单位进行证券投资时常用的投资方式。

三、证券投资的目的

企业进行证券投资，重要的是要明确投资的目的，以正确的投资目的指导自己的投资行为。在各类市场中，证券市场是最接近完全竞争状态的市场之一，而在完全竞争的市场上，是无法得到超额利润的。因此，企业、特别是生产经营型企业一般不应把追求最大化利润作为自己进行证券投资的主要目的（当然，这并不是说进行证券投资不要追求尽可能多的利润），而应把证券投资作为实现企业整体目标的手段之一，围绕企业的整体目标规划自身的证券投资行为。一般来讲，常见的企业证券投资的目的主要有如下几种：暂时存放闲置资金、与筹集长期资金相配合、保证未来的资金支付、满足季节性经营对现金的需求、进行多样化投资，分散投资风险、影响或控制某一企业。

（一）暂时存放闲置资金

有时，企业会有一些资金处于闲置状态，为了充分利用这些资金，企业也可以将其投资于证券市场，持有一定量的有价证券，以替代较大量的非营利的现金余额，并在现金流出超过现金流入时，将有价证券售出，以增加现金，争取获得较高的收益。短期证券的投资在多数情况下都是出于预防的动机，因为大多数企业都依赖银行信用来应付短期交易对现金的需要，但银行信用有时是不可靠的或不稳定的，因此，必须持有有价证券以防银行信用短缺。

（二）与筹集长期资金相配合

处于成长期或扩张期的公司一般隔一段时间就会发行长期证券（股票或公司债券）。但发行长期证券所获得的资金一般并不一次用完，而是逐渐、分次使用。这样，暂时不用的资金可投资于有价证券，以获取一定收益，而当企业进行投资需要资金时，则可卖出有价证券，以获得现金。

（三）保证未来的资金支付

为保证企业生产经营活动中未来的资金需要（如为了保证某些不可延展的债务的按时偿还），企业可以事先将一部分资金投资于债券等到收益稳定的证券，只要经过适当的投资组合，这种证券投资就可以保证投资者在未来某一时期或某一期间内得到稳定的现金收入，从而保证了届时企业的资金支付。这种证券投资主要为满足未来的财务需求，例如企业在不久的将来有一笔现金需求，如建一座厂房或归还到期债务，则可以将现有现金投资于有价证券，以便到时售出，满足其现金需求。

（四）满足季节性经营对现金的需求

从事季度性经营的公司在一年内的某些月份有剩余现金，而在另几个月份则会出现现金短缺，这些公司通常在现金有剩余时购入有价证券，而在现金短缺时出售有价证券。

（五）进行多样化投资，分散投资风险

为减少投资风险，企业需要进行适度的多样化投资。在某些情况下，直接进行实业方面的多样化投资有一定的困难，而利用证券市场，则可以较方便地达到投资于其他行业、使投资对象多样化的目的。

（六）影响和控制某一企业

企业为扩大自己的经营范围、市场份额或影响力，需要控制某些特定的其他企业。如果企业的控制目标是上市公司，就可以通过在证券市场上购入目标公司的股票来达到自己的目的。又如有些企业往往从战略上考虑要控制另外一些企业，这可以通过股票投资实现。例如，一家下游生产企业欲控制一家上游材料供应企业以便获得稳定的材料供应，这时便可动用一定资金来购买上游材料供应企业的股票，直到其所拥有的股权能控制这家上游材料供应企业为止。

总的来讲，证券投资在各项控制活动中是处于从属地位的，是为企业的整体经营目标服务的。

四、证券投资的一般程序

1. 合理选择投资对象

为正确地达到投资目的，企业应根据一定的投资原则，认真分析投资对象的收益水平和风险程度，以便合理选择投资对象，将风险降低到最低限度，取得较好的投资收益。一

般来讲，如果企业进行证券投资的目的是寻求未来稳定的收益，则应该选择那些收益稳定、信誉较高的债券(如国债)或优先股作为投资对象。如果企业进行证券投资是为了分散投资风险，就应该在重视投资行业选择的基础上选择合适的企业股票作为投资对象。如果企业的抗风险能力较强，有专业的投资人才，投资的主要目的是盈利，则可以适当地选择某些盈利能力较强的股票(这种股票的风险通常也较高)，或等级较低的公司债券作为投资对象。如20世纪80年代，一些美国的投资者就因为投资于低等级、高收益的"垃圾债券"而获得了较高的收益。

在选择投资对象时，除考虑投资对象本身的特点外，还应该注意政治、经济形势对投资对象的影响。比如，如果某些地区的政治、经济形势不够稳定，而企业投资于证券又是为了获得稳定的收益，则应该尽量不选择或少选择这些地区的企业、政府机构发行的证券。如果手中已经持有这类证券，则应将其适时售出，代之以政治、经济形势稳定地区的企业、政府机构发行的证券。又比如，如果希望投资能够取得较高的收益水平，则应该适当选择经济增长速度快、发展潜力大的地区的企业发行的证券等。

2. 委托买卖

由于投资者无法直接进场交易，买卖证券业务需委托证券商代理。证券投资大多要通过证券交易所进行(如我国的上海证券交易所、深圳证券交易所等)，而一般的投资者不能直接进入证券交易所的交易大厅交易，因此，其证券交易必须通过那些有资格进入证券交易所进行交易的证券商(作为经纪人)代为进行。这样，证券投资者就面临着一个选择适当的证券商作为自己的经纪人的问题。选择经纪人时，要考虑经纪人的资金实力、操作经验和特长、服务水平和信誉等多方面的因素。选定经纪人后，投资者要在经纪人处开立户头，从而确立委托买卖关系。

3. 成交

证券买卖双方通过中介券商的场内交易员分别出价委托，若买卖双方的价位与数量合适，交易即可达成，这个过程叫成交。

4. 清算与交割

企业委托券商买入某种证券成功后，即应解交款项，收取证券。清算即指证券买卖双方结清价款的过程。证券交易成交后，买卖双方要相互交付价款和证券。比如，某投资者买入一笔股票，买卖成交后，他要向股票的卖方交付价款，收取股票；而卖方则要向他交付股票，收取价款，这一过程，即为证券的交割。

5. 办理证券过户

证券过户只限于记名证券的买卖业务。当企业委托买卖某种记名证券成功后，必须办理证券持有人的姓名变更手续。

学习子情境二　证券投资的风险与收益率

🍃知识准备

企业应否进行证券投资，应投资于何种证券，只有在对证券投资的风险和收益率进行分析后才能做出决策。研究风险和收益率的关系，是证券投资决策中首要的影响因素。

证券投资风险是指证券投资收益的不确定性，即证券投资无法达到预期收益或遭受损失的可能性。进行证券投资，需要承担一定风险，这是证券的基本特征之一。证券投资风险主要分为系统风险和非系统风险。

一、系统风险

系统风险是指由于某些因素给市场上所有的证券都带来影响的风险，是与市场的整体运动相关联的。通常表现为某个领域、某个金融市场或某个行业部门的整体变化。它断裂层大，涉及面广，往往使整个一类或一组证券产生价格波动。这类风险因其来源于宏观因素变化对市场整体的影响，因而也称为"宏观风险"、"市场风险"。

1. 系统性风险的特点

（1）共同性。系统性风险对所有证券的收益产生影响，尽管影响程度不同，所以又叫共同性风险；

（2）不可回避性。风险因素来自于上市公司的外部，公司无法抗拒和回避系统风险，因而购买证券的投资者也无法回避，因此又叫不可回避风险；

（3）不可分散性。这样的风险造成的损失不能通过多样化投资来分散，因此又称为不可分散风险。

2. 系统风险的主要来源

（1）宏观经济风险。宏观经济风险是指一个国家的宏观经济发展状况对证券市场的影响。一个国家的宏观经济发展情况必然在股票市场有所反映，国家政局安定、经济发展顺利、税收增加、人民生活改善、消费者购买力提高等因素，都有利于增强投资者的信心。由于人们对前景看好，进入股票市场的资金会不断增多，这些因素会推动股票市场价格上扬。反之，则会出现股票市场价格上涨乏力、投资于股市的资金相对减少等情况。

（2）政策风险。政策风险是指因政府有关证券市场的政策发生重大变化、有重要的举措或法规出台引起证券市场的波动而给投资者带来的风险。各国的金融市场与其国家的政治局面、经济运行、财政状况、外贸交往、投资气候等息息相关，国家的任一政策的出台，都可能造成证券市场上证券价格的波动，这无疑会给投资者带来风险。

（3）市场风险。这是金融投资中最普遍、最常见的风险，无论投资于股票、债券、期货、期权等有价证券，还是投资于房地产、贵金属、国际贸易等有形资产，几乎所有投资者都必须承受这种风险。这种风险来自于市场买卖双方供求不平衡。

（4）购买力风险。购买力风险也就是通货膨胀风险，是指通货膨胀、货币贬值给投资者带来实际收益水平下降的风险。通货膨胀会使证券到期或出售时所获得的货币资金的购买力降低，通货膨胀的存在使投资者在货币收入增加的情况下并不一定能使他的财富增值。这要取决于他的名义收益率是否高于通货膨胀率。证券的名义收益是指投资的货币收益，名义收益是投资者不考虑通货膨胀影响的货币收益。从名义收益中剔除通货膨胀因素后的收益即为实际收益。对投资者更有意义的是实际投资收益。在通货膨胀时期，购买力风险对投资者有重要影响。一般而言，随着通货膨胀的发生，变动收益证券比固定收益证券收益要高。因此，普通股票被认为比公司债券和其他有固定收入的证券能更好地避免购买力风险。

购买力风险的传播方式如下：

一是实际投资收益被直接抵消。例如，某债券年利息率为5%，当通货膨胀率由0升至4%时，债券持有者的债券实际收益由5%降至1%；当通货膨胀率升至10%时，债券持有者的债券实际收益为-5%。

二是实际生活水平下降。例如，同样的货币20万元，通货膨胀率上升以前能购买一套100平方米的住房，通货膨胀率上升之后只能购买50平方米的住房，要想购买100平方米的住房，就要支付更多的货币。投资者如果拥有20万元，没有用来买住房，而是购买了股票或债券，本想赚钱后再买住房，结果错过了购买住房的最佳期限，由此造成的损失就是由证券投资的购买力风险引起的。

三是证券价格下跌，投资者在通货膨胀的预期下，会将证券抛售，抢购实物商品，从而引起证券市场的资金供应减少，证券价格下跌，使持有证券的投资者遭受损失。

四是通货膨胀导致一些上市公司的原材料采购成本和工资费、管理费等增加，当增加幅度超过产品销售价格增长幅度时，公司的盈利水平下降，其发行的证券价格下跌，使投资者受损。

(5)利率风险，也可称为货币风险，是指由于货币市场利率的变动引起证券市场价格的波动，从而影响证券投资收益率的变动而带来的风险。股票的收益率同货币市场利息率密切相关。

市场利息率高低对于股票收益产生的影响如下：

①影响人们的资金投向，证券的价格，将随利息率的变动而变动，一般而言，银行利率下降，人们愿意把资金投向股票，则证券价格上升；银行利率上升，则证券价格下跌。不同期限的证券，利息率风险不一样，期限越长，风险越大。

②影响企业的盈利，绝大多数企业向银行借贷了大量的资金，如果利息率高，则企业的盈利就会减少，盈利的减少使得每股股票的收益下降，从而使股票价格下降。

因此，利率与股票价格成反比例关系，利息率高，股票价格就下跌；利息率低，股票价格就上涨。债券的价格与货币市场利率亦紧密相连。利率的变动对于不同计息方式的债券价格影响也不同。就固定利率债券而言，其价格与市场利率呈相反的关系，即市场利率低，债券的价格上升；相反，利率调高，债券价格就下跌。通过价格的上升或下跌，调节债券的投资收益率，使其与货币市场利率保持合理的幅度。利率变动引起已发行债券的价格发生变动，从而造成风险。当市场利率上升时，新发行的债券以较高利率支付债息，可使已发行的债券的价格下跌，从而使原来的债券持有者面临损失投资收益甚至本金的风险。近年来由于利率水平起伏较大，不少企业采取浮动利率办法将债券利率与某一市场利率挂钩，随市场利率的变动而变动(除保值贴补外)。但与固定收益债券相比，又产生了对市场利率预测的风险。

此外，政局动乱、发生战争、世界能源状况的改变、经济衰退等风险也属于系统风险。

二、非系统风险

非系统风险，是指个别事件和因素只对某个行业或个别公司的证券产生影响的风险。

它基本上只同某个具体的股票、债券相关联，而与其他有价证券无关，也就同整个市场无关，一般可通过分散投资来抵消，故又称可分散风险。这种风险来自于企业内部的微观因素，因而也称为"微观风险"。

非系统风险主要有：信用风险、经营风险、财务风险和个股投机风险。

1. 信用风险

信用风险又称违约风险，指证券发行人在证券到期时无法按期支付利息或偿还本金而使投资者遭受损失的风险。信用风险实际上揭示了发行者在财务状况不佳时出现违约和破产的可能，它主要受证券发行者的经营能力、盈利水平、事业稳定程度及规模大小等因素的影响。

一般而言，政府发行的证券违约风险小，金融机构发行的证券次之，工商企业发行的证券风险较大。债券的信用风险大于股票的信用风险。股票的信用风险是间接传递的。其传递过程是：债券到期，债券的发行人不能偿还债务，申请破产，从而使持股人遭受股票投资损失。造成企业证券违约的原因有以下几个方面：①政治、经济形势发生重大变动；②发生自然灾害，如水灾、火灾等；③企业经营管理不善、成本高、浪费大；④企业在市场竞争中失败，主要顾客消失；⑤企业财务管理失误，不能及时清偿到期债务。

2. 经营风险

经营风险指企业的决策人员与管理人员在经营管理过程中出现的失误导致企业亏损、破产而使投资者遭受损失的可能性。经营风险来自内部因素和外部因素两个方面。

（1）内部因素

①项目投资决策失误。现代企业的项目投资一般数额较大，如果未对项目可行性作充分的研究分析，一旦失误后果严重。

②产品周期风险。产品存在更新换代的生命周期，如果公司未能积极开发研究新产品，为市场上出现的更实用、科学的新产品替代时，就会导致产品过时，遭受损失。

③技术更新风险。科学技术是企业得以发展的动力，只有科学技术的进步，才能提高产品质量，降低生产成本，使产品具有竞争力。

④市场风险。对产品销售市场预测不准，或使产品积压，或使产品脱销。前者将造成资金浪费；后者将使盈利相对减少。

（2）经营风险的外部因素

①产品关联企业的不景气造成风险。如生产零部件产品的企业和成品企业之间，由于成品企业经营的不景气而造成生产零部件企业的产品积压；反之零部件企业不景气而无货供应会给成品企业造成风险。

②竞争对手的变化而形成的风险。由于竞争对手的状况发生变化而导致自己企业在竞争中处于劣势，使产品缺乏竞争力而缩小市场，造成盈利下降。

③政府政策调整所造成的风险。例如限制某些产业的发展，使生产经营造成困难；调整税收政策，使企业失去往日政府扶持的优势而使盈利减少。

3. 财务风险

财务风险指企业财务结构不合理所形成的风险。形成财务风险的因素主要包括以下几方面：

①资本负债比例。负债经营是现代企业所必需的，这样可以用借贷资金来实现盈利，它可弥补自有资本的不足；但是如果借贷资金与自有资本超过一定比例，则财务风险增大，一旦借贷资金来源受到影响，则使整个财务发生危机。

②资产与负债的期限。如果一个企业用短期负债通过以短接长的方法投资于长期项目，此时风险很大。一旦遇到银行收紧银根，则会使项目处于停顿甚至失败状态。

③债务结构。债务结构应做到债务与所需资金相一致，如果债务大于所需资金则造成成本支出增加，因此，要注意长短债应与资金所需用的期限相一致。此外还应注意债务的币种结构，并且根据实际支付币种与汇率变动随时调整币种，以减少汇率风险。

4. 流动性风险

在投资人想出售有价证券获取现金时，证券不能立即出售的风险，叫流动性风险。一种能在较短期内按市价大量出售的资产，是流动性较高的资产，这种资产的流动性风险较小；反之，如果一种资产不能在短时间内按市价大量出售，则属于流动性较低的资产，这种资产的流动性风险较大。例如，购买小公司的债券，想立即出售就比较困难，因而流动性风险较大，但若购买国库券，几乎可以立即出售，则流动性风险小。

5. 期限性风险

由于证券期限长而给投资人带来的风险，叫期限性风险。一项投资，到期日越长，投资人遭受的不确定性因素就越多，承担的风险越大。例如，同一家企业发行的十年期债券要比一年期债券的风险大，这便是证券的期限性风险。

职业判断与业务操作

企业进行证券投资的主要目的是获得投资收益。证券收益包括证券交易现价与原价的价差以及定期的股利或利息收益。收益的高低是影响证券投资的主要因素。证券投资的收益有绝对数和相对数两种表示方法，在财务管理中通常用相对数，即收益率来表示。

一、短期证券收益率

短期证券收益率的计算一般比较简单，因为期限短，所以一般不用考虑资金时间价值因素，只需考虑证券价差及利息，将其与投资额相比较，即可求出证券收益率。其基本的计算公式为：

$$K = \frac{S_1 - S_0 + P}{S_0} \times 100\%$$

式中：S_0——证券购买价格；

S_1——证券出售价格；

P——证券投资报酬（股利或利息）；

K——证券投资收益率。

【例 9-1】　2××1 年 2 月 9 日，甲公司购买了乙公司每股市价为 64 元的股票，2××2 年 1 月，甲公司每股获现金股利 3.90 元，2××2 年 2 月 9 日，甲公司将该股票以每股 66.50 元的价格出售。则投资收益率为：

$$K = \frac{66.5 - 64 + 3.9}{64} \times 100\% = 10\%$$

【例9-2】 某企业于2××1年6月6日投资900元购进一张面值1 000元、票面利息率6%、每年付息一次的债券，并于2××2年6月6日以950元的市价出售。则投资收益率为：

$$K = \frac{(950 - 900) + 1\,000 \times 6\%}{900} \times 100\% \approx 12.22\%$$

购买短期债券，而没有购买长期债券，会有再投资风险。如长期债券的利率为14%，而短期债券的利率为13%，为减少利率风险购买了短期债券。当短期债券到期收回现金时，如果利率降到10%，则只能找到报酬率为10%的投资机会，不如当初购买长期债券，现在仍可获得14%的投资收益。

二、长期证券收益率

长期证券收益率一般是指购进证券后一直持有至出售日可获得的收益率。它是使证券利息(或股利)的现值和证券出售日收回本金的复利现值之和等于证券购买价格时的贴现率。长期证券收益率的计算比较复杂，因为涉及的时间较长，所以要考虑资金时间价值因素。长期证券投资中的情况很多，不可能一一列举其计算公式。现说明以下两种典型情况的收益率的计算。

(一)证券投资盈亏的计算

1. 证券单项交易收益率计算

一次或分次买入某种流通的证券后，再一次或者分次卖出该种证券，完成一个完整的证券买卖过程。

此单项交易的差价收益率的计算公式为：

$$差价收益率 = \frac{平均卖出净收入 - 平均买入成本}{平均买入成本} \times 100\%$$

【例9-3】 某企业于2××1年3月5日以每股20元的价格购进A股份公司股票10万股，2××1年4月5日再次以每股25元的价格购进A股份公司股票10万股，并于2××1年6月7日以每股28元的市价出售10万股，2××1年8月7日再次以每股26元的市价出售10万股。

则：投资收益率 = [(28 + 26) ÷ 2 − (20 + 25) ÷ 2] / [(20 + 25) ÷ 2] × 100%

= 20%

2. 证券投资现金分红收益率

证券投资现金分红收益率是指投资者本年度持有的某种证券的现金分红额与投资成本的比率。

其计算公式为：

$$证券投资现金分红收益率 = \frac{单位证券现金分红额}{单位证券投资成本} \times 100\%$$

【例9-4】　某企业于2××1年7月5日以每股20元的价格购进B股份公司股票10万股，2××2年2月5日B股份公司按每股派发现金红利0.50元，则该企业投资B股份公司股票的现金分红收益率为多少？

$$股票投资现金分红收益率 = (0.50 \div 20) \times 100\%$$
$$= 2.5\%$$

该企业投资B股份公司股票的全部现金分红收益为50 000元。

(二)债券投资收益的计算

1. 债券票面收益率

债券票面收益率又称为债券名义收益率或债券票息率，是指债券票面上的固定利息率，即年利息收入与债券面额的比率。其计算公式为：

$$债券票面收益率 = \frac{单位债券年利息额}{同一单位的债券面额} \times 100\%$$

2. 债券直接收益率

直接收益率又称为本期收益率、当前收益率，是指债券的年利息收入与买入债券的实际价格的比率。买入价格可能是发行价，也可能是流通市场交易价，这个价格可能等于或大于或小于票面额。债券直接收益率的计算公式为：

$$债券直接收益率 = \frac{债券年利息}{债券买入价} \times 100\%$$

3. 债券持有期收益率

债券持有期收益率是指投资者买入债券后持有一段时间，在债券到期之前将债券出售所得到的收益率。债券持有期收益率的计算公式有两种，一种是息票债券持有期收益率，另一种是一次还本付息债券的持有期收益率。息票债券持有期收益率的计算公式为：

$$息票债券持有期收益率 = \frac{年买卖差价收入}{买入价} \times 100\%$$

【例9-5】　2××3年10月15日，某一投资者按照每手1 040元的价格买入10手2××1年10月18日发行的10年期、票面为1 000元、年利息率为5%的债券，该债券每年10月30日支付当年利息。2××8年5月15日，该投资者已获得5年的利息，如以每手1 030元的价格将10手债券出售，计算息票债券持有期收益率。

$$息票债券持有期收益率 = (250 + 1\,030 - 1\,040) \div 1\,040 \times 100\%$$
$$= 23.08\%$$

一次还本付息债券的持有期收益率的计算公式为：

$$\begin{matrix}一次还本付息债券的\\持有期收益率\end{matrix} = (债券卖出价格 - 债券买入价格) \div 持有年限 \div 债券买入价格 \times 100\%$$

【例9-6】　某一投资者在某债券发行满1年时按照每手1 020元的价格买入该债券10手，该债券期限为5年，5年后一次还本付息，票面年利息率为4%。发行期满3年时，该投资者以每手1 130元的价格将该10手债券卖出，计算投资收益率。

$$持有期收益率 = (1\,130 - 1\,020) \div 2 \div 1\,020 \times 100\%$$
$$= 5.4\%$$

若为每年付息一次时,购买债券的投资收益率可按以下情况简便计算:

【例9-7】 A公司2××2年1月1日平价发行债券,面值为1 000元,票面利率为10%,5年期,每年付息一次,如果2××3年12月31日市价为940元,此时购买该债券的投资收益率为多少?

购买该债券的投资收益率=[1 000×10%+(1 000-940)/2]/[(1 000+940)/2]

= 13.4%

4. 债券到期收益率

债券到期收益率又称为债券最终收益率,是指投资者持有债券到期后所得到的收益率。其分为两种:一种是息票债券到期收益率,另一种是一次还本付息债券到期收益率。息票债券到期收益率的计算公式为:

$$息票债券到期收益率=\frac{债券年利息+债券面额-债券买入价/到期期限}{债券买入价}$$

【例9-8】 2××3年10月15日,某一投资者按照每手1 040元的价格买入10手2××1年10月18日发行的10年期债券,年利息率为5%,每年10月30日支付当年利息。投资者持有到期。计算息票债券持有期收益率。

获利息收入为:

利息总额=1 000×5%×9=450(元)

持有期共计8年零3天,3天可以忽略不计。平均每年的利息收入为:

年利息=450÷8=56.25(元)

息票债券到期收益率=[56.25+(1 000-1 040)÷8]÷1 040×100%

= 4.93%

一次还本付息债券到期收益率的计算公式为:

一次还本付息债券到期收益率=[债券面额×(1+债券票面利率×债券年限)

-债券买入价]÷持有年限÷债券买入价×100%

【例9-9】 某一投资者按照1 010元的价格买入某债券10手,票面利率为3%,持有2年后到期,一次性还本付息,债券期限3年,计算到期收益率。

到期收益率=[1 000×(1+3%×3)-1 010]÷2÷1 010×100%

= 3.96%

5. 长期债券收益率(考虑货币时间价值)

债券投资收益率是指债券投资的未来现金流入量的现值等于购买价格时的折现率。

企业进行债券投资,一般每年能获得固定的利息,并在债券到期时收回本金或在中途出售而收回资金。

债券收益率可按下列公式计算:

$$V=\frac{I}{(1+i)^1}+\frac{I}{(1+i)^2}+\cdots+\frac{I}{(1+i)^n}+\frac{F}{(1+i)^n}$$

$$=I(P/A,\ i,\ n)+F(P/F,\ i,\ n)$$

式中:V——债券的购买价格;

I——每年获得的固定利息;

F——债券到期收回的本金或中途出售收回的资金；

i——债券投资的收益率；

n——投资期限。

先设定一个贴现率代入上式，如计算出的 V 正好等于债券买价，该贴现率即为收益率；如计算出的 V 与债券买价不等，则需继续测试，再用内插法求出收益率。

(1)测试法

分期付息到期还本债券的投资收益率的计算步骤：第一步：比较债券购买价格与面值的大小，若购买价格大于面值，则估算的投资收益率应小于票面利率，反之，则相反。

例如某债券面值为 1 000 元，购买价格为 1 050 元，该债券的票面利率为 10%，由于 1 050>1 000，则估算的投资收益率应小于 10%。

第二步：当测算值等于购买价格时，则估算的投资收益率就是所求的债券投资收益率。

第三步：如果测算项不等于购买价格，则算出一个比购买价格大的值和一个比购买价格小的值，然后再用内插法求出收益率。

【例 9-10】 W 公司于 2××2 年 1 月 1 日以 961 元购进面值为 1 000 元的债券，票面利率为 10%，每年付息一次，期限 5 年，试计算该债券到期收益率。

第一步：由于 961<1 000，则估算的投资收益率应大于 10%。

第一次测试：设 $i=12\%$

$$1\,000\times10\%\times(P/A,\ 12\%,\ 5)+1\,000\times(P/S,\ 12\%,\ 5)$$
$$=100\times3.604\,8+1\,000\times0.567\,4$$
$$=927.88(\text{元})$$

第二次测试：设 $i=11\%$

$$1\,000\times10\%\times(P/A,\ 11\%,\ 5)+1\,000\times(P/S,\ 11\%,\ 5)$$
$$=100\times3.695\,9+1\,000\times0.593\,5$$
$$=963(\text{元})$$

则该债券的投资收益率为 11%。

如果第二次测试的值比 961 大得多，再用内插法计算。

(2)简便算法

$$K=[I+(M-P)/N]/[(M+P)/2]$$

K——债券投资收益率；

I——年利息；

M——到期归还的本金或出售时的价格；

P——买价；

N——年数。

【例 9-11】 A 公司 2××2 年 1 月 1 日平价发行债券，面值为 1 000 元，票面利率为 10%，5 年期，每年付息一次，如果 2××3 年 12 月 31 日市价为 940 元，此时购买该债券的投资收益率为多少？

$$K = [1\ 000 \times 10\% + (1\ 000 - 940)/2]/[(1\ 000 + 940)/2]$$
$$= 13.4\%$$

债券收益率的作用

(1)它是进行债券投资时选购债券的重要标准。

(2)它可以反映债券投资按复利计算的实际收益率。

(3)如果债券的收益率高于投资人要求的必要报酬率,则可购进债券;否则就应放弃此项投资。

【例 9-12】 某公司于 2××3 年 2 月 1 日以 924.28 元购买一张面值为 1 000 元的债券,其票面利率为 8%,每年 2 月 1 日计算并支付一次利息,该债券于 2××8 年 1 月 31 日到期,按面值收回成本金,试计算该债券的收益率。由于我们无法直接计算收益率,所以必须用测试法或插值法来进行计算。

假设要求的收益率为 9%,则其现值可计算如下:

$$V = 1\ 000 \times 8\% \times (P/A,\ 9\%,\ 5) + 1\ 000 \times (P/F,\ 9\%,\ 5)$$
$$= 80 \times 3.889\ 7 + 1\ 000 \times 0.649\ 9$$
$$= 311.18 + 649.90$$
$$= 961.08(元)$$

961.2 元大于 924.28 元,说明收益率应大于 9%,下面用 10% 再一次进行测试,其现值计算如下:

$$V = 1\ 000 \times 8\% \times (P/A,\ 10\%,\ 5) + 1\ 000 \times (P/F,\ 10\%,\ 5)$$
$$= 80 \times 3.790\ 8 + 1\ 000 \times 0.620\ 9$$
$$= 303.26 + 620.90$$
$$= 924.16(元)$$

计算出的现值十分接近该债券的购买价格,说明该债券的收益率为 10%。

(三)股票投资收益率的计算

1. 长期持有、股利固定增长的股票投资收益率的计算

其计算公式为:

$$i = [d_0 \times (1 + g) \div v] + g$$

【例 9-13】 某企业以 50 元价格购买 A 公司股票,预期上年股利为 4 元,以后每年以 5% 递增,则该股票收益率为多少?

$$i = [4 \times (1 + 5\%) \div 50] + 5\%$$
$$= 13.4\%$$

2. 一般情况下股票投资收益率的计算

企业进行股票投资,每年获得的股利是经常变动的,当企业出售股票时,也可收回一定资金。一般情况下股票投资收益率可按下式计算:

$$V = \sum_{j=1}^{n} \frac{D_j}{(1+i)^j} + \frac{F}{(1+i)^n}$$

式中:V——股票的购买价格;

F——股票的出售价格；

D_j——股票投资报酬（各年获得的股利）；

n——投资期限；

i——股票投资收益率。

【例 9-14】　某公司在 2××5 年 4 月 1 日投资 510 万元购买某种股票 100 万股，在 2××6 年、2××7 年和 2××8 年的 3 月 31 日每股各分得现金股利 0.5 元，0.6 元和 0.8 元，并于 2××8 年 3 月 21 日以每股 6 元的价格将股票全部出售，试计算该项投资的投资收益率。

现采用插值法来进行计算，详细情况如表 9-1 所示。

表 9-1　　　　　　　　　　　　　　　插值法计算结果

时间	股利及出售股票的现金流量（万元）	测试 20%		测试 18%		测试 16%	
		系数	现值（万元）	系数	现值（万元）	系数	现值（万元）
2××6 年	50	0.833 3	41.67	0.847 5	42.38	0.862 1	43.11
2××7 年	60	0.694 4	41.66	0.718 2	43.09	0.743 2	44.59
2××8 年	680	0.578 7	393.52	0.608 6	413.85	0.640 7	435.68
合　计	—	—	476.85		499.32		523.38

在表 9-1 中，先按 20% 的收益率进行测算，得到现值为 476.85 万元，比原来的投资额 510 万元小，说明实际收益率要低于 20%；于是把收益率调到 18%，进行第二次测算，得到的现值为 499.32 万元，还是比 510 万元小，说明实际收益率比 18% 还要低；于是再把收益率调到 16% 进行第三次测算，得到的现值为 523.38 万元，比 510 万元要大，说明实际收益率要比 16% 高，即我们要求的收益率在 16% 和 18% 之间，采用插值法计算如下：

$$\left.\begin{matrix}16\% \\ ? \\ 18\%\end{matrix}\right\}X\%\Big\}2\% \qquad \left.\begin{matrix}523.38 \\ 510.00 \\ 499.32\end{matrix}\right\}13.38\Big\}24.06$$

$$\frac{X\%}{2\%}=\frac{18.38}{24.06} \qquad X\%=1.11\%$$

该项投资的收益率 = 16% + 1.11% = 17.11%

三、证券风险与收益的确认——证券信用等级

为了合理地反映证券投资风险的大小和收益率的高低，一般要对证券进行评级，现说明几种主要证券的信用评级方法。

（一）债券的评级

债券的评级是指评级机构根据债券的风险和利息率的高低，对债券的质量作出的一种评价。在评级时考虑的主要因素是：①违约的可能性；②债务的性质和有关附属条款；③

在破产清算时债权人的相对地位。债券的等级一般分为 AAA、AA、A、BBB、BB、B、CCC、CC、C 九级，从前到后质量依次下降。一般而言，前四个级别的债券质量比较高，大多数投资人都可以接受，因而被称为"投资等级"，后五个级别的质量较低，大多数投资人都不愿购买，被称为"投机等级"。

(二)优先股的评级

优先股的评级是证券评估机构对优先股的质量作出的一种评价。对优先股评级考虑的主要因素是：①支付股息的可能性；②优先股的性质和各种条款；③在破产清算和企业重组时优先股的相对地位。优先股的评级与债券评级大体一致。但优先股的股利分配和对企业财产的要求权都位于债权人之后，因此，优先股等级一般不能高于同一个企业发行的债券的级别。

(三)短期融资券的评级

短期融资券的评级是指对期限在一年以内的债券的一种评级。因为短期融资券在西方又称商业票据，所以短期融资券的评级又称商业票据的评级。

商业票据的等级可按债务人支付商业票据债务的能力划分为 A、B、C、D 四大类。A级是最高级别的商业票据，表示按时支付能力最强。"A"的后面还可以加上 1、2、3 以表示安全性的相对程度。B级表示有充分的按时支付能力，但是条件的改变或暂时的逆境会破坏这种能力。C级表示支付能力令人怀疑。D级表示这种商业票据正在被拖欠或者将来到期时将被拖欠。

(四)普通股编类排列

即证券评级机构按照各种股票的收益和红利的不同水平对股票进行编类排列。普通股和其他证券不同，它没有事先规定红利的多少，因此不存在违约风险。这样普通股就不存在评级问题，只是依据普通股红利的增长情况和稳定程度、以往的信息资料以及发行普通股企业的大小来进行普通股的编类排列。美国穆迪投资者服务公司把普通股划分为四大类八个等级，其含义分别为：A+表示股东收益最高；A表示股东收益较高；A-表示股东收益略高于平均水平；B+表示股东收益相当于平均水平；B表示股东收益略低于平均水平；B-表示股东收益较低；C表示股东收益很低；D表示股东无收益或负收益。

学习子情境三　证券投资决策

情境引例

王某是某公司的一名财务分析师，应邀评估 A 商业集团建设新商场对其股票价值的影响，王某根据 A 商业集团的情况做了以下估计：

(1)A 商业集团本年度净收益为 200 万元，每股支付现金股利 2 元，新建商场开业后，净收益将增长 5%。

(2)A商业集团一直采用固定支付率的股利政策，并打算今后继续实行。

(3)A商业集团的B系数为1，如果将新项目考虑进去，B系数将提高到1.5。

(4)无风险收益率(国库券)为4%，市场要求收益率为8%。

(5)公司股票目前市价为32.6元。

王某打算利用股利贴现模型，同时考虑风险因素对A商业集团的股票价值进行评估。该商业集团的一位董事提出，如果采用股利贴现模型，则股利越高，股价越高，所以A商业集团应改变原有的股利政策以提高股利支付率。

◎思考：

(1)参考固定股利增长模型，分析这位董事的观点；

(2)评估A商业集团的股票价值；

(3)假设你是一个投资者，你是否购买A商业集团的股票？

案例分析：

(1)该董事的观点是错误的，在固定股利增长模型中：

$$V = D_0 \times (1+g) \div (K-g)$$

在其他条件不变的情况下，股利越高，股价的确越高；但是其他条件不是不变的，如果A商业集团提高了股利支付率，则A商业集团保留盈余将会减少，造成A商业集团用保留盈余投资的机会减少，从而导致增长率下降，最终股票的价格不一定会上升。事实上，如果股票收益率R>K，价格反而会下降。

(2)$K = 4\% + 1.5 \times (8\% - 4\%) = 10\%$

$V = 2 \times (1+5\%) \div (10\% - 5\%) = 35(元)$

(3)由于A商业集团股票的内在价值将高于其市价，所以作为投资者可以购买该股票。

知识准备

企业在进行具体投资决策时，除了需要衡量风险和收益率外，还要进行以下分析。

一、国民经济形势分析

国民经济形势分析也称证券投资的宏观经济分析，是指从国民经济宏观角度出发考察一些宏观经济因素对证券投资的影响。其主要内容包括以下几个方面：

1. 国民生产总值分析

国民生产总值是反映一国在一定时期内经济发展状况和趋势的应用最广泛的综合性指标。它是一定时期内一国所生产的最终商品(包括商品和劳务)的价值之和。如果国民生产总值呈不断增长趋势，则此时企业进行证券投资一般会获得比较好的收益；反之，收益则会降低。

2. 通货膨胀分析

通货膨胀对证券投资影响很大，具体表现在：

(1)通货膨胀会降低投资者的实际收益水平。因为投资者进行投资时，考虑的报酬是实际报酬率，而不是名义报酬率，实际报酬率等于名义报酬率减去通货膨胀率。只有当实际报酬率为正值时，才说明投资者的实际购买力增长了。

（2）通货膨胀影响股票价格，从而影响证券投资决策。一般认为，通货膨胀率较低时，危害并不大且对股票价格有推动作用。因为通货膨胀主要是由货币供应量增多造成的，货币供应量增多，开始时一般能刺激生产，增加企业利润，从而增加可分派股利。股利的增加会使股票更具吸引力，于是股票价格将上涨。但是，当通货膨胀持续增长时，整个经济形势会变得很不稳定。这时，一方面企业的发展变得飘忽不定，影响新的投资注入，另一方面政府会提高利率水平，从而使股价下降。

3. 利率分析

利率是影响国民经济发展的重要因素，利率水平的高低反映着一个国家一定时期的经济状况。利率对证券投资也有重大影响。①利率升高时，投资者自然会选择安全又有较高收益的银行储蓄，从而大量资金从证券市场中转移出来，造成证券供大于求，价格下跌；反之，利率下调时，证券会供不应求，其价格必然上涨；②利率上升时，企业资金成本增加，利润减少，从而企业派发的股利将减少甚至发不出股利，这会使股票投资的风险增大，收益减少，从而引起股价下跌；反之，当利率下降时，企业的利润增加，派发给股东的股利将增加，从而吸引投资者进行股票投资，引起股价上涨。

二、行业分析

行业分析的内容包括行业的市场类型分析和行业的生命周期分析。

（一）行业的市场类型分析

行业的市场类型根据行业中拥有的企业数量、产品差异、企业对价格的控制能力、新企业进入该行业的难易程度等因素可以分为四种：①完全竞争；②不完全竞争或垄断竞争；③寡头垄断；④完全垄断。各种类型的特征如表9-2所示。

表9-2　　　　　　　　　　市场类型分析表

市场类型	完全竞争	不完全竞争或垄断竞争	寡头垄断	完全垄断
企业数量	很多	较多	很少	一个
产品差异	同质	存在着实际或观念上差异	同质或略有差异	独特产品不存在替代品
企业对价格的控制能力	没有	较小	较大	很大
新企业进入该行业的难易程度	很容易	较容易	很不容易	不可能
典型行业	农业	服装、鞋等轻工业	钢铁、汽车等重工业	公用事业

上述四种市场类型，从竞争程度来看是依次递减的。某个行业内的竞争程度越大，则企业的产品价格和利润受供求关系的影响越大，企业倒闭或破产的可能性越大。因此投资

于该行业的证券风险越大。

（二）行业的生命周期分析

一个产品、一个行业的寿命周期也会如同一个人一样，会经历从出生到成长再到成熟最后走向衰退直到死亡这么一个过程。一般说来，行业的寿命周期可分为如下四个阶段：

1. 初创期

一个新行业的诞生往往是新的技术、产品和市场需求发展的结果。在行业的初创期，产品的研究、开发费用很高，导致产品成本和价格都较高，但其市场需求因大众对其缺乏了解而相对较小，因而这时企业的销售收入低，盈利情况也不尽如人意。

2. 成长期

在这一个阶段，随着生产技术的提高，产品成本不断降低，新产品市场需求也不断增加，这时，新行业成长较快，利润迅速增加。当然，随着许多企业在利润的吸引下加入该行业，竞争的激烈程度加剧了。

3. 成熟期

经成长期后，少数资本雄厚、技术强、管理好的大企业生存下来并基本上控制或垄断了整个行业。每个企业都占有一定的市场份额而且变化程度很小。这时，行业就进入了成熟期。在成熟期，各企业之间的竞争逐渐由价格竞争转为非价格竞争，如提高产品质量、改善产品性能和加强售后服务等。企业的利润增长速度较成长期大为降低。但从总量上看要比成长期大得多。由于企业所占的市场比例比较稳定，因而企业遭受的风险较小。

4. 衰退期

经过相当长一段成熟期之后，行业会慢慢走向衰退。这主要是因为，新技术不断涌现，新产品不断问世，人们的消费倾向不断发生变化。在衰退期，企业的数量下降，利润减少，市场逐步萎缩。

三、企业经营管理情况分析

通过上述分析，基本上可以确定投资的行业，但在同一个行业中，又会有很多企业，应该投资于哪一个企业的证券呢？这就必须对企业的经营管理情况进行分析，这主要包括以下几个方面。

（一）企业竞争能力分析

企业的竞争能力越强，说明企业发展前途越好，企业的证券也就越具有吸引力，因此，竞争能力是评价企业经营管理状况的一个重要标准。企业的竞争能力可以通过销售额、销售额增长率、市场占有率等几个指标进行分析。

（二）企业的盈利能力分析

企业盈利能力越强，企业所发行的证券就越安全，报酬率也会越高，因此，盈利能力是进行证券投资时必须考虑的因素。盈利能力可以通过利润总额、利润增长率、销售利润率、成本费用利润率、投资报酬率等指标进行分析。

（三）企业的生产经营效率分析

企业的生产经营效率越高，企业越有发展前途，企业发行的证券越受投资人欢迎。能否充分利用生产能力，使企业生产和销售高效率地进行，是衡量企业管理水平高低的一个重要指标。

（四）企业应用现代化管理手段的能力分析

企业能否及时地吸收并运用现代化的管理方法，是企业能否成功的关键，因此，在进行证券投资之前，必须对这方面进行考察。

（五）企业财务状况分析

企业财务状况是影响证券投资的主要因素，在进行证券投资之前，必须认真分析企业财务状况。企业财务状况可以通过流动比率、速动比率、负债比率、存货周转率、应收账款周转率等指标进行分析和评价。

职业判断与业务操作

一、企业债券投资决策

（一）债券投资的目的

企业进行短期债券投资的目的主要是配合企业对资金的需求，调节现金余额，使现金余额达到合理水平。当企业现金余额太多时，便投资于债券，使现金余额降低；反之，当现金余额太少时，则出售原来投资的债券，收回现金，使现金余额提高。企业进行长期债券投资的目的主要是获得稳定的收益。

（二）我国债券及债券发行的特点

我国经济发展的特殊性使许多债券及债券发行带有明显的区别于西方的特点，企业财务人员要做好债券投资管理工作，就必须先了解这些特点：①国债占有绝对比重。从1981年起，我国开始发行国库券，以后又陆续发行了国家重点建设债券、财政债券、特种国债和保值公债等。每年发行的债券中，国家债券的比例均在60%以上。②债券多为一次还本付息，单利计算，平价发行。企业债券只有少数附有息票，每年支付一次利息，其余均是利随本清的存单式债券。③有的企业债券虽然利率很低，但带有企业的产品配额，实际上是以平价能源、原材料等产品来还本或付息。

（三）债券投资收益的评价

企业决定是否购买一种债券，要评价其收益和风险，企业的目标是高收益、低风险。这里先讨论对债券投资收益的评价。一般说来，不考虑时间价值的各种计算收益的方法，不能作为投资决策的依据。例如票面利率相同的两种债券，一种每年付息一次，另一种到期时一次还本付息，其实际的经济利益有很大差别，但从票面利率上无法区分，因此票面利率不能作为评价债券收益的标准。

评价债券收益水平的指标主要有：债券价值和债券投资收益率。

（四）债券的估价

债券作为一种投资，现金流出是其购买价格，现金流入是利息和归还的本金，或者出售时得到的现金。债券的价值或债券的内在价值是指债券未来现金流入量的现值，即债券各期利息收入的现值加上债券到期偿还本金的现值之和。只有债券的内在价值大于其购买价格时，才值得购买。债券价值是债券投资决策时使用的主要指标之一。

债券估价是对债券内在价值的估算。债券的价值是指进行债券投资时投资者预期可获得的现金流入的现值。其现金流入主要包括利息和到期收回的本金或出售时获得的现金两部分。

企业进行债券投资，必须知道债券价格的计算方法，现介绍几个最常见的估价模型。

1. 债券估价的基本模型（分期付息，到期还本的债券内在价值的计算）

典型的债券是固定利率、每年计算并支付利息即分期付息、到期归还本金。在此情况下，按复利方式计算债券价值的基本模型是：

$$P = \sum_{t=1}^{n} \frac{iF}{(1+K)^t} + \frac{F}{(1+K)^n}$$
$$= FI(P/A, k, n) + F(P/F, k, n)$$

式中：P——债券价格；

　　　i——债券票面利息率；

　　　F——债券面值；

　　　I——每年利息；

　　　K——市场利率或投资人要求的必要收益率；

　　　n——付息总期数。

【例 9-15】　某债券面值为 1 000 元，票面利率为 10%，期限为 5 年，某企业要对这种债券进行投资，当前的市场利率为 12%，问债券价格为多少时才能进行投资。

根据上述公式得：

$P = 1\,000×10\%×(P/A, 12\%, 5) + 1\,000×(P/F, 12\%, 5)$

　　$= 100×3.605 + 1\,000×0.567$

　　$= 927.5(元)$

即这种债券的价格必须低于 927.5 元时，该投资者才能购买。

2. 一次还本付息且不计复利的债券估价模型

我国很多债券属于一次还本付息且不计复利的债券，其价值计算公式为：

$$P = \frac{F + Fin}{(1+K)^n}$$

公式中符号含义同前式。

【例 9-16】　某企业拟购买另一家企业发行的利随本清的企业债，该债券面值为 1 000 元，期限 5 年，票面利率为 10%，不计复利，当前市场利率为 8%，该债券发行价格为多少时，企业才能购买？

由上述公式可知：

$$P = \frac{1\ 000 + 1\ 000 \times 10\% \times 5}{(1 + 8\%)5} = 1\ 020(元)$$

即债券价格必须低于 1 020 元时，企业才能购买。

3. 折现发行时债券的估价模型

有些债券以折现方式发行，没有票面利率，到期按面值偿还。这些债券的估价模型为：

$$P = \frac{F}{(1 + K)^n} = F \times (P/F,\ k,\ n)$$

公式中的符号含义同前式。

【例 9-17】 某债券面值为 1 000 元，期限为 5 年，以折现方式发行，期内不计利息，到期按面值偿还，当时市场利率为 8%，其价格为多少时，企业才能购买？

由上述公式得：

$$P = 1\ 000 \times (P/F,\ 8\%,\ 5)$$
$$= 1\ 000 \times 0.\ 681 = 681(元)$$

该债券的价格只有低于 681 元时，企业才能购买。

(五)债券投资的选择

证券市场上发行和流通的债券品种很多，发行单位各异，其质量也良莠不齐，有的投资价值较高，能获取较高的投资收益，有的则无多大投资价值，或虽有一定投资价值，但公司信誉欠佳，从而投资风险非常大。因此作为投资者，应综合考虑各种因素，才能作出正确的投资选择。

1. 收益率的测算与比较

投资者在进行债券投资时，要注意不同债券收益率的测算和比较，从而决定投资于哪种债券更为有利。一般来说，在同样信用等级和同样投资期限的情况下，收益率越高，越具有投资价值。但同时也需考虑其他一些因素。如有些债券的利率可随市场利率变化而变化，有的债券按事先约定可根据投资者意愿在一定时期转换为其他债券或股票，这就减少了投资者在市场利率变动时遭受债券价格下降的风险，也使投资者在股票价格上涨时不至错过获取更高收益的机会。

2. 信用情况的调查评价

投资者在购买债券前应对其发行单位的信用情况进行调查、评价。信用等级的评定一般由专门的证券评估机构进行。债券的信用级别直接反映了该发行单位的经济实力、支付能力、盈利能力和偿债能力及在一贯的经营活动中的守信程度，因此是一个最综合和客观的评价。当然，对评估机构的评估结论也不能盲信，要历史、客观地对待。企业经营情况发生变化时，其信用程度也会发生变化，而且有些评估结论有一定的特指性，投资者应有比较地加以分析后，才能接受。

3. 到期日和可变现能力的考虑

企业投资于债券有时是为未来设备的购置或负债的偿还作资金储备。这时债券到期日要能与未来用款日相适应。到期日还是考虑债券利率风险时的一个因素，购买日离到期日越远，其承受的利率风险也越大，即债券价格越有可能因为市场利率的变化而下降；反之，利率风险越低。另外，债券的可变现能力也是投资者应予以注意的因素，有的债券有较发达的流通市场，持有者转让时能及时脱手，这样的债券投资风险就会更小。

(六)债券投资策略

债券投资策略分为被动投资策略和主动投资策略两大类。

1. 被动投资策略

被动投资策略的基本思想是相信市场是有效率的，债券的市场价格是其未来期望收益的最好体现，因此，投资者并不主动寻找所谓好的投资机会以求获得超额投资收益。当然，被动投资策略并不意味着投资者可以完全不理会自己的债券投资组合，他们仍然需要对债券投资组合的构成和状态进行监督和调整，以适应自身对投资风险和投资目标的要求。当金融市场、债券条件发生不利于自身投资目标的变化时，投资者必须及时调整手中的债券组合以适应新的情况。采用被动投资策略的投资者在进行投资时，要考虑债券的风险性、收益性是否符合自己的需要，要考虑债券的流动性即是否容易在证券市场上转手（有些债券较容易按照预期的价格转手，有些债券可以在任何时候转手出售，有些债券的转让则受到某种时间约束），还要考虑债券是否会被发行者提前收回等多种因素。

常用的被动投资策略有购买和持有策略与免疫策略。

(1)购买和持有策略

这一投资策略的特点是投资者在买入一组债券后将较长时间地持有这组债券，而不是频繁交易以谋求高额投资收益。采用这一策略的关键在于投资者要对债券和债券市场的特性有一定的了解，以选择出一组适合于自身投资目的的债券组合。一般来讲，采用这一投资策略的投资者多选择级别较高的债券。购买和持有策略在具体实施时也有较大差异。在国外，已有债券指数基金出现，因此，投资者只需投资于债券指数基金即可实现购买和持有策略。有些投资者则根据自己的判断选择某些债券作为自己的债券组合，并根据市场变化适当调整债券组合。

(2)免疫策略

采用这一策略的投资者试图完全避免债券的利率风险。如前所述，债券的利率风险由价格风险和再投资风险两部分组成，而这两部分随市场利率变化的方向恰好相反，即当市场利率上升时，债券的市场价格下降，债券利息的再投资收益上升。因此，市场利率变化带来的债券投资价值在某一方面的不利变化恰好可在一定程度上为另一方面的有利变化所抵消，从而为免疫策略的施行提供了可能，即构造一个债券组合，使市场利率变化时上述两种因素对债券价值的影响正好相互抵消。债券的持续期是实行免疫策略的关键，如果债券组合的持续期与投资者预计的投资期相同，只要市场利率的变化不超过一定的范围，该债券组合就可以保证投资者在投资期结束时得到基本确定的收益。由于债券的持续期与债券的期限是两个不同的概念，后者通常要大于前者，因此，采用免疫策略的投资者持有的债券或债券组合的期限通常也大于其投资期。必须注意的是，免疫策略的施行是较为复杂的，其操作本身绝不是"被动"的。由于债券的持续期随市场利率的变化而变化，投资者必须根据市场利率的变化适当调整债券组合的构成，使债券组合的持续期始终保持与投资期相等。

2. 主动投资策略

许多债券投资者的投资目的并不仅仅是保值，而是希望利用债券投资获取超额投资利润。这些投资者所采用的投资策略多为主动投资策略。

主动投资策略的基本出发点有二：

一是设法预测市场利率的变化趋势，利用债券价格随市场利率变化的规律牟利；

二是设法在债券市场上的各种投资工具中寻找那些定价失误的投资工具作为投资对象。

预测市场利率变化需要对宏观经济形势有较强的把握能力，因为市场利率预测的主要依据是对经济周期和通货膨胀率的预测，具体来说，财政赤字、贸易赤字、通货膨胀率、货币供给量等众多因素都可能导致市场利率的变化。投资者根据自己对利率变化趋势的判断，决定何时买入或卖出债券，从而获取收益。

此外，投资者还可以利用债券掉期的方法构造债券组合，通过对债券的买入卖出，利用某一时间内某些债券价格的短暂失衡来谋取收益。

（七）投资策略的选择

出于保值目的的投资者将债券投资作为一种低风险、具有长期固定收益的投资工具，其投资目的是在可以接受的、确定的风险条件下获取尽可能高的收益。遵循这一投资方针的投资者将主要采用被动投资策略，他们将根据自身的风险承受能力选择不同级别的债券（比如政府债券的风险低于企业债券，AAA 级债券的风险低于 A 级债券，长期债券的风险高于短期债券，等等）构成所需要的债券组合。

希望利用市场利率变化获取价差收益的投资者又可分为两类，一类投资者更注重短期投机，他们更多地观察市场利率的短期变化，频繁地买入卖出。比如，当他们预测市场利率将降低时，他们将买入长期低息债券，一旦市场利率下跌，他们即可获利。另一类投资者则注重整体投资收益的最大化，他们注意观察债券市场的变化，但并不是频繁买卖，而是在时机成熟时才采取行动，希望不干则已，干则有较大的收获。

（八）债券投资的优缺点

1. 债券投资的优点

①本金安全性高。与股票相比，债券投资风险比较小。政府发行的债券有国家财力作后盾，其本金的安全性非常高，通常视为无风险证券。企业债券的持有者拥有优先求偿权，即当企业破产时，优先于股东分得企业资产，因此，其本金损失的可能性小。

②收入稳定性强。债券票面一般都标有固定利息率，债券的发行人有按时支付利息的法定义务。因此，在正常情况下，投资于债券都能获得比较稳定的收入。

③市场流动性好。许多债券具有较好的流动性。政府及大企业发行的债券一般可在金

融市场上迅速出售，流动性很好。

2. 债券投资的缺点

（1）购买力风险较大。债券的面值和利息率在发行时就已确定，如果投资期间的通货膨胀率比较高，则本金和利息的购买力将不同程度地受到侵蚀，在通货膨胀率非常高时，投资者虽然名义上有收益，但实际上却有损失。

（2）没有经营管理权。投资于债券只是获得收益的一种手段，无权对债券发行单位施以影响和控制。

二、企业股票投资

股票投资是企业进行证券投资的一个重要方面，预计今后随着我国股票市场的发展，将变得越来越重要。

（一）股票投资的目的

企业进行股票投资的目的主要有两种：一是获利，即作为一般的证券投资，获取股利收入及股票买卖差价；二是控股，即通过购买某一企业的大量股票达到控制该企业的目的。在前一种情况下，企业仅将某种股票作为它证券组合的一个组成部分，不应冒险将大量资金投资于某一企业的股票上。而在后一种情况下，企业应集中资金投资于被控企业的股票上，这时考虑更多的不应是目前利益——股票投资收益的高低，而应是长远利益——占有多少股权才能达到控制目的。

（二）股票的估价

股票价值是指股票的内在价值，是股票投资的未来现金流入量的现值。

同进行债券投资一样，企业进行股票投资，也必须知道股票价格的计算方法，现介绍几个最常见的股票估价模型。

1. 股票估价的基本模型

在一般情况下，投资者投资于股票，不仅希望得到股利收入，还希望在未来出售股票时从股票价格的上涨中获得好处。此时的股票估价模型为：

$$V = \left[\sum d_t \div (1 + i)^t \right] + \left[V_n \div (1 + i)^t \right]$$

式中：V——股票内在价值；

V_n——第 n 年出售的股价；

i——投资人要求的必要资金收益率；

d_t——第 t 期的预期股利；

n——预计持有股票的期数。

【例 9-18】　某企业购买 M 公司股票，预计未来 3 年的股利分别为 1 元、1.5 元、2元，该股票在未来的第三年末出售，售价为 20 元，投资者要求的收益率为 15%。试计算该股票的价值。

$$V = 1 \div (1+15\%) + 1.5 \div (1+15\%)^2 + 2 \div (1+15\%)^3 + 20 \div (1+15\%)^3$$
$$= 1 \times 0.869\ 6 + 1.5 \times 0.756\ 1 + 2 \times 0.657\ 5 + 20 \times 0.657\ 5$$
$$= 15.6(元)$$

2. 长期持有股票，股利稳定不变的股票估价模型

在每年股利稳定不变，投资人持有期间很长的情况下，股票的估价模型可简化为：

$$V = D/i$$

式中：V——股票内在价值；

d——每年固定股利；

i——投资人要求的资金收益率。

【例 9-19】 某公司购买 A 股票，每年分配股利 2 元，该公司要求的最低报酬率为 16%，则 A 股票的价值为：

$$V = 2 \div 16\% = 12.5(元)$$

这就是说，A 股票每年分配股利 2 元，在市场利率为 16% 的条件下，它相当于 12.5 元的资本的收益，所以其价值是 12.5 元。

3. 长期持有股票，股利固定增长的股票估价模型

如果一个公司的股利不断增长，投资人的投资期限又非常长，则股票的估价就更困难了，只能计算其近似数。设上年股利为 d_0，股利年增长率为 g，则股票估价模型为：

$$V = \frac{d_0(1+g)}{K-g}$$
$$= \frac{d_1}{K-g}$$

其中 d_1 为第 1 年的股利。

【例 9-20】 某公司准备投资购买 B 信托投资股份有限公司的股票，该股票上年每股股利为 2 元，预计以后每年以 4% 的增长率增长，该公司经分析后，认为必须得到 10% 的报酬率，才能购买 B 信托投资股份有限公司的股票，则该种股票的内在价值应为：

$$V = \frac{2 \times (1+4\%)}{10\% - 4\%} \approx 34.67(元)$$

即 B 信托投资股份有限公司的股票价格在 34.67 元以下时，该公司才能购买。

4. 非固定成长股票的估价

在现实生活中，有的公司股票是不固定的。例如，在一段时间里高速成长，在另一段时间里正常固定成长或固定不变。在这种情况下，需分段计算，才能确定股票的价值。

【例 9-21】 一个投资人持有 ABC 公司的股票，他的投资最低报酬率为 15%，预计 ABC 公司未来 3 年股利将高速增长，成长率为 12%。公司最近支付的股利为 2 元。计算公司股票价值：

首先，计算非正常增长期的股票现值（如表 9-3 所示）。

表 9-3   股票现值

年份	股利(D_t)	现值系数(15%)	现值(元)
1	2×1.2=2.4	0.870	2.088
2	2.4×1.2=2.88	0.756	2.177
3	2.88×1.2=3.456	0.658	2.274
合计	3 年股利现值合计		6.539

其次，计算第三年年底的普通股内在价值。

$$p_3 = D_4/(K-G) = D_3 \times (1+G)/(K-G)$$
$$= 3.456 \times (1+12\%)/(15\%-12\%) = 129.02$$

计算其现值：$129.02 \times (P/F, 15\%, 3) = 129.02 \times 0.658$
$$= 84.90(元)$$

最后，计算股票目前的内在价值。

$$P_0 = 84.90 + 6.539 = 91.439(元)$$

(三)股票投资的优缺点

1. 股票投资的优点

股票投资是一种最具有挑战性的投资，其收益和风险都比较高。股票投资的优点主要有：

(1)投资收益高。普通股票的价格虽然变动频繁，但从长期看，优质股票的价格总是上涨的居多，只要选择得当，就能取得优厚的投资收益。

(2)购买力风险低。普通股的股利不固定，在通货膨胀率比较高时，由于物价普遍上涨，股份公司盈利增加，股利的支付也随之增加，因此，与固定收益证券相比，普通股能有效地降低购买力风险。

(3)拥有经营控制权。普通股股东属股份公司的所有者，有权监督和控制企业的生产经营情况，因此，欲控制一家企业，最好是收购这家企业的股票。

2. 股票投资的缺点

股票投资的缺点主要是风险大，这是因为：

(1)求偿权居后。普通股对企业资产和盈利的求偿权均居于最后。企业破产时，股东原来的投资可能得不到全额补偿，甚至一无所有。

(2)价格不稳定。普通股的价格受众多因素影响，很不稳定。政治因素、经济因素、投资人心理因素、企业的盈利情况、风险情况等都会影响股票价格，这也使股票投资具有较高的风险。

(3)收入不稳定。普通股股利的多少，视企业经营状况和财务状况而定，其有无、多寡均无法律上的保证，其收入的风险也远远大于固定收益证券。

三、投资基金

(一)基金投资概述

1. 概念

投资基金在美国称为共同基金(Mutual Fund),在英国称为信托单位(Trust Unit),它是一种集合投资制度,由基金发起人以发行受益证券形式汇集一定数量的具有共同投资目的的投资者的资金,委托由投资专家组成的专门投资机构进行各种分散的投资组合,投资者按出资的比例分享投资收益,并共同承担投资风险。

2. 创立和运行投资基金主要涉及四个当事人

投资人——是出资人,也是收益人,它可以是自然人或法人,大的投资人往往也是发起人。

发起人——根据政府主管部门批准的基金章程或基金证券发行办法筹集资金而设立投资基金。

管理人——通过信托契约,管理和运营由发起人委托的投资基金。

托管人——通过信托契约,保管由发起人委托的投资基金,并对其进行财务核算。

3. 投资基金与股票、债券的主要区别

(1)发行的主体不同,体现的权利关系不同。投资基金是由基金发起人发行的,投资人与发起人之间是一种契约关系,投资人与发起人都不参与基金的运营管理,而是委托基金管理人进行运营。受托的管理人根据"受人之托,代人理财,忠实服务,科学运营"的原则,按基金章程规定的投资限制,对基金自主运用,以保证投资人有较丰厚的收益。发起人与管理人、托管人之间完全是一种信托契约关系。股票发行者一般为股份有限公司,投资者有权直接或间接参与受资企业的经营管理,有权参与受资企业的财务分配。债券由证券发行企业或政府机关用契约的形式发行;债权人无权过问债务单位的经营管理情况。

(2)风险和收益不同。投资基金可以分散风险,其风险程度介于股票、债券投资之间;收益不固定,一般小于股票投资,而大于债券投资。股票风险大,收益高。债券风险小,收益较低但稳定。

(3)存续时间不同。投资基金规定有一定的存续时间,期满即终止。但经持有人大会或基金公司董事会决定可以提前终止,也可以期满再延续。股票无固定期限。债券有固定的、偿还本息的期限。

(二)投资基金的种类

投资基金的种类很多,可以按不同的标准进行分类。

1. 按照投资基金的组织形式不同,可分为契约型投资基金、公司型投资基金。

契约型投资基金(信托型投资基金)是指基金发起人通过发行受益证券的形式筹集投资基金,受益证券由证券机构或金融机构包销并向社会公开发行,投资人购买受益证券即成为该基金受益人,在约定的存续时间凭所持证券分享红利。

公司型投资基金是指基金发起人通过组织基金公司的形式,发行投资基金股份,投资人购买基金股份即成为基金公司的股东，享有决议权、利益分配权和剩余财产分配权。

2. 按照投资基金能否赎回，可分为封闭型投资基金、开放型投资基金。

封闭型投资基金是指在基金的存续时间内，不允许证券持有人赎回基金证券，不得随意增减基金证券，证券持有人只能通过证券交易所买卖证券。

开放型投资基金是指在基金的存续时间内，允许证券持有人申购或赎回所持有的单位或股份，在基金发行新证券时，一般按基金的净资产价值加经销手续费出售基金证券，持有人赎回基金证券时，则按净资产价值减除一定比例的手续费作为赎回价格。

3. 按照投资基金的投资对象不同，可分为股权式投资基金、证券投资基金

股权式投资基金是指以合资或参股的形式投资于实业，以获取投资收益为主要目的，它可以参与被投资企业的经营，但一般不起控制支配作用。一般要求采用封闭型投资基金。

证券投资基金是指以投资于已经公开发行上市的股票和债券为主的投资基金。一般可以采用开放型投资基金。

(三)投资基金的优缺点

1. 优点

能够在不承担太大风险的情况下获得较高收益。

2. 缺点

①无法获得很高的投资收益。

②在大盘整体大幅度下跌的情况下，进行基金投资也可能会损失较多，投资人因此会承担较大风险。

四、短期投资决策

(一)短期证券投资的目的

短期证券投资是指通过购买计划在一年内变现的证券而进行的对外投资。这种投资一般具有操作简便，变现能力强的特点。企业进行短期证券投资一般出于以下几种目的：

1. 作为现金的替代品

企业在生产经营过程中，应该拥有一定数量的现金，以满足日常经营的需要，但是现金这种资产不能给企业带来收益，现金余额过多是一种浪费。因此，企业可以利用闲置的现金进行短期证券投资，以获取一定的收益。当企业一个时期的现金流出量超过现金流入量时，可以随时出售证券，以取得经营所需的现金。这样，短期证券投资实际上就成为现金的替代品，它既能满足企业对现金的需要，又能在一定程度上增加企业的收益。

2. 出于投机目的

有时企业进行短期证券投资完全是出于投机的目的，以期获取较高的收益。"投机"一词在中国似有贬义，而在西方经济学中，它是用以表述通过预期市场行情的变化而赚取收益的经济行为。可以说投机与证券市场是不可分割的，有证券市场必然有证券投机。有

的企业为了获取投机利润，也会进行证券投机。因此这种短期证券投资，从表面上看是一种投资活动，但其实质是一种投机行为。企业出于投机的目的进行证券投资时，一般风险较大，应当用企业较长时期闲置不用的资金进行投资，但也需要控制风险，不能因此而损伤企业整体的利益。

3. 满足企业未来的财务需求

有时企业为了将来进行长期投资，或者偿还债务，或者由于季节性经营等原因，会将目前闲置不用的现金用于购买有价证券，进行短期证券投资，以获取一定的收益，代将来需要现金时，再将有价证券出售。这种短期证券投资实际上是为了满足企业未来对现金的需求。

(二)短期证券投资的形式

随着金融市场的进一步发展，短期证券投资的形式更趋于多样化。目前主要有以下几种：

1. 银行承兑汇票

商业汇票按承兑人不同，可分为商业承兑汇票和银行承兑汇票两种。

银行承兑汇票，是由收款人或承兑人申请签发，并由承兑申请人向开户银行申请，经银行审查同意承兑的票据。银行承兑汇票可用于对内和对外交易的资金融通。由于银行承兑汇票无抵押，故其可靠程度依赖于承兑银行的信誉。

银行承兑汇票的利率往往高于同期银行存款利率，银行承兑汇票可以背书转让，也可以向银行贴现，流动性很高，是质量和信用都较高的短期有价证券。企业购入此类汇票的投资风险较小，并能获取高于同期存款利率的利息收益，在急需资金时可背书转让或向银行贴现，灵活方便。

2. 商业票据

商业票据是指由金融公司或某些信用较高的企业开出的无担保短期票据。商业票据的可靠程度依赖于发行企业的信用程度，可以背书转让，但一般不能向银行贴现。商业票据的期限在9个月以下，由于风险较大，其利率高于同期银行存款利率。商业票据可以由企业直接发售，也可以由经销商代为发售，但对出票企业的信誉审查十分严格。如由经销商发售，则它实际在幕后担保了售给投资者的商业票据。商业票据有时也以折扣的方式发售。

3. 国库证券

国库证券是国家财政部门发售的一种风险低、流动性高的有价证券，是货币市场上的主要信用工具之一。国库证券一般由财政部门定期销售，由国家财政提供担保，故信誉最高。国库证券的利率一般都高于同期银行存款利率，也可以低于同期银行存款利率，甚至没有利息；但在发售时给予较大折扣，以期吸引投资者。国库证券的期限有短期3个月的，也有长期3年或3年以上的。在美国，国库证券由财政部以定期拍卖方式出售，出价以票面值按银行贴现率计算的方式确定，由于这种证券信誉高且风险小，故受到投资者的广泛欢迎。企业购入国库证券后如急需现金也可在二级市场上转手出售，极为方便，所以它成为企业短期投资的重要方式。

我国的国库券就是一种国库证券，企业在有多余资金时可从二级市场上购入国库券作为短期投资。在西方，国库券信誉好、风险抵，但它的收益率往往要比其他短期有价证券的收益率低。我国则规定其他各种债券和有价证券的利率不得高于国库券，以确保国库券的发行，同时，为促进国库券的发行，有利于企业资金融通，我国还推出了国库券回购交易方式。

4. 地方政府机构证券

这是各地方政府或地方各金融机构发售的有价证券，一般由地方政府和金融机构出面担保，如建房债券、公共事业债券和一些金融债券等。这些有价证券也有短期、中期和长期之分。虽然这些债券的利率并不一定很高，但它同样得到政府的支持，所以其投资风险很小。另外，这些债券与国库券相同，在许多国家中其收益免交所得税，故在某种程度上对投资者仍有一定的吸引力。由于政府机构发行的证券一般均有较发达的二级市场，故对投资者来说，要购入或转让都十分方便。

5. 可转让存单

可转让存单是指可以在市场上转让出售的，在商业银行存放的特定数额、特定期限的存款证明。可转让存单的利率因金融市场的情况、存单的期限及发行银行的规模和信誉等不同而有所变动。商业银行可能给予投资者的最高利率受国家中央银行的控制。一般可转让存单的利率与银行承兑汇票和商业票据的利率相似。在国际上此种存单的利率要比同期国库券利率高。另外。可转让存单有比较活跃的交易市场、流动性较强，故也是短期投资的较好选择。

6. 企业股票和债券

企业发行的股票和债券属于长期证券，但由于股票和债券一般均有良好的交易市场，可随时转让，因此也可作为企业短期投资的对象。由于短期投资主要是配合企业对现金的需求，所以投资时，应选择那些风险小、变现能力强的股票和债券。

7. 回购协议

回购协议是指政府和各有价证券的经销商，为了更有效地推销各种国库证券、地方政府机构证券和其他有价证券等而与投资者订立的、许诺在未来某一时期按规定的价格买回这些证券的协议。协议的期限一般可根据投资者的需要而确定，所以回购协议在到期日方面给予投资者很大的弹性。此种投资风险很低，但流动性较差，一般持有者都到协议期满才收回，其利率也视回购证券的不同而有较大变化。

（三）短期证券投资需要考虑的因素

短期证券投资的形式很多，企业应根据自身的实际需要综合考虑各方面因素，切实认真地作好选择。企业在投资时主要应考虑以下几个方面的因素：

1. 违约风险

违约风险是指证券发行人无法按期支付利息或偿还本金的风险。证券的违约风险程度由信用评级机构评定。一般来说，政府发行的证券违约风险很小，可作为无风险证券，而企业发行的证券风险大，但收益也往往更高。因此，企业必须根据实际需要在风险和收益之间作出合理选择。

2. 利率风险

利率风险是指由于市场利率的波动而引起证券价格下跌，使投资者蒙受损失的风险。如固定利率的有价证券，在市场利率上升时，证券价格会下跌。对没有违约风险的国库证券利率风险也是不可避免的。一般来说，短期证券由于期限较短，相比长期证券来说，利率风险要小得多。因而在预测短期内市场利率不会有大的波动时也可不考虑此类风险。

3. 购买力风险

购买力风险是指由于通货膨胀而使证券到期或出售所获取的货币实际购买力下降的风险。在通货膨胀时期，购买力风险是投资者需要考虑的因素。一般的变动收益证券比固定收益证券更能减少购买力风险。

4. 变现力风险

变现力风险是指投资者不能在短期内以合理的价格出售证券的风险。企业持有短期证券的目的不仅在于获取比同期银行存款更高的收益，而且在于其能提供流通性准备，以便应付特殊或不可测的现金需要。如果将资金投资于变现风险大的证券，使证券在短期内以合理价格变现成为困难，必将使企业在面临突发性资金需求时非常被动，甚至陷入财务困境。

5. 报酬率水平

保持较强的变现能力，同时为企业获取更高收益是企业投资短期证券的主要原因。但是，投资收益与风险水平是正相关的。收益越高，风险也越高，因此，短期证券投资必须在风险与收益之间进行权衡。短期证券投资首先应考虑的是安全和流动性，其次应考虑收益水平。一般来说，政府和信誉很高的企业发行的证券是短期证券投资的首选。

学习子情境四　证券投资组合

知识准备

一、证券投资组合

证券投资组合又叫证券组合，是指在进行证券投资时，不是将所有的资金都投向单一的某种证券，而是有选择地投向一组证券。这种同时投资多种证券的做法便叫证券的投资组合。

二、证券投资组合的意义

证券投资的盈利性吸引了众多投资者，但证券投资的风险性又使许多投资者望而却步。如何才能有效地解决这一难题呢？科学地进行证券的投资组合就是一个比较好的方法。有效地进行证券投资组合，可消减证券风险，达到降低风险的目的。

投资风险存在于各个国家的各种证券中，它们随经济环境的变化而不断变化，时大时小，此起彼伏。简单地把资金全部投向一种证券，便要承受巨大的风险，一旦失误，就会全盘皆输。因此，证券市场上经常可听到这样一句名言：不要把全部鸡蛋放在同一个篮子里。证券投资组合是证券投资的重要武器，它可以帮助投资者全面捕捉获利机会，降低投资风险。

职业判断与业务操作

由于证券投资组合能够降低风险，因此，绝大多数法人投资者都同时投资于多种证券。即使是个人投资者，一般也持有证券的投资组合而不只是投资于某一个公司的股票或债券。所以，企业财会人员必须了解证券投资组合的风险与收益率。

一、证券投资组合的风险

证券投资组合的风险可以分为两种性质完全不同的风险，即非系统性风险和系统性风险。

(一)非系统性风险

非系统性风险又叫可分散风险或公司特别风险，是指某些因素对单个证券造成经济损失的可能性。如公司在市场竞争中的失败等。这种风险，可通过证券持有的多样化来抵消。即多买几家公司的股票，其中某些公司的股票收益上升，另一些股票的收益下降，从而将风险抵消。因而，这种风险称为可分散风险。现举例说明如下。

假设 W 和 M 股票构成一证券组合，每种股票在证券组合中各占50%，它们的收益率和风险的详细情况见表9-4。

表9-4　　　　　　　完全负相关的两种股票构成的证券组合的收益情况

年(t)	W 股票 K_w(%)	M 股票 K_m(%)	WM 的组合 K_p(%)
1977	40	−10	15
1978	−10	40	15
1979	35	−5	15
1980	−5	35	15
1981	15	15	15
平均收益率(K)	15	15	15
标准离差(δ)	22.6	22.6	0.00

根据表9-4中的资料，可以绘制两种股票以及由它们构成的证券组合收益率图，如图9-1所示。

从表9-4和图9-1中可以看出，如果分别持有两种股票，都有很大风险，但如果把它们组合成一个证券组合，则没有风险。

W 股票和 M 股票之所以能结合起来组成一个无风险的证券组合，是因为它们收益的变化正好成相反的循环——当 W 股票的收益下降时，M 股票的收益正好上升；反之亦然。

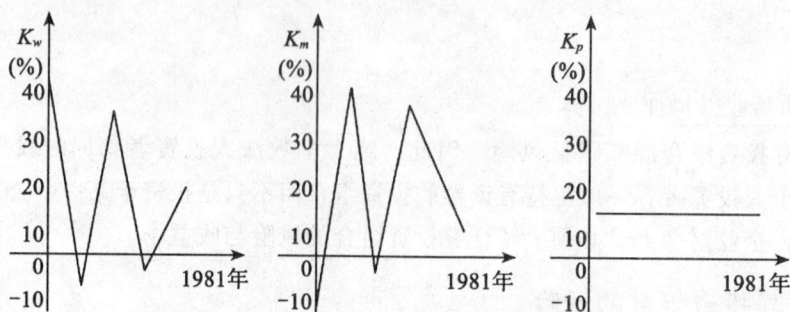

图 9-1 两种完全负相关股票的收益图

此时我们把投票 W 和 M 叫做完全负相关。这里相关系数 $r = -1.0$。

与完全负相关相反的是完全正相关($r = 1.0$)，两个完全正相关的股票的收益将一起上升或下降，这样的两种股票组成的证券组合，不能抵消任何风险。

从以上分析可知，当两种股票完全负相关($r = -1.0$)时，所有的风险都可以分散掉；当两种股票完全正相关($r = 1.0$)时，从降低风险的角度来看，分散持有股票没有好处。实际上，大部分股票都是正相关的，但又不完全正相关，一般来说，随机取两种股票相关系数为 0.6 左右的最多，而对绝大多数两种股票而言，r 将位于 0.5~0.7。在这种情况下，把两种股票组合成证券组合能降低风险，但不能全部消除风险，不过，如果股票种类较多，则能分散掉大部分风险，而当股票种类足够多时，几乎能把所有的非系统性风险分散掉。

(二)系统性风险

系统性风险又称不可分散风险或市场风险，指的是由于某些因素给市场上所有的证券都带来经济损失的可能性。如宏观经济状况的变化、国家税法的变化、国家财政政策和货币政策变化、世界能源状况的改变都会使股票收益发生变动。这些风险影响到所有的证券，因此，不能通过证券组合分散掉。对投资者来说，这种风险是无法消除的，故称不可分散风险。但这种风险对不同的企业也有不同影响。

不可分散风险的程度，通常用 β 系数来计量。β 系数有多种计算方法，实际计算过程十分复杂，但幸运的是 β 系数一般不需投资者自己计算，而由一些投资服务机构定期计算并公布。如表 9-5 列示了我国几家上市公司的 β 系数。

表 9-5 我国几家公司的 β 系数

股票代码	公司名称	β 系数
600886	湖北兴化	0.590 5
600887	伊利股份	0.621 6
600742	一汽四环	0.707 6

续表

股票代码	公司名称	β 系数
600874	渤海化工	1.166 0
600871	仪征化纤	1.252 8
600872	中山火炬	1.354 8

作为整体的证券市场的 β 系数为1。如果某种股票的风险情况与整个证券市场的风险情况一致，则这种股票的 β 系数等于1；如果某种股票的 β 系数大于1，说明其风险大于整个市场的风险；如果某种股票的 β 系数小于1，说明其风险小于整个市场的风险。

从以上分析可知，单个证券的 β 系数可以由有关的投资服务机构提供。那么，投资组合的 β 系数该怎样计算呢？投资组合的 β 系数是单个证券 β 系数的加权平均数，权数为各种证券在投资组合中所占的比重。其计算公式为：

$$\beta_P = \sum_{i=1}^{n} x_i \beta_i$$

式中：β_P——证券组合的 β 系数；

x_i——证券组合中的第 i 种股票所占的比重；

β_i——第 i 种股票的系数；

n——证券组合中股票的数量。

至此，可把上面的分析总结如下：

(1)一个股票的风险由两部分组成，它们是可分散风险和不可分散风险。这可以用图9-2加以说明。

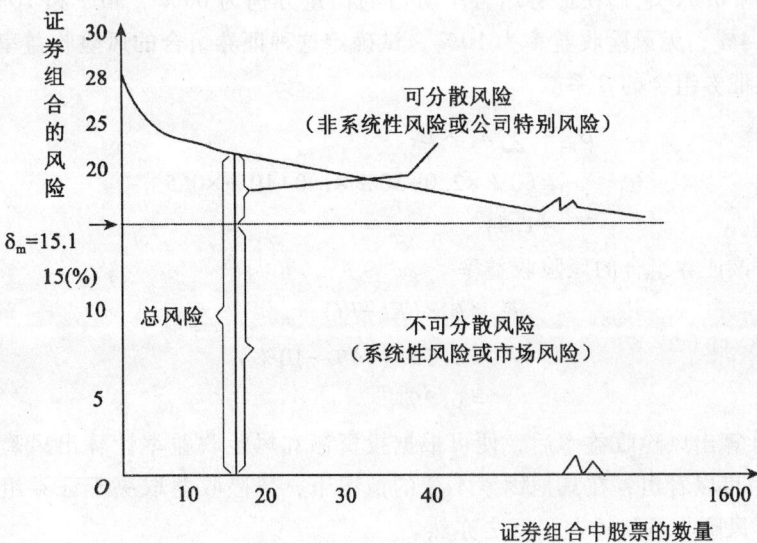

图9-2 股票风险组成

（2）可分散风险可通过证券组合来消减。如图 6-2 所示，可分散风险随证券组合中股票数量的增加而逐渐减少。

（3）股票的不可分散风险由市场变动所产生，它对所有股票都有影响，不能通过证券组合消除。不可分散风险是通过 β 系数来测量的，一些标准的 β 值的含义如下：

$\beta=0.5$，说明该股票的风险只有整个市场股票风险的一个半；

$\beta=1.0$，说明该股票的风险等于整个市场股票的风险；

$\beta=2.0$，说明该股票的风险是整个市场股票风险的两倍。

二、证券投资组合的风险收益

投资者进行证券组合投资与进行单项投资一样，都要求能对承担的风险进行补偿，股票的风险越大，要求的收益就越高。但是，与单项投资不同，证券组合投资要求补偿的风险只是不可分散风险，而不要求对可分散风险进行补偿。如果有可分散风险的补偿存在，善于科学地进行投资组合的投资者将购买这部分股票，并抬高其价格，其最后的收益率只反映不能分散的风险。因此，证券组合的风险收益是投资者因承担不可分散风险而要求的超过时间价值的那部分额外收益。其可用下列公式计算：

$$R_p = \beta_p(K_m - R_f)$$

式中：R_p——证券组合的风险收益率；

β_p——证券组合的 β 系数；

K_m——所有股票的平均收益率，也就是由市场上所有股票组成的证券组合的收益率，简称市场收益率；

R_f——无风险收益率，一般用政府公债的利息率来衡量。

【例 9-22】 某公司持有由甲、乙、丙三种股票构成的证券组合，它们的 β 系数分别是 2.0、1.0 和 0.5，它们在证券组合中所占的比重分别为 60%、30% 和 10%，股票的市场收益率为 14%，无风险收益率为 10%，试确定这种证券组合的风险收益率。

（1）确定证券组合的 β 系数

$$\beta_p = \sum X_i \times \beta_i$$
$$= 60\% \times 2.0 + 30\% \times 1.0 + 10\% \times 0.5$$
$$= 1.44$$

（2）计算该证券组合的风险收益率

$$R_p = \beta_p \times (K_m - R_f)$$
$$= 1.55 \times (14\% - 10\%)$$
$$= 6.2\%$$

当然，计算出风险收益率后，便可根据投资额和风险收益率计算出风险收益的数额。从以上计算中可以看出，在其他因素不变的情况下，风险收益取决于证券组合的 β 系数，β 系数越大，风险收益就越大；反之亦然。

【例 9-23】 在上例中，该公司为降低风险，售出部分甲股票，买进部分丙股票，使甲、乙、丙三种股票在证券组合中所占的比重变为 10%、30% 和 60%，试计算此时的风险收益率。

此时，证券组合的 β 值为：

$$\beta_p = \sum X_i \times \beta_i$$
$$= 10\% \times 2.0 + 30\% \times 1.0 + 60\% \times 0.5$$
$$= 0.80$$

那么，此时的证券组合的风险收益率应为：

$$R_p = \beta_p(K_m - R_f)$$
$$= 0.80 \times (14\% - 10\%)$$
$$= 3.2\%$$

从以上计算可以看出，调整各种证券在证券组合中的比重可改变证券组合的风险、风险收益率和风险收益额。

三、风险和收益率的关系

在西方金融学和财务管理中，有许多模型论述了风险和收益率的关系，其中一个最重要的模型为资本资产定价模型（Capital Asset Pricing Model，CAPM）。这一模型可用公式表示如下：

$$K_i = R_f + \beta_i(K_m - R_f)$$

式中：K_i——第 i 种股票或第 i 种证券组合的必要收益率；

　　　R_f——无风险收益率；

　　　β_i——第 i 种股票或第 i 种证券组合的 β 系数；

　　　K_m——所有股票或所有证券的平均收益率。

【例 9-24】　某公司股票的 β 系数为 2.0，无风险利率为 6%，市场上所有股票的平均收益率为 10%，那么，该公司股票的收益率应为：

$$K_i = \beta_f + \beta_i(K_m - R_f)$$
$$= 6\% + 2.0 \times (10\% - 6\%)$$
$$= 14\%$$

也就是说，该公司股票的收益率达到或超过 14% 时，投资者方肯进行投资。如果低于 14%，则投资者不会购买该公司的股票。

资本资产定价模型，通常也可用图形加以表示，即证券市场线（简称 SML，如图 9-3 所示）。它说明必要收益率 K 与不可分散风险 β 系数之间的关系．

从图 9-3 中可看到，无风险收益率为 6%，β 系数不同的股票有不同的风险收益率，当 $\beta = 0.5$ 时，风险收益率为 2%；当 $\beta = 1.0$ 时，风险收益率为 4%；当 $\beta = 2.0$ 时，风险收益率为 8%。也就是说，β 值越高，要求的风险收益率也就越高，在无风险收益率不变的情况下，必要收益率也就越高。

四、证券投资组合的策略与方法

从以上分析我们知道，通过证券投资组合能有效地分散风险，那么，企业在进行证券

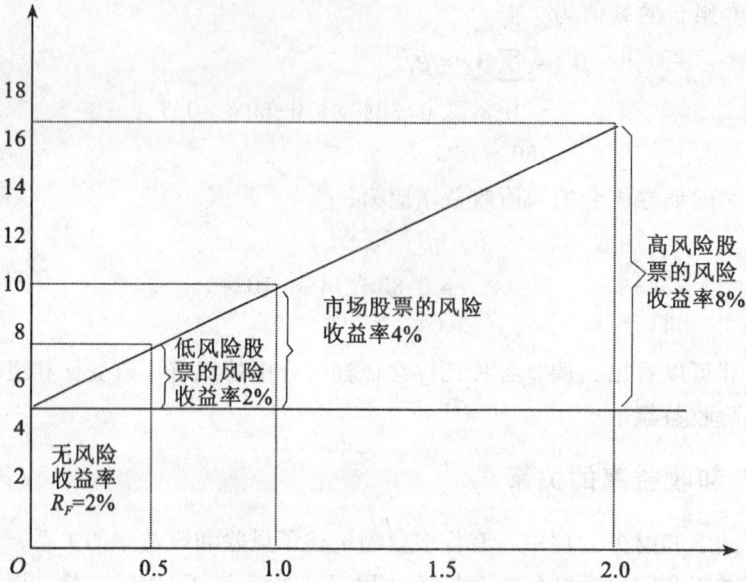

图 9-3 证券收益率与 β 系数的关系

投资组合时应采用什么策略, 用何种方法进行组合呢? 现简要说明如下:

(一) 证券投资组合策略

在证券组合理论的发展过程中, 形成了各种各样的派别, 从而也形成了不同的组合策略, 现介绍其中最常见的几种:

1. 保守型策略

这种策略认为, 最佳证券投资组合策略是要尽量模拟市场现状, 将尽可能多的证券包括进来, 以便分散掉全部可分散风险, 得到与市场所有证券的平均收益同样的收益。1976 年, 美国先锋基金公司创造的指数信托基金, 便是这一策略的最典型代表。这种基金投资于标准与普尔(Standard and Poor's)股票价格指数中所包含的全部 500 种股票, 其投资比例与 500 家企业价值比重相同。这种投资组合有以下好处:①能分散掉全部可分散风险;②不需要高深的证券投资专业知识;③证券投资的管理费比较低。但这种组合获得的收益不会高于证券市场上所有证券的平均收益。因此, 此种策略属于收益不高、风险不大的策略, 故称为保守型策略。

2. 冒险型策略

这种策略认为, 与市场完全一样的组合不是最佳组合, 只要投资组合做得好, 就能取得远远高于平均水平的收益。在这种组合中, 一些成长型的股票比较多, 而那些低风险、低收益的证券不多。另外, 其组合的随意性强, 变动频繁。采用这种策略的人都认为, 收益就在眼前, 何必死守苦等。对于追随市场的保守派, 他们是不屑一顾的。这种策略收益高, 风险大, 因此, 称为冒险型策略。

3. 适中型策略

这种策略认为，证券的价格，特别是股票的价格，是由特定企业的经营业绩来决定的。市场上股票价格的一时沉浮并不重要，只要企业经营业绩好，股票一定会升到其本来的价值水平。采用这种策略的人，一般都善于对证券进行分析，如行业分析、企业业绩分析、财务分析等，通过分析，选择高质量的股票和债券，组成投资组合。适中型策略如果做得好，可获得较高的收益，而又不会承担太大风险。但进行这种组合的人必须具备丰富的投资经验，拥有进行证券投资的各种专业知识。这种投资策略风险不太大，收益却比较高，所以是一种最常见的投资组合策略。各种金融机构、投资基金和企事业单位在进行证券投资时一般都采用此种策略。

(二)证券投资组合的方法

进行证券投资组合的方法有很多，但最常见的方法通常有以下几种。

1. 选择足够数量的证券进行组合

这是一种最简单的证券投资组合方法。在采用这种方法时，不是进行有目的的组合，而是随机选择证券，随着证券数量的增加，可分散风险会逐步减少，当数量足够时，大部分可分散风险都能分散掉。根据投资专家们估计，在美国纽约证券市场上，随机地购买40 种股票，其大多数可分散风险都能分散掉。为了有效地分散风险，每个投资者拥有股票的数量最好不少于 14 种。我国股票种类还不太多，同时投资于 10 种股票，就能达到分散风险的目的了。

2. 把风险大、风险中等、风险小的证券放在一起进行组合

这种组合方法又称1/3 法，是指把全部资金的 1/3 投资于风险大的证券；1/3 投资于风险中等的证券；1/3 投资于风险小的证券。一般而言，风险大的证券对经济形势的变化比较敏感，当经济处于繁荣时期，风险大的证券获得高额收益，但当经济衰退时，风险大的证券却会遭受巨额损失；相反，风险小的证券对经济形势的变化则不十分敏感，一般都能获得稳定收益，而不致遭受损失。因此，这种 1/3 的投资组合法，是一种进可攻、退可守的组合法，虽不会获得太高的收益，但也不会承担巨大风险，是一种常见的组合方法。

3. 把投资收益呈负相关的证券放在一起进行组合

一种股票的收益上升而另一种股票的收益下降的两种股票，称为负相关股票。把收益呈负相关的股票组合在一起，能有效地分散风险。例如，某企业同时持有一家汽车制造公司的股票和一家石油公司的股票，当石油价格大幅度上升时，这两种股票便呈负相关。因为油价上涨，石油公司的收益会增加，但油价的上升，会影响汽车的销量，使汽车公司的收益降低。只要选择得当，这样的组合对降低风险有十分重要的意义。

情境小结

一、证券的含义和基本特点

证券是根据一国政府的有关法律法规发行的，票面载有一定金额，记载并代表一定权利的各类法律凭证，它们代表财产所有权或债权，并表明证券持有人有权按券面规定的条

件取得权益。证券必须具备两个基本特征，一是法律特征，二是书面特征，凡同时具备上述两个特征的书面凭证才可称为证券。证券具有流动性、收益性、风险性三个基本特点。

（1）流动性又称变现性，是指证券可以随时抛售取得现金。

（2）收益性是指证券持有者凭借证券可以获得相应的报酬。证券收益一般由当前收益和资本利得构成，以股息、红利或利息所表示的收益称为当前收益；由证券价格上升（或下降）而产生的收益（或亏损），称为资本利得或差价收益。

（3）风险性是指证券投资者达不到预期的收益或遭受各种损失的可能性。证券投资既有可能获得收益，更有可能带来损失，具有很强的不确定性。

二、证券投资的含义和分类

证券投资是指企业为获取投资收益或特定经营目的而买卖有价证券的一种投资行为。
证券投资可分为以下几类：

1. 债券投资

债券投资是指企业将资金投向各种各样的债券，例如，企业购买国库券、公司债券和短期融资券等都属于债券投资。与股票投资相比，债券投资能获得稳定收益，投资风险较低。当然，也应看到，投资于一些期限长、信用等级低的债券，也会承担较大风险。

2. 股票投资

股票投资是指企业将资金投向其他企业所发行的股票，将资金投向优先股、普通股都属于股票投资。企业投资于股票，尤其是投资于普通股票，要承担较大风险，但在通常情况下，收益也相对较高。

3. 证券投资基金

证券投资基金是指通过发行基金单位，集中投资者的资金，由基金托管人托管，由基金管理人管理和运用资金，按照利益共享、风险共担的原则专门投资于股票、债券等金融工具的基金。基金按受益凭证可分封闭式基金和开放式基金。封闭式基金在信托契约期限未满时，不得向发行人要求赎回，分红方式普遍采取年终分红；开放式基金投资者可以随时要求基金公司收购所买基金（即"赎回"）。

4. 组合投资

组合投资又叫证券投资组合，是指企业将资金同时投资于多种证券。

三、证券投资的目的

为盈利而进行证券投资、与筹集长期资金相配合、为保证未来的资金支付进行证券投资、满足季节性经营对现金的需求、进行多样化投资，分散投资风险、为影响或控制某一企业而进行证券投资。

四、证券投资风险

1. 系统风险

系统风险是指由于某些因素给市场上所有的证券都带来影响的风险，它与市场的整体运动相关联。系统性风险的特点有三点：共同性、不可回避性、不可分散性。系统风险的主要来源：宏观经济风险、政策风险、市场风险、购买力风险、利率风险。

2. 非系统风险

非系统风险，是指个别事件和因素只对某个行业或个别公司的证券产生影响的风险。它基本上只同某个具体的股票、债券相关联，而与其他有价证券无关。非系统风险主要有：信用风险、经营风险、财务风险和个股投机风险。

学习情境十 | # 财 务 预 算

工作任务与学习子情境

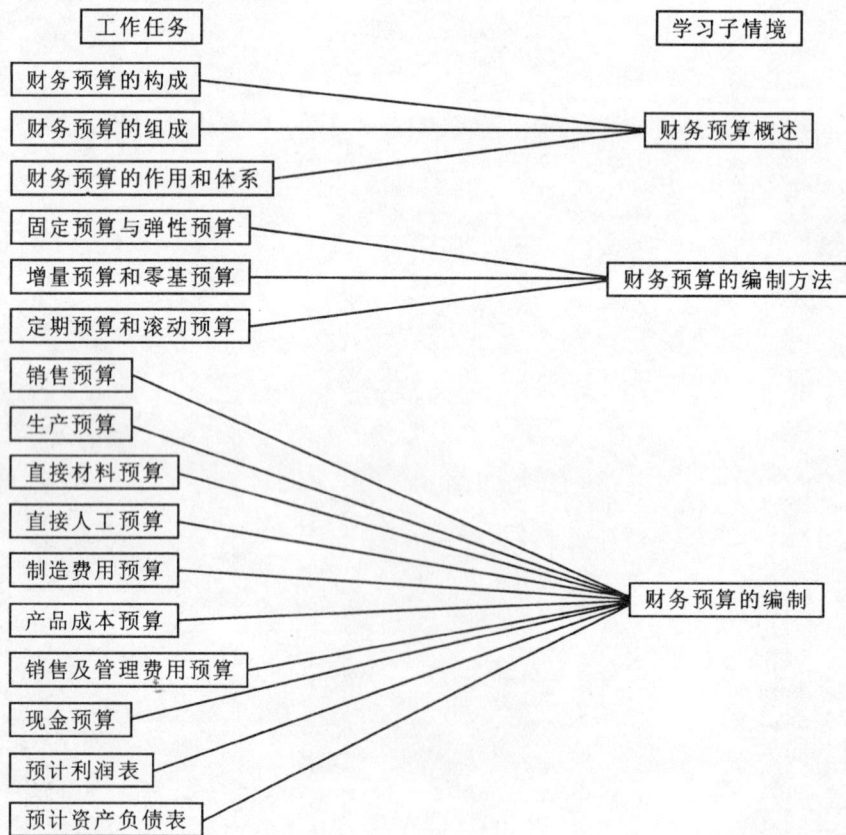

工作任务	学习子情境
财务预算的构成	
财务预算的组成	财务预算概述
财务预算的作用和体系	
固定预算与弹性预算	
增量预算和零基预算	财务预算的编制方法
定期预算和滚动预算	
销售预算	
生产预算	
直接材料预算	
直接人工预算	
制造费用预算	
产品成本预算	财务预算的编制
销售及管理费用预算	
现金预算	
预计利润表	
预计资产负债表	

职业能力目标

专业能力：

- 理解财务预算的相关概念，掌握财务预算的构成内容，了解弹性预算、零基预算和滚动预算的特征和编制方法。掌握预计利润表、预计资产负债表的编制方法。

社会能力：

- 通过学习各种预算概念，能够运用财务预算管理的原理与方法，并结合企业实际经营活动的特点，选用合适的编制方法。

情境引例

西飞集团公司全面预算管理

西安飞机工业(集团)有限责任公司(简称西飞集团公司)是科研、生产一体化的特大型航空工业企业，是我国大中型军民用飞机的研制生产基地，国家一级企业。公司占地面积 300 多万平方米，现有职工 20 000 多名。

西飞集团公司 1958 年创建以来，特别是改革开放以来，始终坚持以军民用飞机研制生产为主，以科技进步求发展，大力开发非航空产品，现已形成集飞机、汽车、建材、电子、进出口贸易等为一体的高科技产业集团。西飞集团公司在几十年的发展中，先后研制、生产了 20 余种型号的军民用飞机。军用飞机主要有"中国飞豹"、轰六系列飞机等。民用飞机主要有运七系列飞机和新舟 60 飞机等。其中新舟 60 飞机是我国首次严格按照与国际标准接轨的 CCAR25 部进行设计、生产和试飞验证的飞机。它在安全性、可靠性、舒适性、经济性、维护性等方面已达到或接近当代世界同类先进支线客机的水平。1980 年以来，西飞集团公司走出国门，先后与美国、加拿大、意大利、法国、德国等世界著名航空公司进行航空产品合作生产。由西飞集团公司承担生产的国外航空零部件主要有美国波音 737-700 垂直尾翼、747 组合件，法航空客门、翼盒，加航 CI415 组合件，意航 ATR72 飞机 16 段等。非航空民用产品主要有"西沃牌"豪华大客车、"西飞牌"铝型材、金属挂板、铝门窗系列产品、VCM 覆塑板、变频模糊控制器及密集书架、抗静电地板等。

西飞集团公司先后开展了股份制改造、重组优质资产上市融资、债转股等工作，拓宽了融资渠道。积极开展多元化投资，培育了多个经济增长点。不断优化资产组合，提高了资产营运效率。但在预算管理方面比较粗放，方法比较简单，程序不够严谨。2002 年以来，西飞集团公司下发了推行全面预算管理的相关文件制度，开发设计了适合西飞集团公司特点的全面预算管理表格体系，并在全公司范围内推广了全面预算管理。通过 2004 年、2005 年两年的试编，基本打通了预算编制流程。

一、所做的主要工作

(一)全面预算管理表格体系的设计

全面预算管理表格体系设计是实施全面预算管理的主要关键步骤，是西飞集团公司推行全面预算管理过程中最重要的一项工作。根据全面预算管理的内容以及西飞集团公司的实际情况，西飞集团公司全面预算表格体系分为经营活动预算表格、投资活动预算表格和筹资活动预算表格三大类,从 2002 年开始设计,通过 2004 年、2005 年的试编,进行了十余次的反复修改,最终形成了适合西飞集团公司特点的全面预算表格体系。同时,组织人员编写了全面预算表格体系编制说明书,明确了每一个预算表格的编制单位和编制方法,对每个表格的数据来源和去向都进行了一一说明,明确了预算表之间的钩稽关系。

(二)全面预算管理组织体系建设

全面预算管理是从全员、全方位的管理理念出发,从经济活动的具体过程入手,完成企业的财务管理与生产经营全过程的控制,是全员参与的复杂系统工程。因此,建立预算管理组织机构,强化组织领导和全员参与意识非常重要。根据全面预算管理的有关要求,西飞集团公司成立了全面预算管理委员会和全面预算管理办公室,该办公室暂设在集团公司财务处,具体负责全面预算管理的组织、协调、实施和研究工作。各分公司、厂也相应成立了全面预算管理控制小组,小组组长由各分公司、厂行政一把手担任,预算员由生产、计划、工艺、采购等部门相关人员组成,各单位常设预算联络员一名,至此,在公司范围内,全面预算管理组织网络已基本形成。各子公司、控股子公司也统一按照集团公司的模式,建立起了与集团公司相对应的预算管理组织体系。

(三)全面预算管理体系设计

2002 年,西飞集团公司下发了《西飞集团公司全面预算管理实施办法(草案)》,以制度的形式明确提出了西飞集团公司全面预算管理体系的内容构成,主要包括:

(1)全面预算管理的实施范围;

(2)全面预算管理的组织体系;

(3)全面预算管理的内容以及表格体系;

(4)全面预算的编制原则和依据;

(5)全面预算的编制程序;

(6)全面预算的执行和控制;

(7)全面预算的分析;

(8)全面预算审议、批准和调整;

(9)全面预算的考核和奖惩。

(四)制度体系建设

全面预算管理是一个系统工程,必须用相关制度加以规范。因此,在全面预算管理课题的研究过程中,加强全面预算管理制度体系建设,成为财务部门研究过程中的一个重点,通过制度建设使全面预算管理各项工作逐步制度化、规范化。2005 年,公司根据经营形势发展的需要和全面预算管理的有关要求,对公司财务、会计、价格制度进行了全面修订,汇编成册并下发全公司,制度的修订为全面预算管理的实施提供了理论依据。

(五)制订了实施方案和编制方法,完善了编制依据

结合西飞集团公司实际情况,他们制定了"自上而下、由易到难、逐步推进"的总体工作思路和实施方案,从企业经营活动入手,在公司逐步建立全面预算管理体系。预算编制质量的好坏直接影响到预算的执行结果,因此预算编制流程以及预算编制方法的选择非常重要,西飞集团公司结合实际情况,在编制流程上采取了"自上而下、自下而上,综合平衡"的方式,在编制方法上采取了由易到难、循序渐进的方式,主要采用了固定预算、

零基预算和弹性预算等编制方法，在全面预算标准的制定上采取以历史数据和预算标准为依据，目前西飞集团公司采用的标准有：工时定额、材料消耗定额、材料计划价格等一系列相关标准。

（六）宣传工作

为了提高领导干部和全体职工的全面预算管理意识，并使他们认识其重要性，西飞集团公司积极在其各大媒体上开展了全面预算管理的系列宣传活动，在《西飞报》发表了系列文章，系统地介绍了全面预算管理的主要内容。通过全面预算编制启动会和全面预算实施总结大会，不断给各单位领导和财务负责人灌输全面预算管理思想，通过以上大量的宣传工作，全面预算管理思想已逐渐深入人心。

（七）培训工作

由于推行全面预算管理涉及面大，参与人员多，为了保证预算工作的顺利实施，需要开展分层次、分内容的全面预算管理知识培训，通过培训使公司具有一批高素质的全面预算管理实施人员。自2004年起，公司每年在编制预算前都根据全面预算管理工作的需要对下属各分公司、厂以及职能科室等部门预算管理员进行系统培训。2004年8月公司聘请某教授给中层以上领导干部进行了全面预算管理知识培训，通过培训，领导干部对全面预算有了一定的了解，并提高了对全面预算管理重要性的认识。

（八）配合某软件公司进行了预算编制软件的测试工作

2005年12月上旬，西飞集团公司配合某软件公司对其开发的全面预算表格编制软件进行了测试，由于飞机零部件较多，生产工艺复杂，使用原材料多，核算流程比较复杂，软件初始化在短期内无法完成，测试仅使用了测验性数据，并局限于成本费用预算、材料消耗预算，其他预算尚未涉及。在测试跟踪过程中，发现全面预算表格编制软件存在预算编制软件界面不直观、操作过程比较烦琐、表格体系难以适用于西飞集团公司的实际情况等问题，要达到应用的要求，软件还需进一步完善。

二、全面预算管理实施过程中存在的影响因素

经过几年的努力，西飞集团公司全面预算管理工作已初见成效。但在实施过程中他们发现还存在一些制约因素，给全面预算管理工作的推行带来了一定阻力，具体是：

（1）物流系统与财务系统信息流不畅，严重地制约着会计核算效率的提高和财务信息化管理的进展，无法实现成本、费用控制的精细化，全面预算缺乏有力的信息支持，严重影响预算的准确性。

（2）预算周期长，投入精力多。西飞集团公司目前编制预算是以年为单位分季预算，预算周期长，每编制一次预算，销售、计划、财务、采购、工艺等多个部门都需参与其中，需投入大量人力，部门多，业务广，协调难度大，在现有条件下编制的预算，可能会影响预算的准确性。

（3）缺乏较成熟的软件系统支持。由于预算表格不断修改，难以确定，大量预算表格的输入输出以及数据的导入全靠手工操作，计算量大且易出错，给预算编制带来了一定困难，这也是预算编制工作周期长的一个原因。

（4）对全面预算管理认识不足，认为"预算是财务部门的预算，预算的最终结果就是财务报表"。自全面预算管理在公司推广以来，大部分职工包括预算员，特别是部分单位领导，对全面预算还没有一个完整的认识，认为全面预算工作只是财务部门的事。公司把此项非常重要、难度较大的工作交给了会计人员，没有让生产、计划、工艺、劳资等部门全力参与预算，没有真正体现"全员参与，全面预算"的管理思想，使全面预算变成了财务预算，歪曲了全面预算的真正含义。

三、改进方向

为使全面预算工作真正起到整合企业资源，提高企业效益的作用，下一步的改进方向是：

(1)以公司 ERP 应用为前提，逐步建立物流系统与财务系统信息渠道，以全面预算管理方法的应用为切入点，推动全面预算管理在物流系统的深入实施。

(2)继续在全公司范围内进行全面预算管理的系统培训，在公司各种媒体上，加大宣传力度，营造实施全面预算管理的良好氛围。

(3)着手建立全面预算管理考核体系的设计工作。

(4)配合某软件公司完成全面预算管理软件开发的设计工作，争取在 2006 年建立西飞网络化的全面预算管理系统。

(5)指导各子公司建立完善的全面预算管理体系。

(6)在西飞集团公司企业战略框架下，着手研究集团公司中长期全面预算管理的课题。

资料来源：http://www.cwgw.com/，2011-08-09.

◎思考：

1. 什么是全面预算管理法？全面预算管理有何意义？

2. 西飞集团公司全面预算管理对我们有何启示？

学习子情境一　财务预算概述

知识准备

一、财务预算的概念

古人曰："凡事预则立，不预则废。"这里的"预"即为预见性，对企业而言进行全面预算管理无疑就是一种生存力量。预算是将资源分配给特定活动的数字性计划，是一种详细的收支安排。财务预算是指运用科学的技术手段和数量方法，对未来财务活动的内容及指标所进行的具体规划，是专门反映企业未来一定期限内预计财务状况和经营成果以及现金收支等价值指标的各种预算的总称。

二、财务预算的组成

财务预算包括：反映现金收支活动的现金预算、反映企业财务状况的预计资产负债表、反映企业财务成果的预计损益表和预计现金流量表等内容。

（一）预计利润表

预计利润表是综合反映预算期内企业经营活动成果的一种财务预算。它是根据销售、产品成本、费用等预算的有关资料编制的。

（二）预计资产负债表

预计资产负债表是总括反映预算期内企业财务状况的一种财务预算。它是以期初资产负债表为基础，根据销售、生产、资本等预算的有关数据加以调整编制的。

（三）预计现金流量表

预计现金流量表是反映企业一定期间现金流入与现金流出情况的一种财务预算。它是从现金的流入和流出两个方面，揭示企业一定期间经营活动、投资活动和筹资活动所产生的现金流量。

三、财务预算的作用和体系

（一）财务预算的作用

财务预算是企业全面预算体系中的组成部分，它在全面预算体系中有以下重要作用：

1. 财务预算使决策目标具体化、系统化和定量化

在现代企业财务管理中，财务预算全面、综合地协调、规划企业内部各部门、各层次的经济关系与职能，使之统一服从于未来经营总体目标的要求；同时，财务预算又能使决策目标具体化、系统化和定量化，能够明确规定企业有关生产经营人员各自职责及相应的奋斗目标，做到人人事先心中有数。

财务预算作为全面预算体系中的最后环节，可以从价值方面总括地反映经营期特种决策预算与业务预算的结果，使预算执行情况一目了然。

2. 财务预算有助于财务目标的顺利实现

通过财务预算，可以建立评价企业财务状况的标准。将实际数与预算数进行对比，可及时发现问题和调整偏差，使企业的经济活动按预定的目标进行，从而实现企业的财务目标。

（二）财务预算体系

全面预算体系是由一系列预算组成，并按其经营内容和各预算前后衔接的关系，有序排列形成的一个完整体系，主要包括特种决策预算、日常业务预算和财务预算三部分（如图 10-1 所示）。

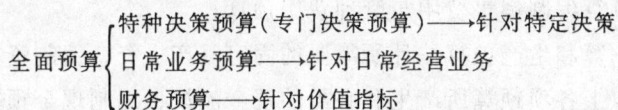

$$
\text{全面预算}
\begin{cases}
\text{特种决策预算（专门决策预算）} \longrightarrow \text{针对特定决策} \\
\text{日常业务预算} \longrightarrow \text{针对日常经营业务} \\
\text{财务预算} \longrightarrow \text{针对价值指标}
\end{cases}
$$

图 10-1　全面预算体系图

1. 特种决策预算

特种决策预算是指企业不经常发生的、一次性业务的预算。这类预算主要涉及长期建设项目的投资决策，故又称资本支出预算。如企业固定资产的购置、改扩建、更新等，其预算的编制必须建立在投资项目可行研究的基础之上，以反映投资的时间、规模、收益以及资金的筹措方式。

2. 日常业务预算

日常业务预算是指与企业日常业务直接相关的、具有实质性的基本活动的预算。这类预算通常与企业利润表的计算有关，包括销售预算、生产预算、直接材料消耗与采购预算、直接人工预算、制造费用预算、产品成本预算、期末存货预算以及销售与管理费用预算等。

3. 财务预算

财务预算包括反映现金收支活动的现金预算、反映企业财务状况的预计资产负债表、反映企业财务成果的预计损益表和预计现金流量表等内容。这类预算通常以价值指标综合反映企业日常业务预算和特种决策预算的结果。

企业全面预算中的各项预算之间相互联系、相互衔接，构成了一个完整的预算体系。财务预算作为全面预算体系中的最后环节，可以从价值方面总括地反映经营期决策预算与业务预算的结果。

学习子情境二　财务预算编制的步骤

知识准备

企业预算以利润为最终目标，并把确定下来的目标利润作为编制预算的前提条件。根据已确定的目标利润，通过市场调查，进行销售预测，编制销售预算。在销售预算的基础上，作出不同层次不同项目的预算，最后汇总为综合性的现金预算和预计财务报表。

财务预算编制的过程可以归结为以下几个主要步骤：

（1）根据销售预测编制销售预算；

（2）根据销售预算确定的预计销售量，结合产成品的期初结存量和预计期末结存量编制生产预算；

（3）根据生产预算确定的预计生产量，先分别编制直接材料消耗及采购预算、直接人工预算和制造费用预算，然后汇总编制产品生产成本预算；

（4）根据销售预算编制销售费用与管理费用预算；

（5）根据销售预算和生产预算估计所需要的固定资产投资，编制资本支出预算；

（6）根据执行以上各项预算所产生和必需的现金流量，编制现金预算；

（7）综合以上各项预算，进行试算平衡，编制预计财务报表。

学习子情境三　财务预算的编制方法

职业判断与业务操作

一、固定预算与弹性预算

（一）固定预算

固定预算又称静态预算，是把企业预算期的业务量固定在某一预计水平上，以此为基础来确定其他项目预计数的预算方法。也就是说，不论企业预算期内业务量水平发生怎样的变动，编制财务预算所依据的成本费用和利润信息都是在一个预定的业务量水平的基础上确定的。这种预算方法的最大缺点是当实际的业务量与编制预算所依据的业务量发生较大差异时，各项费用的实际数与预算数缺少了可比的基础。于是，利用固定预算就很难正确地考核和评价企业预算的实际执行情况。所以，这种预算只能适用于业务量水平较为稳定的企业或非营利组织或固定费用或数额比较稳定的预算项目。例如，编制财务预算时，预计业务量为生产能力的 70%，其成本预算总额为 30 000 元，而实际业务量为生产能力的 90%，其成本预算总额为 40 000 元，实际成本与预算成本相比，则超支很大。实际成本脱离预算成本的差异包括因业务量增长而增加的成本差异，而业务量差异对成本分析来说是无意义的。

（二）弹性预算

弹性预算是固定预算的对称，是在成本习性分析的基础上，以业务量、成本和利润之间的依存关系为依据，根据预算期可预见的不同业务量水平编制的、能适应多种业务量的预算。由于这种预算规定了不同业务量水平下的预算收支，适用面宽，具有很强的机动性和弹性，故称为弹性预算。

从理论上讲，弹性预算适用于企业预算中与业务量有关的各种预算，但实务中主要用于编制弹性成本预算和弹性利润预算。

1. 弹性成本预算的编制

编制弹性成本预算，关键是进行成本习性分析，将全部成本最终区分为变动成本和固定成本两大类。变动成本主要根据单位业务量来控制，固定成本则按总额控制。其成本的预算公式为：

$$\text{成本的弹性预算} = \text{固定成本预算数} + \sum(\text{单位变动成本预算数} \times \text{预计业务量})$$

在此基础上，按事先选择的业务量计量单位和确定的业务量变动范围，根据该业务量与有关成本费用项目之间的内在关系即可编制弹性成本预算。

弹性成本预算的具体编制方法包括公式法和列表法两种。

（1）公式法

所谓公式法就是根据在成本习性分析的基础上建立的成本模型 $y = a + bx$ 来编制弹性成

本预算的方法。

在成本习性分析的基础上，可将任何成本项目近似地表示为 $y=a+bx$（当 $a=0$ 时，y 为变动成本；当 $b=0$ 时，y 为固定成本；当 a 和 b 均不为 0 时，y 为混合成本；x 为多种业务量指标，如产销量、直接人工时等）。

在公式法下，只需列出各项成本费用的 a 和 b，就可以很方便地推算出业务量在允许范围内任何水平上的各项预算成本。

【例 10-1】 ABC 公司 2××1 年按公式法编制制造费用弹性预算，其中较大的混合成本已经过分解。直接人工工时的变动范围为 7 000 ~ 11 000 小时；请编制 ABC 公司 2××1 年该范围内直接人工工时的制造费用预算数以及制造费用中某一项目的预算数（如表 10-1 所示）。

表 10-1　　　　　　　　ABC 公司 2××1 年制造费用弹性预算（公式法）

项目	管理人员工资（元）	保险费（元）	维修费（元）	水电费（元）	辅助材料（元）	辅助人工工资（元）	检验员工资（元）	合计（元）
a	1 500	500	600	50	400			3 050
b			0.25	0.15	0.30	0.45	0.35	1.5

公式法的优点是在一定范围内不受业务量波动的影响，编制预算的工作量较小；缺点是在进行预算控制和考核时，不能直接查出特定业务量下的总成本预算额，而且按细目分解成本比较麻烦，同时又有一定误差。

（2）列表法

列表法是通过列表的方式，在相关范围内每隔一定业务量范围计算相关数值预算，来编制弹性成本预算的方法。

【例 10-2】 接例 10-1 的资料，按列表法编制 ABC 公司 2××1 年弹性制造费用预算（如表 10-2 所示）。

表 10-2　　　　　　ABC 公司 2××1 年制造费用弹性预算（列表法）　　　　　单位：元

直接人工工时（小时）	7 000	8 000	9 000	10 000	11 000
生产能力利用率（%）	70	80	90	100	110
1. 变动成本项目	5 600	6 400	7 200	8 000	8 800
辅助人员工资	3 150	3 600	4 050	4 500	4 950
检验员工资	2 450	2 800	3 150	3 500	3 850
2. 混合成本项目	5 950	6 650	7 350	8 050	8 750
维修费	2 350	2 600	2 850	3 100	3 350
水电费	1 100	1 250	1 400	1 550	1 700

续表

直接人工工时（小时）	7 000	8 000	9 000	10 000	11 000
辅助材料	2 500	2 850	3 100	3 400	3 700
3. 固定成本项目	2 000	2 000	2 000	2 000	2 000
管理人员工资	1 500	1 500	1 500	1 500	1 500
保险费	500	500	500	500	500
制造费用预算	13 550	15 050	16 550	18 050	19 550

列表法的优点是可以直接从表中查得各种业务量下的成本预算，便于预算的控制和考核；缺点是工作量大，且不能包括所有业务量条件下的费用预算，适用面较窄。

2. 弹性利润预算的编制

弹性利润预算是根据成本、业务量和利润之间的依存关系，为适应多种业务量变化而编制的利润预算。

弹性利润预算是以弹性成本预算为基础编制的，其主要内容包括销售量、价格、单位变动成本、边际贡献和固定成本。

弹性利润预算的编制方法主要有因素法和百分比法。

（1）因素法

因素法是指根据受业务量变动影响的有关收入、成本等因素与利润的关系，列表反映在不同业务量条件下利润水平的预算方法。这种方法主要适用于单一品种经营的企业。

【例 10-3】　ABC 公司预计 2××1 年 A 产品的销售量为 700~1 000 件，销售价格为每件 100 元，单位变动成本 60 元，固定成本 5 000 元，用因素法以 100 件为业务量间隔编制 A 产品的弹性利润预算表（如表 10-3 所示）。

表 10-3　　　　ABC 公司 2××1 年 A 产品弹性利润预算（因素法）　　　　单位：元

销售量（件）	700	800	900	1 000
销售价格	100	100	100	100
销售收入	70 000	80 000	90 000	100 000
变动成本	56 000	64 000	72 000	80 000
固定成本	5 000	5 000	5 000	5 000
利润总额	9 000	11 000	13 000	15 000

（2）百分比法

百分比法是指按不同销售额的百分比来编制弹性利润预算的方法。

【例 10-4】　假设例 10-3 中 ABC 公司 2××0 年销售收入 10 万元，预计 2××1 年销售收入变动范围是 2××0 年的 80%~120%，以 10% 为间隔按百分比法编制 A 产品的弹性利润预算表（如表 10-4 所示）。

表 10-4　　　　**ABC 公司 2××1 年 A 产品弹性利润预算（百分比法）**　　　单位：元

销售收入变动范围(%)	80	90	100	110	120
销售收入	80 000	90 000	100 000	110 000	120 000
变动成本	48 000	54 000	60 000	66 000	72 000
固定成本	5 000	5 000	5 000	5 000	5 000
利润总额	27 000	31 000	35 000	39 000	43 000

应用百分比法的前提条件是销售收入的变化不会影响单位变动成本和固定成本总额，即销售收入必须在相关范围内变动。这种方法主要适用于多品种经营的企业。

3. 弹性预算的优点

固定预算是针对某一特定业务量编制的，弹性预算是针对一系列可能达到的预计业务量水平编制的。弹性预算与固定预算相比，其优点表现在两个方面：其一是预算范围宽，它能够适应不同经营活动情况的变化，扩大了预算的适用范围，使预算能真正为企业经营活动服务；其二是可比性强，它能够对预算的实际执行情况进行评价与考核，便于更好地发挥预算的控制作用。

二、增量预算和零基预算

(一)增量预算

增量预算是指在基期成本费用水平的基础上，结合预算期业务量水平及有关降低成本的措施，通过调整原有关成本费用项目而编制预算的方法。这种方法的基本假定是：①企业现有的每项业务活动都是企业不断发展所必需的；②部门的费用开支水平是合理而必需的；③增加费用预算是值得的。

增量预算的长处是比较简单，短处是它以过去的水平为基础，实际上就是承认过去是合理的，无须改进，因循沿袭下去。因此往往不加分析地保留或接受原有成本项目，或按主观臆断平均削减，或只增不减，这样容易造成预算的不足，或安于现状，造成不合理的开支。为了弥补这些不足，便产生了零基预算的方法。

(二)零基预算

零基预算，或称零底预算，是指在编制预算时，对于所有的预算支出以零为基础，不考虑其以往情况如何，从实际需要与可能出发，研究分析各项预算费用开支是否必要合理，进行综合平衡，从而确定预算费用。可见这种预算不以历史为基础进行修修补补，而是以零为出发点，一切推倒重来，零基预算因此而得名。

1. 零基预算的编制

零基预算的编制可按如下程序进行：

(1)提出预算方案。企业内部各部门根据预算期内本企业的总目标和本部门的具体目标，提出必须安排的成本费用项目，并对每一成本费用项目提出详细计划，说明其目的以及必须开支的确切金额。

(2)进行成本效益分析。即对每一成本费用项目与其对应的业务量进行比较，或与其可能取得的收益相比较，根据其经济效益的大小对各个费用开支方案进行评价；然后在权衡轻重缓急的基础上把各个费用开支方案分成若干层次，排出开支的先后顺序。

(3)分配资金，落实预算。对纳入不可避免费用项目的各项费用再按其延缓性划分为不可延缓费用项目和可延缓费用项目，并优先满足不可延缓费用项目的开支；对可延缓费用项目则根据可动用资金情况，按轻重缓急以及每项项目所需经费的多少分成等级，逐项下达费用预算。

【例 10-5】 ABC 公司对其销售部门发生的销售费用预算按照零基预算方法编制。该公司预算期控制指标经过各方反复研究确定，销售费用预算总额为 100 000 万元，在管理人员薪金、保险费、广告费和运输费等费用项目之间分配，其中属于不可避免费用、必须全额保证的销售费用包括管理人员薪金 30 000 元、保险费 20 000 元；而广告费和运输费则属于可避免费用项目，可视资金情况及项目本身的成本-效益在剩余经费指标中进行分配。

ABC 公司销售部门根据以往广告费、运输费的实际平均发生额和收益情况进行分析后，编制出的成本-效益计算表如表 10-5 所示。

表 10-5　　　　　　　　　　　　　成本-效益计算表

项　目	实际年平均费用额（元）	年度收益额（元）	成本效益比率（倍）
广告费	50 000	500 000	10
运输费	40 000	200 000	6

该公司销售费用预算总额为 100 000 元，扣除管理人员薪金 30 000 元、保险费 20 000 元之后，剩余经费指标额为 50 000 元，按广告费、运输费的成本-效益比率分配预算额如下：

$$广告费 = 50\ 000 \times \frac{10}{10+6} = 31\ 250（元）$$

$$运输费 = 50\ 000 \times \frac{6}{10+6} = 18\ 750（元）$$

$$合计 = 31\ 250 + 18\ 750 = 50\ 000（元）$$

2. 零基预算的优点与缺点

零基预算能对环境变化做出较快反应，能够紧密地复核成本状况，不受现有条条框框限制，对一切费用都以零为出发点，这样不仅能压缩开支，而且能切实做到把有限的资金，用在最需要的地方，从而调动各部门人员的积极性和创造性，合理使用资金，提高效益。但不足之处在于一切支出均以零为起点，耗时巨大。为了弥补零基预算这一缺点，企业不是每年都按零基预算来编制预算，而是每隔若干年按零基预算编制一次预算，以后几年内略作调整，这样既减轻了预算编制的工作量，又能适当控制费用。

三、定期预算和滚动预算

（一）定期预算

定期预算就是以会计年度为单位编制的各类预算。其优点在于能够使预算期间与会计年度相配合，便于考核和评价预算的执行结果，但这种预算的缺点也是显而易见的，主要体现在三个方面：第一，盲目性。因为定期预算多在其执行年度开始前两三个月进行，难以预测预算期后期的情况，特别是在多变的市场环境下，许多数据资料只能估计，具有盲目性。第二，滞后性。由于定期预算在实施过程中不能随情况的变化而及时进行调整，当预算中所规划的各种经营活动在预算期内发生重大变化时，如预算期临时中途转产，就会造成预算的滞后性，使之成为虚假的或过时的预算。第三，间断性。定期预算只考虑一个会计年度的经营活动，即使年中修订的预算也只是针对剩余的预算期，对下一个会计年度很少考虑，形成人为的预算间断。因此，用定期预算方法编制的预算，不利于企业的长远发展。

（二）滚动预算

滚动预算又称永续预算，是指在编制预算时，将预算期与会计年度脱离，随着预算的执行不断延伸补充预算，逐期（1个月或1个季度）向后滚动，使预算期始终保持一个固定期间（12个月或4个季度）的一种预算编制方法。其主要特点在于：不将预算期与会计年度挂钩，而是始终保持12个月，每过去一个月，就根据新的情况进行调整和修订后几个月的预算，并在原预算基础上增补下一个月预算，从而逐期向后滚动，连续不断地以预算形式规划未来经营活动。

1. 滚动预算的编制

滚动预算的编制可分为逐月滚动、逐季滚动和混合滚动三种方式。在实际工作中，采用哪一种滚动预算方式应视企业的实际情况而定。

逐月滚动。如某企业2××1年1月至12月的预算执行过程中，需要在1月末根据当月预算的执行情况，修订2月至12月的预算执行，同时补充2××2年1月的预算；2月末根据当月预算的执行情况，修订3月至2××2年1月的预算，同时补充2××2年2月的预算……以此类推。逐月滚动编制的预算比较精确，但工作量太大。

逐季滚动。逐季滚动是以季度作为预算编制和滚动的时间单位，每个季度调整一次预算。这种预算虽然工作量比逐月滚动小，但预算精度较差。如某企业2××1年第一季度至第四季度的预算执行过程中，需要在第一季度末根据当季预算的执行情况，修订第二季度至第四季度的预算，同时补充2××2年第一季度的预算；第二季度末根据当季预算的执行情况，修订第三季度至2××2年第一季度的预算，同时补充2××2年第二季度的预算；以此类推。逐月滚动编制的预算比较精确，但工作量太大。

混合滚动。混合滚动是指在预算编制过程中，同时使用月份和季度作为预算编制和滚动的时间单位的方法，它是滚动预算的一种变通方式。某企业2××1年1季度和2季度混合滚动预算的编制方式如图10-2所示。

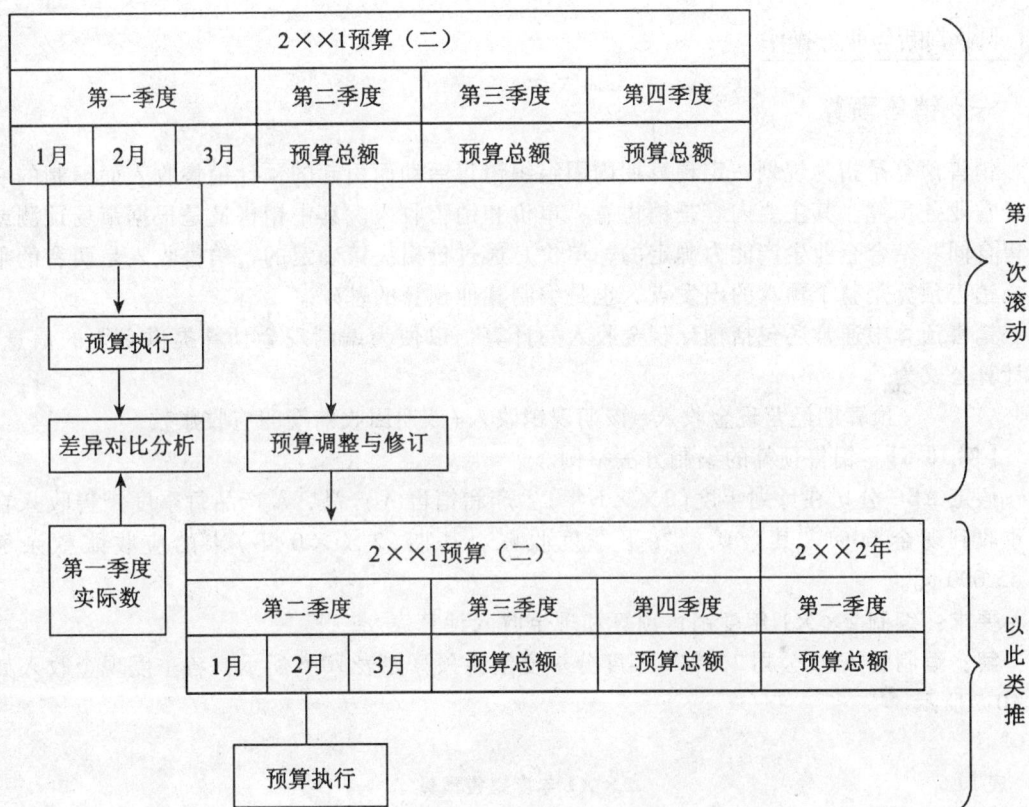

图 10-2 混合滚动预算编制

2. 滚动预算的优点与缺点

与传统的定期预算方法相比，滚动预算方法的优点在于：第一，透明度高。滚动预算的编制与企业日常管理紧密衔接，能使管理人员始终掌握企业近期的动态规划目标以及远期的战略变化。第二，灵活性强。滚动预算是根据前期预算的执行情况，结合各种因素的变动及时进行调整和修订，能使预算更加切合实际。第三，连续性好。滚动预算因脱离了会计年度而不受其限制，所以它能够连续不断地规划企业未来的生产经营活动，不会造成预算的人为间断。除此以外，它还具有完整性和稳定性等优点。企业的生产经营活动不仅仅是连续不断的，而且是复杂的，而滚动预算能够随时修订预算，确保企业经营管理工作秩序的稳定性，充分发挥预算的指导与控制作用。不言而喻，滚动预算虽然能克服传统定期预算的盲目性、不变性和间断性，使编制预算的工作变成了与日常管理密切结合的一项措施。但是滚动预算的编制工作比较繁重，这是它的缺点。

学习子情境四　财务预算的编制

职业判断与业务操作

一、销售预算

销售预算是指为规划一定预算期内因组织销售活动而引起的预计销售收入而编制的一种日常业务预算。其主要内容是销售量、单价和销售收入。其中销售量是根据市场预测或销售合同并结合企业生产能力确定的，单价是通过价格决策确定的，销售收入是两者的乘积。销售预算是整个预算的出发点，也是编制其他预算的基础。

销售预算中通常还包括预计现金收入的计算，以便为编制现金预算提供必要的信息。其计算公式为：

预算期经营现金收入＝该期现销收入＋该期回收前期的应收账款

【例 10-6】　销售预算的编制方法举例。

假定 ABC 公司在计划年度（2××1 年）生产和销售 A 产品，A 产品每季度销售收入在本季收到现金 60%，其余赊销在下季度收账。基期（2××0 年）末的应收账款余额为 45 000 元。

要求：编制 2××1 年度销售预算和现金收入计算表。

解：编制的 ABC 公司 2××1 年度分季度销售预算如表 10-6 所示，各季度现金收入如表 10-7 所示。

表 10-6　　　　　　　　　　　　　2××1 年度销售预算

项　　目	第 1 季度	第 2 季度	第 3 季度	第 4 季度	合计
预计销售量（件）	1 100	1 600	2 000	1 500	6 200
销售单价（元/件）	90	90	90	90	90
销售收入（元）	99 000	144 000	180 000	135 000	558 000

表 10-7　　　　　　　　2××1 年度与销售收入有关的预计现金收入　　　　　　单位：元

项　　目	第 1 季度	第 2 季度	第 3 季度	第 4 季度	合计
期初应收账款	45 000				45 000
第一季度销售收入	59 400①	39 600②			99 000
第二季度销售收入		86 400③	57 600		144 000
第三季度销售收入			108 000	72 000	180 000
第四季度销售收入				81 000	81 000
现金合计收入	104 400	126 000	165 600	153 000	549 000

注：①＝99 000×60%＝59 400

②＝99 000−59 400＝99 000×（1−60%）＝39 600

③＝144 000×60%＝86 400

其他数据以此类推。

二、生产预算

生产预算是指为规划一定预算期内预计生产量水平而编制的一种日常业务预算。它是在销售预算的基础上分品种编制的，通常以实物量计量。生产预算的主要内容有销售量、期初存货量、期末存货量和生产量。其中销售量根据销售预算确定，期初存货量等于上季度末存货量，因此，编制生产预算的关键在于合理预计各季度期末存货量。

预计生产量的计算公式为：

预计生产量=预计销售量+预计期末存货量−预计期初存货量

【例 10-7】 销售预算的编制方法举例。

接例 10-6 的资料。假定 ABC 公司各季度末的产成品存货按下一季度销售量的 10% 计算。上年末产品的期末存货为 100 件；预计下一年第一季度为 120 件。要求：根据销售预算中的资料，结合期初、期末的存货水平，编制预算期的分季度生产预算。

解：编制 ABC 公司的生产预算如表 10-8 所示。

表 10-8　　　　　　　　　　　　　2××1 年度生产预算　　　　　　　　　　　　单位：件

项　　目	第一季度	第二季度	第三季度	第四季度	全年合计
预计销售量(1)	1 100	1 600	2 000	1 500	6 200
加：期末存货(2)	160	200	150	120	120
合计(3)	1 260	1 800	2 150	1 620	6 320
减：期初存货(4)	100	160	200	150	100
预计生产量(5)	1 160	1 640	1 950	1 470	6 220

注：(3)=(1)+(2)

(5)=(3)−(4)

三、直接材料预算

直接材料预算是指为规划一定预算期内直接材料的消耗情况和材料采购活动而编制的，用于反映预算期直接材料的单位产品用量、生产需用量、期初和期末存量等信息的一种经营预算。该预算以生产预算、材料消耗定额和预计材料采购单价等信息为基础，并考虑期初、期末材料存货水平而编制。

主要计算公式为：

预计采购量=生产需用量+预计期末库存量−预计期初库存量

生产需用量=预计生产量×单位产品该材料用量

公式中"单位产品该材料用量"可以根据标准单位耗用量或定额耗用量来确定；"预计期末库存量"可根据下季度生产需要量的一定比例加以确定。

此外，在编制直接材料预算后，通常要预计材料采购的现金支出，以便为编制现金预算提供信息。其计算公式为：

预算期采购现金支出＝该期现购材料现金支出＋该期支付前期的应付账款

【例 10-8】 直接材料的编制方法举例。

接例 10-7 的资料，假设 A 产品只耗用一种材料，每件产品材料用量为 2 千克，材料单价为 3 元。每季度末的材料库存量分别为 984 千克、1 170 千克、882 千克、1 200 千克；各季度期初存料与上季度期末存货量相等。根据有关资料 2××1 年初材料存货为 830 千克。预计每季度材料采购金额中，有 50％在当季付款，其余在下季度支付。2××1 年初，A 产品应付采购账款为 4 500 元。

要求：根据资料编制 2××1 年度分季度采购预算以及现金支出预算

解： 依题意编制的材料采购预算和现金支出预算如表 10-9 和表 10-10 所示。

表 10-9　　　　　　　　　　**2××1 年度直接材料采购预算**

项　　目	第一季度	第二季度	第三季度	第四季度	全年合计
预计生产量(件)	1 160	1 640	1 950	1 470	6 220
单位产品材料用量(千克)	2	2	2	2	2
生产需用量(千克)	2 320	3 280	3 900	2 940	12 440
加：预计期末存量(千克)	984	1 170	882	1 200	1 200
合计(件)	3 304	4 450	4 782	4 140	13 640
减：预计期初存量(件)	830	984	1 170	882	830
预计采购量(件)	2 474	3 466	3 612	3 258	12 810
单价(元)	3	3	3	3	3
预计采购金额(元)	7 422	10 398	10 836	9 774	38 430

表 10-10　　　　　　**2××1 年度直接材料采购有关的现金支出**　　　　　单位：元

项　　目	本期发生额	现金支出			
		第一季度	第二季度	第三季度	第四季度
期初应付账款	4 500	4 500			
第一季度	7 422	3 711	3 711		
第二季度	10 398		5 199	5 199	
第三季度	10 836			5 418	5 418
第四季度	9 774				4 887
期末应付账款	(4 887)				
合　　计	38 043	8 211	8 910	10 617	10 305

四、直接人工预算

直接人工预算是指为规划一定预算期内人工工时的消耗水平和人工成本水平而编制的

一种经营预算。其主要内容有预计生产量、单位产品工时、人工总工时、每小时人工成本和人工总成本。其中预计生产量来自生产预算，单位产品工时和每小时人工成本数据来自标准成本资料，人工总工时和人工总成本可通过前几项计算得到。

其计算公式为：

预计人工总工时＝预计生产量×单位产品工时

预计人工总成本＝预计人工总工时×每小时人工成本

【例 10-9】　直接人工预算的编制方法举例。

假设 ABC 公司预算期单位产品直接人工的工时定额为 3 工时，每小时人工成本为 4元。要求：根据预算生产量及有关直接人工的工时定额和工资成本资料编制直接人工预算。

解：依题意编制直接人工预算如表 10-11 所示。

表 10-11　　　　　　　　　　　　**2××1 年度直接人工预算**

项　　目	第一季度	第二季度	第三季度	第四季度	全年合计
预计生产量（件）	1 160	1 640	1 950	1 470	6 220
单位产品工时（小时）	3	3	3	3	3
人工总工时（小时）	3 480	4 920	5 850	4 410	18 660
每小时人工成本（元）	4	4	4	4	4
人工总成本（元）	13 920	19 680	23 400	17 640	74 640

五、制造费用预算

制造费用预算是指为规划一定预算期内除直接材料和直接人工预算以外预计发生的其他生产费用水平而编制的一种日常业务预算。制造费用可按变动制造费用和固定制造费用两部分内容分别编制。

变动制造费用以生产预算为基础编制，如果有完善的标准成本资料，用单位产品的标准成本与产量相乘，即可得到相应的预算金额。如果没有标准成本资料，就需要逐项进行预计。主要计算公式为：

变动制造费用分配率＝预计变动制造费用总额÷相关分配标准的预算数

某期变动制造费用现金支出＝该期产品预计直接人工总工时×变动制造费用分配率

固定制造费用因其通常与本期产量无关，需要逐项进行预计。

【例 10-10】　制造费用预算的编制方法举例。

ABC 公司直接人工预算如表 10-11 所示，结合该表编制制造费用预算表。

解：依题意编制制造费用预算表如表 10-12 所示。

表 10-12   2××1 年度 ABC 公司制造费用预算

项 目	每小时费用分配率（元/小时）	第一季度	第二季度	第三季度	第四季度	全年合计
预计人工总工时（小时）		3 480	4 920	5 850	4 410	18 660
变动制造费用						
间接材料	1	3 480	4 920	5 850	4 410	18 660
间接人工	0.6	2 088	2 952	3 510	2 646	11 196
修理费	0.4	1 392	1 968	2 340	1 764	7 464
水电费	0.5	1 740	2 460	2 925	2 205	9 330
小计	2.5	8 700	12 300	14 625	11 025	46 650
固定制造费用						
修理费		3 000	3 000	3 000	3 000	12 000
水电费		1 000	1 000	1 000	1 000	4 000
管理人员工资		2 000	2 000	2 000	2 000	8 000
折旧		5 000	5 000	5 000	5 000	20 000
保险费		1 000	1 000	1 000	1 000	4 000
小计		12 000	12 000	12 000	12 000	48 000
合计		20 700	24 300	26 625	23 025	97 650
减：折旧		5 000	5 000	5 000	5 000	20 000
现金支出费用		15 700	19 300	21 625	18 025	74 650

在制造费用预算中，除了折旧费以外都需支付现金。为了便于编制现金预算，需要预计现金支出，并将制造费用预算额扣除折旧费后，调整为"现金支出费用"。

六、产品成本预算

产品成本预算是指为规划一定预算期内每种产品的成本水平而编制的一种日常业务预算。它是生产预算、直接材料预算、直接人工预算、制造费用预算的汇总。其主要内容是产品的单位成本和总成本。

单位成本的有关数据来自前三个预算，生产量、期末存货量来自生产预算，销货量来自销售预算，生产成本、期末存货成本和销售成本根据单位成本和有关数据计算得出。

【例 10-11】 产品成本预算的编制方法举例。

假定 ABC 公司初期、期末均没有在产品存在；产成品期初单位变动成本为 50 元。其他有关资料见以上各表。要求：编制产品成本预算。

解：依题意编制产品成本预算如表 10-13 所示

表 10-13　　　　　　　　　　　　　　产品成本预算　　　　　　　　　　　单位：元

成本项目	全年生产量 6 220（件）			
	单耗（千克/件或小时/件）	单价（元/千克或元/小时）	单位成本	总成本
直接材料	2	3	6	37 320
直接人工	3	4	12	74 640
变动制造费用	3	2.5	7.5	46 650
合　计			25.5	158 610
产品存货	数量（件）	单位成本（元）	总成本	
期初存货	100	50	5 000	
期末存货	120	25.5	3 060	
预计产品销售成本	6 100		160 550	

七、销售及管理费用预算

销售及管理费用预算是以销售预算为基础，在对以往费用支出的必要性、合理性以及效益性进行充分分析，并按照成本习性分为变动性销售及管理费用和固定性销售及管理费用后分别进行编制。其编制方法与制造费用预算类似。

【例 10-12】　销售及管理费用预算的编制方法举例。

根据以上各表资料，编制 ABC 公司 2××1 年销售及管理预算。

解：依题意编制销售及管理费用预算如表 10-14 所示。

表 10-14　　　　　　　　　　2××1 年度销售及管理预算　　　　　　　　　单位：元

项　　目	变动费用率（按销售收入）	第一季度	第二季度	第三季度	第四季度	全年合计
预计销售收入		99 000	144 000	180 000	135 000	558 000
变动销售及管理费用						
销售佣金	2%	1 980	2 880	3 600	2 700	11 160
运输费	2.5%	2 475	3 600	4 500	3 375	13 950
广告费	5%	4 950	7 200	9 000	6 750	27 900
小　计	9.5%	9 405	13 680	17 100	12 825	53 010
固定销售及管理费用						
管理人员薪金		5 000	5 000	5 000	5 000	20 000
办公用品		4 500	4 500	4 500	4 500	18 000
杂项		3 000	3 000	3 000	3 000	12 000
小　计		12 500	12 500	12 500	12 500	50 000
合　计		21 905	26 180	29 600	25 325	103 010

八、现金预算

现金预算是指用于规划预算期现金收入、现金支出和资本融通的一种财务预算。这里的现金是指企业的库存现金和银行存款等货币资金。

编制现金预算的主要依据包括：涉及现金收入和支出的销售预算、直接材料预算、直接人工预算、制造费用预算、销售及管理费用预算及有关的专门决策预算等资料。

编制现金预算的目的，在于合理地处理现金收支业务，正确地调度资金，保证企业资金的正常流转。

【例 10-13】 现金预算的编制方法举例。

接以前各例，假定 ABC 公司 2××1 年初现金余额为 10 000 元，每季度末要求保持最低现金余额 20 000 元，若资金不足，可以于每季度初向银行借款 1 000 元的倍数，借款利率为 10%；若资金多余时，于每季度末偿还本金和利息。ABC 公司准备投资 200 000元购入设备，于第二季度支付价款的 40%，第三季度支付价款的 60%；每季度预交所得税 3 000 元；预算在第三季度发放现金股利 15 000 元，分别在第一、第三季度购买国库券 1 000 元。

要求：结合前述有关资料编制现金预算。

解： 依题意编制现金预算如表 10-15 所示。

表 10-15　　　　　　　　　　　　2××1 年度现金预算　　　　　　　　　单位：元

项　　目	第一季度	第二季度	第三季度	第四季度	全年
期初现金余额	10 000	50 664	24 594	22 952	10 000
加：销售现金收入	104 400	126 000	165 600	153 000	549 000
可运用现金合计	114 400	176 664	190 194	175 952	559 000
减：现金支出					
采购直接材料	8 211	8 910	10 617	10 305	38 043
支付直接人工	13 920	19 680	23 400	17 640	74 640
支付制造费用	15 700	19 300	21 625	18 025	74 650
支付销售及管理费用	21 905	26 180	29 600	25 325	103 010
支付所得税	3 000	3 000	3 000	3 000	12 000
购置设备		80 000	120 000		200 000
购买国库券	1 000		1 000		2 000
支付股利			18 000		18 000
现金支出合计	63 736	157 070	227 242	74 295	522 343
现金余缺	50 664	19 594	−37 048	101 657	36 657
通融资金					
向银行借款		5 000	60 000		65 000
归还银行借款				65 000	65 000
借款利率（年利率 10%）				3 375	3 375
期末现金余额	50 664	24 594	22 952	33 282	33 282

九、预计利润表

预计利润表是指以货币形式综合反映预算期内企业经营活动成果(包括利润总额、净利润)计划水平的一种财务预算。该预算需要在销售预算、产品成本预算、制造费用预算、销售及管理费用预算等日常业务预算以及特种决策预算的基础上编制。

【例 10-14】 预计利润表编制方法举例。

根据前面的各种预算,假设 ABC 公司的所得税按利润的 40% 估计,请编制该公司 2××1 年度的预计利润表。

解: 依题意编制 2××1 年度的预计利润表如表 10-16 所示。

表 10-16 　　　　　　　　　**2××1 年度预计利润表** 　　　　　　　单位:元

项　　　目	金　　　额	备　　　注
销售收入	558 000	表 10-6
减:变动制造成本	160 550	表 10-13
变动销售及管理费用	53 010	表 10-14
边际贡献	344 440	
减:固定销售及管理费用	50 000	表 10-14
固定制造费用	48 000	表 10-12
利息支出	3 375	表 10-15
利润总额	243 065	
减:所得税(40%)	97 226	
净利润	145 839	

表 10-16 中"所得税"项目通常不是根据本年利润和所得税税率计算出来的,而是在利润规划时就已估计,并列入现金预算,因为企业在计算纳税所得额时会出现一些纳税调整事项。

十、预计资产负债表

预计资产负债表是以货币单位反映预算期末财务状况的一种总括性预算。编制时,主要依据销售预算、生产预算、现金预算等有关数据,在预算期初数上加以分析、调整填制。其目的在于判断预算反映的财务状况的稳定性和流动性,必要时可采取相应措施。

【例 10-15】 预计资产负债表的编制方法举例。

接前面的资料,假定 ABC 公司 2××1 年度未分配利润为 20 290 元,期末未分配利润为 148 129 元,期末待摊费用为 1 990 元,相关项目的期初数如表 10-17 所示。要求编制 ABC 公司预计资产负债表。

解：依题意编制的预计资产负债表如表 10-17 所示。

表 10-17 预计资产负债表 单位：元

资产项目	期初数	期末数	负债和所有者权益项目	期初数	期末数
流动资产			流动负债		
(1)现金	10 000	33 282	(6)应付账款	4 500	4 877
(2)应收账款	45 000	54 000	(7)应交所得税		85 226
(3)存货	7 490	6 660	流动负债合计	4 500	90 103
待摊费用	—	1 990	长期负债		
流动资产合计	62 490	95 932	长期借款	85 000	85 000
固定资产			负债合计	89 500	175 103
(4)固定资产原值	236 800	436 800	所有者权益		
(5)减：累计折旧	39 500	59 500	股本	150 000	150 000
固定资产净值	197 300	377 300	未分配利润	20 290	148 129
资产总计	259 790	473 232	负债和所有权益总计	259 790	473 232

说明：

(1)见表 10-15 中的期初现金余额和第四季度末现金余额。

(2)见表 10-6，第四季度销售收入的 40%，即 135 000×40% = 54 000 元。

(3)见表 10-9 中的材料存货资料和表 10-13 中的产成品存货资料。

期初 A 材料存货：3×830 = 2 490(元)

期末 A 材料存货：3×882 = 2 646(元)

期初产成品存货：5 000

期末产成品存货：3 060

期初存货合计：2 490+5 000 = 7 490(元)

期末存货合计：2 646+3 060 = 6 660(元)

(4)见表 10-15，固定资产原值期末数 = 期初数+设备购置合计 = 236 800+200 000 = 436 800 期(元)

(5)见表 10-12，期末数 = 期初数+本年计提折旧 = 39 500+20 000 = 59 500 元。

(6)见表 10-10。

(7)见表 10-15，表 10-16，期末数 = 97 226−12 000 = 85 226 元。

情境小结

1. 财务预算的含义、内容和编制方法

财务预算是一系列专门反映企业未来一定预算期内预计财务状况和经营成果以及现金收支等价值指标的各种预算的总称。它包括反映现金收支活动的现金预算、反映企业财务状况的预计资产负债表、反映企业财务成果的预计利润表等内容。财务预算通常以价值指标综合反映企业日常业务预算和特种决策预算的结果。其编制方法主要有弹性预算、零基预算和滚动预算。这三种方法相互联系，共同构成企业全面预算管理方式的有机组成部分。

2. 销售预算

销售预算是为预算期销售活动编制的预算。它是编制其他预算的关键和起点。企业应根据市场预算和生产能力分别按产品名称、数量、单价、全额等资料编制。

3. 生产预算

生产预算是全面预算体系中唯一不使用价值计量单位的预算，它应根据预算期的销售量并按产品品种分别编制。

4. 直接材料预算

直接材料预算应在生产预算的基础上编制。

5. 直接人工预算

直接人工预算可以反映生产预算期内人工工时的消耗水平和人工成本。

6. 制造费用预算

制造费用预算应分别按变动性和固定性两类编制。

7. 产品成本预算

产品成本预算是生产预算、直接材料预算、直接人工预算、制造费用预算的汇总。

8. 销售及管理费用预算

销售及管理费用预算是为产品销售活动和一般行政管理活动以及有关的经营活动编制的预算。

9. 现金预算

现金预算是反映预算期企业全部现金收入和全部现金支出的预算。完整的现金预算，一般由现金收入、现金支出、现金收支差额、资金的筹集与运用等四部分组成。现金预算是以各项日常业务预算和特种决策预算为基础来编制的，用以反映各预算的收入款项和支出款项，实质上是其他预算中有关现金收支部分的汇总以及收支差额平衡措施的具体计划。

10. 预计利润表

预计利润表是指以货币形式综合反映预算期内企业经营活动成果(包括利润总额、净利润)计划水平的一种财务预算。该预算的编制依据是销售预算、产品成本预算、制造费用预算、销售及管理费用预算等日常业务预算以及特种决策预算。

11. 预计资产负债表

预计资产负债表是以货币单位反映预算期末财务状况的一种总括性预算。其编制的主要依据是销售预算、生产预算、现金预算等有关数据。

财务控制

工作任务与学习子情境

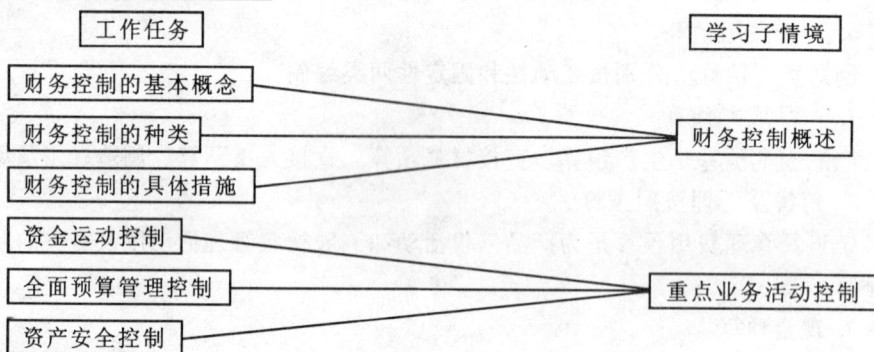

工作任务	学习子情境

财务控制的基本概念

财务控制的种类 —— 财务控制概述

财务控制的具体措施

资金运动控制

全面预算管理控制 —— 重点业务活动控制

资产安全控制

职业能力目标

专业能力：

- 能够领会财务控制的含义、企业意义和社会意义；
- 掌握企业财务控制的主要具体措施；
- 能够描述、分析企业重点业务活动的主要风险点及其控制措施。

社会能力：

- 能根据学习情境设计的需要查阅有关资料；
- 能够结合企业个案，科学查找和分析其重点业务活动的主要风险点并采取相应措施进行控制。

学习子情境一　财务控制概述

情境引例

Basle Committee on Banking Supervision：著名商业银行失败事件的原因，除

了内部控制失效外，很难再找到其他因素。

巴林银行新加坡期货公司执行经理尼克·里森："有一群人本来可以揭穿并阻止我的把戏，但他们没有这样做。我不知道他们的疏忽与罪犯级的疏忽之间的界限何在，也不清楚他们是否对我负有什么责任。但如果是在任何其他一家银行，我是不会有机会开始这项犯罪的。"

尼克·里森. 尼克·里森自传：我如何弄垮巴林银行. 张友星，等，译. 北京：中国经济出版社，1996.

◎思考：

健全、完善的内部控制制度是可以"治病救人"的，因为"一个不好的制度会让好人变成坏人，而一个好的制度会让坏人变成好人"。对此你是如何理解的？

知识准备

一、财务控制的基本概念

财务控制是指按照一定的程序和方法，确保企业及其内部机构和人员全面落实及实现财务预算的过程。财务控制是保证实现财务管理目标的关键，如果没有财务控制，其他财务管理环节（财务预测、财务决策、财务预算）都将失去意义。

财务控制具有以下显著特点：

(1)以价值控制为手段。财务控制以实现财务预算为目标，而财务预算都是以价值形式予以反映的。

(2)以综合经济业务为控制对象。财务控制以价值为手段，可以将不同部门、不同层次和不同岗位的各种业务活动综合起来，实行目标控制。

(3)以日常现金流量控制为主要内容。因日常的财务活动过程表现为组织现金流量的过程，故控制现金流量成为日常财务控制的主要内容。

二、财务控制的种类

财务控制按不同标志可以有以下分类：

(一)按照财务控制的内容可将财务控制分为一般控制和应用控制

一般控制是指对企业财务活动赖以进行的内部环境所实施的总体控制，因而也称基础控制或环境控制。

应用控制是指直接作用于企业财务活动的具体控制，也称业务控制。

(二)按照财务控制的时序可将财务控制分为事先控制、事中控制、事后控制

事先控制也称原因控制，指财务收支活动尚未发生之前所进行的财务控制。

事中控制也称过程控制，指财务收支活动发生过程中所进行的控制。

事后控制也称结果控制，是指对财务收支活动的结果所进行的考核及其相应的奖罚。

（三）按照财务控制的主体可分为出资者财务控制、经营者财务控制、财务部门的财务控制

出资者财务控制是资本所有者对经营者财务收支活动进行的控制。

经营者财务控制是为了实现财务预算目标而对企业及各责任中心的财务收支活动所进行的控制。

财务部门的财务控制是财务部门对企业日常财务活动的控制，其目的是保证企业现金的供给。

（四）按照财务控制的对象可分为收支控制、现金控制

收支控制是对企业和各责任中心的财务收入活动和财务支出活动所进行的控制。

现金控制是对企业和各责任中心的现金流入和现金流出活动所进行的控制。

（五）按照财务控制的手段可分为定额控制、定率控制

定额控制是指对企业和责任中心采用绝对额指标进行控制。

定率控制是指对企业和责任中心采用相对比率指标进行控制。

此外，按照财务控制的功能还可将财务控制分为预防性控制、侦查性控制、纠正性控制、指导性控制、补偿性控制。

三、财务控制的具体措施

（一）不相容职务分离控制

不相容职务分离控制要求企业全面系统地分析、梳理业务流程中所涉及的不相容职务，实施相应的分离措施，形成各司其职、各负其责、相互制约的工作机制。

不相容职务设置是组织机构设置的基础，在财务控制制度建设中处于非常重要的地位。不相容职务分离的核心是"内部牵制"，它要求每项经济业务都要经过两个或两个以上部门或人员的处理，使得单个人或部门的工作必须与其他人或部门的工作相一致或联系，并受其监督和制约。其目的是杜绝差错、堵塞漏洞、提高效率。

企业经济业务一般可划分为五个步骤：授权、签发、核准、执行和记录。上述每个步骤应由不同的人员或部门实施，才能保证不相容职务分离。

不相容职务分离控制的应用：

（1）会计与出纳职务分离；出纳不得兼任稽核、会计档案保管和收入、支出、债权、债务账目登记工作。

（2）会计与审计职务分离。

（3）支票保管职务与印章保管职务分离；支票签发与支票审核职务分离，支票签发由出纳担任，其他会计人员不得兼任。

（4）银行印鉴保管、财务印章保管、个人名章保管分离，不得由一人保管支付款项的所有印章。

（5）合同签署与条款订立职务分离；合同谈判与合同定价职务分离；合同履行与合同收付款职务分离；合同审计与上述职务分离。

（6）批准采购与采购经办职务分离；询价定价与确定供应商职务分离；采购与验收职务分离；付款审批与付款执行职务分离；采购、入库登记与会计记录职务分离。

（7）企业领导的直系亲属不得担任本企业的会计机构负责人、会计主管职务；企业会计机构负责人、会计主管的直系亲属不得担任本企业会计机构中的出纳职务。

（二）授权审批控制

授权是指上级委派给下属一定权力，使下属在一定的监督之下，有相当的自主权和行使权。授权实质上是将权力分派给其他人以完成特定活动的过程，它允许下属作出决策。授权控制是指各项业务的办理，必须由被批准和被授权人去执行，即单位各级人员必须获得批准或授权，才能执行正常的或特殊的业务。

授权审批控制要求企业根据常规授权和特别授权的规定，明确各岗位办理业务和事项的权限范围、审批程序和相应责任。企业应当编制常规授权的权限指引，规范特别授权的范围、权限、程序和责任，严格控制特别授权。常规授权是指企业在日常经营管理活动中按照既定的职责和程序进行的授权。特别授权是指企业在特殊情况、特定条件下进行的授权。企业各级管理人员应当在授权范围内行使职权和承担责任。企业对于重大的业务和事项，应当实行集体决策审批或者联签制度，任何个人不得单独进行决策或者擅自改变集体决策。

1. 授权控制的范围

授权控制的范围包括用人之权，用钱之权，做事之权。

（1）企业所有人员不经合法授权，不能行使相应权力；不经合法授权，任何人不能审批；有权授权的人，则应在规定的权限范围内行事，不得越权授权。

（2）企业所有业务不经授权不能执行。

（3）企业业务一经授权必须予以执行。

2. 授权控制的形式

授权控制的形式包括书面形式和口头形式。书面形式，包括制度、备忘录、授权书、委托书、手谕等。口头形式，一般采取当众授权的方式较为有效。

3. 授权审批措施的选择

审批的基本模式一般是"一支笔"和"联签"制度。这两种制度各有优劣，其根本区别在于成本与财务风险的高低。两种模式需要根据不同单位、不同项目、不同业务等来选择运用。一般而言，小型企业可采用"一支笔"方式，但应通过更严密的监督和复核，以弥补"一支笔"制度产生的不足；大中型企业可采用"联签"或"联签"与"一支笔"相结合方式，关键是确定哪些业务可用"联签"，哪些业务采用"一支笔"制度。为避免更大的风险，对于重要的、金额较大的经济业务、涉及财务管理的重要制度、重大决策（如年度预算、重大项目投资、较大资金运作等），采用"联签"制度。"联签"制度应严把三关：准备关、审查关、查处关。

4. 授权控制的主要内容

(1)明确常规授权和特殊授权的责任。

(2)明确每类经济业务的授权审批程序。

(3)建立授权审批检查制度。

5. 授权控制的原则

(1)全面控制和重点控制相结合的原则。其中全面控制包括全过程控制、全员控制和全要素控制。

(2)事前审批和事后审批相结合的原则。

(3)相互牵制原则。

(4)程序定位原则。

6. 审批控制的内容

(1)审批人员和审批权限。审批人员应当根据授权规定,在授权范围内进行审批,不得超越审批权限;在确定审批人员和审批权限时,必须坚持可控性原则。只有这样才能保证审批人员能够正确地审批经济业务的真实性、合法性和合理性,提高审批质量。

(2)审批程序。一般实行先审核、后审批的程序。

(3)审批内容。主要是经济业务的真实性、合法性和合理性。

(4)审批人员的责任。必须坚持权责对等原则。

(5)设立事后监督机制。

(6)成立内部审计委员会。通过常规稽核、离任审计、落实举报、监督审查等手段,对各部门实施内部控制,建立有效的以"查"为主的监督防线。

(三)会计系统控制

会计系统是为确认、汇总、分析、记录、报告企业发生的经济业务,并保持相关资产、负债的受托责任而建立起来的各种会计记录手段、会计政策、会计核算程序、会计报告制度和会计档案管理制度的总称。

会计系统控制要求企业严格执行国家统一的会计准则制度,加强会计基础工作,明确会计凭证、会计账簿和财务会计报告的处理程序,保证会计资料真实完整。企业应当依法设置会计机构,配备会计从业人员。从事会计工作的人员,必须取得会计从业资格证书。会计机构负责人应当具备会计师以上专业技术职务资格。大中型企业应当设置总会计师。设置总会计师的企业,不得设置与其职权重叠的副职。

会计系统控制主要包括会计控制体系和会计信息控制。会计控制体系包括:会计机构设置、会计政策管理、会计档案管理 、会计工作交接。会计信息控制包括:复式记账控制、标准会计处理控制、会计凭证控制 、会计账户和会计账簿控制、财务会计报告控制。

(四)财产保护控制

财产保护控制是指为了确保企业财产物资安全、完整所采取的各种方法和措施。财产保护控制主要是针对企业的流动资产、固定资产和其他资产的控制。企业应建立财产日常管理制度和定期清查制度。财产保护措施包括:财产记录(包括现金记录控制、存货记录控制、固定资产记录控制等)、实物保管(包括建立安全的、科学的保管制度;限制接近控制;人员牵制控制等)、定期盘点、账实核对、财产保险、限制财产接触和处置。

(五)预算控制

预算控制是财务控制中使用较为广泛的一种控制措施。通过预算控制,使得企业经营目标转化为各部门、各个岗位以至个人的具体行为目标,并作为各责任单位的约束条件,从而能够从根本上保证企业经营目标的实现。全面预算体系包括经营预算、资本预算和财务预算。预算控制要求企业实施全面预算管理制度,明确各责任单位在预算管理中的职责权限,规范预算的编制、审定、下达和执行程序,强化预算约束。

预算控制实施包括:预算管理组织体系(包括预算决策机构、预算管理机构、预算责任单位)、预算编制(预算编制原则、预算编制起点、预算编制程序:下达目标、编制上报、审议平衡、审核批准和下达执行)、预算执行、预算调整、预算分析、预算考核。

(六)运营分析控制

运营分析是综合运用企业生产、购销、投资、筹资、财务等方面的信息资料,采用不同的运营分析方法,通过因素分析、对比分析、趋势分析等,定期开展运营情况分析,全面评价一个企业的运营活动情况,揭示企业运营活动中存在的问题、矛盾,总结经验教训,为改善企业经营管理提供方向或线索。

运营分析的内容包括:财务分析及经营分析、预算分析、专项分析、综合分析。运营分析的流程为:确定分析目标、制定分析方案、搜集数据信息、分析现状、撰写分析报告。

例如,根据国家电网公司的文件,供电企业运营活动分析的主要内容有:①区域经济与外部环境;②电力营销情况;③电网运行与安全生产情况;④电网建设与投融资情况;⑤资产与财务状况;⑥人力资源状况;⑦重要指标监测;⑧用电市场分析;⑨综合评价及专题分析。

(七)绩效考评控制

绩效考评控制要求企业科学设置业绩考核指标体系和实施绩效考评制度,对照预算指标、盈利水平、投资回报率、安全生产目标等方面的业绩指标,对企业内部各责任单位和全体员工当期业绩进行定期考核和客观评价,兑现奖惩,将考评结果作为确定员工薪酬以及职务晋升、评优、降级、调岗、辞退等的依据,强化对各部门和员工的激励与约束。绩效考评制度是解决企业内部公平的必要条件。

(八)重大风险预警机制

企业应当根据内部控制目标,结合风险应对策略,综合运用控制措施,对各种业务和事项实施有效控制。风险不等于危机,只有在风险防范不善,造成的危害较大时,危机才会发生。即风险的存在是导致危机发生的前提。对风险进行有效评估和预警,可以减少危机的发生。企业建立重大风险预警机制就像给企业安装了危机雷达,在企业风险和危机还没有形成时发出预警，引起管理层的重视，并将危机消灭在还没有形成状态或者萌芽状态，保证企业做到防患于未然。

建立重大风险预警机制的措施包括：建立重大风险预警机构，培养危机管理人才；建立风险预警指标体系；建立重大风险预警流程。

学习子情境二　重点业务活动控制

情境引例

巴林银行的内部审计部门居然在长达几年的时间里始终未能发现尼克·里森的越权违规交易和交易的实际亏损状况。世界级的查账专家被一个粗制滥造的假传真骗了，那份传真上印有"尼克·里森"，是由尼克·里森从公寓里发出去的。他们轻率地以为，既然花旗银行的文件表明它有77.8亿日元的资金流动，那就证明巴林银行的财富又增加了77.8亿日元——虽然这只是从巴林银行的一个账户转入另一个账户。

尼克·里森更惊叹于："假如财务部门不用在那儿监督现金支付，它也许根本就不用设置了。假如5 000万美元的资金仅是因为我同意便转离新加坡办公室，那其中一定是出了差错，因为我没有这个权力。我的签字在任何支票本上都无效，更不用说支配那么多的钱了。"

尼克·里森.尼克·里森自传：我如何弄垮巴林银行.张友星，等，译.北京：中国经济出版社，1996.

◎思考：

（1）审计监控如何才不会形同虚设？

（2）不相容职务分离控制应如何实施？

（3）应如何进行授权审批控制？

工作任务一　资金运动控制

知识准备

资金活动是指企业筹资、投资和资金营运等活动的总称。一般来说，资金就是指货币资金，是指企业所拥有的现金、银行存款和其他货币资金。本处所指的资金活动超出货币自身的范畴，是个广义的定义。资金是企业生产经营循环的血液，是企业生存和发展的基础，决定着企业的竞争能力和可持续发展能力。企业资金活动中可能存在的风险无一不是重要风险，一旦转变为现实，危害重大。

一、加强资金活动管控意义重大

企业开展资金筹集、投放和营运等活动，存在着多种风险，对资金活动采取恰当的措施进行控制，可以维护资金的安全与完整、防范资金活动风险、提高资金效益，促进企业健康发展。

1. 资金活动的管控事关企业生死存亡

第一，资金活动影响企业生产经营的全过程。企业的资金活动与生产经营过程密不可分，企业生产经营活动的开展，总是依赖于一定形式的资金支持；生产经营的过程和结果，也是通过一定形式的资金活动体现出来的。因此，资金管理一直被视为企业财务管理的核心内容，构成企业经营管理的重要部分。

第二，资金活动内部控制通常是企业内部管理的薄弱环节。由于影响企业资金活动的因素很多，涉及面很广、不确定性很强，企业资金活动的管理和控制面临的困难很大。一是做好资金活动的管控，需要企业对自身业务活动做出科学、准确的定位；二是做好资金活动的管控，需要对企业所处的政治、经济、文化和技术等环境做出客观的、清晰的判断；三是做好企业资金活动的管控，需要企业相机抉择，合理处理自身与外界的各种关系和矛盾。企业由于受到主客观条件的限制，很难做到自动对资金活动施以有效控制。众多事实表明，资金活动内部控制失效，往往给企业带来致命打击，轻则带来巨额损失，重则可能将企业的百年基业毁于一旦。加强和改进资金活动内部控制，是企业生存和发展的内在需要。

2. 加强企业资金管控有利于企业可持续发展

第一，有利于企业防范资金活动风险，维护资金安全。资金活动贯穿企业生产经营的全过程，企业内部各部门、企业外部相关单位和个人都直接或间接参与企业资金活动，其中任何一个环节、任何一个机构和个人出现差错，都可能危及资金安全、导致企业损失。加强资金活动内部控制，有利于企业及时发现问题，防范并化解有关风险。

第二，可以促进企业资金合理使用，提高资金效率。企业生产经营活动的有效开展，依赖于资金所具有的合理存量和流量。根据资金活动指引开展资金活动内部控制，正确评价企业的资源条件和未来前景，科学地进行筹资和投资，并对生产经营中的资金余缺进行合理调剂，有利于资金均衡流动，提高资金的使用效率，获得更好的经济效益。

第三，可以规范企业经营活动，推动企业可持续发展。由于资金活动与企业生产经营活动紧密结合，规范企业的资金活动，实际上是从资金流转的角度对生产经营过程进行控制，有利于促使企业规范地开展业务活动、实现长期可持续发展。

二、资金活动控制的总体要求

对资金活动实施控制，需要建立健全相应的内部控制制度：即根据国家和地方有关法律法规和监管制度的要求，结合企业生产经营的实际需要，设计科学合理、重点突出、便于操作的业务流程，同时还要有针对关键控制点以及主要风险来源的控制措施。

第一，科学决策是核心。推进资金管理信息化建设，将资金预算管理与资金适时监控相结合，及时准确地反映资金运行状况和风险，可以提高决策的科学性和资金管理的及时性。企业应当根据自身发展战略，综合考虑宏观经济政策、市场环境、环保要求等因素，结合本企业发展实际，科学确定投融资目标和规划。如果目标不明确，决策不正确，控制措施就难以执行到位，资金活动就难以顺利进行。

第二，制度建设是基础。制度是企业经营管理各项活动顺利开展的基础性保障，它保证资金运作的合法性和规范性。企业应当根据内部控制规范等法律法规及企业自身的管理需要，完善资金管理制度，强化资金内部控制管理。企业资金活动的内部控制制度主要涉及资金授权、批准、审验等方面。如通过资金集中归口管理制度，明确筹资、投资、营运等各环节相关部门和人员的职责权限；通过不相容岗位分离制度，形成有力的内部牵制关系；通过严格的监督检查和项目后评价等制度，跟踪资金活动内部控制的实际情况，据以修正制度、改善控制效果。

第三，业务流程是重点。对资金活动实施控制，本质上是对资金业务的控制。企业在设计资金活动相关内部控制制度时，应该重点明确各种资金活动的业务流程，确定每一个环节、每一个步骤的工作内容和应该履行的程序，并将其落实到具体部门和人员。此外，由于很多资金业务是伴随企业生产经营活动的开展而开展的，两者既相互联系又互相影响，因此，在设计资金活动的业务流程的同时，要充分考虑相关生产经营活动的特征，根据生产经营活动的流程设计合理的资金控制流程。反之，也可以根据资金控制流程调整和优化生产经营活动流程，达到通过控制资金活动来规范企业生产经营活动的目的。

第四，风险控制点是关键。在资金活动较为复杂的情况下，资金控制不可能面面俱到。因此，企业必须识别并关注主要风险来源和主要风险控制点，以提高内部控制的效率。具体而言，在明确业务流程后，企业应该针对流程中的每一个环节、每一个步骤，认真细致地进行分析，根据不确定性的大小、危害性的严重程度等，明确关键的业务、关键的程序、关键的人员和岗位等，从而确定关键的风险控制点；然后针对关键风险控制点制定有效的控制措施，集中精力管控住关键风险。

第五，资金集中管理是方向。一般认为，企业规模越大，管理的难度也越大，如果管理技能一定，企业应当在集权与分权之间保持适当均衡。科学技术的快速发展，极大地提高了企业资金管理的能力，资金集中管理的优势明显扩大，并且日益成为较大规模企业的首选资金管控模式。另外，集团公司是企业发展到一定规模后，为了进一步优化资源配置而采用的一种组织形式。集团公司的资金内部控制，同样首选集中管控模式。也就是说，无论是企业相对其内部部门和分支机构，还是企业集团相对其子公司，都应该加强资金的集中统一管控。企业有子公司的，更加应当采取合法有效措施，强化对子公司资金业务的统一监控；有条件的企业集团，应当探索财务公司、资金结算中心等资金集中管控模式。

第六，严格执行是保障。再好的制度、措施，如果只停留在纸面，不严格执行，就只能流于形式而无法发挥实效。对资金活动进行内部控制时，虽然找对了业务流程、找准了关键风险控制点，但是如果不采取具体措施，对关键风险进行有效控制，那么同样可能造成严重损失。因此，制度的执行到位与否是事关整个内控活动能否取得实效的关键，只有严格执行，才能保证实现资金活动的决策目标。为了加强对资金活动的管控，促使资金活动内部控制制度得到切实有效的实施，企业财会部门应负责资金活动的日常管理，参与投融资方案等可行性研究；总会计师或分管会计工作的负责人应当参与投融资决策过程。

三、资金活动应关注的主要风险

（1）筹资决策不当，造成资本结构不合理或无效融资，可能导致企业筹资成本过高或债务危机。

（2）投资决策失误，引发盲目扩张或使企业丧失发展机遇，可能导致资金链断裂或资金使用效率低下。

（3）资金调度不合理、营运不畅，可能导致企业陷入财务困境或资金冗余。

（4）资金活动管控不严，可能导致资金被挪用、侵占、抽逃或使企业遭受欺诈。

职业判断与业务操作一

筹资活动是企业资金活动的起点，也是企业整个经营活动的基础。企业应当根据经营和发展战略的资金需要，确定融资战略目标和规划，结合年度经营计划和预算安排，拟定筹资方案，明确筹资用途、规模、结构和方式等相关内容，对筹资成本和潜在风险作出充分估计。

企业的生产经营活动过程，是一个人力资源作用于物质资源的过程。在这个过程中，物质资源的运动，一方面表现为有形的货币和实物资产的周转运动，另一方面表现为物质资源运动中蕴藏的无形的资金价值运动。因此，对企业生产经营活动中物质资源运动过程的内部控制，就是对有形的货币和实物资产周转运动的内部控制以及对这个过程中体现出来的无形的资金价值周转运动的内部控制。

筹资活动的控制，不仅决定着企业能不能顺利筹集生产经营和未来发展所需资金，而且决定着企业能以什么样的筹资成本筹集资金，能以什么样的筹资风险筹集所需资金，并决定着企业所筹集资金最终的使用效益。较低的筹资成本、合理的资本结构和较低的筹资风险，能够使企业不至于背负沉重的压力，可以从容地追求长期目标，实现可持续发展；而较高的筹资成本、不合理的资本结构和较高的筹资风险，常常使企业经营压力倍增。企业一方面要保持更高的资金流动性以应付不合理资本结构带来的财务风险，另一方面要追求更高的投资收益以补偿高额的筹资成本。因此，企业难以追求长期目标，往往过度追求短期利益，发展战略不能得到很好的执行，经营活动的可持续性得不到保证，企业经营和发展难以为继，财务风险很大，企业正常发展受到严重制约。

（一）筹资活动的业务流程

企业筹资活动控制，应该根据筹资活动的业务流程，区分不同筹资方式，按照业务流程中不同环节体现出来的风险，结合资金成本与资金使用效益情况，采用不同措施进行控制。因此，设计筹资活动的内部控制制度，首先必须深入分析筹资业务流程。通常情况下，筹资活动的业务流程包括以下内容。

第一，提出筹资方案。一般由财务部门根据企业经营战略、预算情况与资金现状等因素，提出筹资方案，一个完整的筹资方案应包括筹资金额、筹资形式、利率、筹资期限、资金用途等内容，提出筹资方案的同时还应与其他生产经营相关业务部门沟通协调，在此基础上才能形成初始筹资方案。

第二，筹资方案论证。企业应组织相关专家对筹资项目进行可行性论证，一般主要从筹资方案的战略评估、筹资方案的经济性评估、筹资方案的风险评估几个方面进行分析论证。

第三，筹资方案审批。通过可行性论证的筹资方案，需要在企业内部按照分级授权审批的原则进行审批，重点关注筹资用途的可行性。重大筹资方案，应当提交股东（大）会审议，筹资方案需经有关管理部门批准的，应当履行相应的报批程序。审批人员与筹资方案编制人员应适当分离。在审批中，应贯彻集体决策的原则，实行集体决策审批或者联签制度。

第四，筹资计划编制与执行。企业应根据审核批准的筹资方案，编制较为详细的筹资计划，经过财务部门批准后，严格按照相关程序筹集资金：通过银行借款方式筹资的，应当与有关金融机构进行洽谈，明确借款规模、利率、期限、担保、还款安排、相关的权利义务和违约责任等内容。双方达成一致意见后签署借款合同，据此办理相关借款业务。

第五，筹资活动的监督、评价与责任追究。要加强筹资活动的检查监督，严格按照筹资方案确定的用途使用资金，确保款项的收支、股息和利息的支付、股票和债券的保管等符合有关规定。

筹资活动业务流程如图 11-1 所示。

（二）筹资活动的主要风险及其控制措施

企业筹资业务可能面临的风险类型较多，企业在相应的内部控制活动中应注意识别关键风险，设计相关内部控制制度，有效地进行风险控制。通常在筹资活动中存在以下风险：

第一，缺乏完整的筹资战略规划导致的风险。企业在筹资活动中，应以其在资金方面的战略规划为指导，具体包括资本结构、资金来源、筹资成本等，在企业具体的筹资活动中，应贯彻既定的资金战略，以目标资本结构为指导，协调企业的资金来源、期限结构、利率结构等，如果忽视战略导向，缺乏对目标资本结构的清晰认识，很容易导致盲目筹资，使得企业资本结构、资金来源结构、利率结构等处于频繁变动中，给企业的生产经营带来巨大的财务风险。

第二，缺乏对企业资金现状的全面认识导致的风险。企业在筹资之前，应首先对其资金现状有一个全面正确的了解，并在此基础上结合企业战略和宏、微观形势等提出筹资方案。如果资金预算和资金管控工作不到位，使得企业无法全面了解资金现状和正确评估资金的实际需要以及期限等，则很容易导致筹资过度或者筹资不足。

第三，缺乏完善的授权审批制度导致的风险。筹资方案必须经过完整的授权审批流程方可正式实施，这一流程既是企业上下沟通的一个过程，同时也是各个部门、各个管理层次对筹资方案进行审核的重要风险控制程序。完善的授权审批制度有助于对筹资风险进行管控，如果忽略这一完善的授权审批制度，则有可能忽视筹资方案中的潜在风险，使得筹资方案草率决策、仓促上马，给企业带来严重的潜在风险。

第四，缺乏对筹资条款的认真审核导致的风险。企业在筹资活动中，要签订相应的筹资合同、协议等法律文件，筹资合同一般应载明筹资数额、期限、利率、违约责任等内容，企业应认真审核、仔细推敲筹资合同的具体条款，防止合同条款给企业带来潜在的不利影响，使得企业在未来可能发生的经济纠纷或诉讼中处于不利地位。

第五，因无法保证支付筹资成本导致的风险。任何筹资活动都需要支付相应的筹资成

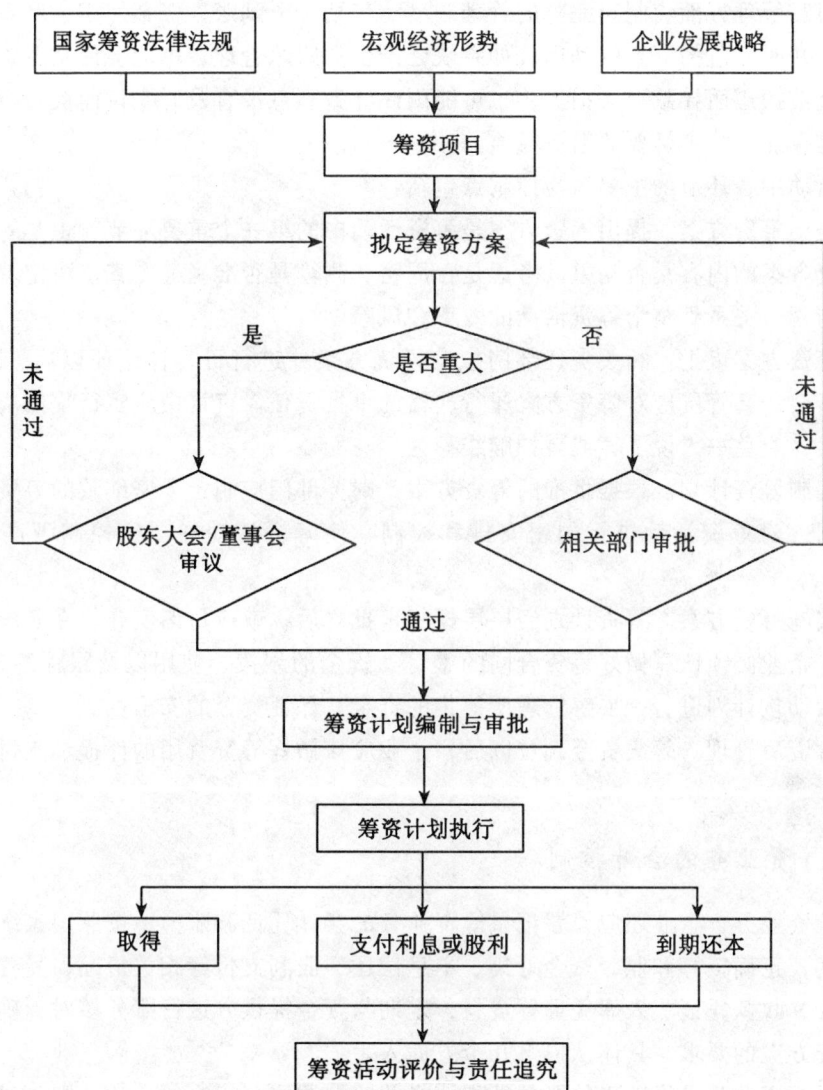

图 11-1　筹资活动业务流程

本。对于负债类筹资活动来说，相应的筹资成本表现为固定的利息费用，是企业的刚性成本，企业必须按期足额支付，用以作为资金提供者的报酬。对于股权类筹资活动来说，虽然没有固定的利息费用而且没有还本的压力，但是保证股权投资者的报酬一样不可忽视，企业应认真制定好股利支付方案，包括股利金额、支付时间、支付方式等，如果因股利支付不足，或者对股权投资者的报酬不足，将会导致股东抛售股票，从而使得企业股价下跌，给企业的经营带来重大不利影响。

第六，缺乏严密的跟踪管理制度导致的风险。企业筹资活动的流程很长，不仅包括资金的筹集到位，更要包括资金使用过程中的利息、股利等筹资费用的计提支付以及最终的还本工作，这一流程一般贯穿企业整个经营活动的始终，是企业的一项常规管理工作。企业在筹资跟踪管理方面应制定完整的管理制度，包括资金到账、资金使用、利息支付、股利支付等，并时刻监控资金的动向。如果缺乏严密的跟踪管理，可能会使企业资金管理失控，因资金被挪用而导致财务损失，也可能因此导致利息没有及时支付而被银行罚息，这些都会使得企业面临不必要的财务风险。

筹资活动中各环节的主要风险控制点包括：

一是提出筹资方案。提出筹资方案是筹资活动中的第一个重要环节，也是筹资活动的起点，筹资方案的内容是否完整、考虑是否周密、测算是否准确等，直接决定着筹资决策的正确性与否，关系到整个筹资活动的效率和风险。

二是筹资方案审批。相关责任部门拟定投资方案并进行可行性论证以后，股东（大）会或者董事会、高管层应对筹资方案履行严格的审批责任。审批中应实行集体决策审议或者联签制度，避免一人说了算或者拍脑袋行为。

三是编制筹资计划。根据批准的筹资方案，财务部门应制定严密细致的筹资计划，通过筹资计划，对筹资活动进行周密安排和控制，使筹资活动在严密控制下高效、有序进行。

四是实施筹资方案。筹资计划经层层授权审批之后，就应付诸实施。在实施筹资计划的过程中，企业必须认真做好筹资合同的签订、资金的划拨、使用以及跟踪管理等工作，保证筹资活动按计划进行，妥善管理所筹集的资金，保证资金的安全性。

五是筹资后管理。筹集资金到位以后，企业应该做好筹资费用的计提、支付以及会计核算等工作。

（三）筹资业务的会计控制

对于筹资业务，企业还应设置记录筹资业务的会计凭证和账簿，按照国家统一的会计准则和制度，正确核算和监督资金筹集、本息偿还、股利支付等相关情况，妥善保管筹资合同或协议、收款凭证、入库凭证等资料，定期与资金提供方进行账务核对，确保筹资活动符合筹资方案的要求。具体从以下几个方面入手：

一是对筹资业务进行准确的账务处理。企业应按照国家统一的会计准则，对筹资业务进行准确的会计核算与账务处理，应通过相应的账户准确进行筹集资金核算、本息偿付、股利支付等工作。

二是对筹资合同、收款凭证、入库凭证等，应妥善保管。与筹资活动相关的重要文件，如合同、协议、凭证等，企业的会计部门需登记造册、妥善保管，以备查用。

三是企业会计部门应做好具体的资金管理工作，随时掌握资金情况。财会部门应编制贷款申请表、内部资金调拨审批表等，严格管理筹资程序；财会部门应通过编制借款存量表、借款计划表、还款计划表等，掌握贷款资金的动向；财会部门还应与资金提供者定期进行账务核对，以保证资金及时到位与资金安全。

四是财务部门还应协调好企业筹资的利率结构、期限结构等，力争最大限度地降低企业的资金成本。

职业判断与业务操作二

企业投资活动是筹资活动的延续，也是筹资的重要目的之一。投资活动作为企业的一种盈利活动，对于筹资成本补偿和企业利润创造，具有举足轻重的意义。企业应该根据自身发展战略和规划，结合企业资金状况以及筹资可能性，拟定投资目标，制订投资计划，合理安排资金投放的数量、结构、方向与时机，慎选投资项目，突出主业。

（一）投资活动的业务流程

投资活动的业务流程一般包括以下内容。

第一，拟定投资方案。应根据企业发展战略、宏观经济环境、市场状况等，提出本企业的投资项目规划。

第二，投资方案可行性论证。可行性研究需要从投资战略是否符合企业的发展战略、是否有可靠的资金来源、能否取得稳定的投资收益、投资风险是否处于可控或可承担范围内、投资活动的技术可行性、市场容量与前景等几个方面进行论证。

第三，投资方案决策。按照规定的权限和程序对投资项目进行决策审批，要通过分级审批，集体决策来进行，决策者应与方案制定者适当分离。重点审查投资方案是否可行、投资项目是否符合投资战略目标和规划、是否具有相应的资金能力、投入资金能否按时收回、预计收益能否实现等。重大投资项目，应当报经董事会或股东（大）会批准。

第四，投资计划编制与审批。根据审批通过的投资方案，与被投资方签订投资合同或协议，编制详细的投资计划，落实不同阶段的投资额、投资具体内容、项目进度、完成时间、质量标准与要求等，并按程序报经有关部门批准后，签订投资合同。

第五，投资计划实施。投资项目往往周期较长，企业需要指定专门机构或人员对投资项目进行跟踪管理和有效管控。在投资项目执行过程中，密切关注投资项目的市场条件和政策变化，准确做好投资项目的会计记录和处理，定期组织投资效益分析，如果发生投资减值，应及时提取减值准备。

第六，投资项目的到期处置。对已到期投资项目的处置同样要经过相关审批流程，妥善处置并使企业经济收益最大化。

投资活动业务流程如图 11-2 所示。

（二）投资活动的主要风险点及其控制措施

在投资活动中，企业通常可能出现以下主要风险点：

第一，投资活动与企业战略不符所导致的风险。企业发展战略是企业投资活动、生产经营活动的指南和方向。企业投资活动应该以企业发展战略为导向，正确选择投资项目，合理确定投资规模，恰当权衡收益与风险，突出主业，避免盲目投资。

第二，投资与筹资在资金数量、期限、成本与收益上不匹配所导致的风险。投资活动的资金需求，需要通过筹资予以满足。不同的筹资方式，可能筹集资金的数量、偿还期限、筹资成本不一样，这就要求投资应量力而为；投资的现金流量在数量和时间上要与筹资现金流量保持一致，以避免财务危机发生；投资收益要与筹资成本相匹配，保证筹资成

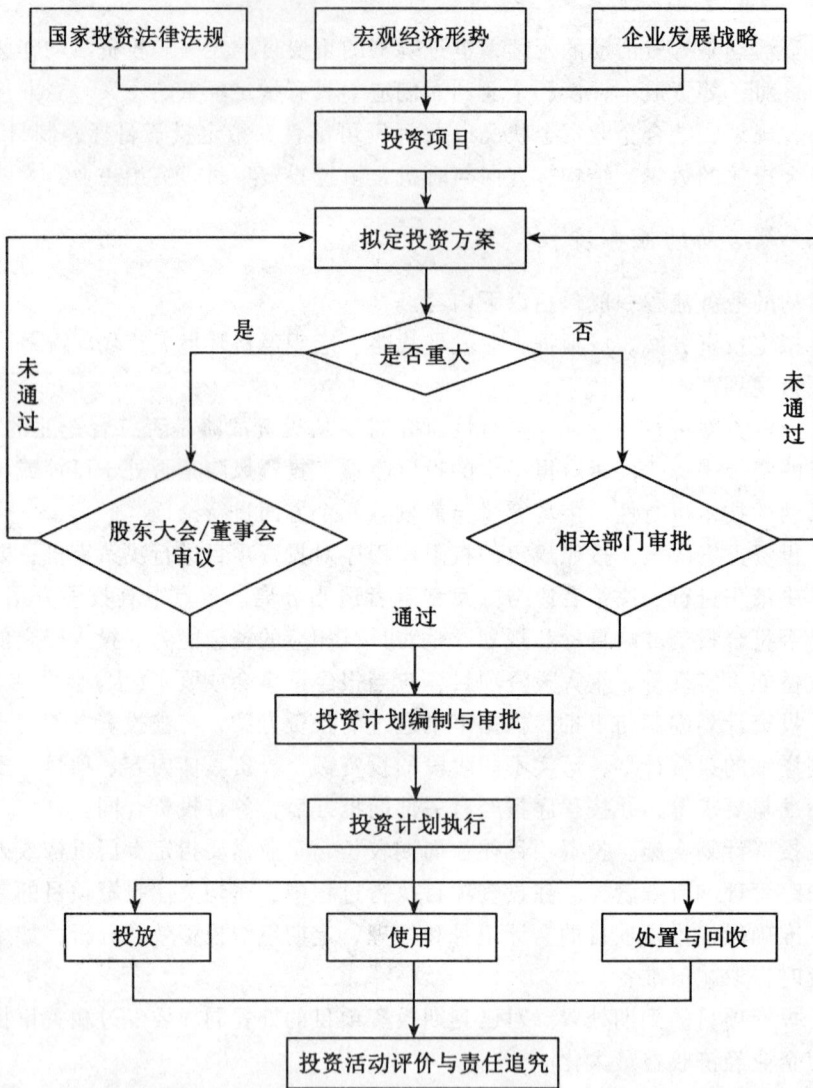

图 11-2　投资活动业务流程

本的足额补偿和投资的盈利性。

　　第三，投资活动忽略资产结构与流动性所导致的风险。企业的投资活动会形成特定资产，并由此影响企业的资产结构与资产流动性。投资中要恰当处理资产流动性和盈利性的关系，通过投资保持合理的资产结构，在保证企业资产适度流动性的前提下追求最大盈利性。

　　第四，缺乏严密的授权审批制度和不相容职务分离制度所导致的风险。授权审批制度是保证投资活动合法性和有效性的重要手段，不相容职务分离制度则通过相互监督与牵制，保证投资活动在严格控制下进行，这是防止出现随意、无序、无效的状况的重要手段。还应建立严密的责任追究制度，使责权利得到统一。

第五，缺乏严密的投资资产保管与会计记录所导致的风险。投资是直接使用资金的行为，也是形成企业资产的过程，严密的投资资产保管制度和会计控制制度，是避免投资风险、确保投资成功的重要因素。企业应建立严密的资产保管制度，明确保管责任，建立健全账簿体系，严格账簿记录，通过账簿记录对投资资产进行详细、动态的反映和控制。

针对以上主要风险点，企业应采取以下控制措施：

(1)拟定投资方案。企业应当根据投资目标和规划，合理安排资金投放结构，科学确定投资项目，拟订投资方案，重点关注投资项目的收益和风险，选择突出主业的投资项目。

(2)进行投资方案可行性论证。可行性研究需要分析投资战略是否符合企业的发展战略、是否有可靠的资金来源、能否取得稳定的投资收益、投资规模及方向和时机是否适当、项目的技术可行性与先进性、市场容量与前景以及项目预计现金流量、风险与报酬。

(3)对投资方案进行审批。明确审批人对投资业务的授权批准方式、权限、程序和责任，不得越权；审批中应实行集体决策审议或者联签制度；与有关被投资方签署投资协议。

(4)编制投资计划。制订切实可行的具体投资计划，作为项目投资的控制依据：核查企业当前资金额及正常生产经营预算对资金的需求量，积极筹措投资项目所需资金；并根据授权审批制度报有关部门审批。

(5)实施投资方案。为保证投资活动按计划合法、有序、有效进行，应根据投资计划进度，严格分期、按进度适时投放资金，严格控制资金流量和时间；以投资计划为依据，按照职务分离制度和授权审批制度，各环节和各责任人应正确履行审批监督责任；做好严密的会计记录，发挥会计控制的作用；做好跟踪分析工作，及时评价投资的进展，将分析和评价的结果反馈给决策层，以便及时调整投资策略或制定投资退出策略。

(三)投资业务的会计控制

企业应当按照会计准则的规定，准确进行投资的会计处理。具体包括以下内容：

一是对投资项目进行准确的会计核算、记录与报告，确定合理的会计政策，准确反映企业投资的真实状况。

二是企业应当妥善保管投资合同、协议、备忘录、出资证明等重要的法律文书。

三是企业应当建立投资管理台账，详细记录投资对象、金额、期限等情况，作为企业重要的档案资料以备查用。

四是企业应当密切关注投资项目的营运情况，一旦出现财务状况恶化、市价大幅下跌等情形，必须按会计准则的要求，合理计提减值准备。企业必须准确合理地对减值情况进行估计，而不应滥用会计估计，把减值准备作为调节利润的手段。

职业判断与业务操作三

企业资金营运控制的主要目标是：

第一，保持生产经营各环节资金供求的动态平衡。企业应当将资金合理安排到采购、生产、销售等各环节，做到实物流和资金流的相互协调、资金收支在数量和时间上相互协调。

第二，促进资金合理循环和周转，提高资金使用效率。资金只有在不断流动的过程中才能带来价值增值。加强资金营运的内部控制，就是要努力促使资金正常周转，为短期资金寻找适当的投资机会，避免出现资金闲置和沉淀等低效现象。

第三，确保资金安全。企业的资金营运活动大多与流动资金尤其是货币资金相关，这些资金由于流动性很强，出现错弊的可能性更大，保护资金安全的要求更迫切。

（一）资金营运活动的业务流程

企业资金营运活动是一种价值运动，为保证资金价值运动的安全、完整、有效，企业资金营运活动应按照设计严密的流程进行控制。

第一，资金收付需要以业务发生为基础。企业资金收付，应该有根有据，不能凭空付款或收款。所有收款或者付款需求，都由特定的业务引起，因此，有真实的业务发生，是资金收付的基础。

第二，企业授权部门审批。收款方应该向对方提交相关业务发生的票据或者证明，以收取资金。资金支付涉及企业经济利益流出，应严格履行授权分级审批制度。不同责任人应该在自己授权范围内，审核业务的真实性、金额的准确性以及申请人提交票据或者证明的合法性，严格监督资金支付。

第三，财务部门复核。财务部门收到经过企业授权部门审批签字的相关凭证或证明后，应再次复核业务的真实性、金额的准确性以及相关票据的齐备性、相关手续的合法性和完整性，并签字认可。

第四，出纳或资金管理部门在收款人签字后，根据相关凭证支付资金。

（二）资金营运控制的关键控制点及控制措施

资金营运内部控制的关键控制点主要包括以下内容：

一是审批控制点。审批合法性，未经授权不得经办资金收付业务，明确不同级别管理人员的权限。审批活动关键点包括：制定资金的限制接近措施，经办人员进行业务活动时应该得到授权审批，未经授权的人员不得办理资金收支业务；使用资金的部门应提出用款申请，说明用途、金额、时间等事项；经办人员在原始凭证上签章；经办部门负责人、主管总经理和财务部门负责人审批并签章。

二是复核控制点。复核控制点是减少错误和舞弊的重要措施。根据企业内部层级的隶属关系可以划分为纵向复核和横向复核两种类型。前者是指上级主管对下级活动的复核；后者是指平级或无上下级关系人员的相互核对，如财务系统内部的核对。会计对相关凭证进行横向复核和纵向复核，出纳根据审核后的相关收付款原始凭证收款和付款，并加盖戳记。

复核关键点包括：资金营运活动会计主管审查原始凭证反映的收支业务是否真实合法，经审核通过并签字盖章后才能填制原始凭证；凭证上的主管、审核、出纳和制单等印章是否齐全。

三是收付控制点。收入入账完整，支出手续完备。该控制点包括：出纳人员按照审核后的原始凭证收付款，对已完成收付的凭证加盖戳记，并登记日记账；主管会计人员及时准确地记录在相关账簿中，定期与出纳人员的日记账核对。

四是记账控制点。资金的凭证和账簿是反映企业资金流入流出的信息源，如果记账环节出现管理漏洞，很容易导致整个会计信息处理结果失真。

记账控制点包括：记账要具有真实性，出纳人员根据资金收付凭证登记日记账，会计人员根据相关凭证登记有关明细分类账；主管会计登记总分类账。

五是对账控制点。对账是账簿记录系统的最后一个环节，也是报表生成前一个环节，对保证会计信息的真实性具有重要作用。

对账控制点包括：账证核对、账账核对、账表核对、账实核对等。

六是银行账户管理控制点。企业应当严格按照《支付结算办法》等国家有关规定，加强银行账户的管理，严格按规定开立账户，办理存款、取款和结算。银行账户管理的关键控制点包括银行账户的开立、使用和撤销是否有授权，下属企业或单位是否有账外账。

七是票据与印章管理控制点。印章是明确责任、表明业务执行及完成情况的标记。印章的保管要贯彻不相容职务分离的原则，严禁将办理资金支付业务的相关印章和票据集中于一人保管，印章要与空白票据分管，财务专用章要与企业法人章分管。

八是保管控制点。保证财产安全与完整，授权专人保管资金；定期、不定期盘点。

总之，强化企业资金管理，控制资金风险，保障资金安全，发挥资金规模效益，有利于企业宏观掌握和控制资金筹措、运用及综合平衡，促进企业可持续健康发展。

工作任务二　全面预算管理控制

全面预算是指企业对一定期间的经营活动、投资活动、财务活动等作出的预算安排。全面预算作为一种全方位、全过程、全员参与编制与实施的预算管理模式，凭借其计划、协调、控制、激励、评价等综合管理功能，整合和优化配置企业资源，提升企业运行效率，成为实现企业发展战略的重要抓手。

（一）全面预算的内涵、本质及作用

1. 全方位、全过程、全员参与编制与实施的预算管理模式

全面预算的"全方位"，体现在企业的一切经济活动，包括经营、投资、财务等各项活动以及企业的人、财、物各个方面，供、产、销各个环节，都必须纳入预算管理。因此，全面预算是由经营预算（也称业务预算）、投资预算、筹资预算、财务预算等一系列预算组成的相互衔接和钩稽的综合预算体系。全面预算的"全过程"，体现在企业组织各项经济活动的事前、事中和事后都必须纳入预算管理，即全面预算不仅限于预算编制、分解和下达，而是由预算编制、执行、分析、调整、考核、奖惩等一系列环节所组成的管理活动。全面预算的"全员参与"，指企业内部各部门、各单位、各岗位，上至最高负责人，下至各部门负责人、各岗位员工都必须参与预算编制与实施。

2. 企业实施内部控制、防范风险的重要手段和措施

全面预算的本质是企业内部管理控制的一项工具，即预算本身不是最终目标，而是为实现企业目标所采用的管理与控制手段。全面预算的制定和实施过程，就是企业不断用量化的工具，使自身所处的经营环境与拥有的资源和企业的发展目标保持动态平衡的过程，也是企业在此过程中所面临的各种风险的识别、预测、评估与控制过程。

3. 企业实现发展战略和年度经营目标的有效方法和工具

"三分战略、七分执行"，通过实施全面预算，将根据发展战略制定的年度经营目标进行分解、落实，可以使企业的长期战略规划和年度具体行动方案紧密结合，从而"化战略为行动"，确保企业发展目标的实现。

4. 有利于企业优化资源配置、提高经济效益

全面预算是为数不多的能够将企业的资金流、实物流、业务流、信息流、人力流等进行整合的管理控制方法之一。全面预算以经营目标为起点，以提高投入产出比为目的，其编制和执行过程就是将企业有限的资源加以整合，协调分配到能够提高企业经营效率的业务、活动、环节中去，从而实现企业资源的优化配置，增强资源的价值创造能力，提高企业经济效益。

5. 有利于实现制约和激励

全面预算可以将企业各层级之间、各部门之间、各责任单位之间等内部责权利关系予以规范化、明细化、具体化、可度量化，从而实现出资者对经营者的有效制约以及经营者对企业经营活动、企业员工的有效控制和管理。通过全面预算的编制，企业可以规范内部各个利益主体对企业具体的约定投入及相应的约定利益；通过全面预算执行及监控，可以真实反馈内部各个利益主体的实际投入及其对企业的影响并加以制约；通过全面预算执行结果的考核，可以检查契约的履行情况并实施相应的奖惩，从而调动员工的积极性，最终实现企业目标。

(二)全面预算执行单位

全面预算执行单位是指根据其在企业预算总目标实现过程中的作用和职责划分的，承担一定经济责任，并享有相应权力和利益的企业内部单位，包括企业内部各职能部门、所属分(子)企业等。企业内部预算责任单位的划分应当遵循分级分层、权责利相结合、责任可控、目标一致的原则，并与企业的组织机构设置相适应。根据权责范围，企业内部预算责任单位可以分为投资中心、利润中心、成本中心、费用中心和收入中心。预算执行单位在预算管理部门(指预算管理委员会及其工作机构，下同)的指导下，组织开展本部门或本企业全面预算的编制工作，严格执行批准下达的预算。

各预算执行单位的主要职责一般是：①提供编制预算的各项基础资料；②负责本单位全面预算的编制和上报工作；③将本单位预算指标层层分解，落实到各部门、各环节和各岗位；④严格执行经批准的预算，监督检查本单位预算执行情况；⑤及时分析、报告本单位的预算执行情况，解决预算执行中的问题；⑥根据内外部环境变化及企业预算管理制度，提出预算调整申请；⑦组织实施本单位内部的预算考核和奖惩工作；⑧配合预算管理部门做好企业总预算的综合平衡、执行监控、考核奖惩等工作；⑨执行预算管理部门下达

的其他预算管理任务。

全面预算管理组织体系的基本架构如图 11-3 所示。

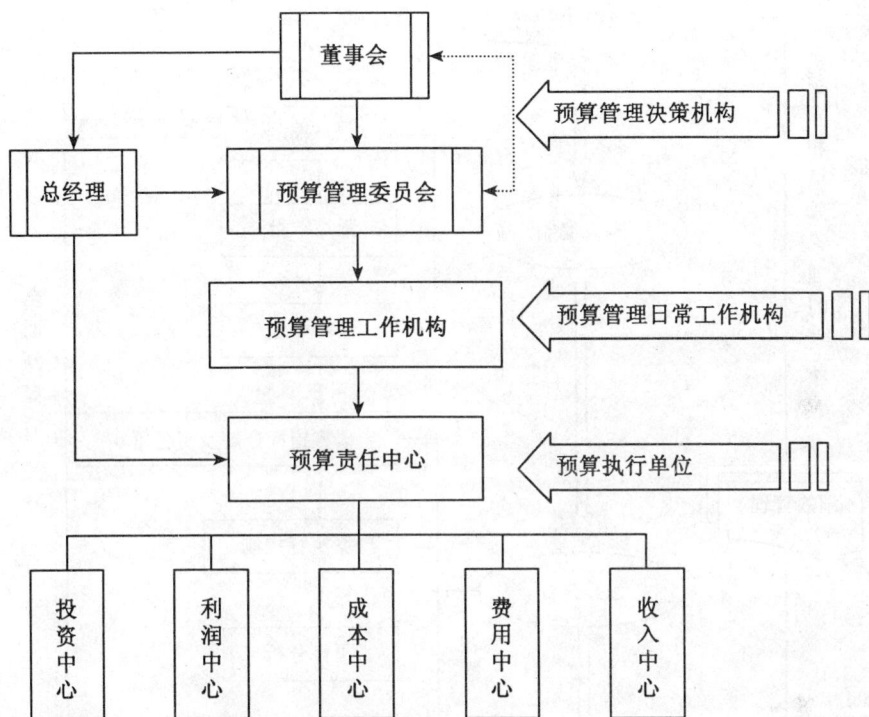

图 11-3 全面预算管理组织体系基本架构

企业应按照不相容职务相互分离的原则细化各部门、各岗位在预算管理体系中的职责、分工与权限,明确预算编制、执行、分析、调整、考核各环节的授权批准制度与程序。

预算管理工作各环节的不相容岗位一般包括:预算编制与预算审批、预算审批与预算执行、预算执行与预算考核。各预算执行单位负责人应当对本单位预算的执行结果负责。在全面预算管理各个环节中,预算管理部门主要起决策、组织、领导、协调、平衡的作用。企业可以根据自身的组织结构、业务特点和管理需要,责成内部生产、市场、投资、技术、人力资源等各预算归口管理部门负责所归口管理预算的编制、执行监控、分析等工作,并配合预算管理部门做好企业总预算综合平衡、执行监控、分析、考核等工作。

(三)全面预算的基本业务流程

企业全面预算的基本业务流程一般包括预算编制、预算执行和预算考核三个阶段。其中,预算编制阶段包括预算编制、预算审批、预算下达等具体环节;预算执行阶段涉及预算指标分解和责任落实、预算执行控制、预算分析、预算调整等具体环节。这些业务环节相互关联、相互作用、相互衔接,周而复始地循环,从而实现对企业全面经济活动的控制。全面预算的基本业务流程如图 11-4 所示。

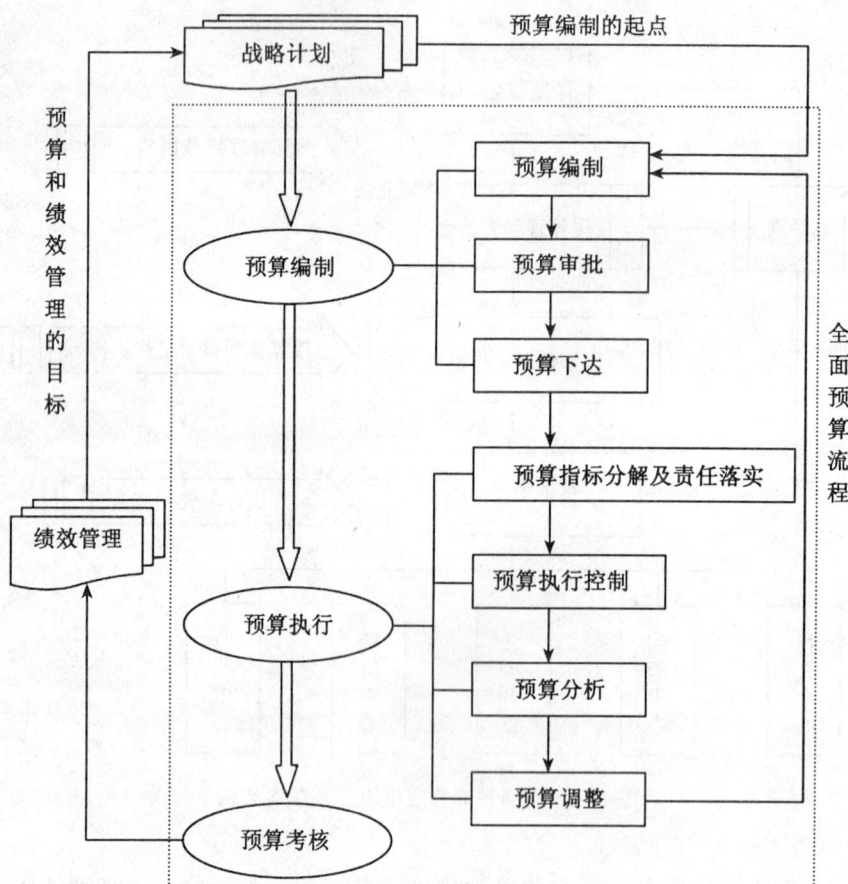

图 11-4 全面预算的基本业务流程

全面预算是企业加强内部控制、实现发展战略的重要工具和手段，但同时也是企业内部控制的对象。企业应当参照基本流程，结合自身情况及管理要求，制定具体的全面预算业务流程。

（四）预算流程主要业务风险及控制措施

1. 预算编制控制

预算编制是企业实施全面预算管理的起点。预算编制环节的主要风险如下：

第一，预算编制以财务部门为主，业务部门参与度较低，可能导致预算编制不合理，预算管理责、权、利不匹配；预算编制范围和项目不全面，各个预算之间缺乏整合，可能导致全面预算难以形成。

第二，预算编制所依据的相关信息不足，可能导致预算目标与战略规划、经营计划、市场环境、企业实际等相脱离；预算编制基础数据不足，可能导致预算编制准确率降低。

第三，预算编制程序不规范，横向、纵向信息沟通不畅，可能导致预算目标缺乏准确性、合理性和可行性。

第四，预算编制方法选择不当，或强调采用单一的方法，可能导致预算目标缺乏科学性和可行性。

第五，预算目标及指标体系设计不完整、不合理、不科学，可能导致预算管理在实现发展战略和经营目标、促进绩效考评等方面的功能难以有效发挥。

主要控制措施如下：

第一，全面性控制。明确各个部门、单位的预算编制责任，使企业各个部门、单位的业务活动全部纳入预算管理；将企业经营、投资、财务等各项经济活动的各个方面、各个环节都纳入预算编制范围，形成由经营预算、投资预算、筹资预算、财务预算等一系列预算组成的相互衔接和钩稽的综合预算体系。

第二，编制依据和基础控制。依据战略规划制订年度经营目标和计划，作为制定预算目标的首要依据；确保预算编制以市场预测为依据，与市场、社会环境相适应；分析企业上一期间的预算执行情况，充分预计预算期内企业资源状况、生产能力、技术水平等自身环境的变化，确保预算编制符合企业生产经营活动的客观实际；确保预算编制以可靠、翔实、完整的基础数据为依据。

第三，编制程序控制。企业应当按照上下结合、分级编制、逐级汇总的程序，编制年度全面预算。

第四，编制方法控制。充分考虑企业自身经济业务特点、基础数据管理水平、生产经营周期和管理需要，选择或综合运用固定预算、弹性预算、滚动预算等方法编制预算。

第五，预算目标及指标体系设计控制。按照"财务指标为主体、非财务指标为补充"的原则设计预算指标体系，按照各责任中心在工作性质、权责范围、业务活动特点等方面的不同，设计不同或各有侧重的预算指标体系。

2. 预算审批控制

预算审批环节的主要风险是：全面预算未经适当审批或超越授权审批，可能导致预算权威性不够、执行不力，或可能因重大差错、舞弊而导致损失。

主要控制措施是：企业全面预算应当按照我国《公司法》等相关法律法规及企业章程的规定报经审议批准。

3. 预算下达控制

预算下达环节的主要风险是：全面预算下达不力，可能导致预算执行或考核无据可查。

主要控制措施是：企业全面预算经审议批准后应及时以文件形式下达执行。

4. 预算指标分解和责任落实控制

该环节的主要风险是：预算指标分解不够详细、具体，可能导致企业的某些岗位和环节缺乏预算执行和控制依据；预算指标分解与业绩考核体系不匹配，可能导致预算执行不力；预算责任体系缺失或不健全，可能导致预算责任无法落实，预算缺乏强制性与严肃性；预算责任与执行单位或个人的控制能力不匹配，可能导致预算目标难以实现。

主要控制措施如下：

第一，企业全面预算一经批准下达，各预算执行单位应当将预算指标层层分解，落实到最终的岗位和个人，明确责任部门和最终责任人；将年度预算指标分解细化为季度、月度预算，通过实施分期预算控制，实现年度预算目标。

第二，建立预算执行责任制度，对照已确定的责任指标，定期或不定期地对相关部门及人员的责任指标完成情况进行检查，实施考评。

第三，指标应当遵循定量化、全局性、可控性原则，要明确、具体，便于执行和考核。

5. 预算执行控制

预算执行控制环节的主要风险是：缺乏严格的预算执行授权审批制度，可能导致预算执行随意；预算审批权限及程序混乱，可能导致越权审批、重复审批，降低预算执行效率和严肃性；预算执行过程中缺乏有效监控，可能导致预算执行不力，预算目标难以实现；缺乏健全有效的预算反馈和报告体系，可能导致预算执行情况不能及时反馈和沟通，预算差异得不到及时分析，预算监控难以发挥作用。

主要控制措施如下：

第一，加强资金收付业务的预算控制，及时组织资金收入，严格控制资金支付，调节资金收付平衡，防范支付风险。

第二，严格资金支付业务的审批控制，及时制止不符合预算目标的经济行为，确保各项业务和活动都在授权的范围内运行。

第三，建立预算执行实时监控制度，及时发现和纠正预算执行中的偏差。

第四，建立重大预算项目特别关注制度。

第五，建立预算执行情况预警机制和内部反馈、报告制度，科学选择预警指标，合理确定预警范围，及时发出预警信号，积极采取应对措施，确保预算执行信息传输及时、畅通、有效。

6. 预算分析控制

预算分析环节的主要风险是：预算分析不正确、不科学、不及时，可能削弱预算执行控制的效果，或可能导致预算考评不客观、不公平；对预算差异原因的解决措施不得力，可能导致预算分析形同虚设。

主要控制措施如下：

第一，建立预算执行情况分析制度，定期对预算执行情况进行分析，研究、解决预算执行中存在的问题。

第二，加强对预算分析流程和方法的控制，确保预算分析结果准确、合理。

第三，针对造成预算差异的不同原因采取恰当措施处理预算执行偏差。

7. 预算调整控制

预算调整环节的主要风险是：预算调整依据不充分、方案不合理、审批程序不严格，可能导致预算调整随意、频繁，预算失去严肃性和"硬约束"。

主要控制措施如下：

第一，市场环境、国家政策或不可抗力等客观因素，导致预算执行发生重大差异确需调整预算的，应当履行严格的审批程序，逐级提出书面申请，详细说明预算调整理由、调整建议方案、调整前后预算指标的比较、调整后预算指标可能对企业预算总目标的影响等内容。

第二，预算调整方案应当客观、合理、可行、谨慎，在经济上能够实现最优化。

8. 预算考核控制

预算考核环节的主要风险是：预算考核不严格、不合理、不到位，可能导致预算目标难以实现、预算管理流于形式。其中，预算考核是否合理受到考核主体和对象的界定是否合理、考核指标是否科学、考核过程是否公开透明、考核结果是否客观公正、奖惩措施是否公平合理且能够落实等因素的影响。

主要控制措施如下：

第一，建立严格的预算执行考核制度，对各预算执行单位和个人进行考核，将预算目标执行情况纳入考核和奖惩范围，定期组织实施预算考核，切实做到有奖有惩、奖惩分明。

第二，合理界定预算考核主体和考核对象，上级考核下级、逐级考核、预算执行与预算考核相互分离。

第三，科学设计预算考核指标体系。预算考核指标要以各责任中心承担的预算指标和定量指标为主，考核指标应当具有可控性、可达到性和明晰性。

第四，考核程序、标准、结果要公开，考核结果要客观公正，奖惩措施要公平合理并能够及时落实。

工作任务三　资产安全控制

情境引例

尼克·里森是巴林银行新加坡期货公司执行经理、首席交易员和结算主管，行政职位在巴林银行新加坡期货公司位居第三位，公司几乎无人能对其进行制约和监督。

交易和结算属于不相容职务，但巴林银行却偏偏对交易和结算这两个重要岗位没有予以分离，导致重大亏损得以掩盖。

尼克·里森．尼克·里森自传：我如何弄垮巴林银行．张友星，等，译．北京：中国经济出版社，1996.

◎思考：

如何实施不相容职务分离控制？

资产作为企业重要的经济资源，是企业从事生产经营活动并实现发展战略的物质基础。资产管理即"实物流"管控贯穿于企业生产经营全过程，在企业早期的资产管理实践中，如何保障货币性资产的安全是控制的重点。在现代企业制度下，资产业务控制已从如何防范资金被挪用和非法占用及实物资产被盗拓展到重点关注资产效能，充分发挥资产资源的物质基础作用，其目的是促进企业在保障资产安全的前提下，提高资产效能。

（一）资产管理控制的总体要求

为实现资产管理目标，企业应加强各项资产管控，全面梳理资产管理流程，及时发现资产管理中的薄弱环节，采取有效措施及时加以改进。

1. 全面梳理资产管理流程

一般工商企业，存货、固定资产和无形资产在资产总额中占比最大。企业需要全面梳理资产流程，既要注意从大类上区分存货、固定资产和无形资产，又要分别对存货、固定资产和无形资产等进行细化和梳理，应按"从进入到退出"的顺序进行，比如，对存货通常可以从验收入库、仓储保管、出库、盘点和处置等环节进行梳理，审视相关管理流程是否科学、是否能够较好地保证物流顺畅、是否能够不断减少物流风险、是否能够不断降低相关成本费用、各项资产是否最大限度地发挥了应有的效能。

2. 查找资产管理薄弱环节

要求企业着力关注下列主要风险：

一是，存货积压或短缺，可能导致流动资金占用过量、存货价值贬损或生产中断；

二是，固定资产更新改造不够、使用效能低下、维护不当、产能过剩，可能导致企业缺乏竞争力、资产价值贬损、安全事故频发或资源浪费；

三是，无形资产缺乏核心技术、技术落后、存在重大技术安全隐患，可能导致企业陷入法律纠纷、缺乏可持续发展能力。

3. 健全和落实资产管控措施

企业应当对发现的薄弱环节和问题进行归类整理，深入分析，查找原因，健全和落实相关措施，建立健全各项资产管理措施。企业只有科学管理，强化管控措施，确保各项资产安全并发挥效能，才能防范资产风险，提升核心竞争力，实现发展目标。

(二)存货控制

不同企业、不同类型存货的业务流程和管控方式可能不尽相同，应结合本企业的生产经营特点，针对业务流程中的主要风险点和关键环节，制定有效的控制措施；同时，充分利用计算机信息管理系统，强化会计、出入库等相关记录，确保存货管理全过程的风险得到有效控制。

无论是生产企业，还是商品流通企业，存货取得、验收入库、仓储保管、领用发出、盘点清查、销售处置等是其共有的环节。

1. 取得存货控制

该环节的主要风险是：存货预算编制不科学、采购计划不合理，可能导致存货积压或短缺。

主要管控措施是：企业存货管理实务中，应当根据各种存货采购间隔期和当前库存，综合考虑企业生产经营计划、市场供求等因素，充分利用信息系统，合理确定存货采购日期和数量，确保存货处于最佳库存状态。存货取得的风险管控措施主要体现在预算编制和采购环节，应由相关的预算和采购内部控制应用指引加以规范。

2. 验收入库控制

通过验收（质检）环节，以保证存货的数量和质量符合合同等有关规定或产品质量要求。该环节的主要风险是：验收程序不规范、标准不明确，可能导致数量克扣、以次充好、账实不符。

主要管控措施如下:

①外购存货的验收应当重点关注合同、发票等原始单据与存货的数量、质量、规格等是否一致。

②自制存货的验收,应当重点关注产品质量,通过检验合格的半成品、产成品才能办理入库手续,不合格品应及时查明原因、落实责任、报告处理。

③其他方式取得存货的验收,应当重点关注存货来源、质量状况、实际价值是否符合有关合同或协议的约定。

④仓储部门对于入库的存货,应根据入库单的内容对存货的数量、质量、品种等进行检查,符合要求的予以入库;不符合要求的,应当及时办理退换货等相关事宜。入库记录要真实、完整,定期与财会等相关部门核对,不得擅自修改。

3. 仓储保管控制

该环节的主要风险是:存货仓储保管方法不适当、监管不严密,可能导致损坏变质、价值贬损、资源浪费。

主要管控措施如下:

①存货在不同仓库之间流动时,应当办理出入库手续。

②存货仓储期间要按照仓储物资所要求的储存条件妥善贮存,做好防火、防洪、防盗、防潮、防病虫害、防变质等保管工作,不同批次、型号和用途的产品要分类存放。

③对代管、代销、暂存、受托加工的存货,应单独存放和记录,避免与本单位存货混淆。

④结合企业实际情况,加强存货的保险投保,保证存货安全,合理降低存货意外损失风险。

⑤仓储部门应对库存物料和产品进行每日巡查和定期抽检,详细记录库存情况;发现毁损、存在跌价迹象的,应及时与生产、采购、财务等相关部门沟通。对于进入仓库的人员应办理进出登记手续,未经授权人员不得接触存货。

4. 领用发出控制

该环节的主要风险是:存货领用发出审核不严格、手续不完备,可能导致货物流失。

主要管控措施是:仓储部门应核对经过审核的领料单或发货通知单的内容,做到单据齐全,名称、规格、计量单位准确;符合条件的准予领用或发出,并与领用人当面核对、点清交付。仓储部门应当根据经审批的销售(出库)通知单发出货物。

5. 盘点清查控制

存货盘点清查一方面是要核对实物的数量是否与相关记录相符、账实是否相符;另一方面也要关注实物的质量是否有明显的损坏。该环节的主要风险是:存货盘点清查制度不完善、计划不可行,可能导致工作流于形式、无法查清存货的真实状况。

主要管控措施是:确定盘点周期、盘点流程、盘点方法等,定期盘点和不定期抽查相结合。盘点清查时,应拟定详细的盘点计划,合理安排相关人员,使用科学的盘点方法,保持盘点记录的完整,以保证盘点的真实性、有效性。盘点清查结果要及时编制盘点表,形成书面报告,包括盘点人员、时间、地点、所盘点存货的名称、品种、数量、存放情况以及盘点过程中发现的账实不符情况等内容,对盘点清查中发现的问题,应及时查明原因，落实责任，按照规定权限报经批准后处理。

6. 存货处置控制

存货处置是存货退出企业生产经营活动的环节，包括商品和产成品的正常对外销售以及存货因变质、毁损等进行的处置。该环节的主要风险是：存货报废处置责任不明确、审批不到位，可能导致企业利益受损。

主要管控措施是：企业应定期对存货进行检查，及时、充分了解存货的存储状态，对于存货变质、毁损、报废或流失的处理要分清责任、分析原因并做到及时合理。

（三）固定资产控制

固定资产属于企业的非流动资产，是企业开展正常的生产经营活动所必需的物资条件，其价值随着企业生产经营活动逐渐转移到产品成本中。固定资产的安全、完整直接影响到企业生产经营的可持续发展能力。

固定资产业务流程，通常可以分为取得、验收移交、日常维护、更新改造和淘汰处置等五个环节，如图 11-5 所示。

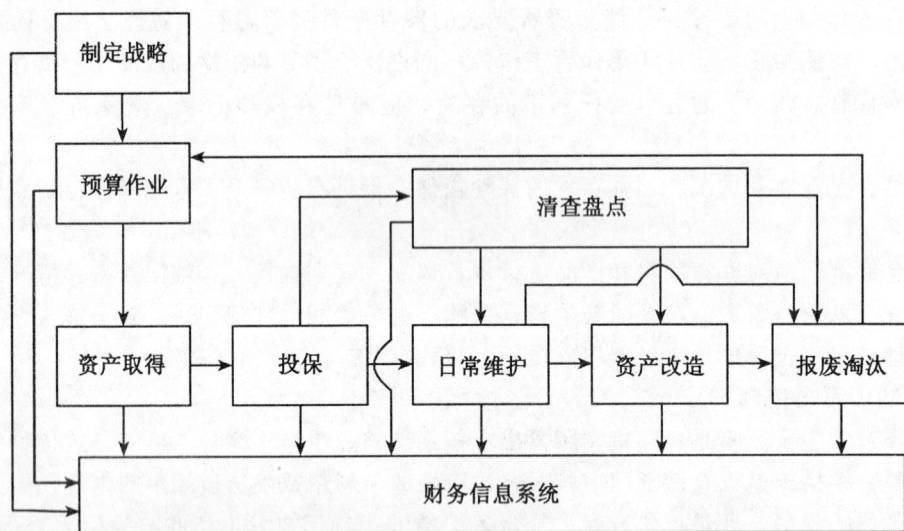

图 11-5　固定资产基本业务流程

1. 固定资产取得

该环节的主要风险是：新增固定资产验收程序不规范，可能导致资产质量不符合要求、进而影响资产运行；固定资产投保制度不健全，可能导致应投保资产未投保、索赔不力，不能有效防范资产损失风险。

主要管控措施如下：

（1）建立严格的固定资产交付使用验收制度。企业外购固定资产应当根据合同、供应商发货单等对所购固定资产的品种、规格、数量、质量、技术要求及其他内容进行验收，出具验收单，编制验收报告。企业自行建造的固定资产，应由建造部门、固定资产管理部门、使用部门共同填制固定资产移交使用验收单，验收合格后移交使用部门投入使用。未通过验收的不合格资产，不得接收，必须按照合同等有关规定办理退换货或其他弥补措施。对于具有权属证明的资产，取得时必须有合法的权属证书。

（2）重视和加强固定资产的投保工作。企业应当通盘考虑固定资产状况，根据其性质和特点，确定和严格执行固定资产的投保范围和政策，投保金额与投保项目力求适当。

2. 资产登记造册

该环节的主要风险是：固定资产登记内容不完整，可能导致资产流失、资产信息失真、账实不符。

主要管控措施如下：

（1）制定适合本企业的固定资产目录，列明固定资产编号、名称、种类、所在地点、使用部门、责任人、数量、账面价值、使用年限、损耗等内容，这有利于企业了解固定资产使用情况的全貌。

（2）按照单项资产建立固定资产卡片，资产卡片应在资产编号上与固定资产目录保持对应关系，详细记录各项固定资产的来源、验收、使用地点、责任单位和责任人、运转、维修、改造、折旧、盘点等相关内容，便于固定资产的有效识别。

3. 固定资产运行维护

该环节的主要风险是：固定资产操作不当、失修或维护过剩，可能造成资产使用效率低下、产品残次率高，甚至导致生产事故或资源浪费。

主要管控措施如下：

（1）将资产日常维护流程体制化、程序化、标准化，定期检查，及时消除风险，提高固定资产的使用效率，切实消除安全隐患。

（2）固定资产实物管理部门应审核施工单位资质和资信，并建立管理档案

4. 固定资产升级改造

为不断提高产品质量，企业需要定期或不定期对固定资产进行升级改造，以便开发新品种，降低能源资源消耗，保证生产的安全环保。该环节的主要风险是：固定资产更新改造不够，可能造成企业产品线老化、缺乏市场竞争力。

主要管控措施是：定期对固定资产技术先进性进行评估，资产使用部门根据需要提出技改方案，与财务部门一起进行预算可行性分析，并且由管理部门审核批准。

5. 资产清查

企业应建立固定资产清查制度，至少每年全面清查一次，保证固定资产账实相符，及时掌握资产盈利能力和市场价值。该环节的风险主要是：固定资产丢失、毁损等造成账实不符或资产贬值严重。

主要管控措施是：财务部门组织固定资产使用部门和管理部门定期进行清查，明确资产权属，确保实物与卡、财务账表相符。清查过程中发现的盘盈（盘亏），应分析原因，妥善处理，报告审核通过后及时调整固定资产账面价值，确保账实相符，并上报备案。

6. 固定资产处置

该环节的主要风险是：固定资产处置方式不合理，可能造成企业经济损失。主要管控

措施是：①对使用期满、正常报废的固定资产，应由固定资产使用部门或管理部门填制固定资产报废单，经企业授权部门或人员批准后对该固定资产进行报废清理。②对使用期限未满、非正常报废的固定资产，应由固定资产使用部门提出报废申请，注明报废理由、估计清理费用和可回收残值、预计处置价格等。③对拟出售或投资转出及非货币交换的固定资产，应由有关部门或人员提出处置申请，并进行价值评估。

情境小结

1. 财务控制的具体措施

财务控制的具体措施包括不相容职务分离控制、授权审批控制、会计系统控制、财产保护控制、预算控制、运营分析控制、绩效考评控制、重大风险预警机制。其中：不相容职务分离控制要求企业全面系统地分析、梳理业务流程中所涉及的不相容职务，实施相应的分离措施，形成各司其职、各负其责、相互制约的工作机制。不相容职务设置是组织机构设置的基础，在财务控制制度建设中处于非常重要的地位。不相容职务分离的核心是"内部牵制"，它要求每项经济业务都要经过两个或两个以上部门或人员的处理，使得单个人或部门的工作与其他人或部门的工作相一致或联系，并受其监督和制约。其目的是杜绝差错、堵塞漏洞、提高效率。

2. 授权审批控制

授权审批控制要求企业根据常规授权和特别授权的规定，明确各岗位办理业务和事项的权限范围、审批程序和相应责任。企业应当编制常规授权的权限指引，规范特别授权的范围、权限、程序和责任，严格控制特别授权。

3. 会计系统控制

会计系统控制要求企业严格执行国家统一的会计准则制度，加强会计基础工作，明确会计凭证、会计账簿和财务会计报告的处理程序，保证会计资料真实完整。

4. 财产保护控制

财产保护控制是为了确保企业财产物资安全、完整所采取的各种方法和措施。财产保护控制主要是针对企业的流动资产、固定资产和其他资产的控制。

5. 预算控制

预算控制是财务控制中使用较为广泛的一种控制措施。通过预算控制，使得企业经营目标转化为各部门、各个岗位以及个人的具体行为目标，作为各责任单位的约束条件，能够从根本上保证企业经营目标的实现。

6. 运营活动分析

运营活动分析是综合运用企业生产、购销、投资、筹资、财务等方面的信息资料，采用不同的运营分析方法，通过因素分析、对比分析、趋势分析等，定期开展运营情况分析，全面评价一个企业的运营活动情况，揭示企业运营活动中存在的问题、矛盾，总结经验教训，为改善企业经营管理提供方向或线索。

7. 绩效考评控制

绩效考评控制要求企业科学设置业绩考核指标体系和实施绩效考评制度，对照预算指标、盈利水平、投资回报率、安全生产目标等方面的业绩指标，对企业内部各责任单位和全体员工当期业绩进行定期考核和客观评价，兑现奖惩，将考评结果作为确定员工薪酬以及职务晋升、评优、降级、调岗、辞退等的依据，强化对各部门和员工的激励与约束。

8. 资金活动控制

企业开展资金筹集、投放和营运等活动，存在着多种风险，对资金活动采取恰当的措施进行控制，可以维护资金的安全与完整、防范资金活动风险、提高资金效益，促进企业健康发展。筹资活动是企业资金活动的起点，也是企业整个经营活动的基础。企业应当根据经营和发展战略的资金需要，确定融资战略目标和规划，结合年度经营计划和预算安排，拟定筹资方案，明确筹资用途、规模、结构和方式等相关内容，对筹资成本和潜在风险作出充分估计。

9. 全面预算管理控制

全面预算是指企业对一定期间的经营活动、投资活动、财务活动等作出的预算安排。全面预算作为一种全方位、全过程、全员参与编制与实施的预算管理模式，凭借其计划、协调、控制、激励、评价等综合管理功能，整合和优化配置企业资源，提升企业运行效率，是实现企业发展战略的重要抓手。

10. 资产安全控制

为实现资产管理目标，企业应加强各项资产管控，全面梳理资产管理流程，及时发现资产管理中的薄弱环节，采取有效措施及时加以改进。资产安全控制主要针对存货、固定资产进行控制。

(1) 存货控制。不同企业、不同类型存货的业务流程和管控方式不尽相同，应结合本企业的生产经营特点，针对业务流程中主要风险点和关键环节，制定有效的控制措施；同时，充分利用计算机信息管理系统，强化会计、出入库等相关记录，确保存货管理全过程的风险得到有效控制。

(2) 固定资产控制。固定资产属于企业的非流动资产，是企业开展正常的生产经营活动所必需的物资条件，其价值随着企业生产经营活动逐渐转移到产品成本中。固定资产的安全、完整直接影响到企业生产经营的可持续发展能力。固定资产控制按照固定资产业务流程取得、验收移交、日常维护、更新改造和淘汰处置等五个环节，进行风险提示及财务控制。

学习情境十二 | # 收 益 分 配 管 理

工作任务与学习子情境

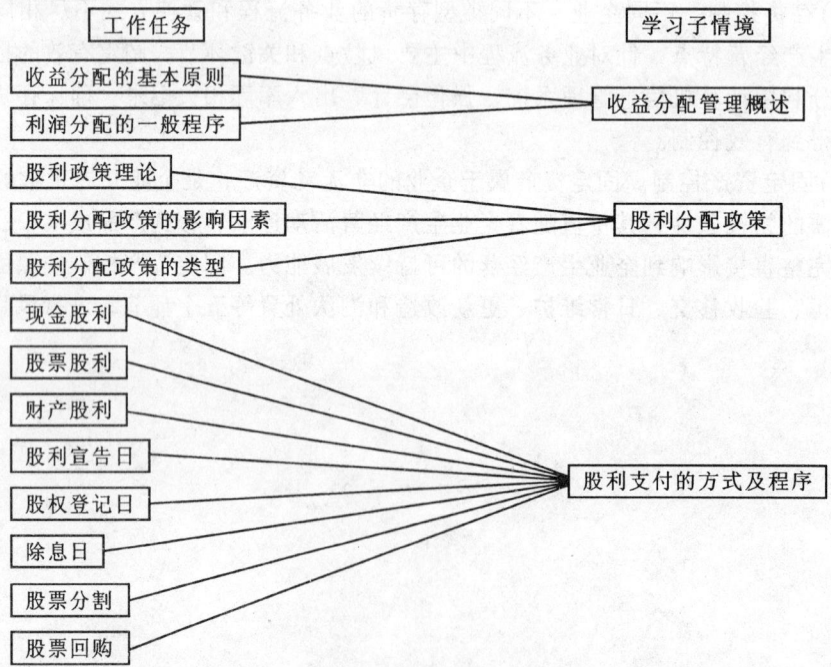

| 工作任务 | 学习子情境 |

收益分配的基本原则

利润分配的一般程序 —— 收益分配管理概述

股利政策理论

股利分配政策的影响因素 —— 股利分配政策

股利分配政策的类型

现金股利

股票股利

财产股利

股利宣告日

股权登记日 —— 股利支付的方式及程序

除息日

股票分割

股票回购

职业能力目标

专业能力：

● 根据实际情况制定股利分配方案。

- 根据股利分配方案进行股利决策。

社会能力：

- 股利支付是资本收益分配环节，股利的发放，影响股东投资收益的取得，公司资金的筹集和公司的市场价值。通过学习，应当深入理解各种股利支付理论的要点与指导意义，具体分析判断影响股利政策的各种因素，灵活制定适宜的股利政策。

学习子情境一 收益分配管理概述

情境引例

1989 年以前，IBM 公司的股利每年以 7% 的速度增长。1989—1991 年，IBM 公司的每股股利稳定在 4.84 美元/年，即平均每季度 1.21 美元/股。1992 年 1 月 26 日上午 9 时 2 分，《财务新闻直线》公布了 IBM 公司新的股利政策，季度每股股利从 1.21 美元调整为 0.54 美元，下降超过 50%。维持多年的稳定的股利政策终于发生了变化。

IBM 公司董事会指出：这个决定是在认真慎重考虑 IBM 的盈利和未来公司的长期发展的基础上做出的，同时也考虑到了给广大股东一个合适的回报率。这是一个为了维护股东和公司未来最好的长期利益，维持公司稳健的财务状况，综合考虑多种影响因素之后做出的决定。

1993 年，IBM 公司的问题累积成堆，股利不得不从 2.16 美元再次削减到 1.00 美元。在此之前，许多投资者和分析人士已经预计到 IBM 公司将削减其股利，因为它没有充分估计到微型计算机的巨大市场，没有尽快从大型计算机市场转向微型计算机市场。IBM 公司的大量资源被套在销路不好的产品上。同时，在 20 世纪 80 年代，IBM 公司将一些有利可图的项目，如软件开发、芯片等拱手让给微软和英特尔，使得它们后来获得丰厚的、创纪录的利润。结局是：IBM 公司在 1992 年创造了美国企业历史上最大的年度亏损，股票价格下跌 60%，股利削减 53%。

面对 IBM 公司的问题，老的管理层不得不辞职。到了 1994 年，新的管理层推行的改革开始奏效，公司从 1993 年的亏损转为盈利，1994 年的 EPS 达到 4.92 美元，1995 年 EPS 则高达 11 美元。因为 IBM 公司恢复了盈利，股利政策又重新提到了议事日程上来……

◎**思考：**

(1) 为什么 IBM 公司早期的董事会没有实行削减股利或取消股利的政策？

(2) IBM 公司是否应该调整其股利政策？为什么？

(3) IBM 公司应该采取提高现金股利的政策还是推行股票股利的政策？

(4) 如果 IBM 公司的股利政策再次调整，是否将影响其股票价格？

知识准备

企业在赚取利润后的收益分配过程是企业财务活动的主要一环，对于公司制企业而言，其收益分配的内容主要包括提取法定公积金、公益金和向投资者分配净利润。股利分配作为向投资者分配利润的重要形式则是股份制企业利润分配的核心问题。

一、收益分配的基本原则

(一)依法分配原则

为规范企业的收益分配行为,国家制定和颁布了若干法规,这些法规规定了企业收益分配的基本要求、一般程序和重大比例。企业的收益分配必须依法进行,这是正确处理企业各项财务关系的关键。

(二)兼顾职工利益原则

企业的净利润归投资者所有,是企业的基本制度。但企业职工不一定是企业的投资者,净利润就不一定归他们所有,而企业的利润是由全体职工的劳动创造的,他们除了获得工资和奖金等劳动报酬以外,还应该以适当的方式参与净利润的分配。如外商投资企业按规定提取的储备基金、企业发展基金、职工奖励及福利基金。

(三)分配与积累并重原则

企业的收益分配,要正确处理长期利益和近期利益这两者的关系,坚持分配与积累并重。企业除按规定提取法定盈余公积金以外,可适当留存一部分利润作为积累,这部分未分配利润仍归企业所有者所有。这部分积累的净利润不仅可以为企业扩大生产筹措资金,增强企业发展能力和抵抗风险的能力,同时,还可以供未来年度进行分配,起到以丰补歉、平抑利润分配数额波动、稳定投资报酬率的作用。

(四)投资与收益对等原则

企业收益分配应当体现"谁投资谁受益"、收益大小与投资比例相适应,即投资与收益对等原则,这是正确处理企业与投资者利益关系的立足点。投资者因投资行为,以出资额依法享有利润分配权,企业在向投资者分配利润时,要遵守公开、公平、公正的"三公"原则,不搞幕后交易,不帮助大股东侵蚀小股东利益,一视同仁地对待所有投资者,任何人不得以在企业中的其他特殊地位谋取私利,这样才能从根本上保护投资者的利益。

二、利润分配的一般程序

广义的收益分配首先是对企业收入的分配,即对成本费用进行弥补,进而形成利润的过程,然后对其余额(即利润)按照一定的程序进行再分配。本章只介绍利润分配,即狭义的收益分配。此处所指的利润分配是指对净利润的分配。企业取得的净利润,应当按规定进行分配。利润的分配过程和结果,不仅关系到所有者的合法权益是否得到保护,而且还关系到企业能否长期、稳定地发展。根据我国有关法规的规定,一般企业和股份有限公司每期实现的净利润,应按下列顺序进行分配:

(1)弥补以前年度的亏损。这是指企业连续 5 年未弥补完的经营亏损部分。

(2)提取法定盈余公积金。法定公积金按本年实现净利润的 10% 的比例提取。企业提取的法定公积金累计额为其注册资本的 50% 以上的,可以不再提取。企业提取的法定盈余公积金主要用于弥补亏损，转增资本。一般情况下不得用于向投资者分配利润（或股利）。

（3）提取任意盈余公积金。任意盈余公积金的计提主要应考虑以下几个方面的因素：

①企业的盈利状况。盈利多时多提，盈利少时可少提或不提。

②累积盈余公积金数额。累计盈余公积金数额大时，可少提或不提。

③对企业股利分配的影响，其主要目的在于控制向投资方分配利润的水平，以减少各年利润分配的波动。

（4）向投资者分配利润。分配时，一般按照投资者投入资本的比例分配。

可供投资者分配的利润＝本年实现的净利润－弥补以前年度的亏损－提取的法定盈余公积金＋期初未分配利润＋公积金转入数

学习子情境二　股利分配政策

知识准备

一、股利政策理论

股利政策是股份公司关于是否发放股利、发放多少以及何时发放的方针和政策。它有狭义和广义之分。从狭义方面来说的股利政策就是指探讨保留盈余和普通股股利支付的比例关系问题，即股利发放比率的确定问题。而广义的股利政策则包括：股利宣布日的确定、股利发放比例的确定、股利发放时的资金筹集等问题。公司在制定股利政策时，需要兼顾企业未来发展对资金的需要和股东对本期收益的要求，作出有利于实现股东财富最大化的决策。合理的股利政策，一方面可以为企业提供廉价的资金来源，另一方面可以为企业树立良好的财务形象，以吸引潜在的投资者和债权人。所以，股利政策是企业理财的核心问题，股利决策是企业重要的决策之一，应予以特别重视。

（一）传统股利政策理论

20世纪六七十年代，学者们研究股利政策理论时主要关注的是股利政策是否会影响股票价值，其中最具代表性的是一鸟在手理论、MM股利无关理论和税差理论，这三种理论被称为传统股利政策理论。

1."一鸟在手"理论

"一鸟在手"理论源于谚语"双鸟在林不如一鸟在手"。该理论最具有代表性的著作是M. Gordon 1959年在《经济与统计评论》上发表的《股利、盈利和股票的价格》，他认为企业的留存收益再投资时会有很大的不确定性，并且投资风险随着时间的推移将不断扩大，因此投资者倾向于获得当期的而非未来的收入，即当期的现金股利。因为投资者一般为风险厌恶型，更倾向于当期较少的股利收入，而不是具有较大风险的未来较多的股利。在这种情况下，当公司提高其股利支付率时，就会降低不确定性，投资者可以要求较低的必要报酬率，公司股票价格上升；如果公司降低股利支付率或者延期支付，就会使投资者风险增大，投资者必然要求较高报酬率以补偿其承受的风险，公司的股票价格也会下降。

2. MM 股利无关理论

1961 年，股利政策的理论先驱米勒和弗兰克·莫迪格利安尼在其论文《股利政策、增长和公司价值》中提出了著名的"MM 股利无关理论"，即认为在一个无税收的完美市场上，股利政策和公司股价是无关的，公司的投资决策与股利决策彼此独立，公司价值仅仅依赖于公司资产的经营效率，股利分配政策的改变仅是意味着公司的盈余如何在现金股利与资本利得之间进行分配。理性的投资者不会因为分配的比例或者形式而改变其对公司的评价，因此公司的股价不会受到股利政策的影响。

3. 税差理论

Farrar 和 Selwyn1967 年首次对股利政策影响企业价值的问题作出了回答。他们采用局部均衡分析法，并假设投资者都希望达到税后收益最大化。他们认为，只要股息收入的个人所得税高于资本利得的个人所得税，股东将情愿公司不支付股息。他们认为资金留在公司里或用于回购股票时股东的收益更高，或者说，这种情况下股价将比股息支付时高；如果股息未支付，股东若需要现金，可随时出售其部分股票。从税赋角度考虑，公司不需要分配股利。如果要向股东支付现金，也应通过股票回购来解决。

(二)现代股利政策理论

进入 20 世纪 70 年代以来，信息经济学的兴起，使得古典经济学产生了重大的突破。信息经济学改进了过去对于企业的非人格化的假设，而代之以经济人效用最大化的假设。这一突破对股利分配政策研究产生了深刻的影响。财务理论学者改变了研究方向，并形成了现代股利政策的三大主流理论——信号传递理论、代理成本理论和股利迎合理论。

1. 信号传递理论

信号传递理论从放松 MM 股利无关理论关于投资者和管理者拥有相同的信息的假定出发，认为管理当局与企业外部投资者之间存在信息不对称。管理者占有更多关于企业前景方面的内部信息，股利是管理者向外界传递其掌握的内部信息的一种手段。如果他们预计到公司的发展前景良好，未来业绩将大幅度增长时就会通过增加股利的方式将这一信息及时告诉股东和潜在的投资者；相反，如果预计到公司的发展前景不太好，未来盈利将持续性不理想时，那么他们往往会维持甚至降低现有股利水平，这等于向股东和潜在投资者发出了不利的信号。因此，股利能够传递公司未来盈利能力的信息，这就导致股利对股票价格有一定的影响。当公司支付的股利水平上升时，公司的股价会上升；当公司支付的股利水平下降时，公司的股价也会下降。

2. 代理成本理论

代理成本理论是由 Jensen 和 Meckling(1976)提出的，是在放松了 MM 股利无关理论的某些假设条件的基础上发展出来的，是现代股利理论研究中的主流观点，能较好地解释股利存在和不同的股利支付模式。Jensen 和 Meckling 指出："管理者和所有者之间的代理关系是一种契约关系，代理人追求自己的效用最大化。如果代理人与委托人具有不同的效用函数，就有理由相信他不会以委托人利益最大化为标准行事。委托人为了限制代理人的这类行为，可以设立适当的激励机制或者对其进行监督，而这两方面都要付出成本。"

Jensen 和 Meekling 称之为代理成本（agencycost），并定义代理成本为激励成本、监督成本和剩余损失三者之和。

3. 股利迎合理论

到了 20 世纪 90 年代，财务理论学者们发现美国上市公司中支付现金股利的公司比例呈下降趋势，这一现象被称做"正在消失的股利"，随后时期在加拿大、英国、法国、德国、日本等国也相继出现了类似的现象，蔓延范围广，堪称具有国际普遍性。在这种背景下美国哈佛大学 Baker 和纽约大学 Wurgler 提出了股利迎合理论来解释这种现象。

Baker 和 Wurgler 指出，由于某些心理因素或制度因素，投资者往往对于支付股利的公司股票有较强的需求，从而导致这类股票形成所谓的"股利溢价"，而这无法用传统的股利追随者效应来解释，主要是由于股利追随者效应假设只考虑股利的需求方面，而忽略供给方面。Baker 和 Wurgler 认为有些投资者偏好发放现金股利的公司，会对其股票给予溢价，而有些投资者正好相反，对于不发放现金股利的公司股票给予溢价。因此，管理者为了实现公司价值最大化，通常会迎合投资者的偏好来制定股利分配政策。

Baker 和 Wurgler 先后完成了两项实证研究来检验他们所提出的理论，在 Baker 和 Wurgler(2004a) 的检验里，他们利用 1962—2000 年 COMPUSTAT 数据库里的上市公司数据证明，当股利溢价为正时，上市公司管理者倾向于支付股利；反之，若股利溢价为负时，管理者往往忽视股利支付。在 Baker 和 Wurgler(2004b) 的检验里，他们检验了上市公司股利支付意愿的波动与股利溢价之间的关系，检验样本期间为 1962—1999 年，Baker 和 Wurgler 同样发现，当股利溢价为正时，上市公司股利支付的意愿提高；反之，如果股利溢价出现负值时，上市公司股利支付的意愿降低，以上两项实证研究均支持了股利迎合理论。

二、股利分配政策的影响因素

公司的股利分配与公司的市场价值是相关的。在现实生活中，影响股利分配的因素有：

(一)法律因素

为了保护债权人和股东的利益，有关法规对公司的股利分配经常有如下限制：

(1)资本保全。规定公司不能用资本（包括股本和资本公积）发放股利。

(2)企业积累。规定公司必须按净利润的一定比例提取法定盈余公积金。

(3)净利润。规定公司年度累计净利润必须为正数时才可发放股利，以前年度亏损必须足额弥补。

(4)超额累积利润。由于股东接受股利交纳的所得税高于其进行股票交易的资本利得税，于是许多国家规定公司不得超额累积利润，一旦公司的保留盈余超过法律认可的水平，将被加征额外税额。例如我国规定每收到 1 元现金股利，缴纳 0.2 元所得税。而不派发股利，使股票价值升高，投资者卖出时不需缴纳所得税。

(二)股东因素

就股东因素而言，存在以下影响股利分配的因素。

1. 稳定的收入和避税

一方面，一些依靠股利维持生活的股东，往往要求公司支付稳定的股利；若公司留存较多的利润，将受到这部分股东的反对。另一方面，一些高股利收入的股东又出于避税的考虑（股利收入的所得税高于股票交易的资本利得税），往往反对公司发放较多的股利。

2. 控制权的稀释

公司支付较高的股利，就会导致留存盈余减少，这意味着将来发行新股的可能性加大，而发行新股必然稀释公司的控制权。

（三）公司因素

就公司的经营需要来讲，也存在一些影响股利分配的因素：

1. 盈余的稳定性

公司是否能获得长期稳定的盈余，是其制定股利决策的重要基础。盈余相对稳定的公司能够较好地把握自己，有可能比盈余不稳定的公司支付较高的股利。

2. 资产的流动性

较多地支付现金股利，会减少公司的现金持有量，使资产的流动性降低。

3. 举债能力

具有较强举债能力（与公司资产的流动性相关）的公司因为能够及时地筹措到所需的现金，有可能采取较宽松的股利政策；而举债能力弱的公司往往采取较紧的股利政策。

4. 投资机会

有着良好投资机会的公司，需要有强大的资金支持，因而往往少发放股利，将大部分盈余用于投资。

职业判断与业务操作

股利决策也是内部融资决策，由于支付给股东的盈余与留在企业的保留盈余，存在此消彼长的关系。所以，股利分配既决定给股东分配多少红利，也决定有多少净利留在企业。减少股利分配，会增加保留盈余，减少外部融资需求。

一、剩余股利政策

企业未来有良好的投资机会时，应根据企业设定的最佳资本结构，确定未来投资所需的权益资金，先最大限度地使用留用利润来满足投资方案所需的权益资本，然后将剩余部分作为股利发放给股东。

剩余股利政策的操作步骤如下：

①确定公司的最佳资本结构；

②确定公司下一年度的资金需求量；

③确定按照最佳资本结构，为满足资金需求所需增加的权益资本数额；

④将公司税后利润首先满足公司下一年度的资金需求，剩余部分用来发放当年的现金股利。

【例12-1】 某公司2008年提取了公积金后的税后净利润为800万元，第二年的投资计划所需资金为 1 000 万元，公司的目标资本结构为权益资本占 60%、债务资本占 40%。若该公司选择剩余股利政策，请计算其投资计划所需的权益资本数额和当年发放的股利额。

按照目标资本结构的要求，公司投资方案所需的权益资本数额为：

$$1000×60\% = 600(万元)$$

该公司当年全部可用于分配股利的盈余为 800 万元，可以满足上述投资方案所需的权益资本数额并有剩余，剩余部分再作为股利发放。当年发放的股利额即为：

$$800-600 = 200(万元)$$

若该公司当年流通在外的只有普通股 100 万股，那么每股股利即为：

$$200/100 = 2(元)$$

选择剩余股利政策，意味着公司倾向保持理想的资本结构。

二、固定或持续增长的股利政策

固定或持续增长的股利政策是指将每年发放的股利固定在一固定的水平上并在较长的时期内不变，只有当公司认为未来盈余将会显著地、不可逆转地增长时，才提高年度的股利发放额。该政策是固定股利与固定股利支付率之间的一种股利政策。其政策特征是当企业盈余较低或现金投资较多时，可维护较低的固定股利，而当企业盈利有较大幅度增加时，则加付额外股利。固定或持续增长的股利政策可用图 12-1 表示。

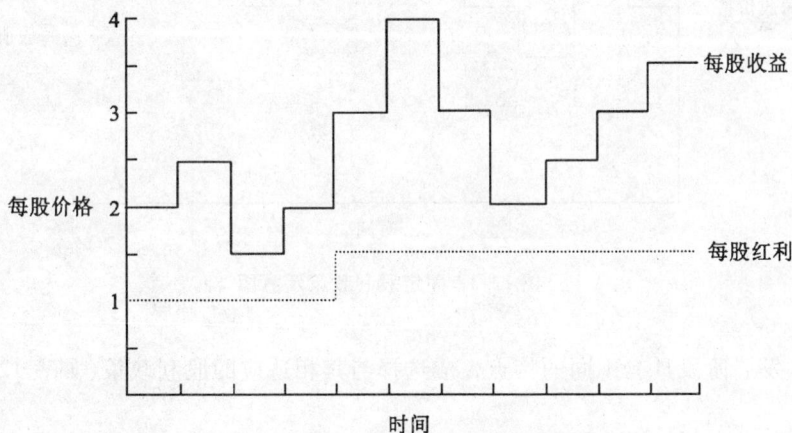

图 12-1 固定或持续增长的股利政策示意图

该政策的优点如下：

(1)稳定的股利可向市场传递公司正常发展的信息，有利于树立公司良好的形象，增强投资者对公司的信心，稳定股票的价格。

(2)有利于投资者安排股利收入和支出。

该政策的缺点是：股利支付与盈余脱节，同时不能像剩余股利政策那样保持较低的资金成本。

三、固定股利政策

固定股利政策表现为每股股利支付额固定的形式。该政策的基本特征是不论经济情况如何，也不论企业经营好坏，不降低股利的发放额，将企业每年的每股股利支付额，稳定在某一特定水平上保持不变，只有企业管理当局认为企业的盈利确已增加，而且未来的盈利足以支付更多的股利时，企业才会提高每股股利支付额。固定股利政策的实行比较广泛。如果企业的盈利下降，而股利并未减少，那么，投资者会认为企业未来的经济情况可能好转。因此，一般的投资者都比较喜欢投资于实行固定股利政策的企业。而固定股利政策则有助于消除投资者心中的不确定感，对于那些期望每期有固定收入的投资者，则更喜欢比较稳定的股利政策。因此，许多企业都在努力促使其股利具有稳定性。

固定股利政策也有一定的缺点：股利的支付与盈利相脱节，当盈利较低时仍要支付固定股利，这可能会出现资金短缺、财务状况恶化等情况，影响企业的长远发展。这种股利政策适用于盈利稳定或处于成长期的企业。固定股利政策可用图 12-2 表示。

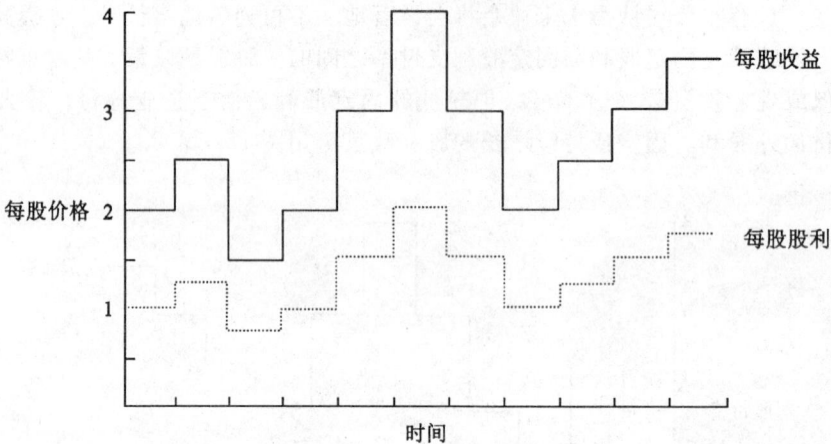

图 12-2　固定股利政策示意图

企业各发展阶段具有不同的特点，应选择与其相适应的股利政策（如表 12-1 所示）。

表 12-1　　　　　　　　　　　　　　股利政策的选择

企业发展阶段	特　　点	适应的股利政策
初创阶段	经营风险高，融资能力差	剩余股利政策
高速成长阶段	产品销量急速上升，投资规模大幅度增长	低正常股利加额外股利政策
稳定增长阶段	收入稳定增长，市场竞争力增强，净现金流入稳步增长，每股收益上升态势良好	固定股利支付比率政策
平稳阶段	盈利趋平稳，市场饱和，资金及盈利丰厚	固定股利政策
衰退阶段	产品销售锐减，利润快速下滑，支付能力弱	剩余股利政策

学习子情境三　股利支付的方式及政策

知识准备

一、股利支付方式

股利支付方式有多种，常见的有以下几种：

（一）现金股利

现金股利是以现金支付的股利，它是股利支付的主要方式。例如，每10股派2元等。现金股利是企业最常见的、也是最易被投资者接受的股利支付方式。企业支付现金股利，除了要有累计的未分配利润外，还要有足够的现金。因此，企业在支付现金前，必须做好财务上的安排，以便有充足的现金支付股利。因为，企业一旦向股东宣告发放股利，就对股东承担了支付的责任，必须如期履约，否则，不仅会丧失企业信誉，而且会带来不必要的麻烦。

（二）股票股利

股票股利是公司以增发的股票作为股利的支付方式，一般为派发股票股利。例如：10股送3股，相当于10股送3元钱红利。但是红利要缴纳20%的个人所得税，而股票则不用。股票股利是指应分给股东的股利以额外增发股票的形式来发放。以股票作为股利，一般都是按在册股东持有股份的一定比例来发放，对于不满一股的股利仍采用现金发放。股票股利最大的优点就是节约现金支出，因而常被现金短缺的企业所采用。

（三）财产股利

财产股利是以现金以外的资产支付的股利，主要是以公司所拥有的其他企业的有价证券，如债券、股票，作为股利支付给股东。

（四）负债股利

负债股利是公司以负债支付的股利，通常以公司的应付票据支付给股东，不得已情况下也有发行公司债券抵付股利的。财产股利和负债股利实际上是现金股利的替代方式。这两种股利方式目前在我国公司实务中很少使用，但是可以采用。

二、股利支付程序

企业通常在年度末，计算出当期盈利之后，才决定向股东发放股利。但是，在资本市场中，股票可以自由交换，公司的股东也经常变换。那么，哪些人应该领取股利，对此，公司必须事先确定与股利支付相关的时间界限。

（一）股利宣告日

公司董事会将股利支付情况予以公告的日期为股利宣告日。公告中将宣布每股支付的股利、股权登记期限、除去股息的日期和股利支付日期。

（二）股权登记日

股权登记日是指有权领取股利的股东资格登记截止日期。只有在股权登记日前在公司股东名册上有名的股东，才有权分享当期股利，在股权登记日以后列入名单的股东无权领取股利。

（三）除息日

除息日指领取股利的权利与股票相互分离的日期。在除息日前，股利权从属于股票，持有股票者即享有领取股利的权利；除息日开始，股利权与股票相分离，新购入股票的人不能分享股息和红利。

（四）股利支付日

股利支付日指向股东发放股利的日期。

三、股票回购

股票回购是上市公司在公开（二级）市场上或通过自我认购回购本公司发行在外的股票的行为。其实质是公司以现金购回股东所持股份来降低企业注册资本规模的一种方式。由于企业在回购时是以现金支付给股东来收回在外的股份的，因此，股票回购也可以认为是现金股利的一种替代方式。股票回购之后，发行在外的流通股减少，导致每股股利增加，股价上升，从而使股东获得相应的资本利得。

职业判断与业务操作

股票的分割是指将面额较高的股票交换成面额较低的股票的行为。股票的分割会使发行在外的股数增加，使得每股面额降低，每股盈余下降；但公司价值不变，股东权益总额、权益各项目及其相互之间的比例不会改变。

【例 12-2】 某公司股票分割前后普通股、资本公积、留存收益、股东权益合计金额如表 12-2 所示。

表 12-2 　　　　　　　　　　股票分割前后相关项目金额　　　　　　　　　　单位：万元

股票分割前	股票分割后
普通股 100　（1 000 000 股，每股 1 元）	普通股 100　（2 000 000 股，每股 0.5 元）
资本公积 100	资本公积 100
留存收益 500	留存收益 500
股东权益合计 700	股东权益合计 700

情境小结

1. 利润分配的基本原则

(1) 依法分配原则；

(2) 兼顾职工利益原则；

(3) 分配与积累并重原则；

(4) 投资与收益对等原则。

2. 股利分配政策

股利政策理论包括"一鸟在手"理论、MM 股利无关理论、税差理论、信号传递理论、代理成本理论和股利迎合理论。股利分配政策的影响因素有法律因素、股东因素和公司因素。常见的股利政策类型有剩余股利政策、固定或持续增长的股利政策和固定股利政策。

3. 股利支付方式

常见的股利支付方式有现金股利、股票股利、财产股利和负债股利。

财 务 分 析

工作任务与学习子情境

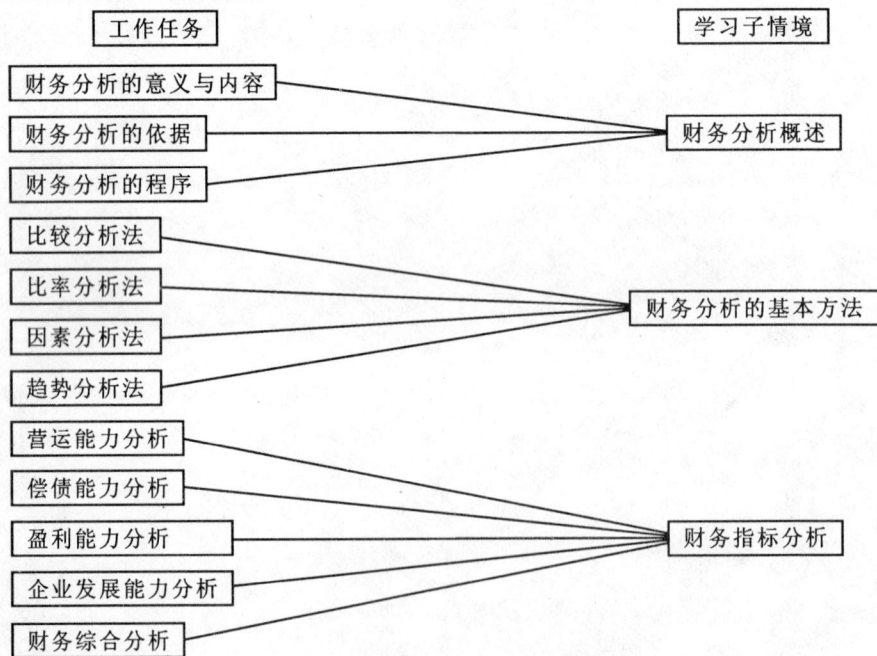

工作任务	学习子情境
财务分析的意义与内容	
财务分析的依据	财务分析概述
财务分析的程序	
比较分析法	
比率分析法	财务分析的基本方法
因素分析法	
趋势分析法	
营运能力分析	
偿债能力分析	
盈利能力分析	财务指标分析
企业发展能力分析	
财务综合分析	

职业能力目标

专业能力：

- 根据企业财务报表对企业财务指标进行分析；
- 利用杜邦分析法评价企业业绩。

社会能力：

- 财务分析是对企业的财务状况和经营成果的总结性分析，其目的是总结过去、评价现在、展望未来。财务分析以公司财务报表资料为主要依据，能将大量的会计核算信息转换为对决策有用的财务信息。通过学习，应当深入理解财务分析的基本指标体系，熟练分析和判断公司的偿债能力、营运能力、盈利能力，指出企业存在的问题，得出正确的分析结论。

学习子情境一　财务分析概述

情境引例

现在，很多公司都设置了财务分析职位，以下结合笔者做财务分析工作几年来的体会，谈一下做好财务分析工作需要哪些技能、思考方法和行为习惯。

1. 熟悉公司的业务

从全局看，包括市场战略、长短期目标、客户、供应商、产品、竞争对手、营销方式与渠道；从公司内部看包括公司的组织结构、人员、流程、政策、制度、生产工艺步骤、研发和服务等。财务分析人员要经常与各业务部门的同事沟通和合作，这种对业务的熟悉让我们在与其沟通时不说外行话，让人感觉我们很专业，对业务的熟悉程度决定了对业务控制的参与深度和对业务支持的力度，是财务分析人员需要长期学习和积累的能力。

2. 对会计系统和公司会计政策的掌握

财务分析的最主要信息来源是会计数据，为了用好这些数据，我们要对数据的搜集、整理和加工过程及标准有一定的了解。财务分析人员有时也扮演损益控制的角色，需要向会计部门提供一些特殊业务费用计提或冲销依据，对记账科目、收入、成本、费用的确认原则、政策的充分理解是做好这项工作的基础。另外，作为业务控制的一部分，财务分析人员还要经常检查会计记账的合理性和准确性，这都需要了解会计工作的系统、流程和方法。

3. 掌握各种分析所需的软件工具和系统

财务分析很大一部分工作是搜集数据和出具报告，我们可向数据的生产部门索要数据，但更多的时候，我们是通过共享的系统和实用的工具来自己取得数据，我们只需要安装上能够查询数据的系统或工具，就可以自己按需要取得数据。比如公司会计用的是 ERP 系统，我们可以自己进系统进行查询来获取会计数据，又比如所有的销售预测和过程数据都在 CRM 里面，我们可以用通用的 BI（商业智能）软件来定义和读取所需要的销售数据，在很多情况下，财务分析人员是公司里仅次于 IT 部门的信息系统专家。

4. 独立思考能力

因为财务分析人员整天都与数据和信息打交道，对这些数字的理性思考和判断成为做好财务分析工作的必备能力之一。首先是对数据真实性和可靠性的思考和判断。是否运用所积累的业务常识和职业敏感性来判断数字的真实性和可靠性是决定一个财务分析人员好坏的重要因素。比如，老板会经常一眼看出你所作报告的错误之处，然后告诉你为什么会是错的，这是因为老板对数字太敏感了。所以对某项重要的数据，财务分析人员要对其合理性和真实性进行思考和判断，必要时追索原始文件比如合同、发票。对于一些重要的、基础性的数据，要熟记在心，比如预算的收入、毛利、主要客户和产品的收入和盈利情况、主要产品价格、标准成本、一些重要的费用比如推广费、广告费、工资等。在其他部门或老板问你相关问题时，自信而准确地说出这些数据以及你对它们的理解会给人以非常专业的印象。

5. 叙述的能力

财务分析人员是信息的中转站，搜集到零散的信息后，要把它加工整合后传递给需要的人。这个工作需要很强的叙述能力，主要包括说和写的能力，说是指把一件事说清楚说明白，写是指用书面语言把一件事表达清楚。财务分析人员有时更像一个讲故事的人，高层的决策者依据你讲的故事做出判断和行动，你说得是否清楚、准确、明白决定了别人对你工作的印象。

6. 解决问题的能力

财务分析人员有时会面临很多临时或突发性的事件及要求，有很多是以前没接触过或没处理过的，需要了解情况、掌握信息、提出解决方案、跟踪落实情况。其中提出解决方案是对一个人分析问题和决策能力的考验，我初做财务分析时，遇到拿不准的事情，经常到上司那里去请示，一般他都会和我一起来了解情况、分析问题、共同处理，后来，再有这种情况时，他先问我：你有什么想法和办法，这一下就把我问住了，因为我没有仔细研究和充分考虑过这些问题。他就说，每个人都是自己专业领域的专家，你自己经过思考和研究得出的方案也许就是最好的解决方案。现在再有问题时，我都是做好充分的调研并拿出自己的方案后再去找上司请示。

7. 全局观或大局观的能力

有时老板做的事情或决定做下属的很难理解，经他一解释才明白为什么会这样想和这样做。这一方面与老板掌握的信息有关，另一方面与其看问题的角度和方向有关，站在越高的角度，看问题就越全面，他会把与此事相关的因素一一考虑到，然后分析什么是最重要的，做这个决定会影响到什么，当然这也是其经验积累的结果，但如果我们在考虑问题时站在更高的角度去想，就会发现很多原来没有考虑到的东西，我们的全局观也因此培养形成了。

8. 运用 EXCEL 工具的能力

尽管现在越来越多的公司在使用高级的系统实现信息共享，但 EXCEL 在相当的时期和范围内还是用得最多的也是最好用的分析和信息交流工具，用好 EXCEL 会在很大程度上提高我们的效率，让我们从烦琐的数字中解脱出来，做更有价值的事。另外，我们的报告大多以 EXCEL 表格出现，熟练使用 EXCEL 工具会让我们的报告更准确、更快速、更漂亮地送给我们的用户看，用户的满意度一定会大大提高。

资料来源：http://blog.sina.com.cn/LivingHistory

◎思考：

(1)引例中的财务分析人员做财务分析的主要服务对象是谁？要站在谁的立场上分析问题？

(2)对公司会计系统和公司会计政策的掌握对财务分析有何意义？

(3)为什么说熟悉公司的业务是财务分析的基础？熟悉公司业务应掌握哪些方面的内容？

（4）财务分析人员应具备的职业道德有哪些？

（5）要想做好财务分析工作，应具备什么样的能力？

知识准备

财务分析是指以财务报告和其他相关的资料为依据和起点，采用专门方法，系统分析和评价企业的过去和现在的经营成果、财务状况及其变动的一种方法。财务分析的最基本功能，是将大量的报表数据转换成对特定决策有用的信息，减少决策的不确定性。从企业股权投资者角度进行财务分析的最根本目的是了解企业的盈利能力，以供投资决策之用。从企业债权者角度进行财务分析的主要目的，一是了解其对企业的借款或其他债权是否能及时、足额收回，即研究企业偿债能力的大小；二是了解债务者的收益状况与风险程度是否相适应，即将偿债能力分析与盈利能力分析相结合，以供放贷决策之用。从企业经营者角度进行财务分析的目的是综合的、多方面的，总体来说，是及时发现生产经营中存在的问题与不足，并采取有效措施解决这些问题，是不仅使企业用现有资源营利更多，而且使企业盈利能力保持继续增长。以供经营决策之用。对于与企业经营有关的企业单位，他们进行财务分析的主要目的在于搞清企业的信用状况；对于国家行政管理与监督部门，他们进行财务分析的目的一是进行监督，二是为宏观决策提供可靠信息。

一、财务分析的意义与内容

财务分析是认识过程，通常只能发现问题而不能提供解决问题的现成答案，只能作出评价而不能改善企业的状况。例如，某企业资产收益率低，通过分析知道原因是资产周转率低，进一步分析知道资产周转率低的原因是存货过高，再进一步分析知道存货过高主要是产成品积压。如何处理积压产品？财务分析不能回答。财务分析是检查的手段，如同医疗上的检测设备和程序，能检查一个人的身体状况但不能治病。财务分析能检查企业偿债、获利和抵抗风险的能力，分析越深入越容易对症治疗，但诊断不能代替治疗。财务分析不能提供最终的解决问题的办法。它能指明需要详细调查和研究的项目。这些调查研究会涉及行业、本企业的其他补充信息。

二、财务分析的依据

财务分析的起点是财务报告，分析使用的数据大部分来源于公开发布的财务报表。因此，财务分析的前提是正确理解财务报表。财务报表是反映企业一定时期财务状况、经营成果和现金流动状况的总结性书面文件，包括财务报表、财务报表附注和财务情况说明书。财务报表体系主要由资产负债表、利润表、现金流量表等三张主要报表构成。财务报表是企业经理人员理解企业经营管理过程及其结果的重要手段。但是，作为企业经理人员，与专业的会计人员不同，没有必要埋头于烦琐复杂的具体会计事务，没有必要精通会计的所有细枝末节。他们应该侧重于如何去用财务报表，而不是如何去编制财务报表。

(一)资产负债表

资产负债表是企业财务结构的"快照",它是总括反映企业在一定日期的全部资产、负债和所有者权益的会计报表,是关于一个企业资产结构与资本结构的记录。企业价值每天都在变动,资产负债表只是表明在某个时点企业拥有什么,企业欠别人什么,两者相抵,企业为其投资者留下了什么。其基本特点如下:

(1)反映一定时点的财务状况(月报、年报),因此有被修饰的可能;

(2)按权责发生制填制,对未来的反映有一定程度的影响;

(3)反映资产与负债、所有者权益之间的关系,即资产=负债+所有者权益;

(4)反映资产、负债、所有者权益的存量及其结构等信息。

一般来说,企业过去的经营、投资和筹资等活动的结果都会反映在资产负债表上。可以说,资产负债表在一定程度上总括地反映了企业全部交易、事项与情况的影响。企业资产负债表反映了企业与企业之外的社会各界的契约关系,对于了解和把握特定时点的企业财务结构将有很大的帮助。但是,企业资产负债表并不直接反映企业的财务业绩,也不直接反映企业能否在某一时期赚得足够的利润以承担其还债的责任,并为企业的投资者增加资产。

(二)利润表

利润表是企业一定时期经营成果的计量,它是总括反映企业在某一会计期间内(年度、季度、月份等)经营成果的一种财务报表,其基本特点如下:

(1)反映一定期间经营成果;

(2)按权责发生制填制;

(3)反映利润的构成及实现,有利于管理者了解本期取得的收入和发生的产品成本、期间费用及税金,了解盈利总水平和各项利润的形成来源及其构成。利润表实际上是有关一个企业在一段时间内的财务业绩(企业赚钱的能力)记录。其理论依据是:利润=收入-成本费用。利润表的基本结构据此设计,因此,利润表只是利润计算公式的表格化而已。

目前的会计是一种权责发生制会计,收入与现金收入,费用与现金支出在数额、时间上并不等同。最典型的例子就是折旧,它是一种现金流入,但在会计上根据权责发生制,它却是一种费用。另外对于赊销,按权责发生制会计它是一种收入,但是,它却没有导致现金收入。也许,企业会计报表上显示出让人惊喜的利润,但是,企业甚至没有足够的现金去支付获得这些利润的税款,更不要说企业再生产的资金。也许利润是企业的,但是钱却在别人的手里。因此企业有利润却未必有现金流量。这就是"亏损企业发放股利,盈利企业走向破产"的原因。无论如何,资产负债表和利润表都不能反映一个企业的真实现金流动状况,只有现金流量表才能反映企业的现金流量状况。

(三)现金流量表

现金流量表是以现金为基础编制的反映企业在一定期间内由于经营、投资、筹资活动所形成的现金流量情况的会计报表,其基本特点如下:

（1）反映一定期间现金流动的情况和结果；

（2）按收付实现制填制，能够在很大程度上真实反映企业对未来资源的掌握。

现金流量表揭示了企业在一定时期内创造的现金数额。同一时期的现金流入量减去现金流出量就得到该时期的净现金流量。现金流量表告诉企业经理人员企业在满足了所有现金支出之后究竟创造了多少超额的现金。

在现金流量表上，现金收入与现金支出分为经营活动现金流量、投资活动现金流量和筹资活动现金流量。现金流量表实际上就是对"亏损企业发放股利，盈利企业走向破产"的解释，也是对资产负债表结果的解释。可以说，资产负债表体现公司理财的结果，而现金流量表体现公司理财的过程。企业最终必须靠持续的经营活动产生的现金流量才能维持下去。短期内企业可以通过筹资产生的现金流量满足经营活动和投资活动产生的现金流出量要求。但是，从长期的角度看，必须有充分的理由证明经营活动产生的现金流量能够满足筹资活动所带来的未来现金流出量需求。

（四）财务报表之间的关系

资产负债表、利润表和现金流量表存在密切的关系。实际上，从计算利润的角度看，只要将两期资产负债表进行对比，剔除投资和利润分配因素便可得到本期利润。这就说明了资产负债表与利润表的关系。现金流量表揭示了企业现金从哪里来，到何处去，进一步说明了资产负债表的结果。图 13-1 简要列示了资产负债表、利润表和现金流量表的关系。

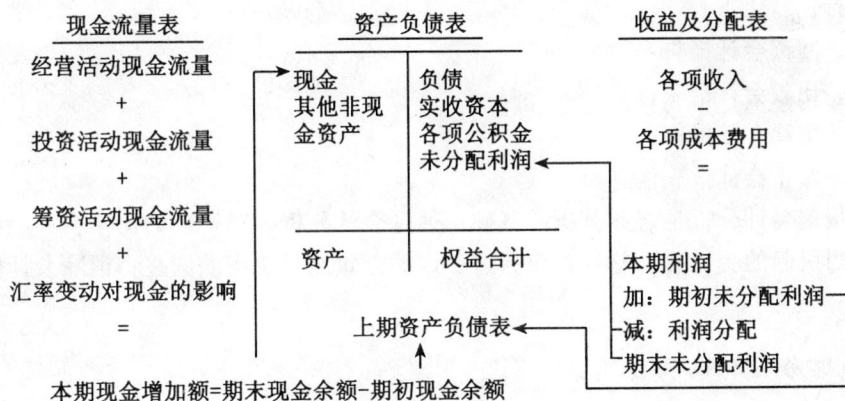

图 13-1 资产负债表、利润表和现金流量表的关系

三、财务分析的程序

财务分析的程序与步骤可以归纳为四个阶段十个步骤。

（一）财务分析信息搜集整理阶段

（1）明确财务分析目的；

（2）制订财务分析计划；

（3）搜集整理财务分析信息。

（二）企业战略分析与财务报表会计分析阶段

1. 企业战略分析

企业战略分析通过对企业所在行业或企业拟进入行业的分析，明确企业自身地位及应采取的竞争战略。

企业战略分析通常包括行业分析和企业竞争策略分析。

行业分析的目的在于分析行业的盈利水平与盈利潜力。影响行业盈利能力的因素有许多，归纳起来主要可分为两类：一是行业的竞争程度；二是市场谈判或议价能力。

企业战略分析的关键在于企业如何根据行业分析的结果，正确选择企业的竞争策略，使企业保持持久竞争优势和高盈利能力。企业进行竞争的策略有许许多多，最重要的竞争策略主要有两种，即低成本竞争策略和产品差异策略。

企业战略分析是会计分析和财务分析的基础和导向，通过企业战略分析，分析人员能深入了解企业的经济状况和经济环境，从而能进行客观、正确的会计分析与财务分析。

2. 财务报表会计分析

财务报表会计分析的目的在于评价企业会计所反映的财务状况与经营成果的真实程度。财务报表会计分析的作用是，一方面通过对会计政策、会计方法、会计披露的评价，揭示会计信息的质量；另一方面通过对会计灵活性、会计估价的调整，修正会计数据，为财务分析奠定基础，并保证财务分析结论的可靠性。进行财务报表会计分析，一般可按以下步骤进行：

第一，阅读会计报告；

第二，比较会计报表；

第三，解释会计报表；

第四，修正会计报表信息。

财务报表会计分析是财务分析的基础，通过会计分析，对发现的由于会计原则、会计政策等原因引起的会计信息差异，应通过一定的方式加以说明或调整，消除会计信息的失真问题。

（三）财务分析的实施阶段

财务分析的实施阶段是在企业战略分析与财务报表会计分析的基础上进行的步骤：

1. 财务指标分析

财务指标包括绝对指标和相对数指标两种。对财务指标进行分析，特别是进行财务比率指标分析，是财务分析的一种重要方法或形式。财务指标能准确反映企业某方面的财务状况。进行财务分析，应根据分析的目的和要求选择正确的分析指标。债权人要进行企业偿债能力分析，他就必须选择反映偿债能力的指标或反映流动性情况的指标进行分析，如流动比率指标、速动比率指标、资产负债率指标等；而一个潜在投资者要进行有关企业投资的决策分析，他则应选择反映企业盈利能力的指标进行分析，如总资产报酬率、资本收益率以及股利报偿率和股利发放率等。

正确选择与计算财务指标是正确判断和评价企业财务状况的关键所在。

2. 基本因素分析

财务分析不仅要解释现象，而且要分析原因。因素分析法就是要在报表整体分析和财务指标分析的基础上，对一些主要指标的完成情况，从其影响因素角度，深入进行定量分析，确定各因素对其影响方向和程度，为企业正确进行财务评价提供最基本的依据。

（四）财务分析综合评价阶段

财务分析综合评价阶段是财务分析实施阶段的继续。

1. 财务综合分析与评价

财务综合分析与评价是在应用各种财务分析方法进行分析的基础上，并与定性分析判断及实际调查情况结合起来，以得出财务分析结论的过程。财务分析结论是财务分析的关键步骤，结论的正确与否是判断财务分析质量的唯一标准。结论的得出，往往需要经过几次反复。

2. 财务预测与价值评估

财务分析既是一个财务管理循环的结束，又是另一个财务管理循环的开始。应用历史或现实财务分析结果预测未来财务状况与企业价值，是现代财务分析的重要任务之一。

财务分析不能仅满足于事后分析原因，得出结论，而且要对企业未来发展及价值状况进行分析与评价。

3. 财务分析报告

财务分析报告是财务分析的最后步骤。它将财务分析的基本问题、财务分析结论以及针对问题提出的措施建议以书面的形式表示出来，为财务分析主体及财务分析报告的其他受益者提供决策依据。财务分析报告作为对财务分析工作的总结，还可作为历史信息以供后来的财务分析参考，保证财务分析的连续性。

学习子情境二　财务分析的基本方法

知识准备

财务分析的方法一般分为定量分析方法和定性分析方法两类。定量分析方法是指分析者根据经济活动的内在联系，采用一定的数学方法，对所收集的数据资料进行加工、计算，对企业的财务状况和经营成果进行定量分析的方法。定性分析方法是指分析者运用所掌握的情况和资料，凭借其经验，对企业的财务状况和经营成果进行定性分析的方法。财务分析的过程实际上是定量分析和定性分析相结合的过程。财务分析的基本方法主要有以下几种。

一、比较分析法

比较分析，是对两个或几个有关的可比数据进行对比，揭示差异和矛盾。比较是分析的最基本方法，没有比较，分析就无法开始。比较分析的具体方法种类繁多，主要有以下几种分类方法。

(一)按比较对象分类

(1)与本企业历史比,即不同时期(2 ~ 10 年)指标相比,也称"趋势分析"。

(2)与同类企业比,即与行业平均数或竞争对手比较,也称"横向比较"。

(3)与计划预算比,即实际执行结果与计划指标比较,也称"差异分析"。

(二)按比较内容分类

(1)比较会计要素的总量。总量是指报表项目的总金额,例如总资产、净资产、净利润等。总量比较主要用于时间序列分析,如研究利润的逐年变化趋势,看其增长潜力。有时也用于同业对比,看企业的相对规模和竞争地位。

(2)比较结构百分比。把损益表、资产负债表、现金流量表转换成结构百分比报表。例如以收入为 100 %,看损益表各项目的比重。结构百分比报表用于发现有显著问题的项目,以揭示进一步分析的方向。

(3)比较财务比率。财务比率是各会计要素的相互关系,反映其内在联系。比率的比较是最重要的分析。它们是相对数,排除了规模的影响,使不同比较对象建立起可比性。财务比率的计算是比较简单的,但对它加以说明和解释是相当复杂和困难的。

财务报表分析的核心问题在于解释原因,并不断深化,寻找最直接的原因。财务报表分析是个研究过程,分析得越具体、越深入,则水平越高。如果仅仅是计算出财务比率而不进行分析,则什么问题也说明不了。

二、比率分析法

比率分析法是指利用两个指标间的相互关系,通过计算它们的比率来考察评价经营活动业绩优劣的分析方法。

(1)相关比率分析是以同一时期某个项目和其他有关但又不同的项目加以对比,求出比率,以便更加深入地认识某方面的经济活动状况;

(2)趋势比率分析是将几个时期同类指标的数字进行对比求出比率,以判断企业在某方面业务的趋势;

(3)构成比率分析是通过计算某一经济指标各个组成部分占总体的比率,用以观察它的构成内容及其变化,以掌握经济活动的特点和变化趋势。

运用该方法需要注意以下问题:

(1)选择比率要有重点;

(2)计算比率的两个指标应口径一致;

(3)企业间比较时,应剔除不可比因素。

三、因素分析法

因素分析法是依据分析指标和影响因素的关系,从数量上确定各因素对指标的影响程度的一种分析方法。企业的活动是一个有机整体，每个指标的高低，都受若干因素的影响。从数量上测定各因素的影响程度，可以帮助人们抓住主要矛盾，或更有说服力地评价经营状况。

因素分析法具体又分为以下几种：

(1)差额分析法。例如固定资产净值变化的原因分析，可分解为原值变化和折旧变化两部分。

(2)指标分解法。例如资产利润率，可分解为资产周转率和销售利润率的乘积。

(3)连环替代法。所谓连环替代法，是通过顺次逐个替代影响因素，计算各因素变动对指标变动影响程度的一种因素分析方法。例如影响成本降低的因素分析。

假设某财务指标 P 受 a、b、c 三因素的影响，关系式为 $P=abc$，设基数指标 P_0 由 a_0、b_0、c_0 组成，变动数指标 P_1 由 a_1、b_1、c_1 组成。即：

$$P_0 = a_0 b_0 c_0$$
$$P_1 = a_1 b_1 c_1$$

变动数与基数的差异 $P_1 - P_0$ 为分析对象。用连环替代法顺次逐个地测定 a、b、c 三因素变动对指标 P 变动的影响，当分析其中某一因素时，要把其余因素暂时当做不变的因素。

基数指标　　　　　　　$P_0 = a_0 b_0 c_0$ 　　　　　　　　　　(1)

第一次替代：假定 a 变，b、c 因素保持基数不变。

$$P_2 = a_1 b_0 c_0 \qquad (2)$$

(2)-(1)= $P_2 - P_0$ 表示 a 因素变动的影响。

第二次替代：假定 b 变，a 已成为变动数不再变，c 保持基数不变。

$$P_3 = a_1 b_1 c_0 \qquad (3)$$

(3)-(2)= $P_3 - P_2$ 表示 b 因素变动的影响。

第三次替代：假定 c 变，a 和 b 已成为变动数不再变。

$$P_1 = a_1 b_1 c_1 \qquad (4)$$

(4)-(3)= $P_1 - P_3$ 表示 c 因素变动的影响。

将 a、b、c 三因素的影响程度相加，即：

$$(P_2 - P_0) + (P_3 - P_2) + (P_1 - P_3) = P_1 - P_0$$

由此可见，分析结果与分析对象(变动数指标与基础指标的差异)相符合。

连环替代法的特点如下：

(1)连环性。所谓连环性，是指连环替代法在计算每个因素的影响时，都要以前一次计算指标为基础，采用连环比较差异的方法来确定因素变动对指标变动的影响程度。

(2)顺序性，是指连环替代法在替代置换各因素时，要按一定的顺序逐个替代，不能随意改变各因素替代的先后顺序。若对同一指标的分析采用不同的替代顺序，则各个因素变动影响的总和虽然仍会等于指标变动的总差异，但是各因素变动的影响程度会由于不同的替代顺序而不同。

【例 13-1】　下面举例说明连环替代法的具体应用。

假定某班组材料费用总额上月为 20 000 元，本月为 24 840 元，增加了 4 840 元。

根据资料查明：上月产品产量为 100 件，本月 115 件；上月单位产品材料耗用量 20 公斤，本月 18 公斤；上月材料单价 10 元，本月 12 元。先分析该班组材料费用总额增加的原因。

$$材料费用总额 = 产品产量 × 单位产品耗用量 × 材料单价$$

上月数：$100 × 20 × 10 = 20\ 000$（元）

第一次替代：$115 × 20 × 10 = 23\ 000$（元）

第二次替代：$115 × 18 × 10 = 20\ 700$（元）

第三次替代：$115 × 18 × 12 = 24\ 480$（元）

（2）-（1）$= 23\ 000 - 20\ 000 = 3\ 000$（元），即由于本月产量比上月产量略增而使材料总额费用增加。

（3）-（2）$= 20\ 700 - 23\ 000 = -2\ 300$（元），即由于本月材料单耗比上月下降而使材料总额费用减少。

（4）-（3）$= 24\ 840 - 20\ 700 = 4\ 140$（元），即由于本月材料单价提高而使材料总额费用增加。

$3\ 000 + (-2\ 300) + 4\ 140 = 4\ 840$（元），即产量、材料单耗、材料单价三因素变动对材料费用总额变动的共同影响。

在上述分析结果中，a、b、c 三因素变动的影响程度分别为：

$$P_2 - P_0 = a_1 b_0 c_0$$
$$P_3 - P_2 = a_1 b_1 c_0 - a_1 b_0 c_0$$
$$P_1 - P_3 = a_1 b_1 c_1 - a_1 c_0$$

将其简化后，可以用公式直接计算：

a 因素变动的影响程度：$(a_1 - a_0) b_0 c_0$

b 因素变动的影响程度：$(b_1 - b_0) a_1 c_0$

c 因素变动的影响程度：$(c_1 - c_0) a_1 b_1$

因此，上例分析过程可以简化为：

产品产量增加的影响程度：$(115 - 100) × 20 × 10 = 3\ 000$（元）

材料单耗下降的影响程度：$(18 - 10) × 155 × 10 = -2\ 300$（元）

材料单价提高的影响程度：$(12 - 10) × 115 × 18 = 4\ 140$（元）

三因素的影响程度合计：$3\ 000 + (-2\ 300) + 4\ 140 = 4\ 840$

（4）定基替代法，是分别用分析值替代标准值，测定各因素对财务指标的影响程度的一种分析方法，例如标准成本的差异分析。

四、趋势分析法

趋势分析法又称动态分析法，它是对不同时期的发展趋势做出分析。趋势分析法一般采用趋势比率的形式，即：

（1）本期是前期的百分之几；

（2）本期比前期增加或减少百分之几。

学习子情境三 财务指标分析

工作任务一 营运能力分析

知识准备

财务报表中有大量的数据，可以根据需要计算出很多有意义的比率，这些比率涉及企业经营管理的各个方面。通过财务比率分析，可以对企业的营运能力、偿债能力、盈利能力和发展能力进行分析。

职业判断与业务操作

为了便于举例，在本节中将主要以 H 工厂的财务报表简表为例说明财务比率的计算及运用(见表 13-1 和表 13-2)。

表 13-1

资产负债表

编制单位：H 工厂　　　　　　　　2010 年 12 月 31 日　　　　　　　　单位：元

资产	期初余额	期末余额	负债及所有者权益	期初余额	期末余额
流动资产：			流动负债：		
货币资金	32 500	1 271 360	短期借款	92 100	333 100
交易性金融资产			应付账款	45 000	154 000
应收账款	42 000	176 000	预收账款	10 000	
预付账款			其他应付款	1 500	100
其他应收款	1 300	4 900	应付职工薪酬		
应收利息			应交税费	42 000	61 862. 50
存货	407 000	685 290	应付股利(应付利润)	20 000	16 000
待摊费用	4 600	4 700	预提费用	2 800	7 100
其他流动资产			其他流动负债		
流动资产合计	487 400	2 142 250	流动负债合计	211 900	572 162. 50
非流动资产：			非流动负债：		
固定资产	800 000	4 582 000	长期借款		
无形资产			应付债券		
长期股权投资			长期应付款		
非流动资产合计	800 000	4 582 000	非流动负债合计		

续表

资产	期初余额	期末余额	负债及所有者权益	期初余额	期末余额
			负债合计	211 900	572 162.50
			所有者权益:		
			实收资本	1 000 000	6 000 000
			资本公积		
			盈余公积	54 000	70 000
			未分配利润	20 000	82 087.50
			所有者权益合计	1 074 000	6 152 087.50
资产合计	1 287 400	6 724 250	负债及所有者权益合计	1 287 400	6 724 250

表 13-2   利润表

编制单位：H 工厂   2010 年 12 月   单位：元

项　目	金额
一、营业收入	3 710 000
减：营业成本	1 500 000
营业税金及附加	361 000
销售费用	50 000
管理费用	707 000
财务费用	100 000
二、营业利润	992 000
加：营业外收入	174 000
减：营业外支出	31 500
三、利润总额	1 134 500
减：所得税费用	257 620.50
四、净利润	876 879.50

企业负债和所有者权益的增加都是为了形成足够的营运能力。营运能力是指企业对其有限资源的配置和利用能力，从价值的角度看就是企业资金利用效果。一般情况下，企业管理人员的经营管理能力以及对资源的配置能力都有可能通过相关的财务指标反映出来。

（一）流动资产周转率

流动资产周转率是指企业流动资产在一定时期内所完成的周转额与流动资产平均占用额之间的比率关系。它反映流动资产在一定时期内的周转速度和营运能力。在其他条件不变的情况下，如果流动资产周转速度快，说明企业经营管理水平高。资源利用效率越高，流动资产所带来的经济效益就越高。该指标通常用流动资产周转次数或周转天数表示，其计算公式为：

$$流动资产周转次数 = \frac{营业收入}{流动资产平均占用额}$$

$$流动资产周转天数 = \frac{360}{流动资产周转次数}$$

上式中：

$$流动资产平均占用额 = (期初流动资产 + 期末流动资产) \div 2$$

【例13-2】 根据资产负债表，求该工厂流动资产周转率和周转天数。

解： 流动资产周转率 = 3 710 000/[(487 400 + 2 142 250) ÷ 2] = 2.82(次)

流动资产周转天数 = 360/2.82 = 127(天)

一般来说，在销售额既定的条件下，周转速度越快，投资于流动资产的资金就越少；反之，投资于流动资产的资金就越多。

(二)存货周转率

存货周转率是指企业一定时期内的销售成本与同期的存货平均余额之间的比率。其计算公式为：

$$存货周转次数 = \frac{销售成本}{平均存货}$$

$$存货周转天数 = \frac{360}{存货周转次数}$$

上式中：

$$平均存货 = (期初存货 + 期末存货) \div 2$$

【例13-3】 根据资产负债表，求该工厂存货周转率和周转天数。

解： 存货周转率 = 1 500 000/[(685 290 + 407 000) ÷ 2] = 2.75(次)

周转天数 = 360 ÷ 2.75 = 130(天)

存货周转率是从存货变现速度的角度来评价企业的销售能力及存货适量程度的。存货周转次数越多，反映存货变现速度越快，说明企业销售能力强，营运资金占压在存货上的量小；反之，存货周转次数越少，反映企业存货变现速度越慢，说明企业销售能力弱，存货积压，营运资金占压在存货上的量大。

用该指标进行评价分析，要注意的是衡量和评价存货周转率没有一个绝对的标准，因行业而异。

(三)应收账款周转率

应收账款周转率是指企业在一定时期的赊销净额与应收账款平均余额之间的比率。其计算公式是：

$$应收账款周转率 = 营业收入/平均应收账款$$

$$应收账款周转天数 = \frac{360}{应收账款周转次数}$$

$$平均应收账款 = (期初应收账款 + 期末应收账款) \div 2$$

【例 13-4】 根据资产负债表，求该工厂应收账款周转率和周转天数。

解： 应收账款周转率=3 710 000/[(42 000+176 000)÷2]=34.04(次)

应收账款周转天数=360÷34=10(天)

应收账款周转率是评价企业应收账款的变现能力和管理效率的财务比率。应收账款周转次数多，说明企业组织收回应收账款的速度快，造成坏账损失的风险小，流动资产流动性好，短期偿债能力强。反之，应收账款周转次数少，说明企业组织收回应收账款的速度慢，坏账损失风险大，流动资产流动性差，短期偿债能力弱。

(四)总资产周转率

总资产周转率是企业一定时期的销售收入对总资产的比率。其计算公式是：

$$总资产周转次数=营业收入/平均资产总额$$

$$总资产周转天数=\frac{360}{总资产周转次数}$$

$$平均资产总额=(期初资产总额+期末资产总额)÷2$$

【例 13-5】 根据资产负债表，求该工厂总资产周转率和周转天数。

解： 总资产周转率=3 710 000/[(1 287 400+6 724 250)÷2]=0.92(次)

总资产周转天数=360÷0.92=391(天)

该指标反映资产总额的周转速度。周转越快，反映企业销售能力越强。企业可以通过薄利多销的办法，加速资产的周转，带来利润绝对额的增加。

工作任务二　偿债能力分析

知识准备

偿债能力是企业偿还各种到期债务的能力，分为短期偿债能力和长期偿债能力。

职业判断与业务操作

一、短期偿债能力的分析

短期偿债能力是指企业以其流动资产支付在一年内即将到期的流动负债的能力。企业有无偿还短期债务的能力对企业的生存、发展至关重要。如果企业短期偿债能力弱，就意味着企业的流动资产对其流动负债偿还的保障能力弱，企业的信用可能会受到损害，而企业信用受损则会进一步削弱企业的短期筹资能力，增大筹资成本和进货成本，从而对企业的投资能力和获利能力产生重大影响。

企业短期偿债能力的大小主要取决于企业营运资金的多少、流动资产变现能力、流动资产结构状况和流动负债的多少等因素。衡量和评价企业短期偿债能力的指标主要有流动比率、速动比率和现金比率等。

（一）流动比率

流动比率是指企业流动资产与流动负债之间的比率关系，反映每一元流动负债有多少流动资产可以作为支付保证。其计算公式是：

$$流动比率 = \frac{流动资产}{流动负债}$$

【例13-6】 根据资产负债表，计算该工厂年初、年末流动比率。

解： 年初流动比率＝487 400/211 900＝2.300

年末流动比率＝2 142 250/572 162.50＝3.744

一般情况下，流动比率越高，反映企业短期偿债能力越强，债权人的权益越有保证。按照西方企业的长期经验，一般认为2∶1的比例比较适宜。它表明企业财务状况稳定可靠，除了满足日常生产经营的流动资金需要外，还有足够的财力偿付到期短期债务。如果比例过低，则表示企业可能捉襟见肘，难以如期偿还债务。但是，流动比率也不可能过高，过高则表明企业流动资产占用较多，会影响资金的使用效率和企业的筹资成本进而影响获利能力。究竟应保持多高水平的比率，主要视企业对待风险与收益的态度予以确定。

运用流动比率时，必须注意以下几个问题：

①虽然流动比率越高，企业偿还短期债务的流动资产保证程度越强，但这并不等于说企业已有足够的现金或存款用来偿债。流动比率高也可能是存货积压、应收账款增多且收账期延长以及待摊费用和待处理财产损失增加所致，而真正可用来偿债的现金和存款却严重短缺。所以，企业应在分析流动比率的基础上进一步对现金流量加以考察。

②从短期债权人的角度看，自然希望流动比率越高越好。但从企业经营的角度看，过高的流动比率通常意味着企业闲置现金的持有量过多，必然造成企业机会成本的增加和获利能力的降低。因此，企业应尽可能将流动比率维持在不使货币资金闲置的水平。

③流动比率是否合理，不同的企业以及同一企业不同时期的评价标准是不同的，因此，不应用统一的标准来评价各企业流动比率合理与否。

④在分析流动比率时应当剔除一些虚假因素的影响。

（二）速动比率

速动比率又称为酸性测验比率，是指企业速动资产与流动负债的比例关系，说明企业在一定时期内每一元流动负债有多少速动资产作为支付保证。

速动资产是流动资产扣除存货等后的余额，具体包括现金及各种存款、有价证券、应收账款等。一般来说，存货是企业流动资产中变现能力较弱的资产，同时也是企业持续经营必备的资产准备（只要企业仍在持续经营，存货就不能变现）。因此在短期偿债能力评价中，应考察企业不依赖出售存货而能清偿短期债务的能力。其计算公式是：

$$速动比率 = \frac{速动资产}{流动负债}$$

$$速动资产 = 流动资产 - 存货 - 待摊费用$$

【例13-7】 根据资产负债表，计算该工厂年初速动比率。

解：

年初速动比率＝(487 400－407 000－4 600)/211 900＝0.36

通常认为正常的速动比率为1，低于1的速动比率被认为是短期偿债能力偏低。这仅是一般看法，行业不同，速动比率会有很大差别，没有统一标准。例如：采用大量现金销售的商店，几乎没有应收账款，速动比率大大低于1是很正常的。相反，一些应收账款较多的企业，速动比率可能大于1。

影响速动比率可信度的重要因素是应收账款的变现能力，如果企业的应收账款中，有较大部分不易收回，可能会成为坏账，那么速动比率就不能真实地反映企业的偿债能力。

需要说明的是速动资产应该包括哪几项流动资产，目前尚有不同观点。有人认为不仅要扣除存货，还应扣除待摊费用、预付货款等其他变现能力较差的项目。

(三)现金比率

现金比率又称即付比率，是指企业现金类资产(货币资金和交易性金融资产)与流动负债之间的比率关系。

$$现金比率＝现金类资产/流动负债$$
$$现金类资产＝货币资金+交易性金融资产$$

【例13-8】 根据资产负债表，计算该工厂年初现金比率。

解：年初现金比率＝32 500/211 900＝0.15

一般来说，现金比率在0.2以上为好，但要适度。

二、长期偿债能力的分析

长期偿债能力是企业偿还长期债务的现金保障程度。企业的长期债务是指偿还期在1年或者超过1年的一个营业周期以上的负债，包括长期借款、应付债券、长期应付款等。分析一个企业的长期偿债能力，主要是为了确定该企业偿还债务本金和支付债务利息的能力。由于长期债务的期限长，企业的长期偿债能力主要取决于企业资产与负债的比例关系以及获利能力。衡量和评价企业短期偿债能力的指标主要有资产负债率和利息偿付倍数。

(一)资产负债率

资产负债率是全部负债总额除以全部资产总额的百分比，也就是负债总额与资产总额的比例关系，也称为债务比率。资产负债率的计算公式如下：

$$资产负债率＝(负债总额÷资产总额)×100\%$$

公式中的负债总额指企业的全部负债，不仅包括长期负债，而且包括流动负债。公式中的资产总额指企业的全部资产总额，包括流动资产、固定资产、长期投资、无形资产和递延资产等。

【例13-9】 根据资产负债表，计算该工厂年初资产负债率。

解：年初资产负债率＝(211 900/1 287 400)×100%＝16%

资产负债率是衡量企业负债水平及风险程度的重要标志。一般认为，资产负债率的适宜水平是40%～60%。对于经营风险比较高的企业，为减少财务风险应选择比较低的资产负债率；对于经营风险低的企业，为增加股东收益应选择比较高的资产负债率。

在分析资产负债率时，可以从以下几个方面进行：

①从债权人的角度看，资产负债率越低越好。资产负债率低，债权人提供的资金与企业资本总额相比，所占比例低，企业不能偿债的可能性小，企业的风险主要由股东承担，这对债权人来讲，是十分有利的。

②从股东的角度看，他们希望保持较高的资产负债率水平。站在股东的立场上，可以得出结论：当全部资本利润率高于借款利息率时，负债比例越高越好。

③从经营者的角度看，他们最关心的是在充分利用借入资本给企业带来好处的同时，尽可能降低财务风险。

（二）利息偿付倍数

利息偿付倍数是指企业经营业务收益与利息费用的比率，也称为已获利息倍数或利息偿付倍数。它表明企业经营业务收益相当于利息费用的多少倍，其数额越大企业的偿债能力越强。其计算公式如下：

$$利息偿付倍数 = 息税前利润 \div 利息费用$$

$$或 = （税前利润 + 利息费用）\div 利息费用$$

公式中的分子"息税前利润"是指利润表中未扣除利息费用和所得税之前的利润。它可以用"利润总额加利息费用"来测算，也可以用"净利润加所得税、利息费用"来测算。

【例 13-10】　根据资产负债表和利润分配表，计算该工厂年末利息偿付倍数。

解： 年末利息偿付倍数 = （1 134 500 + 100 000）÷ 100 000 = 12.345

对于利息偿付倍数的分析，应从以下几个方面进行：

①利息偿付倍数指标越高，表明企业的债务偿还越有保障；相反，则表明企业没有足够资金来偿还债务利息，企业偿债能力低下。

②因企业所处的行业不同，利息偿付倍数有不同的标准界限。一般公认的利息偿付倍数为 3。

③从稳健的角度出发，应选择几年中最低的利息偿付倍数指标，作为最基本的标准。

④在利用利息偿付倍数指标分析企业的偿债能力时，还要注意一些非付现费用问题。

工作任务三　盈利能力分析

知识准备

盈利能力是指企业获取利润的能力，反映企业的财务结构状况和经营绩效，是企业偿债能力和营运能力的综合体现。企业在资源的配置上是否高效，直接从资产结构状况、资产运用效率、资产周转速度以及偿债能力等方面表现出来，并决定着企业的盈利水平。一个企业能否持续发展，关键取决于企业的营运能力、偿债能力和盈利能力三者的协调程度。如果片面地追求偿债能力的提高，增大易变现资产的占用，势必会使资产的收益水平下降，影响企业的营运能力和盈利能力；如果只追求提高资产的营运能力，就可能片面地重视企业在一定时期内获取的销售收入规模，相应增大应收账款上的资金占用，而忽略企业资产的流动性和短期偿债能力；如果单纯地追求企业的盈利能力，又可能增大不易变现资产的占用而忽视资产的流动性，对企业的偿债能力构成不利影响。

职业判断与业务操作

一、总资产报酬率

总资产报酬率是一定时期企业利润总额与平均资产总额之间的比率。其计算公式为：

$$总资产报酬率 = \frac{利润总额}{平均资产总额} \times 100\%$$

上式中：

$$平均资产总额 = (期初资产总额 + 期末资产总额) \div 2$$

【例13-11】 根据资产负债表和利润分配表，计算该工厂总资产报酬率。

解： 总资产报酬率 = 1 134 500/[(1 287 400+6 724 250)÷2] = 28%

在市场经济中各行业间竞争比较激烈的情况下，企业的资产利润率越高说明总资产利用效果越好；反之越差。

二、净资产收益率

净资产收益率也叫权益报酬率，是企业一定时期净利润与平均净资产的比率。其计算公式为：

$$净资产收益率 = \frac{净利润}{平均净资产} \times 100\%$$

上式中：

$$平均资产总额 = (期初所有者权益 + 期末所有者权益) \div 2$$

【例13-12】 根据资产负债表和利润分配表，计算该工厂净资产收益率。

解： 净资产收益率 = 876 879.50/[(1 074 000+6 152 087.5)÷2] = 24%

净资产收益率反映企业所有者权益的投资报酬率，是一个综合性很强的评价指标。一般认为，企业净资产收益率越高，企业自有资本获取收益的能力越强，运营效益越好，对企业投资人和债权人的保证程度越高。

三、销售获利率

销售获利率的实质是反映企业实现的商品价值中获利的多少。从不同角度反映销售盈利水平的财务指标主要有两个。

1. 销售毛利率

销售毛利率，也称毛利率，是企业的销售毛利与销售收入净额的比率。其计算公式为：

$$销售毛利率 = \frac{销售毛利}{销售收入净额} \times 100\%$$

$$=\frac{销售收入净额-销售成本}{销售收入净额}\times100\%$$

公式中，销售毛利是企业销售收入净额与销售成本的差额，销售收入净额是指产品销售收入扣除销售退回、销售折扣与折让后的净额。销售毛利率反映了企业的销售成本与销售收入净额的比例关系，毛利率越大，说明在销售收入净额中销售成本所占比重越小，企业通过销售获取利润的能力越强。

2. 销售净利率

销售净利率是企业净利润与销售收入净额的比率。其计算公式为：

$$销售净利率=\frac{净利润}{销售收入净额}\times100\%$$

销售净利率说明了企业净利润占销售收入的比例，它可以评价企业通过销售赚取利润的能力。销售净利率表明企业每 1 元销售净收入可实现的净利润是多少。该比率越高，企业通过扩大销售获取收益的能力越强。评价企业的销售净利率时，应比较企业历年的指标，从而判断企业销售净利率的变化趋势。但是，销售净利率受行业特点影响较大，因此，还应结合不同行业的具体情况进行分析。

四、成本费用利润率

成本费用利润率是企业净利润与成本费用总额的比率。它反映企业生产经营过程中发生的耗费与获得的收益之间的关系。其计算公式为：

$$成本费用净利率=\frac{净利润}{成本费用总额}\times100\%$$

工作任务四　企业发展能力分析

知识准备

发展能力是企业在生存的基础上，扩大规模，壮大实力的潜在能力。在分析企业发展能力时，主要考察以下指标：

一、销售（营业）增长率

销售（营业）增长率是指企业本年销售（营业）收入增长额同上年销售（营业）收入总额的比率。这里，企业销售（营业）收入，是指企业的主营业务收入。销售（营业）增长率表示与上年相比，企业销售（营业）收入的增减变化情况，是评价企业成长状况和发展能力的重要指标。其计算公式为：

销售增长率=本年营业收入增长额÷上年营业收入总额

式中，本年营业收入增长额=本年营业收入总额-上年营业收入总额

该指标是衡量企业经营状况和市场占有能力、预测企业经营业务发展趋势的重要标志，也是企业扩张增量和存量资本的重要前提。不断增加的销售（营业）收入，是企业生

存的基础和发展的条件。该指标若大于零，表示企业本年的销售（营业）收入有所增长，指标值越高，表明增长速度越快，企业市场前景越好；若该指标小于零，则说明企业或是产品不适销对路、质次价高，或是在售后服务等方面存在问题，产品销售不出去，市场份额萎缩。该指标在实际操作时，应结合企业历年的销售（营业）水平、企业市场占有情况、行业未来发展及其他影响企业发展的潜在因素进行前瞻性预测，或者结合企业前三年的销售（营业）收入增长率作出趋势性分析判断。

二、资本积累率

资本积累率是指企业本年所有者权益增长额同年初所有者权益的比率，它可以反映企业当年资本的积累能力，是评价企业发展潜力的重要指标。其计算公式为：

资本积累率＝本年所有者权益的增长额÷年初所有者权益

该指标反映了企业所有者权益在当年的变动水平。资本积累率体现了企业资本的积累情况，是企业发展强盛的标志，也是企业扩大再生产的源泉，展示了企业的发展活力。资本积累率反映了投资者投入企业资本的保全性和增长性，该指标越高，表明企业的资本积累越多，企业资本保全性越强，持续发展的能力越大。该指标如为负值，表明企业资本受到侵蚀，所有者利益受到损害，应予充分重视。

三、总资产增长率

总资产增长率是企业本年总资产增长额同年初资产总额的比率，它可以衡量企业本期资产规模的增长情况，评价企业经营规模在总量上的扩张程度。其计算公式为：

总资产增长率＝本年总资产增长额÷年初资产总额

式中，本年总资产增长额＝年末资产总额－年初资产总额

该指标是从企业资产总量扩张方面衡量企业的发展能力，表明企业规模增长水平对企业发展后劲的影响。该指标越高，表明企业一个经营周期内资产经营规模扩张的速度越快。但实际操作时，应注意资产规模扩张的质与量的关系以及企业的后续发展能力，避免资产盲目扩张。

四、三年利润平均增长率

三年利润平均增长率表明企业利润连续三年的增长情况，体现企业的发展潜力。其计算公式为：

三年利润平均增长率＝[（年末利润总额/三年前年末利润总额）$^{1/3}$－1]×100%

三年前年末利润总额指企业三年前的利润总额数。假如评价企业 2002 年的效绩状况，则三年前年末利润总额是指 1999 年年末利润总额数。

利润是企业积累和发展的基础，该指标越高，表明企业积累越多，可持续发展能力越强，发展的潜力越大。三年利润平均增长率指标，能够反映企业的利润增长趋势和效益稳定程度，较好地体现了企业的发展状况和发展能力，避免了因少数年份利润不正常增长而对企业发展潜力的错误判断。

五、三年资本平均增长率

三年资本平均增长率表示企业资本连续三年的积累情况，体现了企业的发展水平和发展趋势。其计算公式为：

$$三年资本平均增长率 = \left(\sqrt[3]{\frac{年末所有者权益总额}{三年前年末所有者权益总额}} - 1 \right) \times 100$$

三年前年末所有者权益指企业三年前的所有者权益年末数。假如评价 2002 年企业效绩状况，三年前所有者权益年末数是指 1999 年年末数。

由于一般增长率指标在分析时具有"滞后"性，仅反映当期情况，而利用该指标，能够反映企业资本保增值的历史发展状况以及企业稳步发展的趋势。该指标越高，表明企业所有者权益得到的保障程度越大，企业可以长期使用的资金越充足，抗风险和保持连续发展的能力越强。

需要强调的是，上述四类指标不是相互独立的，它们相辅相成，有一定的内在联系。企业周转能力好，获利能力就较强，从而可以提高企业的偿债能力和发展能力；反之亦然。

工作任务五　财务综合分析

一、财务综合分析的含义及特点

财务综合分析是将有关财务指标按其内在联系结合起来，系统、全面、综合地对企业的财务状况和经营成果进行剖析、解释和评价，说明企业整体财务状况和经营成果的优劣。

财务综合分析有以下几个方面的特点：

（一）分析方法不同

单项分析通常把企业财务活动的总体分解为各个具体部分，可以认识每一个具体的财务现象，并对财务状况和经营成果的某一个方面作出评价；而综合财务分析则是对个别财务现象从财务活动的总体上做出归纳综合，着重从整体上概括财务活动的本质特征。

（二）分析重点和基准不同

单项分析的重点和比较基准是财务计划、财务理论标准；而综合分析的重点和基准是企业整体发展趋势。

（三）分析目的不同

单项分析的目的是找出企业财务状况和经营成果某一方面存在的问题，综合分析的目的是要全面评价企业的财务状况和经营成果。

二、财务综合分析方法

每一个财务分析指标都是从某一特定的角度对企业财务状况以及经营成果进行分析，它们都不足以全面评价企业的总体财务状况及经营成果，而杜邦财务分析体系可弥补这一不足。

杜邦财务分析体系(简称杜邦体系)也叫杜邦财务分析系统，它是利用几种主要的财务比率之间的内在联系，来综合分析企业财务状况的一种方法，揭示了各项主要财务比率指标之间的关系及其变动的原因。因其最初由美国杜邦公司创造并成功运用而得名。该体系以净资产收益率为核心，将其分解为若干财务指标，通过分析各分解指标的变动对净资产收益率的影响来揭示企业获利能力及其变动原因。杜邦财务分析体系如图 13-2 所示。

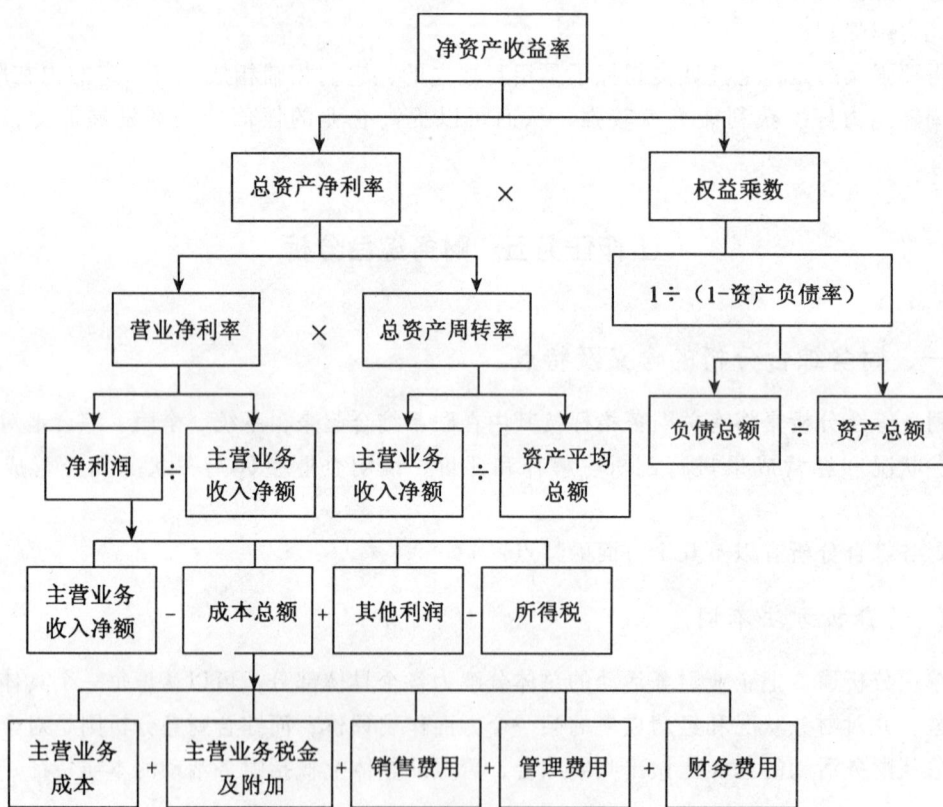

图 13-2　杜邦财务分析体系图

杜邦财务分析体系图包含以下几种主要的指标关系：

净资产收益率(权益利润率)= 总资产净利率×权益总资产率(权益乘数)

总资产净利率=营业净利率×总资产周转率

权益总资产率=资产总额/所有者权益

营业净利率=净利润/主营业务收入净额

总资产周转率＝主营业务收入净额/资产平均总额

同时杜邦财务分析体系图也提供了下列信息：

①净资产收益率是一个综合性最强的财务比率，是杜邦财务分析体系的核心。

②权益乘数主要受资产负债率影响。

③总资产净利率说明企业资产利用的效果。

④营业净利率反映了净利润与主营业务收入的关系。

杜邦财务分析体系以净资产收益率为主线，将企业在某一时期的销售成果以及资产营运状况全面联系在一起，层层分解，逐步深入，构成了一个完整的分析体系。它能较好地帮助管理者发现企业财务和经营管理中存在的问题，能够为改善企业经营管理提供十分有价值的信息，因而得到了普遍的认同并在实际工作中被广泛应用。

杜邦财务分析体系与其他分析方法结合，不仅可以弥补自身的缺陷和不足，而且也弥补了其他方法的缺点，使得分析结果更完整、更科学。

情境小结

1. 财务分析的含义与作用

财务分析是以企业公布的各种报表为基础而进行的分析，随着市场经济体制的建立和完善，企业资金多元化渠道的形成，企业相关利益者需要通过对财务报表的分析来理解企业的经营情况，分析投资经济效益，以便做出正确的决策。

2. 财务报表分析的前提与目的

财务报表分析的起点是财务报表，分析使用的数据大部分来源于公开发布的财务报表。因此，财务分析的前提是正确理解财务报表。财务报表分析的目的是对企业的偿债能力、盈利能力和抵抗风险能力作出评价，或找出存在的问题。

附录一 | 资金时间价值系数表

表一 　　　　　　　　　　　　复利终值系数表（FVIF 表）

	1%	2%	3%	4%	5%	6%	7%	8%	9%	10%	11%	12%	13%	14%	15%	16%	17%	18%	19%	20%	25%	30%
1	1.010	1.020	1.030	1.040	1.050	1.060	1.070	1.080	1.090	1.100	1.110	1.120	1.130	1.140	1.150	1.160	1.170	1.180	1.190	1.200	1.250	1.300
2	1.020	1.040	1.061	1.082	1.103	1.124	1.145	1.166	1.188	1.210	1.232	1.254	1.277	1.300	1.323	1.346	1.369	1.392	1.416	1.440	1.563	1.690
3	1.030	1.061	1.093	1.125	1.158	1.191	1.225	1.260	1.295	1.331	1.368	1.405	1.443	1.482	1.521	1.561	1.602	1.643	1.685	1.728	1.953	2.197
4	1.041	1.082	1.126	1.170	1.216	1.262	1.311	1.360	1.412	1.464	1.518	1.574	1.630	1.689	1.749	1.811	1.874	1.939	2.005	2.074	2.441	2.856
5	1.051	1.104	1.159	1.217	1.276	1.338	1.403	1.469	1.539	1.611	1.685	1.762	1.842	1.925	2.011	2.100	2.192	2.288	2.386	2.488	3.052	3.713
6	1.062	1.126	1.194	1.265	1.340	1.419	1.501	1.587	1.677	1.772	1.870	1.974	2.082	2.195	2.313	2.436	2.565	2.700	2.840	2.986	3.815	4.827
7	1.072	1.149	1.230	1.316	1.407	1.504	1.606	1.714	1.828	1.949	2.076	2.211	2.353	2.502	2.660	2.826	3.001	3.185	3.379	3.583	4.768	6.275
8	1.083	1.172	1.267	1.369	1.477	1.594	1.718	1.851	1.993	2.144	2.305	2.476	2.658	2.853	3.059	3.278	3.511	3.759	4.021	4.300	5.960	8.157
9	1.094	1.195	1.305	1.423	1.551	1.689	1.838	1.999	2.172	2.358	2.558	2.773	3.004	3.252	3.518	3.803	4.108	4.435	4.785	5.160	7.451	10.604
10	1.105	1.219	1.344	1.480	1.629	1.791	1.967	2.159	2.367	2.594	2.839	3.106	3.395	3.707	4.046	4.411	4.807	5.234	5.695	6.192	9.313	13.786
11	1.116	1.243	1.384	1.539	1.710	1.898	2.105	2.332	2.580	2.853	3.152	3.479	3.836	4.226	4.652	5.117	5.624	6.176	6.777	7.430	11.642	17.922
12	1.127	1.268	1.426	1.601	1.796	2.012	2.252	2.518	2.813	3.138	3.498	3.896	4.335	4.818	5.350	5.936	6.580	7.288	8.064	8.916	14.552	23.298
13	1.138	1.294	1.469	1.665	1.886	2.133	2.410	2.720	3.066	3.452	3.883	4.363	4.898	5.492	6.153	6.886	7.699	8.599	9.596	10.699	18.190	30.288
14	1.149	1.319	1.513	1.732	1.980	2.261	2.579	2.937	3.342	3.797	4.310	4.887	5.535	6.261	7.076	7.988	9.007	10.147	11.420	12.839	22.737	39.374
15	1.161	1.346	1.558	1.801	2.079	2.397	2.759	3.172	3.642	4.177	4.785	5.474	6.254	7.138	8.137	9.266	10.539	11.974	13.590	15.407	28.422	51.186
16	1.173	1.373	1.605	1.873	2.183	2.540	2.952	3.426	3.970	4.595	5.311	6.130	7.067	8.137	9.358	10.748	12.330	14.129	16.172	18.488	35.527	66.542

续表

	1%	2%	3%	4%	5%	6%	7%	8%	9%	10%	11%	12%	13%	14%	15%	16%	17%	18%	19%	20%	25%	30%
17	1.184	1.400	1.653	1.948	2.292	2.693	3.159	3.700	4.328	5.054	5.895	6.866	7.986	9.276	10.761	12.468	14.426	16.672	19.244	22.186	44.409	86.504
18	1.196	1.428	1.702	2.026	2.407	2.854	3.380	3.996	4.717	5.560	6.544	7.690	9.024	10.575	12.375	14.463	16.879	19.673	22.901	26.623	55.511	112.455
19	1.208	1.457	1.754	2.107	2.527	3.026	3.617	4.316	5.142	6.116	7.263	8.613	10.197	12.056	14.232	16.777	19.748	23.214	27.252	31.948	69.389	146.192
20	1.220	1.486	1.806	2.191	2.653	3.207	3.870	4.661	5.604	6.727	8.062	9.646	11.523	13.743	16.367	19.461	23.106	27.393	32.429	38.338	86.736	190.050
21	1.232	1.516	1.860	2.279	2.786	3.400	4.141	5.034	6.109	7.400	8.949	10.804	13.021	15.668	18.822	22.574	27.034	32.324	38.591	46.005	108.420	247.065
22	1.245	1.546	1.916	2.370	2.925	3.604	4.430	5.437	6.659	8.140	9.934	12.100	14.714	17.861	21.645	26.186	31.629	38.142	45.923	55.206	135.525	321.184
23	1.257	1.577	1.974	2.465	3.072	3.820	4.741	5.871	7.258	8.954	11.026	13.552	16.627	20.362	24.891	30.376	37.006	45.008	54.649	66.247	169.407	417.539
24	1.270	1.608	2.033	2.563	3.225	4.049	5.072	6.341	7.911	9.850	12.239	15.179	18.788	23.212	28.625	35.236	43.297	53.109	65.032	79.497	211.758	542.801
25	1.282	1.641	2.094	2.666	3.386	4.292	5.427	6.848	8.623	10.835	13.585	17.000	21.231	26.462	32.919	40.874	50.658	62.669	77.388	95.396	264.698	705.641
26	1.295	1.673	2.157	2.772	3.556	4.549	5.807	7.396	9.399	11.918	15.080	19.040	23.991	30.167	37.857	47.414	59.270	73.949	92.092	114.475	330.872	917.333
27	1.308	1.707	2.221	2.883	3.733	4.822	6.214	7.988	10.245	13.110	16.739	21.325	27.109	34.390	43.535	55.000	69.345	87.260	109.589	137.371	413.590	1192.533
28	1.321	1.741	2.288	2.999	3.920	5.112	6.649	8.627	11.167	14.421	18.580	23.884	30.633	39.204	50.066	63.800	81.134	102.967	130.411	164.845	516.988	1550.293
29	1.335	1.776	2.357	3.119	4.116	5.418	7.114	9.317	12.172	15.863	20.624	26.750	34.616	44.693	57.575	74.009	94.927	121.501	155.189	197.814	646.235	2015.381
30	1.348	1.811	2.427	3.243	4.322	5.743	7.612	10.063	13.268	17.449	22.892	29.960	39.116	50.950	66.212	85.850	111.065	143.371	184.675	237.376	807.794	2619.996
40	1.489	2.208	3.262	4.801	7.04	10.286	14.974	21.725	31.409	45.259	65.001	93.051	132.78	188.88	267.86	378.72	533.87	750.38	1051.7	1469.8	7523.2	36119
50	1.654	2.692	4.384	7.107	11.467	18.42	29.457	46.902	74.358	117.39	184.57	289	450.74	700.23	1083.7	1670.7	2566.2	3927.4	5988.9	9100.4	70065	497929

表二   复利现值系数表（PVIF 表）

n	1%	2%	3%	4%	5%	6%	8%	10%	12%	14%	15%	16%	18%	20%	25%	30%	35%	40%	50%
1	0.99	0.98	0.97	0.961	0.952	0.943	0.925	0.909	0.892	0.877	0.869	0.862	0.847	0.833	0.8	0.769	0.74	0.714	0.666
2	0.98	0.961	0.942	0.924	0.907	0.889	0.857	0.826	0.797	0.769	0.756	0.743	0.718	0.694	0.64	0.591	0.548	0.51	0.444
3	0.97	0.942	0.915	0.888	0.863	0.839	0.793	0.751	0.711	0.674	0.657	0.64	0.608	0.578	0.512	0.455	0.406	0.364	0.296
4	0.96	0.923	0.888	0.854	0.822	0.792	0.735	0.683	0.635	0.592	0.571	0.552	0.515	0.482	0.409	0.35	0.301	0.26	0.197
5	0.951	0.905	0.862	0.821	0.783	0.747	0.68	0.62	0.567	0.519	0.497	0.476	0.437	0.401	0.327	0.269	0.223	0.185	0.131
6	0.942	0.887	0.837	0.79	0.746	0.704	0.63	0.564	0.506	0.455	0.432	0.41	0.37	0.334	0.262	0.207	0.165	0.132	0.087
7	0.932	0.87	0.813	0.759	0.71	0.665	0.583	0.513	0.452	0.399	0.375	0.353	0.313	0.279	0.209	0.159	0.122	0.094	0.058
8	0.923	0.853	0.789	0.73	0.676	0.627	0.54	0.466	0.403	0.35	0.326	0.305	0.266	0.232	0.167	0.122	0.09	0.067	0.039
9	0.914	0.836	0.766	0.702	0.644	0.591	0.5	0.424	0.36	0.307	0.284	0.262	0.225	0.193	0.134	0.094	0.067	0.048	0.026
10	0.905	0.82	0.744	0.675	0.613	0.558	0.463	0.385	0.321	0.269	0.247	0.226	0.191	0.161	0.107	0.072	0.049	0.034	0.017
11	0.896	0.804	0.722	0.649	0.584	0.526	0.428	0.35	0.287	0.236	0.214	0.195	0.161	0.134	0.085	0.055	0.036	0.024	0.011
12	0.887	0.788	0.701	0.624	0.556	0.496	0.397	0.318	0.256	0.207	0.186	0.168	0.137	0.112	0.068	0.042	0.027	0.017	0.007
13	0.878	0.773	0.68	0.6	0.53	0.468	0.367	0.289	0.229	0.182	0.162	0.145	0.116	0.093	0.054	0.033	0.02	0.012	0.005
14	0.869	0.757	0.661	0.577	0.505	0.442	0.34	0.263	0.204	0.159	0.141	0.125	0.098	0.077	0.043	0.025	0.014	0.008	0.003
15	0.861	0.743	0.641	0.555	0.481	0.417	0.315	0.239	0.182	0.14	0.122	0.107	0.083	0.064	0.035	0.019	0.011	0.006	0.002
16	0.852	0.728	0.623	0.533	0.458	0.393	0.291	0.217	0.163	0.122	0.106	0.093	0.07	0.054	0.028	0.015	0.008	0.004	0.001
17	0.844	0.714	0.605	0.513	0.436	0.371	0.27	0.197	0.145	0.107	0.092	0.08	0.059	0.045	0.022	0.011	0.006	0.003	0.001
18	0.836	0.7	0.587	0.493	0.415	0.35	0.25	0.179	0.13	0.094	0.08	0.069	0.05	0.037	0.018	0.008	0.004	0.002	0
19	0.827	0.686	0.57	0.474	0.395	0.33	0.231	0.163	0.116	0.082	0.07	0.059	0.043	0.031	0.014	0.006	0.003	0.001	0
20	0.819	0.672	0.553	0.456	0.376	0.311	0.214	0.148	0.103	0.072	0.061	0.051	0.036	0.026	0.011	0.005	0.002	0.001	0
21	0.811	0.659	0.537	0.438	0.358	0.294	0.198	0.135	0.092	0.063	0.053	0.044	0.03	0.021	0.009	0.004	0.001	0	0
22	0.803	0.646	0.521	0.421	0.341	0.277	0.183	0.122	0.082	0.055	0.046	0.038	0.026	0.018	0.007	0.003	0.001	0	0
23	0.795	0.634	0.506	0.405	0.325	0.261	0.17	0.111	0.073	0.049	0.04	0.032	0.022	0.015	0.005	0.002	0.001	0	0
24	0.787	0.621	0.491	0.39	0.31	0.246	0.157	0.101	0.065	0.043	0.034	0.028	0.018	0.012	0.004	0.001	0	0	0
25	0.779	0.609	0.477	0.375	0.295	0.232	0.146	0.092	0.058	0.037	0.03	0.024	0.015	0.01	0.003	0.001	0	0	0

续表

n	1%	2%	3%	4%	5%	6%	8%	10%	12%	14%	15%	16%	18%	20%	25%	30%	35%	40%	50%
26	0.772	0.597	0.463	0.36	0.281	0.219	0.135	0.083	0.052	0.033	0.026	0.021	0.013	0.008	0.003	0.001	0	0	0
27	0.764	0.585	0.45	0.346	0.267	0.207	0.125	0.076	0.046	0.029	0.022	0.018	0.011	0.007	0.002	0	0	0	0
28	0.756	0.574	0.437	0.333	0.255	0.195	0.115	0.069	0.041	0.025	0.019	0.015	0.009	0.006	0.001	0	0	0	0
29	0.749	0.563	0.424	0.32	0.242	0.184	0.107	0.063	0.037	0.022	0.017	0.013	0.008	0.005	0.001	0	0	0	0
30	0.741	0.552	0.411	0.308	0.231	0.174	0.099	0.057	0.033	0.019	0.015	0.011	0.006	0.004	0.001	0	0	0	0
31	0.734	0.541	0.399	0.296	0.22	0.164	0.092	0.052	0.029	0.017	0.013	0.01	0.005	0.003	0	0	0	0	0
32	0.727	0.53	0.388	0.285	0.209	0.154	0.085	0.047	0.026	0.015	0.011	0.008	0.005	0.002	0	0	0	0	0
33	0.72	0.52	0.377	0.274	0.199	0.146	0.078	0.043	0.023	0.013	0.009	0.007	0.004	0.002	0	0	0	0	0
34	0.712	0.51	0.366	0.263	0.19	0.137	0.073	0.039	0.021	0.011	0.008	0.006	0.003	0.002	0	0	0	0	0
35	0.705	0.5	0.355	0.253	0.181	0.13	0.067	0.035	0.018	0.01	0.007	0.005	0.003	0.001	0	0	0	0	0
36	0.698	0.49	0.345	0.243	0.172	0.122	0.062	0.032	0.016	0.008	0.006	0.004	0.002	0.001	0	0	0	0	0
37	0.692	0.48	0.334	0.234	0.164	0.115	0.057	0.029	0.015	0.007	0.005	0.004	0.002	0.001	0	0	0	0	0
38	0.685	0.471	0.325	0.225	0.156	0.109	0.053	0.026	0.013	0.006	0.004	0.003	0.001	0	0	0	0	0	0
39	0.678	0.461	0.315	0.216	0.149	0.103	0.049	0.024	0.012	0.006	0.004	0.003	0.001	0	0	0	0	0	0
40	0.671	0.452	0.306	0.208	0.142	0.097	0.046	0.022	0.01	0.005	0.003	0.002	0.001	0	0	0	0	0	0
41	0.665	0.444	0.297	0.2	0.135	0.091	0.042	0.02	0.009	0.004	0.003	0.002	0.001	0	0	0	0	0	0
42	0.658	0.435	0.288	0.192	0.128	0.086	0.039	0.018	0.008	0.004	0.002	0.001	0	0	0	0	0	0	0
43	0.651	0.426	0.28	0.185	0.122	0.081	0.036	0.016	0.007	0.003	0.002	0.001	0	0	0	0	0	0	0
44	0.645	0.418	0.272	0.178	0.116	0.077	0.033	0.015	0.006	0.003	0.002	0.001	0	0	0	0	0	0	0
45	0.639	0.41	0.264	0.171	0.111	0.072	0.031	0.013	0.006	0.002	0.001	0.001	0	0	0	0	0	0	0
46	0.632	0.402	0.256	0.164	0.105	0.068	0.029	0.012	0.005	0.002	0.001	0.001	0	0	0	0	0	0	0
47	0.626	0.394	0.249	0.158	0.1	0.064	0.026	0.011	0.004	0.002	0.001	0	0	0	0	0	0	0	0
48	0.62	0.386	0.241	0.152	0.096	0.06	0.024	0.01	0.004	0.001	0.001	0	0	0	0	0	0	0	0
49	0.614	0.378	0.234	0.146	0.091	0.057	0.023	0.009	0.003	0.001	0.001	0	0	0	0	0	0	0	0
50	0.608	0.371	0.228	0.14	0.087	0.054	0.021	0.008	0.003	0.001	0	0	0	0	0	0	0	0	0

表三   年金现值系数表（PVIFA 表）

n	1%	2%	3%	4%	5%	6%	8%	10%	12%	14%	15%	16%	18%	20%	22%	24%	25%	30%	35%	40%	45%	50%
1	0.99	0.98	0.97	0.961	0.952	0.943	0.925	0.909	0.892	0.877	0.869	0.862	0.847	0.833	0.819	0.806	0.799	0.769	0.74	0.714	0.689	0.666
2	1.97	1.941	1.913	1.886	1.859	1.833	1.783	1.735	1.69	1.646	1.625	1.605	1.565	1.527	1.491	1.456	1.44	1.36	1.289	1.224	1.165	1.111
3	2.94	2.883	2.828	2.775	2.723	2.673	2.577	2.486	2.401	2.321	2.283	2.245	2.174	2.106	2.042	1.981	1.952	1.816	1.695	1.588	1.493	1.407
4	3.901	3.807	3.717	3.629	3.545	3.465	3.312	3.169	3.037	2.913	2.854	2.798	2.69	2.588	2.493	2.404	2.361	2.166	1.996	1.849	1.719	1.604
5	4.853	4.713	4.579	4.451	4.329	4.212	3.992	3.79	3.604	3.433	3.352	3.274	3.127	2.99	2.863	2.745	2.689	2.435	2.219	2.035	1.875	1.736
6	5.795	5.601	5.417	5.242	5.075	4.917	4.622	4.355	4.111	3.888	3.784	3.684	3.497	3.325	3.166	3.02	2.951	2.642	2.385	2.167	1.983	1.824
7	6.728	6.471	6.23	6.002	5.786	5.582	5.206	4.868	4.563	4.288	4.16	4.038	3.811	3.604	3.415	3.242	3.161	2.802	2.507	2.262	2.057	1.882
8	7.651	7.325	7.019	6.732	6.463	6.209	5.746	5.334	4.967	4.638	4.487	4.343	4.077	3.837	3.619	3.421	3.328	2.924	2.598	2.33	2.108	1.921
9	8.566	8.162	7.786	7.435	7.107	6.801	6.246	5.759	5.328	4.946	4.771	4.606	4.303	4.03	3.786	3.565	3.463	3.019	2.665	2.378	2.143	1.947
10	9.471	8.982	8.53	8.11	7.721	7.36	6.71	6.144	5.65	5.216	5.018	4.833	4.494	4.192	3.923	3.681	3.57	3.091	2.715	2.413	2.168	1.965
11	10.367	9.786	9.252	8.76	8.306	7.886	7.138	6.495	5.937	5.452	5.233	5.028	4.656	4.327	4.035	3.775	3.656	3.147	2.751	2.438	2.184	1.976
12	11.255	10.575	9.954	9.385	8.863	8.383	7.536	6.813	6.194	5.66	5.42	5.197	4.793	4.439	4.127	3.851	3.725	3.19	2.779	2.455	2.196	1.984
13	12.133	11.348	10.634	9.985	9.393	8.852	7.903	7.103	6.423	5.842	5.583	5.342	4.909	4.532	4.202	3.912	3.78	3.223	2.799	2.468	2.204	1.989
14	13.003	12.106	11.296	10.563	9.898	9.294	8.244	7.366	6.628	6.002	5.724	5.467	5.008	4.61	4.264	3.961	3.824	3.248	2.814	2.477	2.209	1.993
15	13.865	12.849	11.937	11.118	10.379	9.712	8.559	7.606	6.81	6.142	5.847	5.575	5.091	4.675	4.315	4.001	3.859	3.268	2.825	2.483	2.213	1.995
16	14.717	13.577	12.561	11.652	10.837	10.105	8.851	7.823	6.973	6.265	5.954	5.668	5.162	4.729	4.356	4.033	3.887	3.283	2.833	2.488	2.216	1.996
17	15.562	14.291	13.166	12.165	11.274	10.477	9.121	8.021	7.119	6.372	6.047	5.748	5.222	4.774	4.39	4.059	3.909	3.294	2.839	2.491	2.218	1.997
18	16.398	14.992	13.753	12.659	11.689	10.827	9.371	8.201	7.249	6.467	6.127	5.817	5.273	4.812	4.418	4.079	3.927	3.303	2.844	2.494	2.219	1.998
19	17.226	15.678	14.323	13.133	12.085	11.158	9.603	8.364	7.365	6.55	6.198	5.877	5.316	4.843	4.441	4.096	3.942	3.31	2.847	2.495	2.22	1.999
20	18.045	16.351	14.877	13.59	12.462	11.469	9.818	8.513	7.469	6.623	6.259	5.928	5.352	4.869	4.46	4.11	3.953	3.315	2.85	2.497	2.22	1.999
21	18.856	17.011	15.415	14.029	12.821	11.764	10.016	8.648	7.562	6.686	6.312	5.973	5.383	4.891	4.475	4.121	3.963	3.319	2.851	2.497	2.221	1.999
22	19.66	17.658	15.936	14.451	13.163	12.041	10.2	8.771	7.644	6.742	6.358	6.011	5.409	4.909	4.488	4.129	3.97	3.322	2.853	2.498	2.221	1.999
23	20.455	18.292	16.443	14.856	13.488	12.303	10.371	8.883	7.718	6.792	6.398	6.044	5.432	4.924	4.498	4.137	3.976	3.325	2.854	2.498	2.221	1.999
24	21.243	18.913	16.935	15.246	13.798	12.55	10.528	8.984	7.784	6.835	6.433	6.072	5.45	4.937	4.507	4.142	3.981	3.327	2.855	2.499	2.221	1.999
25	22.023	19.523	17.413	15.622	14.093	12.783	10.674	9.077	7.843	6.872	6.464	6.097	5.466	4.947	4.513	4.147	3.984	3.328	2.855	2.499	2.222	1.999
26	22.795	20.121	17.876	15.982	14.375	13.003	10.809	9.16	7.895	6.906	6.49	6.118	5.48	4.956	4.519	4.151	3.987	3.329	2.855	2.499	2.222	1.999
27	23.559	20.706	18.327	16.329	14.643	13.21	10.935	9.237	7.942	6.935	6.513	6.136	5.491	4.963	4.524	4.154	3.99	3.33	2.856	2.499	2.222	1.999
28	24.316	21.281	18.764	16.663	14.898	13.406	11.051	9.306	7.984	6.96	6.533	6.152	5.501	4.969	4.528	4.156	3.992	3.331	2.856	2.499	2.222	1.999
29	25.065	21.844	19.188	16.983	15.141	13.59	11.158	9.369	8.021	6.983	6.55	6.165	5.509	4.974	4.531	4.158	3.993	3.331	2.856	2.499	2.222	1.999
30	25.807	22.396	19.6	17.292	15.372	13.764	11.257	9.426	8.055	7.002	6.565	6.177	5.516	4.978	4.533	4.16	3.995	3.332	2.856	2.499	2.222	1.999
40	32.834	27.355	23.114	19.792	17.159	15.046	11.924	9.779	8.243	7.105	6.641	6.233	5.548	4.996	4.543	4.165	3.999	3.333	2.857	2.499	2.222	1.999
50	39.196	31.423	25.729	21.482	18.255	15.761	12.233	9.914	8.304	7.132	6.66	6.246	5.554	4.999	4.545	4.166	3.999	3.333	2.857	2.499	2.222	1.999

表四 年金终值系数表（FVIFA 表）

n	1%	2%	3%	4%	5%	6%	7%	8%	9%	10%	11%	12%	13%	14%	15%	16%	17%	18%	19%	20%	25%	30%
1	1.000	1.000	1.000	1.000	1.000	1.000	1.000	1.000	1.000	1.000	1.000	1.000	1.000	1.000	1.000	1.000	1.000	1.000	1.000	1.000	1.000	1.000
2	2.010	2.020	2.030	2.040	2.050	2.060	2.070	2.080	2.090	2.100	2.110	2.120	2.130	2.140	2.150	2.160	2.170	2.180	2.190	2.200	2.250	2.300
3	3.030	3.060	3.091	3.122	3.153	3.184	3.215	3.246	3.278	3.310	3.342	3.374	3.407	3.440	3.473	3.506	3.539	3.572	3.606	3.640	3.813	3.990
4	4.060	4.122	4.184	4.246	4.310	4.375	4.440	4.506	4.573	4.641	4.710	4.779	4.850	4.921	4.993	5.066	5.141	5.215	5.291	5.368	5.766	6.187
5	5.101	5.204	5.309	5.416	5.526	5.637	5.751	5.867	5.985	6.105	6.228	6.353	6.480	6.610	6.742	6.877	7.014	7.154	7.297	7.442	8.207	9.043
6	6.152	6.308	6.468	6.633	6.802	6.975	7.153	7.336	7.523	7.716	7.913	8.115	8.323	8.536	8.754	8.977	9.207	9.442	9.683	9.930	11.259	12.756
7	7.214	7.434	7.662	7.898	8.142	8.394	8.654	8.923	9.200	9.487	9.783	10.089	10.405	10.730	11.067	11.414	11.772	12.142	12.523	12.916	15.073	17.583
8	8.286	8.583	8.892	9.214	9.549	9.879	10.260	10.637	11.028	11.436	11.859	12.300	12.757	13.233	13.727	14.240	14.773	15.327	15.902	16.499	19.842	23.858
9	9.369	9.755	10.159	10.583	11.027	11.491	11.978	12.488	13.021	13.579	14.164	14.776	15.416	16.085	16.786	17.519	18.285	19.086	19.923	20.799	25.802	32.015
10	10.462	10.950	11.464	12.006	12.578	13.181	13.816	14.487	15.193	15.937	16.722	17.549	18.420	19.337	20.304	21.321	22.393	23.521	24.701	25.959	33.253	42.619
11	11.567	12.169	12.808	13.486	14.207	14.972	15.784	16.645	17.560	18.531	19.561	20.655	21.814	23.045	24.349	25.733	27.200	28.755	30.404	32.150	42.566	56.405
12	12.683	13.412	14.192	15.026	16.917	16.870	17.888	18.977	20.141	21.384	22.713	24.133	25.650	27.271	29.002	30.850	32.824	34.931	37.180	39.581	54.208	74.327
13	13.809	14.680	15.618	16.627	17.713	18.882	20.141	21.495	22.953	24.523	26.212	28.029	29.985	32.089	34.352	36.786	39.404	42.219	45.244	48.497	68.760	97.625
14	14.947	15.974	17.086	18.292	19.599	21.015	22.550	24.215	26.019	27.975	30.095	32.393	34.883	37.581	40.505	43.672	47.103	50.818	54.841	54.196	86.949	127.910
15	16.097	17.293	18.599	20.024	21.579	23.276	25.129	27.152	29.361	31.772	34.405	37.280	40.417	43.842	47.580	51.660	56.110	6.965	66.261	72.035	109.690	167.290
16	17.258	18.639	20.157	21.825	23.657	25.673	27.888	30.324	33.003	35.950	39.190	42.753	46.672	50.980	55.717	60.925	66.649	72.939	79.850	87.442	138.110	218.470
17	18.430	20.012	21.762	23.698	25.840	28.213	30.840	33.750	36.974	40.545	44.501	48.884	53.739	59.118	65.075	71.673	78.979	87.068	96.022	105.930	173.640	285.010
18	19.615	21.412	23.414	25.645	28.132	30.906	33.999	37.450	41.301	45.599	50.396	55.750	61.725	68.394	75.836	84.141	93.406	103.740	115.270	128.120	218.050	371.520
19	20.811	22.841	25.117	27.671	30.539	33.760	37.379	41.446	46.018	51.159	56.939	63.440	70.749	79.969	88.212	98.603	110.290	123.410	138.170	154.740	273.560	483.970
20	22.019	24.297	26.870	29.778	33.066	36.786	40.995	45.762	51.160	57.275	64.203	72.052	80.947	91.025	120.440	115.380	130.030	146.630	165.420	186.690	342.950	630.170
25	28.243	32.030	36.459	41.646	47.727	54.865	63.249	73.106	84.701	98.347	114.410	133.330	155.620	181.870	212.790	249.210	292.110	342.600	402.040	471.980	1054.800	2348.800
30	34.785	40.588	47.575	56.085	66.439	79.058	94.461	113.280	136.310	164.490	199.020	241.330	293.200	356.790	434.750	530.310	647.440	790.950	966.700	1181.900	3227.200	8730
40	48.886	60.402	75.401	95.026	120.800	154.760	199.640	259.060	337.890	442.590	581.830	767.090	1013.700	1342.000	1779.100	2360.800	3134.500	4163.210	5519.800	7343.900	30089.000	120393
50	64.463	84.579	112.800	152.670	209.350	290.340	406.530	573.770	815.080	1163.900	1668.800	24000	3459.500	4991.500	7217.700	10436	15090	21813	31515	45497	280256	165976

附录二 | 企业财务通则

中华人民共和国财政部令

（第41号）

根据《国务院关于〈企业财务通则〉、〈企业会计准则〉的批复》（国函〔1992〕178号）的规定，财政部对《企业财务通则》（财政部令第4号）进行了修订，修订后的《企业财务通则》已经部务会议讨论通过，现予公布，自2007年1月1日起施行。

部长　金人庆

二〇〇六年十二月四日

第一章　总　　则

第一条　为了加强企业财务管理，规范企业财务行为，保护企业及其相关方的合法权益，推进现代企业制度建设，根据有关法律、行政法规的规定，制定本通则。

第二条　在中华人民共和国境内依法设立的具备法人资格的国有及国有控股企业适用本通则。金融企业除外。

其他企业参照执行。

第三条　国有及国有控股企业（以下简称企业）应当确定内部财务管理体制，建立健全财务管理制度，控制财务风险。

企业财务管理应当按照制定的财务战略，合理筹集资金，有效营运资产，控制成本费用，规范收益分配及重组清算财务行为，加强财务监督和财务信息管理。

第四条　财政部负责制定企业财务规章制度。

各级财政部门（以下通称主管财政机关）应当加强对企业财务的指导、管理、监督，其主要职责包括：

（一）监督执行企业财务规章制度，按照财务关系指导企业建立健全内部财务制度。

（二）制定促进企业改革发展的财政财务政策，建立健全支持企业发展的财政资金管理制度。

（三）建立健全企业年度财务会计报告审计制度，检查企业财务会计报告质量。

（四）实施企业财务评价，监测企业财务运行状况。

（五）研究、拟订企业国有资本收益分配和国有资本经营预算的制度。

（六）参与审核属于本级人民政府及其有关部门、机构出资的企业重要改革、改制方案。

（七）根据企业财务管理的需要提供必要的帮助、服务。

第五条　各级人民政府及其部门、机构，企业法人、其他组织或者自然人等企业投资者（以下通称投资者），企业经理、厂长或者实际负责经营管理的其他领导成员（以下通称经营者），依照法律、法规、本通则和企业章程的规定，履行企业内部财务管理职责。

第六条　企业应当依法纳税。企业财务处理与税收法律、行政法规规定不一致的，纳税时应当依法进行调整。

第七条　各级人民政府及其部门、机构出资的企业，其财务关系隶属同级财政机关。

第二章　企业财务管理体制

第八条　企业实行资本权属清晰、财务关系明确、符合法人治理结构要求的财务管理体制。

企业应当按照国家有关规定建立有效的内部财务管理级次。企业集团公司自行决定集团内部财务管理体制。

第九条　企业应当建立财务决策制度，明确决策规则、程序、权限和责任等。法律、行政法规规定应当通过职工（代表）大会审议或者听取职工、相关组织意见的财务事项，依照其规定执行。

企业应当建立财务决策回避制度。对投资者、经营者个人与企业利益有冲突的财务决策事项，相关投资者、经营者应当回避。

第十条　企业应当建立财务风险管理制度，明确经营者、投资者及其他相关人员的管理权限和责任，按照风险与收益均衡、不相容职务分离等原则，控制财务风险。

第十一条　企业应当建立财务预算管理制度，以现金流为核心，按照实现企业价值最大化等财务目标的要求，对资金筹集、资产营运、成本控制、收益分配、重组清算等财务活动，实施全面预算管理。

第十二条　投资者的财务管理职责主要包括：

（一）审议批准企业内部财务管理制度、企业财务战略、财务规划和财务预算。

（二）决定企业的筹资、投资、担保、捐赠、重组、经营者报酬、利润分配等重大财务事项。

（三）决定企业聘请或者解聘会计师事务所、资产评估机构等中介机构事项。

（四）对经营者实施财务监督和财务考核。

（五）按照规定向全资或者控股企业委派或者推荐财务总监。

投资者应当通过股东（大）会、董事会或者其他形式的内部机构履行财务管理职责，可以通过企业章程、内部制度、合同约定等方式将部分财务管理职责授予经营者。

第十三条　经营者的财务管理职责主要包括：

（一）拟订企业内部财务管理制度、财务战略、财务规划，编制财务预算。

（二）组织实施企业筹资、投资、担保、捐赠、重组和利润分配等财务方案，诚信履行企业偿债义务。

（三）执行国家有关职工劳动报酬和劳动保护的规定，依法缴纳社会保险费、住房公积金等，保障职工合法权益。

（四）组织财务预测和财务分析，实施财务控制。

（五）编制并提供企业财务会计报告，如实反映财务信息和有关情况。

（六）配合有关机构依法进行审计、评估、财务监督等工作。

第三章　资　金　筹　集

第十四条　企业可以接受投资者以货币资金、实物、无形资产、股权、特定债权等形式的出资。其中，特定债权是指企业依法发行的可转换债券、符合有关规定转作股权的债权等。

企业接受投资者非货币资产出资时，法律、行政法规对出资形式、程序和评估作价等有规定的，依照其规定执行。

企业接受投资者商标权、著作权、专利权及其他专有技术等无形资产出资的，应当符合法律、行政法规规定的比例。

第十五条　企业依法以吸收直接投资、发行股份等方式筹集权益资金的，应当拟订筹资方案，确定筹资规模，履行内部决策程序和必要的报批手续，控制筹资成本。

企业筹集的实收资本，应当依法委托法定验资机构验资并出具验资报告。

第十六条　企业应当执行国家有关资本管理制度，在获准工商登记后 30 日内，依据验资报告等向投资者出具出资证明书，确定投资者的合法权益。

企业筹集的实收资本，在持续经营期间可以由投资者依照法律、行政法规以及企业章程的规定转让或者减少，投资者不得抽逃或者变相抽回出资。

除《公司法》等有关法律、行政法规另有规定外，企业不得回购本企业发行的股份。企业依法回购股份，应当符合有关条件和财务处理办法，并经投资者决议。

第十七条　对投资者实际缴付的出资超出注册资本的差额（包括股票溢价），企业应当作为资本公积管理。

经投资者审议决定后，资本公积用于转增资本。国家另有规定的，从其规定。

第十八条　企业从税后利润中提取的盈余公积包括法定公积金和任意公积金，可以用于弥补企业亏损或者转增资本。法定公积金转增资本后留存企业的部分，以不少于转增前注册资本的 25% 为限。

第十九条　企业增加实收资本或者以资本公积、盈余公积转增实收资本，由投资者履行财务决策程序后，办理相关财务事项和工商变更登记。

第二十条　企业取得的各类财政资金，区分以下情况处理：

（一）属于国家直接投资、资本注入的，按照国家有关规定增加国家资本或者国有资本公积。

（二）属于投资补助的，增加资本公积或者实收资本。国家拨款时对权属有规定的，按规定执行；没有规定的，由全体投资者共同享有。

（三）属于贷款贴息、专项经费补助的，作为企业收益处理。

（四）属于政府转贷、偿还性资助的，作为企业负债管理。

（五）属于弥补亏损、救助损失或者其他用途的，作为企业收益处理。

第二十一条　企业依法以借款、发行债券、融资租赁等方式筹集债务资金的，应当明确筹资目的，根据资金成本、债务风险和合理的资金需求，进行必要的资本结构决策，并签订书面合同。

企业筹集资金用于固定资产投资项目的，应当遵守国家产业政策、行业规划、自有资本比例及其他规定。

企业筹集资金，应当按规定核算和使用，并诚信履行合同，依法接受监督。

第四章　资产营运

第二十二条　企业应当根据风险与收益均衡等原则和经营需要，确定合理的资产结构，并实施资产结构动态管理。

第二十三条　企业应当建立内部资金调度控制制度，明确资金调度的条件、权限和程序，统一筹集、使用和管理资金。企业支付、调度资金，应当按照内部财务管理制度的规定，依据有效合同、合法凭证，办理相关手续。

企业向境外支付、调度资金应当符合国家有关外汇管理的规定。

企业集团可以实行内部资金集中统一管理，但应当符合国家有关金融管理等法律、行政法规规定，并不得损害成员企业的利益。

第二十四条　企业应当建立合同的财务审核制度，明确业务流程和审批权限，实行财务监控。

企业应当加强应收款项的管理，评估客户信用风险，跟踪客户履约情况，落实收账责任，减少坏账损失。

第二十五条　企业应当建立健全存货管理制度，规范存货采购审批、执行程序，根据合同的约定以及内部审批制度支付货款。

企业选择供货商以及实施大宗采购，可以采取招标等方式进行。

第二十六条　企业应当建立固定资产购建、使用、处置制度。

企业自行选择、确定固定资产折旧办法，可以征询中介机构、有关专家的意见，并由投资者审议批准。固定资产折旧办法一经选用，不得随意变更。确需变更的，应当说明理由，经投资者审议批准。

企业购建重要的固定资产、进行重大技术改造，应当经过可行性研究，按照内部审批制度履行财务决策程序，落实决策和执行责任。

企业在建工程项目交付使用后，应当在一个年度内办理竣工决算。

第二十七条　企业对外投资应当遵守法律、行政法规和国家有关政策的规定，符合企业发展战略的要求，进行可行性研究，按照内部审批制度履行批准程序，落实决策和执行的责任。

企业对外投资应当签订书面合同，明确企业投资权益，实施财务监管。依据合同支付投资款项，应当按照企业内部审批制度执行。

企业向境外投资的，还应当经投资者审议批准，并遵守国家境外投资项目核准和外汇管理等相关规定。

第二十八条 企业通过自创、购买、接受投资等方式取得的无形资产，应当依法明确权属，落实有关经营、管理的财务责任。

无形资产出现转让、租赁、质押、授权经营、连锁经营、对外投资等情形时，企业应当签订书面合同，明确双方的权利义务，合理确定交易价格。

第二十九条 企业对外担保应当符合法律、行政法规及有关规定，根据被担保单位的资信及偿债能力，按照内部审批制度采取相应的风险控制措施，并设立备查账簿登记，实行跟踪监督。

企业对外捐赠应当符合法律、行政法规及有关财务规定，制定实施方案，明确捐赠的范围和条件，落实执行责任，严格办理捐赠资产的交接手续。

第三十条 企业从事期货、期权、证券、外汇交易等业务或者委托其他机构理财，不得影响主营业务的正常开展，并应当签订书面合同，建立交易报告制度，定期对账，控制风险。

第三十一条 企业从事代理业务，应当严格履行合同，实行代理业务与自营业务分账管理，不得挪用客户资金、互相转嫁经营风险。

第三十二条 企业应当建立各项资产损失或者减值准备管理制度。各项资产损失或者减值准备的计提标准，一经选用，不得随意变更。企业在制订计提标准时可以征询中介机构、有关专家的意见。

对计提损失或者减值准备后的资产，企业应当落实监管责任。能够收回或者继续使用以及没有证据证明实际损失的资产，不得核销。

第三十三条 企业发生的资产损失，应当及时予以核实、查清责任，追偿损失，按照规定程序处理。

企业重组中清查出的资产损失，经批准后依次冲减未分配利润、盈余公积、资本公积和实收资本。

第三十四条 企业以出售、抵押、置换、报废等方式处理资产时，应当按照国家有关规定和企业内部财务管理制度规定的权限和程序进行。其中，处理主要固定资产涉及企业经营业务调整或者资产重组的，应当根据投资者审议通过的业务调整或者资产重组方案实施。

第三十五条 企业发生关联交易的，应当遵守国家有关规定，按照独立企业之间的交易计价结算。投资者或者经营者不得利用关联交易非法转移企业经济利益或者操纵关联企业的利润。

第五章 成 本 控 制

第三十六条 企业应当建立成本控制系统，强化成本预算约束，推行质量成本控制办法，实行成本定额管理、全员管理和全过程控制。

第三十七条 企业实行费用归口、分级管理和预算控制，应当建立必要的费用开支范围、标准和报销审批制度。

第三十八条 企业技术研发和科技成果转化项目所需经费，可以通过建立研发准备金筹措，据实列入相关资产成本或者当期费用。

符合国家规定条件的企业集团，可以集中使用研发费用，用于企业主导产品和核心技术的自主研发。

第三十九条 企业依法实施安全生产、清洁生产、污染治理、地质灾害防治、生态恢复和环境保护等所需经费，按照国家有关标准列入相关资产成本或者当期费用。

第四十条 企业发生销售折扣、折让以及支付必要的佣金、回扣、手续费、劳务费、提成、返利、进场费、业务奖励等支出的，应当签订相关合同，履行内部审批手续。

企业开展进出口业务收取或者支付的佣金、保险费、运费，按照合同规定的价格条件处理。

企业向个人以及非经营单位支付费用的，应当严格履行内部审批及支付的手续。

第四十一条 企业可以根据法律、法规和国家有关规定，对经营者和核心技术人员实行与其他职工不同的薪酬办法，属于本级人民政府及其部门、机构出资的企业，应当将薪酬办法报主管财政机关备案。

第四十二条 企业应当按照劳动合同及国家有关规定支付职工报酬，并为从事高危作业的职工缴纳团体人身意外伤害保险费，所需费用直接作为成本(费用)列支。

经营者可以在工资计划中安排一定数额，对企业技术研发、降低能源消耗、治理"三废"、促进安全生产、开拓市场等作出突出贡献的职工给予奖励。

第四十三条 企业应当依法为职工支付基本医疗、基本养老、失业、工伤等社会保险费，所需费用直接作为成本(费用)列支。

已参加基本医疗、基本养老保险的企业，具有持续盈利能力和支付能力的，可以为职工建立补充医疗保险和补充养老保险，所需费用按照省级以上人民政府规定的比例从成本(费用)中提取。超出规定比例的部分，由职工个人负担。

第四十四条 企业为职工缴纳住房公积金以及职工住房货币化分配的财务处理，按照国家有关规定执行。

职工教育经费按照国家规定的比例提取，专项用于企业职工后续职业教育和职业培训。

工会经费按照国家规定比例提取并拨缴工会。

第四十五条 企业应当依法缴纳行政事业性收费、政府性基金以及使用或者占用国有资源的费用等。

企业对没有法律法规依据或者超过法律法规规定范围和标准的各种摊派、收费、集资，有权拒绝。

第四十六条 企业不得承担属于个人的下列支出：

(一)娱乐、健身、旅游、招待、购物、馈赠等支出。

(二)购买商业保险、证券、股权、收藏品等支出。

(三)个人行为导致的罚款、赔偿等支出。

(四)购买住房、支付物业管理费等支出。

（五）应由个人承担的其他支出。

第六章　收　益　分　配

第四十七条　投资者、经营者及其他职工履行本企业职务或者以企业名义开展业务所得的收入，包括销售收入以及对方给予的销售折扣、折让、佣金、回扣、手续费、劳务费、提成、返利、进场费、业务奖励等收入，全部属于企业。

企业应当建立销售价格管理制度，明确产品或者劳务的定价和销售价格调整的权限、程序与方法，根据预期收益、资金周转、市场竞争、法律规范约束等要求，采取相应的价格策略，防范销售风险。

第四十八条　企业出售股权投资，应当按照规定的程序和方式进行。股权投资出售底价，参照资产评估结果确定，并按照合同约定收取所得价款。在履行交割时，对尚未收款部分的股权投资，应当按照合同的约定结算，取得受让方提供的有效担保。

上市公司国有股减持所得收益，按照国务院的规定处理。

第四十九条　企业发生的年度经营亏损，依照税法的规定弥补。税法规定年限内的税前利润不足弥补的，用以后年度的税后利润弥补，或者经投资者审议后用盈余公积弥补。

第五十条　企业年度净利润，除法律、行政法规另有规定外，按照以下顺序分配：

（一）弥补以前年度亏损。

（二）提取 10% 法定公积金。法定公积金累计额达到注册资本 50% 以后，可以不再提取。

（三）提取任意公积金。任意公积金提取比例由投资者决议。

（四）向投资者分配利润。企业以前年度未分配的利润，并入本年度利润，在充分考虑现金流量状况后，向投资者分配。属于各级人民政府及其部门、机构出资的企业，应当将应付国有利润上缴财政。

国有企业可以将任意公积金与法定公积金合并提取。股份有限公司依法回购后暂未转让或者注销的股份，不得参与利润分配；以回购股份对经营者及其他职工实施股权激励的，在拟订利润分配方案时，应当预留回购股份所需利润。

第五十一条　企业弥补以前年度亏损和提取盈余公积后，当年没有可供分配的利润时，不得向投资者分配利润，但法律、行政法规另有规定的除外。

第五十二条　企业经营者和其他职工以管理、技术等要素参与企业收益分配的，应当按照国家有关规定在企业章程或者有关合同中对分配办法作出规定，并区别以下情况处理：

（一）取得企业股权的，与其他投资者一同进行企业利润分配。

（二）没有取得企业股权的，在相关业务实现的利润限额和分配标准内，从当期费用中列支。

第七章　重　组　清　算

第五十三条　企业通过改制、产权转让、合并、分立、托管等方式实施重组，对涉及资本权益的事项，应当由投资者或者授权机构进行可行性研究，履行内部财务决策程序，并组织开展以下工作：

（一）清查财产，核实债务，委托会计师事务所审计。

（二）制订职工安置方案，听取重组企业的职工、职工代表大会的意见或者提交职工代表大会审议。

（三）与债权人协商，制订债务处置或者承继方案。

（四）委托评估机构进行资产评估，并以评估价值作为净资产作价或者折股的参考依据。

（五）拟订股权设置方案和资本重组实施方案，经过审议后履行报批手续。

第五十四条 企业采取分立方式进行重组，应当明晰分立后的企业产权关系。

企业划分各项资产、债务以及经营业务，应当按照业务相关性或者资产相关性原则制订分割方案。对不能分割的整体资产，在评估机构评估价值的基础上，经分立各方协商，由拥有整体资产的一方给予他方适当经济补偿。

第五十五条 企业可以采取新设或者吸收方式进行合并重组。企业合并前的各项资产、债务以及经营业务，由合并后的企业承继，并应当明确合并后企业的产权关系以及各投资者的出资比例。

企业合并的资产税收处理应当符合国家有关税法的规定，合并后净资产超出注册资本的部分，作为资本公积；少于注册资本的部分，应当变更注册资本或者由投资者补足出资。

对资不抵债的企业以承担债务方式合并的，合并方应当制定企业重整措施，按照合并方案履行偿还债务责任，整合财务资源。

第五十六条 企业实行托管经营，应当由投资者决定，并签订托管协议，明确托管经营的资产负债状况、托管经营目标、托管资产处置权限以及收益分配办法等，并落实财务监管措施。

受托企业应当根据托管协议制订相关方案，重组托管企业的资产与债务。未经托管企业投资者同意，不得改组、改制托管企业，不得转让托管企业及转移托管资产、经营业务，不得以托管企业名义或者以托管资产对外担保。

第五十七条 企业进行重组时，对已占用的国有划拨土地应当按照有关规定进行评估，履行相关手续，并区别以下情况处理：

（一）继续采取划拨方式的，可以不纳入企业资产管理，但企业应当明确划拨土地使用权权益，并按规定用途使用，设立备查账簿登记。国家另有规定的除外。

（二）采取作价入股方式的，将应缴纳的土地出让金转作国家资本，形成的国有股权由企业重组前的国有资本持有单位或者主管财政机关确认的单位持有。

（三）采取出让方式的，由企业购买土地使用权，支付出让费用。

（四）采取租赁方式的，由企业租赁使用，租金水平参照银行同期贷款利率确定，并在租赁合同中约定。

企业进行重组时，对已占用的水域、探矿权、采矿权、特许经营权等国有资源，依法可以转让的，比照前款处理。

第五十八条 企业重组过程中，对拖欠职工的工资和医疗、伤残补助、抚恤费用以及欠缴的基本社会保险费、住房公积金，应当以企业现有资产优先清偿。

第五十九条 企业被责令关闭、依法破产、经营期限届满而终止经营的，或者经投资者决议解散的，应当按照法律、法规和企业章程的规定实施清算。清算财产变卖底价，参照资产评估结果确定。国家另有规定的，从其规定。

企业清算结束，应当编制清算报告，委托会计师事务所审计，报投资者或者人民法院确认后，向相关部门、债权人以及其他的利益相关人通告。其中，属于各级人民政府及其部门、机构出资的企业，其清算报告应当报送主管财政机关。

第六十条 企业解除职工劳动关系，按照国家有关规定支付的经济补偿金或者安置费，除正常经营期间发生的列入当期费用以外，应当区别以下情况处理：

（一）企业重组中发生的，依次从未分配利润、盈余公积、资本公积、实收资本中支付。

（二）企业清算时发生的，以企业扣除清算费用后的清算财产优先清偿。

第八章 信息管理

第六十一条 企业可以结合经营特点，优化业务流程，建立财务和业务一体化的信息处理系统，逐步实现财务、业务相关信息一次性处理和实时共享。

第六十二条 企业应当逐步创造条件，实行统筹企业资源计划，全面整合和规范财务、业务流程，对企业物流、资金流、信息流进行一体化管理和集成运作。

第六十三条 企业应当建立财务预警机制，自行确定财务危机警戒标准，重点监测经营性净现金流量与到期债务、企业资产与负债的适配性，及时沟通企业有关财务危机预警的信息，提出解决财务危机的措施和方案。

第六十四条 企业应当按照有关法律、行政法规和国家统一的会计制度的规定，按时编制财务会计报告，经营者或者投资者不得拖延、阻挠。

第六十五条 企业应当按照规定向主管财政机关报送月份、季度、年度财务会计报告等材料，不得在报送的财务会计报告等材料上作虚假记载或者隐瞒重要事实。主管财政机关应当根据企业的需要提供必要的培训和技术支持。

企业对外提供的年度财务会计报告，应当依法经过会计师事务所审计。国家另有规定的，从其规定。

第六十六条 企业应当在年度内定期向职工公开以下信息：

（一）职工劳动报酬、养老、医疗、工伤、住房、培训、休假等信息。

（二）经营者报酬实施方案。

（三）年度财务会计报告审计情况。

（四）企业重组涉及的资产评估及处置情况。

（五）其他依法应当公开的信息。

第六十七条 主管财政机关应当建立健全企业财务评价体系，主要评估企业内部财务控制的有效性，评价企业的偿债能力、盈利能力、资产营运能力、发展能力和社会贡献。评估和评价的结果可以通过适当方式向社会发布。

第六十八条 主管财政机关及其工作人员应当恰当使用所掌握的企业财务信息，并依法履行保密义务，不得利用企业的财务信息谋取私利或者损害企业利益。

第九章　财务监督

第六十九条　企业应当依法接受主管财政机关的财务监督和国家审计机关的财务审计。

第七十条　经营者在经营过程中违反本通则有关规定的，投资者可以依法追究经营者的责任。

第七十一条　企业应当建立、健全内部财务监督制度。

企业设立监事会或者监事人员的，监事会或者监事人员依照法律、行政法规、本通则和企业章程的规定，履行企业内部财务监督职责。

经营者应当实施内部财务控制，配合投资者或者企业监事会以及中介机构的检查、审计工作。

第七十二条　企业和企业负有直接责任的主管人员和其他人员有以下行为之一的，县级以上主管财政机关可以责令限期改正、予以警告，有违法所得的，没收违法所得，并可以处以不超过违法所得3倍、但最高不超过3万元的罚款；没有违法所得的，可以处以1万元以下的罚款。

（一）违反本通则第三十九条、四十条、四十二条第一款、四十三条、四十六条规定列支成本费用的。

（二）违反本通则第四十七条第一款规定截留、隐瞒、侵占企业收入的。

（三）违反本通则第五十条、五十一条、五十二条规定进行利润分配的。但依照《公司法》设立的企业不按本通则第五十条第一款第二项规定提取法定公积金的，依照《公司法》的规定予以处罚。

（四）违反本通则第五十七条规定处理国有资源的。

（五）不按本通则第五十八条规定清偿职工债务的。

第七十三条　企业和企业负有直接责任的主管人员和其他人员有以下行为之一的，县级以上主管财政机关可以责令限期改正、予以警告。

（一）未按本通则规定建立健全各项内部财务管理制度的。

（二）内部财务管理制度明显与法律、行政法规和通用的企业财务规章制度相抵触，且不按主管财政机关要求修正的。

第七十四条　企业和企业负有直接责任的主管人员和其他人员不按本通则第六十四条、第六十五条规定编制、报送财务会计报告等材料的，县级以上主管财政机关可以依照《公司法》、《企业财务会计报告条例》的规定予以处罚。

第七十五条　企业在财务活动中违反财政、税收等法律、行政法规的，依照《财政违法行为处罚处分条例》(国务院令第427号)及有关税收法律、行政法规的规定予以处理、处罚。

第七十六条　主管财政机关以及政府其他部门、机构有关工作人员，在企业财务管理中滥用职权、玩忽职守、徇私舞弊或者泄露国家机密、企业商业秘密的，依法进行处理。

第十章　附　则

第七十七条　实行企业化管理的事业单位比照适用本通则。

第七十八条　本通则自 2007 年 1 月 1 日起施行。

企业内部控制基本规范

关于印发《企业内部控制基本规范》的通知

财会[2008]7 号

中直管理局，铁道部、国管局，总后勤部、武警总部，各省、自治区、直辖市、计划单列市财政厅(局)、审计厅(局)，新疆生产建设兵团财务局、审计局，中国证监会各省、自治区、直辖市、计划单列市监管局，中国证监会上海、深圳专员办，各保监局、保险公司，各银监局、政策性银行、国有商业银行、股份制商业银行、邮政储蓄银行、资产管理公司，各省级农村信用联社，银监会直接管理的信托公司、财务公司、租赁公司，有关中央管理企业：

为了加强和规范企业内部控制，提高企业经营管理水平和风险防范能力，促进企业可持续发展，维护社会主义市场经济秩序和社会公众利益，根据国家有关法律法规，财政部会同证监会、审计署、银监会、保监会制定了《企业内部控制基本规范》，现予印发，自2009 年 7 月 1 日起在上市公司范围内施行，鼓励非上市的大中型企业执行。执行本规范的上市公司，应当对本公司内部控制的有效性进行自我评价，披露年度自我评价报告，并可聘请具有证券、期货业务资格的会计师事务所对内部控制的有效性进行审计。

执行中有何问题，请及时反馈我们。

附件：企业内部控制基本规范

二〇〇八年五月二十二日

附件：

企业内部控制基本规范

第一章 总 则

第一条 为了加强和规范企业内部控制，提高企业经营管理水平和风险防范能力，促进企业可持续发展，维护社会主义市场经济秩序和社会公众利益，根据《中华人民共和国公司法》、《中华人民共和国证券法》、《中华人民共和国会计法》和其他有关法律法规，制定本规范。

第二条 本规范适用于中华人民共和国境内设立的大中型企业。

小企业和其他单位可以参照本规范建立与实施内部控制。

大中型企业和小企业的划分标准根据国家有关规定执行。

第三条 本规范所称内部控制，是由企业董事会、监事会、经理层和全体员工实施的、旨在实现控制目标的过程。

内部控制的目标是合理保证企业经营管理合法合规、资产安全、财务报告及相关信息真实完整，提高经营效率和效果，促进企业实现发展战略。

第四条 企业建立与实施内部控制，应当遵循下列原则：

（一）全面性原则。内部控制应当贯穿决策、执行和监督全过程，覆盖企业及其所属单位的各种业务和事项。

（二）重要性原则。内部控制应当在全面控制的基础上，关注重要业务事项和高风险领域。

（三）制衡性原则。内部控制应当在治理结构、机构设置及权责分配、业务流程等方面形成相互制约、相互监督，同时兼顾运营效率。

（四）适应性原则。内部控制应当与企业经营规模、业务范围、竞争状况和风险水平等相适应，并随着情况的变化及时加以调整。

（五）成本效益原则。内部控制应当权衡实施成本与预期效益，以适当的成本实现有效控制。

第五条 企业建立与实施有效的内部控制，应当包括下列要素：

（一）内部环境。内部环境是企业实施内部控制的基础，一般包括治理结构、机构设置及权责分配、内部审计、人力资源政策、企业文化等。

（二）风险评估。风险评估是企业及时识别、系统分析经营活动中与实现内部控制目标相关的风险，合理确定风险应对策略。

（三）控制活动。控制活动是企业根据风险评估结果，采用相应的控制措施，将风险控制在可承受度之内。

（四）信息与沟通。信息与沟通是企业及时、准确地收集、传递与内部控制相关的信息，确保信息在企业内部、企业与外部之间进行有效沟通。

（五）内部监督。内部监督是企业对内部控制建立与实施情况进行监督检查，评价内部控制的有效性，发现内部控制缺陷，应当及时加以改进。

第六条 企业应当根据有关法律法规、本规范及其配套办法，制定本企业的内部控制制度并组织实施。

第七条 企业应当运用信息技术加强内部控制，建立与经营管理相适应的信息系统，促进内部控制流程与信息系统的有机结合，实现对业务和事项的自动控制，减少或消除人为操纵因素。

第八条 企业应当建立内部控制实施的激励约束机制，将各责任单位和全体员工实施内部控制的情况纳入绩效考评体系，促进内部控制的有效实施。

第九条 国务院有关部门可以根据法律法规、本规范及其配套办法，明确贯彻实施本规范的具体要求，对企业建立与实施内部控制的情况进行监督检查。

第十条 接受企业委托从事内部控制审计的会计师事务所，应当根据本规范及其配套办法和相关执业准则，对企业内部控制的有效性进行审计，出具审计报告。会计师事务所及其签字的从业人员应当对发表的内部控制审计意见负责。

为企业内部控制提供咨询的会计师事务所，不得同时为同一企业提供内部控制审计服务。

第二章 内部环境

第十一条 企业应当根据国家有关法律法规和企业章程，建立规范的公司治理结构和议事规则，明确决策、执行、监督等方面的职责权限，形成科学有效的职责分工和制衡机制。

股东(大)会享有法律法规和企业章程规定的合法权利，依法行使企业经营方针、筹资、投资、利润分配等重大事项的表决权。

董事会对股东(大)会负责，依法行使企业的经营决策权。

监事会对股东(大)会负责，监督企业董事、经理和其他高级管理人员依法履行职责。

经理层负责组织实施股东(大)会、董事会决议事项，主持企业的生产经营管理工作。

第十二条 董事会负责内部控制的建立健全和有效实施。监事会对董事会建立与实施内部控制进行监督。经理层负责组织领导企业内部控制的日常运行。

企业应当成立专门机构或者指定适当的机构具体负责组织协调内部控制的建立实施及日常工作。

第十三条 企业应当在董事会下设立审计委员会。审计委员会负责审查企业内部控制，监督内部控制的有效实施和内部控制自我评价情况，协调内部控制审计及其他相关事宜等。

审计委员会负责人应当具备相应的独立性、良好的职业操守和专业胜任能力。

第十四条 企业应当结合业务特点和内部控制要求设置内部机构，明确职责权限，将权利与责任落实到各责任单位。

企业应当通过编制内部管理手册，使全体员工掌握内部机构设置、岗位职责、业务流程等情况，明确权责分配，正确行使职权。

第十五条 企业应当加强内部审计工作，保证内部审计机构设置、人员配备和工作的独立性。

内部审计机构应当结合内部审计监督，对内部控制的有效性进行监督检查。内部审计机构对监督检查中发现的内部控制缺陷，应当按照企业内部审计工作程序进行报告；对监督检查中发现的内部控制重大缺陷，有权直接向董事会及其审计委员会、监事会报告。

第十六条 企业应当制定和实施有利于企业可持续发展的人力资源政策。人力资源政策应当包括下列内容：

（一）员工的聘用、培训、辞退与辞职。

（二）员工的薪酬、考核、晋升与奖惩。

（三）关键岗位员工的强制休假制度和定期岗位轮换制度。

（四）掌握国家秘密或重要商业秘密的员工离岗的限制性规定。

（五）有关人力资源管理的其他政策。

第十七条 企业应当将职业道德修养和专业胜任能力作为选拔和聘用员工的重要标准，切实加强员工培训和继续教育，不断提升员工素质。

第十八条 企业应当加强文化建设，培育积极向上的价值观和社会责任感，倡导诚实守信、爱岗敬业、开拓创新和团队协作精神，树立现代管理理念，强化风险意识。

董事、监事、经理及其他高级管理人员应当在企业文化建设中发挥主导作用。

企业员工应当遵守员工行为守则，认真履行岗位职责。

第十九条 企业应当加强法制教育，增强董事、监事、经理及其他高级管理人员和员工的法制观念，严格依法决策、依法办事、依法监督，建立健全法律顾问制度和重大法律纠纷案件备案制度。

第三章 风险评估

第二十条 企业应当根据设定的控制目标，全面系统持续地收集相关信息，结合实际情况，及时进行风险评估。

第二十一条 企业开展风险评估，应当准确识别与实现控制目标相关的内部风险和外部风险，确定相应的风险承受度。

风险承受度是企业能够承担的风险限度，包括整体风险承受能力和业务层面的可接受风险水平。

第二十二条 企业识别内部风险，应当关注下列因素：

（一）董事、监事、经理及其他高级管理人员的职业操守、员工专业胜任能力等人力资源因素。

（二）组织机构、经营方式、资产管理、业务流程等管理因素。

（三）研究开发、技术投入、信息技术运用等自主创新因素。

（四）财务状况、经营成果、现金流量等财务因素。

（五）营运安全、员工健康、环境保护等安全环保因素。

（六）其他有关内部风险因素。

第二十三条 企业识别外部风险，应当关注下列因素：

（一）经济形势、产业政策、融资环境、市场竞争、资源供给等经济因素。

（二）法律法规、监管要求等法律因素。

（三）安全稳定、文化传统、社会信用、教育水平、消费者行为等社会因素。

（四）技术进步、工艺改进等科学技术因素。

（五）自然灾害、环境状况等自然环境因素。

（六）其他有关外部风险因素。

第二十四条　企业应当采用定性与定量相结合的方法，按照风险发生的可能性及其影响程度等，对识别的风险进行分析和排序，确定关注重点和优先控制的风险。

企业进行风险分析，应当充分吸收专业人员，组成风险分析团队，按照严格规范的程序开展工作，确保风险分析结果的准确性。

第二十五条　企业应当根据风险分析的结果，结合风险承受度，权衡风险与收益，确定风险应对策略。

企业应当合理分析、准确掌握董事、经理及其他高级管理人员、关键岗位员工的风险偏好，采取适当的控制措施，避免因个人风险偏好给企业经营带来重大损失。

第二十六条　企业应当综合运用风险规避、风险降低、风险分担和风险承受等风险应对策略，实现对风险的有效控制。

风险规避是企业对超出风险承受度的风险，通过放弃或者停止与该风险相关的业务活动以避免和减轻损失的策略。

风险降低是企业在权衡成本效益之后，准备采取适当的控制措施降低风险或者减轻损失，将风险控制在风险承受度之内的策略。

风险分担是企业准备借助他人力量，采取业务分包、购买保险等方式和适当的控制措施，将风险控制在风险承受度之内的策略。

风险承受是企业对风险承受度之内的风险，在权衡成本效益之后，不准备采取控制措施降低风险或者减轻损失的策略。

第二十七条　企业应当结合不同发展阶段和业务拓展情况，持续收集与风险变化相关的信息，进行风险识别和风险分析，及时调整风险应对策略。

第四章　控制活动

第二十八条　企业应当结合风险评估结果，通过手工控制与自动控制、预防性控制与发现性控制相结合的方法，运用相应的控制措施，将风险控制在可承受度之内。

控制措施一般包括：不相容职务分离控制、授权审批控制、会计系统控制、财产保护控制、预算控制、运营分析控制和绩效考评控制等。

第二十九条　不相容职务分离控制要求企业全面系统地分析、梳理业务流程中所涉及的不相容职务，实施相应的分离措施，形成各司其职、各负其责、相互制约的工作机制。

第三十条　授权审批控制要求企业根据常规授权和特别授权的规定，明确各岗位办理业务和事项的权限范围、审批程序和相应责任。

企业应当编制常规授权的权限指引，规范特别授权的范围、权限、程序和责任，严格控制特别授权。常规授权是指企业在日常经营管理活动中按照既定的职责和程序进行的授权。特别授权是指企业在特殊情况、特定条件下进行的授权。

企业各级管理人员应当在授权范围内行使职权和承担责任。

企业对于重大的业务和事项，应当实行集体决策审批或者联签制度，任何个人不得单独进行决策或者擅自改变集体决策。

第三十一条　会计系统控制要求企业严格执行国家统一的会计准则制度，加强会计基础工作，明确会计凭证、会计账簿和财务会计报告的处理程序，保证会计资料真实完整。

企业应当依法设置会计机构，配备会计从业人员。从事会计工作的人员，必须取得会计从业资格证书。会计机构负责人应当具备会计师以上专业技术职务资格。

大中型企业应当设置总会计师。设置总会计师的企业，不得设置与其职权重叠的副职。

第三十二条 财产保护控制要求企业建立财产日常管理制度和定期清查制度，采取财产记录、实物保管、定期盘点、账实核对等措施，确保财产安全。

企业应当严格限制未经授权的人员接触和处置财产。

第三十三条 预算控制要求企业实施全面预算管理制度，明确各责任单位在预算管理中的职责权限，规范预算的编制、审定、下达和执行程序，强化预算约束。

第三十四条 运营分析控制要求企业建立运营情况分析制度，经理层应当综合运用生产、购销、投资、筹资、财务等方面的信息，通过因素分析、对比分析、趋势分析等方法，定期开展运营情况分析，发现存在的问题，及时查明原因并加以改进。

第三十五条 绩效考评控制要求企业建立和实施绩效考评制度，科学设置考核指标体系，对企业内部各责任单位和全体员工的业绩进行定期考核和客观评价，将考评结果作为确定员工薪酬以及职务晋升、评优、降级、调岗、辞退等的依据。

第三十六条 企业应当根据内部控制目标，结合风险应对策略，综合运用控制措施，对各种业务和事项实施有效控制。

第三十七条 企业应当建立重大风险预警机制和突发事件应急处理机制，明确风险预警标准，对可能发生的重大风险或突发事件，制定应急预案、明确责任人员、规范处置程序，确保突发事件得到及时妥善处理。

第五章 信息与沟通

第三十八条 企业应当建立信息与沟通制度，明确内部控制相关信息的收集、处理和传递程序，确保信息及时沟通，促进内部控制有效运行。

第三十九条 企业应当对收集的各种内部信息和外部信息进行合理筛选、核对、整合，提高信息的有用性。

企业可以通过财务会计资料、经营管理资料、调研报告、专项信息、内部刊物、办公网络等渠道，获取内部信息。

企业可以通过行业协会组织、社会中介机构、业务往来单位、市场调查、来信来访、网络媒体以及有关监管部门等渠道，获取外部信息。

第四十条 企业应当将内部控制相关信息在企业内部各管理级次、责任单位、业务环节之间，以及企业与外部投资者、债权人、客户、供应商、中介机构和监管部门等有关方面之间进行沟通和反馈。信息沟通过程中发现的问题，应当及时报告并加以解决。

重要信息应当及时传递给董事会、监事会和经理层。

第四十一条 企业应当利用信息技术促进信息的集成与共享，充分发挥信息技术在信息与沟通中的作用。

企业应当加强对信息系统开发与维护、访问与变更、数据输入与输出、文件储存与保管、网络安全等方面的控制，保证信息系统安全稳定运行。

第四十二条　企业应当建立反舞弊机制，坚持惩防并举、重在预防的原则，明确反舞弊工作的重点领域、关键环节和有关机构在反舞弊工作中的职责权限，规范舞弊案件的举报、调查、处理、报告和补救程序。

企业至少应当将下列情形作为反舞弊工作的重点：

（一）未经授权或者采取其他不法方式侵占、挪用企业资产，牟取不当利益。

（二）在财务会计报告和信息披露等方面存在的虚假记载、误导性陈述或者重大遗漏等。

（三）董事、监事、经理及其他高级管理人员滥用职权。

（四）相关机构或人员串通舞弊。

第四十三条　企业应当建立举报投诉制度和举报人保护制度，设置举报专线，明确举报投诉处理程序、办理时限和办结要求，确保举报、投诉成为企业有效掌握信息的重要途径。

举报投诉制度和举报人保护制度应当及时传达至全体员工。

第六章　内　部　监　督

第四十四条　企业应当根据本规范及其配套办法，制定内部控制监督制度，明确内部审计机构（或经授权的其他监督机构）和其他内部机构在内部监督中的职责权限，规范内部监督的程序、方法和要求。

内部监督分为日常监督和专项监督。日常监督是指企业对建立与实施内部控制的情况进行常规、持续的监督检查；专项监督是指在企业发展战略、组织结构、经营活动、业务流程、关键岗位员工等发生较大调整或变化的情况下，对内部控制的某一或者某些方面进行有针对性的监督检查。

专项监督的范围和频率应当根据风险评估结果以及日常监督的有效性等予以确定。

第四十五条　企业应当制定内部控制缺陷认定标准，对监督过程中发现的内部控制缺陷，应当分析缺陷的性质和产生的原因，提出整改方案，采取适当的形式及时向董事会、监事会或者经理层报告。

内部控制缺陷包括设计缺陷和运行缺陷。企业应当跟踪内部控制缺陷整改情况，并就内部监督中发现的重大缺陷，追究相关责任单位或者责任人的责任。

第四十六条　企业应当结合内部监督情况，定期对内部控制的有效性进行自我评价，出具内部控制自我评价报告。

内部控制自我评价的方式、范围、程序和频率，由企业根据经营业务调整、经营环境变化、业务发展状况、实际风险水平等自行确定。

国家有关法律法规另有规定的，从其规定。

第四十七条　企业应当以书面或者其他适当的形式，妥善保存内部控制建立与实施过程中的相关记录或者资料，确保内部控制建立与实施过程的可验证性。

第七章　附　则

第四十八条　本规范由财政部会同国务院其他有关部门解释。

第四十九条　本规范的配套办法由财政部会同国务院其他有关部门另行制定。

第五十条　本规范自 2009 年 7 月 1 日起实施。

参考文献

[1] 中华人民共和国财政部令第 41 号. 企业财务通则.

[2] 中华人民共和国财政部财会[2008]7 号. 企业内部控制基本规范.

[3] 中华人民共和国财政部会计司. 企业内部控制应用指引.

[4] 中华人民共和国财政部. 企业会计准则.

[5] 靳磊. 财务管理基础. 北京：高等教育出版社，2009.

[6] 李元元. 经商财务通：轻松掌握企业经营中的财务技巧. 北京：中国纺织出版社，2005.

[7] http://wenku. baidu. com/view/bdc8b50490c69ec3d5bb7573. html.

[8] 马元兴. 企业财务管理. 北京：高等教育出版社，2011.

[9] 中国注册会计师协会. 财务成本管理. 北京：中国财政经济出版社，2012.

[10] 穆大常. 管理会计. 北京：中国商业出版社，2000.

[11] 王斌. 财务管理. 北京：中央广播电视大学出版社，2002.

[12] 吴大军，王秉选. 管理会计. 北京：中央广播电视大学出版社，1999.

[13] 段九利. 财务管理. 北京：清华大学出版社，2007.

[14] 蔡维灿. 管理会计. 北京：北京理工大学出版社，2009.

[15] 金融界. www. jrj. com. cn.